한국근대 수필문학의 실제 1

이 도서의 국립중앙도서관 출판시 도서목록(CIP)은 e-CIP 홈페이지(http://www.nl.go.kr/cip.php)에서 이용하실 수 있습니다. (CIP제어번호 : CIP2009003740)

한국근대 수필문학의 실제 1

김상선

푸른사상
PRUNSASANG

■ 책머리에

　필자는 『근대 한국 문학 개설(近代韓國文學槪說)』〔수필 부문〕에서 개화 수필·근대 수필·현대 수필의 세 부문으로 나누어서 살핀 일이 있다. 그러나, 이 책에서는 현대 수필은 제외하고 개화기에서 근대까지를 서술하기로 했다.
　그리고 그 시기는 유길준(兪吉濬)의 『서유견문(西遊見聞)』이 간행된 1895년〔高宗 32년〕부터 1935년까지 약 40년 동안으로 정했다는 것을 말해 둔다.

　끊임없이 시간은 흘러간다. 이 시간은 말이 없으면서도 앞으로 나아가기만 한다. 말이 없으니까 그 속마음을 알 수가 없다. 무섭기도 하고 고맙기도 하다. 그냥 무한한 시간이 흐르고 있다고 하면 어떨는지 모르겠다.
　무한한 건 시간 만일까. 공간도 역시 무한하다고 할 수 있을 것 같다. 무한한 공간과 무한한 시간……. 글쎄 이런 말이 논리적이며 과학적인 것인지 필자는 단언할 수가 없다. 단언할 수 없는 바로 거기에 인생살이의 묘미가 있는지도 모른다.

어느덧 70 고개를 넘어 이제 산수(傘壽)의 첫발을 디디고 있는 필자다. 그동안 과연 나는 무엇을 얼마나 해 놓았는가 자문자답해 본다. 태산같은 욕심만 부렸지 자랑할 만한 그 무엇도 없는 것 같다. 어허, 어디 이것 되겠는가.

엉뚱하게도 미수(米壽)를 훨씬 넘어 백수(白壽)까지의 꿈을 꾸기도 하는 어리석은 망상에 사로잡히기도 한다.

참다운 꿈은 결코 그런 것은 아니리라.

그렇다면 진정한 꿈이란 도대체 어떠한 것인고

머릿속으로 동그라미를 그리어 본다. 맨 처음부터 동그라미가 있었다고 말이다. 그것의 끝과 처음은 어디인가. 처음도 없고 끝도 없는 것 같다.

이 세상에 끝도 없고 처음도 없는 것이 참말로 있는 것일까. 우리 눈에 보이는 것을 비롯해서 보이지 않는 것까지 통틀어서 말이다.

결국 있음과 없음의 문제인 것 같다. 그런데 이처럼 없음과 있음의 문제로 귀납시키면 더욱 어려워진다. 어떻게 생각하면 아주 간단 명료한 해답을 얻을 수 있을 것 같기도 하지만 말이다.

모든 만물은 처음과 끝이 있고 있음과 없음이 분명한 것 같은데 그것이 아니다. 이런 논리를 세우면 세상 만사가 자꾸만 아리송해진다. 차라리 비논리의 논리를 앞세우면 어떨는지…….
 필자는 어느 글에서 열심히 산다는 것을 강조한 일이 있다. 과거와 현재를 디딤돌로 해서 미래에 역점을 둔 논리 전개였다. 미래에의 꿈이 없다면 과거도 현재도 소용없는 물건이다. 그런 물건은 처음부터 내동댕이 칠 일이다.
 끝으로 『한국 근대 수필문학의 실제』의 출판을 맡아준 푸른사상사의 한봉숙 사장님께 깊은 사의를 표하는 동시에, 특히 원고 수집 정리에 도움을 준 이정미님께 고마움을 표하는 바이다.

2009년 가을
돌곶 글방에서

차 례

■ 책머리에 · 4

제1부 개화기 수필(1895년~1907년)

1. 서양 문물의 소개 ··· 16
2. 개화 사상의 고취 ··· 22
3. 나라 사랑의 길 ·· 25

제2부 개화기 이후 수필(1908년~1909년)

1. 근대적인 뜻으로서의 수필 ································· 34
   1) 그 출발 ··· 34
   2) 개성(開城) ·· 36
   3) 소년 시언(少年時言) ···································· 40

2. 기행문으로서의 수필 ·· 41
   4) 「반순성기(半巡城記)」와 「평양행(平壤行)」 ·· 41
   5) 교남 홍조(嶠南鴻爪) ···································· 46

3. 일반적인 뜻으로서의 수필 ·· 51
　6) 독립 사상 고취와 애국 충성심 발로 ····························· 51
　7) 매국노 규탄 ·· 54
　8) 코웃음의 뜻 ·· 58
　9) 비판의 화살과 그 귀추 ··· 61
　10) 기지(機智)에 빛나는 눈빛 ·· 65

제3부 근대 태동기의 수필(1910년~1917년)

1. 상해(上海)와 동경(東京)을 거쳐서 서울까지 ·················· 70
　1) 「낭패 막심(狼狽莫甚)」과 「상해(上海)서」 ···················· 70
　2) 「거울과 마주앉아」 ·· 71
　3) 「동경(東京)에서 경성(京城)까지」 ································· 73

2. 일요일·새벽·구안심(求安心) ··· 75
　4) 「해삼위(海蔘威)로서」와 「어느 일요일부터 월요까지」 ········ 75
　5) 「경성 소감(京城小感)」과 「새벽」 ·································· 80
　6) 「구안심(求安心)」과 「광(光)」 ·· 85

8

3. 돌비늘·신부 ··· 88
   7) 「화단(花壇)에 서서」와 「돌비늘」 ································ 88
   8) 「남조선(南朝鮮)의 신부(新婦)」 ·································· 92

4. 감정적 생활과 생존욕 ··· 96
   9) 「정감적 생활(情感的生活)의 요구」 ······························· 96
   10) 「저급(低級)의 생존욕」 ··· 98

5. 불만과 혼잣말 ·· 99
   11) 「불만(不滿)과 요구(要求)」 및 「공화국의 멸망」 ················ 99
   12) 「독어록(獨語錄)」과 「천재야! 천재야!」 ······················· 102

6. 가을·회고·기녀(妓女) ·· 109
   13) 「가을」 ··· 109
   14) 「25년을 회고(回顧)하여 애매(愛妹)에게」 ······················ 111
   15) 「구기(舊妓)와 신기(新妓)」 ···································· 114

7. 금강산(金剛山) ··· 120
　16) 위치와 그 유래 ·· 121
　17) 특색 및 철마다의 풍광 ··· 122
　18) 외금강의 명소 구적(舊蹟)과 그 승경(勝景) ······················ 124
　19) 「금강행(金剛行)」 ··· 125

8. 동경잡신(東京雜信) ··· 127
　20) 학교 교육 ··· 127
　21) 유학생과 그 주변 ·· 129
　22) 공수학교(工手學校)와 학생 체육 ····································· 131
　23) 목욕탕과 사치심 ·· 133

9. 만리장성(萬里長城)과 동물 세계 ·· 135
　24) 만리장성과 그 둘레 ··· 135
　25) 짐승의 기이한 이야기 두 가지 ·· 138
　26) 연예(演藝)하는 벼룩과 나무에 올라가는 물고기 ············· 140
　27) 나비・바다표범・개미 ·· 141

제4부 근대 전기 수필(1918년~1925년)

1. 싹·그림·삶 ·· 146
   1) 근대 수필의 싹 ··· 146
   2) 한 폭의 그림 ··· 149
   3) 들의 신비와 진실한 삶 ·· 153

2. 늦가을·슬픔·편지·어머니 ··· 156
   4) 어느 늦가을·외로운 슬픔 ·· 156
   5) 편지를 띄우는 그 심정과 어머니의 그림자 ··························· 160

3. 나라 안에의 발길 ·· 175
   6) 금강산을 에워싸고 ·· 175
   7) 백두산에 오르다 ·· 189
   8) 개성(開城)·평양(平壤)에의 발길 ·· 192

4. 나라 밖에의 발길 ·· 203
   9) 중국의 강남(江南)을 다녀와서 ··· 203
   10) 독일의 라인강 지방을 돌아보며 ··· 207
   11) 남미(南米)에의 여정(旅程) ··· 211

5. 현재와 미래, 그리고 시대 ·· 213
   12) 새해 소망·호접몽과 현실·미래 지향·비수 같은 달 ········ 213
   13) 콩팔칠팔·가을 빛깔·새로운 시대 창조 ························· 218

6. 발길 따라·농촌과 그 변두리 ·· 225
   14) 붓을 따라 생각을 따라 ·· 225
   15) 소의 본바탕·한미한 향촌 ·· 235
   16) 우체국 소감·월미도의 밤·도깨비장난 ·························· 240

7. 수필의 빛깔·조선 사람의 생활·평범과 그 주변 ············· 247
   17) 사실주의적 경향과 퇴폐주의적 색채 ···························· 247
   18) 세 가지 이야기·건망증·무명 인물 ······························· 259
   19) 듣고 말하기·범인의 생각·낙화를 밟으며 ···················· 263

8. 절망과 계급 투쟁 사이 ·· 272
   20) 절망의 늪·정의의 기개(氣槪)·잊음기·겨자 ··················· 272
   21) 흐릿한 기억·슬픈 노래의 정체·요람 같은 고향 ············ 282
   22) 계급 투쟁의 절규 ··· 290

9. 이것과 저것의 징검다리 ·· 304
　　23) 개인주의・삶의 목적・혼잣말 ·································· 304
　　24) 창문 철학・애상적(哀想的)인 고백・독백 ····················· 321
　　25) 조선의 운명・뇌옥(牢獄)을 찾아서・호랑이 이야기 ··········· 326
　　26) 옥살이 이모저모・모래 위의 다락・국경을 넘어 ··············· 340

10. 예나 이제나 한결같이 ··· 351
　　27) 명사 십리를 찾아서・여름과 인간 이면(裏面) ·················· 351
　　28) 미래에의 의지・벌떼의 가르침 ································· 364

■ 찾아보기 ・ 377

제1부

개화기 수필(1895년~1907년)

1. 서양 문물의 소개

근대적인 뜻으로서의 수필의 비조는 구당(矩堂) 유길준(兪吉濬)의 『서유견문(西遊見聞)』[1]이라 하겠다. 이 책은 조선 고종(高宗) 32(1895)년에 일본에서 간행된 것으로, 유길준이 조미 수호 통상 조약(朝美修好通商條約)이 체결된 다음해인 1883년 보빙사(報聘使)의 전권 대신 민영익(閔泳翊)·부대신 홍영식(洪永植)의 수원으로 미국을 비롯해서 유럽의 여러 나라를 여행하면서 보고 들은 바를 한글과 한자(漢字)를 섞어 쓴 최초의 기행문일 뿐만 아니라, 개화 사상을 고취했고, 언문 일치의 효시이기도 하다. 그 내용의 첫머리는 「서유견문서(西遊見聞序)」이고, 그 다음이 「서유 견문 비고(西遊見聞備考)」인데, 그 목록은 다음과 같다.

---

[1] 兪吉濬, 『西遊見聞』, 일본 : 東京, 交詢社, 1895년 4월 25일.

西遊見聞目錄

第一編
　　地球世界의槪論・六大洲의區域・邦國의區別・世界의山
第二編
　　世界의海・世界의江河・世界의湖・世界의人種・世界의物産
第三編
　　邦國의權利・人民의敎育
第四編
　　人民의權利・人世의競勵
第五編
　　政府의始初・政府의種類・政府의治制
第六編
　　政府의職分
第七編
　　收稅ᄒᆞᄂᆞᆫ法規・人民의納稅ᄒᆞᄂᆞᆫ分義
第八編
　　政府의民稅費用ᄒᆞᄂᆞᆫ事務・政府의國債募用ᄒᆞᄂᆞᆫ緣由
第九編
　　敎育ᄒᆞᄂᆞᆫ制度・養兵ᄒᆞᄂᆞᆫ制度
第十編
　　貨幣의大本・法律의公道・巡察의規制
第十一編
　　偏黨ᄒᆞᄂᆞᆫ氣習・生涯求ᄒᆞᄂᆞᆫ方道・養生ᄒᆞᄂᆞᆫ規則
第十二編
　　愛國ᄒᆞᄂᆞᆫ忠誠・孩嬰撫育ᄒᆞᄂᆞᆫ規模
第十三編
　　泰西學術의來歷・泰西軍制의來歷・泰西宗敎의來歷・學業ᄒᆞᄂᆞᆫ條目
第十四編
　　商賈의大道・開化의等級
第十五編
　　婚禮의始末・葬事의禮節・朋友相交ᄒᆞᄂᆞᆫ道理・女子待接ᄒᆞᄂᆞᆫ禮貌
第十六編

    衣服飮食及宮室의制度・農作及牧畜의景況・遊樂호는景像
   第十七編
    貧院・病院・痴兒院・狂人院・盲人院・啞人院・敎導院・博覽會・博物館及
    博物園・書籍庫・演說會・新聞紙
   第十八編
    蒸氣機關・蒸氣車・蒸氣船・電信機・遠語機・商賈의會社・城市의排鋪
   第十九編　各國大都會의景像
    合衆國의諸大都會・英吉利의諸大都會
   第二十編
    佛蘭西의諸大都會・日耳曼의諸大都會・荷蘭의諸大都會・葡萄牙의諸大都
    會・西班牙의諸大都會・白耳義의諸大都會

 모두 20편으로 엮어진 『서유 견문』은 그 범위가 너무나 방대하다. <지리・상업・정치・세제(稅制)・교육・종교・풍습・공업・사회 제도를 비롯해서 구미 각국의 경상에 이르기까지 구석구석을 파헤쳤을 뿐만 아니라, 『서유 견문』은 우리나라 최초의 국한문 혼용체를 썼다는, 언문 일치의 효시라고 할 수 있다는 점에서도 깊은 주목을 끄는 작품이라 하겠다.>[2]
 이 『서유 견문』에 얽힌 이런 이야기가 있다. 이 책이 상재된 며칠 뒤에, 유길준은 자기 친구에게 책에 대한 비평을 구했다 한다. 그랬더니, 그 친구가 말하기를 한글과 한자를 섞어 쓴 것이 문장가의 길을 벗어나기 때문에 식견 있는 사람들의 비방과 비웃음을 받을 것이라고 말하기 때문에, 다음처럼 대꾸했다는 것이다.

　　　是는其故가有ᄒᆞ니一은語意의平順홈을取ᄒᆞ야文字를畧解ᄒᆞ는者라로易知ᄒᆞ기
　　　를爲홈이오二는余가書를讀홈이少ᄒᆞ야作文ᄒᆞ는法에未熟ᄒᆞᆫ故로記寫의便易홈을
　　　爲홈이오三은我邦七書諺解의法을大略倣則ᄒᆞ야詳明홈을爲홈이라[3]

---

2) 필자, 『近代韓國文學槪說』, 中央出版 印刷 株式會社, 1981년 4월 30일, 251 쪽.
3) 兪吉濬, 「西遊見聞序」, 위의 책, 5~6 쪽.

18

유길준은 한 걸음 더 나아가 다음처럼 역설하면서, 순수한 한글만을 사용하지 못한 불만을 털어놓는다.

宇內의萬邦을環顧ᄒ건딕各其邦의言語가殊異ᄒ故로文字가亦從ᄒ야不同ᄒ니 盖言語ᄂ人의思慮가聲音으로發홈이오文字ᄂ人의思慮가形像으로顯홈이라……我文은卽我先王朝의刱造ᄒ신人文이오漢字ᄂ中國과通用ᄒᄂ者라余ᄂ猶且我文을純用ᄒ기不能홈을是歎ᄒ노니4)

온 누리 안에 있는 세계의 모든 나라들을 두루두루 돌아보면 저마다 그 나라의 말이 특이하기 때문에, 글자도 역시 여기 따라 같지 아니하니, 말은 사람의 생각을 소리로 나타낸 것이오, 글자는 사람의 생각을 모습으로 나타낸 것이다. 우리 글자는 선왕(世宗大王)이 다스리던 시대에 창조한 문물이오, 한자(漢字)는 중국에서 통용되는 물건이다. 나는 아직도 한글을 제대로 쓰지 못함을 한탄할 따름이다.

엄격하게 따져서, 『서유 견문』에 있어서 글 전체를 순수한 수필로 볼 수 있는 것은 제19편과 제20편뿐이다. 하지만, 이 밖의 것에서도 수필로 간주할 수 있는 글들이 여기저기서 산견된다.

人은蠢然ᄒ動物이라其始生에知가無ᄒ니其知ᄒᄂ者ᄂ敎홈을由ᄒ야以然홈이라子가生ᄒ則父母가是ᄅ敎ᄒ야其知ᄅ先開ᄒ고年紀의漸長을隨ᄒ야學校에進ᄒ야其知ᄅ益鍊ᄒᄂ故로天下의急務ᄂ學校ᄅ設ᄒ기에莫先ᄒ니盖人民이其幼에不學ᄒ고及長에無知ᄒ則輕擧妄動으로前後ᄅ不顧ᄒ야國家의法紀ᄅ觸犯ᄒ고人世의交道ᄅ毁傷ᄒᄂ者가不鮮ᄒ며且或敎導ᄅ受ᄒ야知識이裕足ᄒ者라도其敎其知ᄅ由ᄒ야其德誼ᄅ養守ᄒ기極難ᄒ故로古來聰明穎悟ᄒ者流에極惡大憝不義無道ᄅ犯ᄒ者가亦多ᄒ나……5)

---

4) 위의 책, 6쪽.

이것은 『서유 견문』의 제3편에 나오는 「인민의 교육」의 앞부분이다. 이에 제19편과 제20편의 그 일부를 보이면 다음과 같다.

合衆國의 大都會—華盛敦 와싱튼

此府는合衆國京城이라其國의創業혼大統領華盛敦氏의姓을取ᄒᆞ야其京城을名ᄒᆞ야不忌ᄒᆞ는義를寓흠이니其地가布土幕河와西支河의二水合流ᄒᆞ는要衝에在ᄒᆞ야烟水의渺瀰흠은鏡面을平鋪ᄒᆞ듯峯巒의淸秀흠은畫幅을粧點ᄒᆞ듯景槩가絶勝ᄒᆞ中에官衙와民家의築造와排鋪가華麗를互誇ᄒᆞ고規模는必遵ᄒᆞ야琉璃와金碧이玲瓏照輝ᄒᆞ며間間히公園을實ᄒᆞ야奇花異草를種栽ᄒᆞ며四通호街路는油灰으로鋪乾ᄒᆞ고兩傍에樹木이平行혼列을成ᄒᆞ야大路의廣이一百六十尺에至ᄒᆞ는者도有ᄒᆞ니車馬가絡繹ᄒᆞ고貨物이委積ᄒᆞ야其繁華혼景況이誠一大邦의首府로딕居民은十五萬에不過ᄒᆞ야其安靜혼風俗은太平호氣像을著現ᄒᆞ고明媚혼山川은逸樂호意思를摸出ᄒᆞ니遊客의出은四時에不絶ᄒᆞ고商賈의來往은稀少혼故로物價의高騰이合衆國에第一이오亦世界上에第一이라謂ᄒᆞ고布土幕河에二座木橋를架設ᄒᆞ야右橋는火輪車의來往ᄒᆞ는鐵路를布實ᄒᆞ며左橋는車馬와行人의通涉을爲ᄒᆞ니其長이大約我六里에過ᄒᆞ는者라[6]

佛蘭西의 諸大都會—巴里 파리

此府는佛蘭西의京城이라居人이一百八十萬에至ᄒᆞ니其地가細茵河西岸에跨ᄒᆞ야三十三鐵橋石橋를架ᄒᆞ고府內는三部에分ᄒᆞ야其周圍가七十里에近ᄒᆞ야樓臺市廛이碁布櫛比ᄒᆞ고池塘園林이星羅絲織ᄒᆞ니道路의淸楚홈과家屋의壯麗홈으로天下에甲ᄒᆞ야壯ᄒᆞ기圖整又튼者와富ᄒᆞ기紐約又튼者라도三舍를瞠退ᄒᆞ는지라今其由를尋繹ᄒᆞ건딕彼區紐의府는地底及空中에車道를架設ᄒᆞ며且製作場의混雜홈으로雷霆이晝夜에轟振ᄒᆞ는듯人의耳를聒ᄒᆞ고石炭烟은日月을蔽暗ᄒᆞ는듯雨露도亦此를因ᄒᆞ야變黑ᄒᆞ는듯其景像이壯다謂ᄒᆞ기는可ᄒᆞ나或不潔혼處所ᅵ往往其有홈이不無호딕巴里에至ᄒᆞ야는不至ᄒᆞ야工作場이雖多ᄒᆞ나一隅에處ᄒᆞ고衢術店舍가一精美혼廣苑中에粧實홈과同ᄒᆞ야市中各處에遊息ᄒᆞ는勝地를設ᄒᆞ고芳卉異樹

---

5) 兪吉濬, 같은 책, 100 쪽.
6) 위의 책, 489~490 쪽.

20

를 種栽ᄒᆞ며 街路行人都雅ᄒᆞᆫ 風彩가 有ᄒᆞ니……7)

다시 「정부의 직분」의 맨 앞쪽을 보이면 다음과 같다.

政府의 職分

政府의 職分은 本國의 政治를 安穩히 ᄒᆞ야 人民으로 泰平ᄒᆞᆫ 樂이 有ᄒᆞ게홈과 法律을 固守ᄒᆞ야 人民으로 冤抑ᄒᆞᆫ 事가 無ᄒᆞ게홈과 外國의 交際를 信實히 ᄒᆞ야 民國으로 ᄒᆞ야곰 紛亂의 憂慮를 免케홈에 在ᄒᆞ야 此三條로 其 大綱領을 作ᄒᆞ나 此綱領外에도 政府의 當行ᄒᆞᆯ 事와 不當行ᄒᆞᆯ 事를 因ᄒᆞ야 世間 諸學者의 議論이 不一ᄒᆞ니 或人이 云호ᄃᆡ 政府가 民間의 微細事라도 顧察ᄒᆞ야 役夫의 雇錢과 匠人의 工價를 酌定ᄒᆞ며 遊民의 業을 求ᄒᆞ고 物價를 限定ᄒᆞ며 貧人을 救助ᄒᆞ고 又 其外 平人의 一切 私事를 關係ᄒᆞ야 毛의 細ᄒᆞᆷ과 埃의 輕ᄒᆞᆷ이라도 其 通義와 職責을 揷理홈이 可ᄒᆞ다 ᄒᆞ나 人民의 私事에 如此히 干涉ᄒᆞᄂᆞᆫ 時ᄂᆞᆫ 政府가 本來 威焰과 權柄을 執有ᄒᆞᆫ 者라 其間에 必然 恣橫ᄒᆞᄂᆞᆫ 勢와 苛酷ᄒᆞᆫ 法이 有ᄒᆞ야 人民의 自主ᄒᆞᄂᆞᆫ 正理를 妨害ᄒᆞᄂᆞᆫ 端緖가 辨論을 不俟ᄒᆞ야 分明ᄒᆞᆯ ᄲᅮᆫ더러 雇錢과 工價ᄂᆞᆫ 物價의 高下와 役事의 大小를 因ᄒᆞ야 其 層等이 有ᄒᆞᆫ 者며 物價ᄂᆞᆫ 時勢의 貴賤과 早晚을 從ᄒᆞᄂᆞᆫ 者오8)

정부가 마땅히 해야 할 본분을 말하고 있는 장면이다. 무엇보다도 정치를 조용하고 편안하게 함으로써 인민이 태평한 낙이 있게 하고, 법률을 굳게 지킴으로써 인민이 원통하고 억울한 일이 없게 하고, 외국과의 사귐을 믿음직스럽고 거짓이 없게 함으로써 민국의 분란의 걱정을 면하게 하는 것의 삼대 강령을 내세우고 있다.

---

7) 위의 책, 525쪽.
8) 위의 책, 155쪽.

2. 개화 사상의 고취

당시에 있어서의 '개화'란 낡은 것에 대한 새로운 것의 대두, 곧 구질서를 무너뜨리고 신질서를 세우자는 것이 그 목표였다. 가령, 갑신 정변(甲申政變) 같은 것이 그것의 좋은 본보기가 되리라. 조선 왕조 고종(高宗) 21(甲申 ; 1884)년에 김옥균(金玉均)·박영효(朴泳孝)·홍영식(洪英植)을 중심으로 해서 조직된 개화당이 민영익(閔泳翊) 일파의 수구당(守舊黨)을 몰아내고 혁신적인 새 정부를 짜려다가 사흘 만에 실패로 돌아갔지만, 이들은 새 포대에 새 술을 담으려던 선각자라고 할 수 있다.

> 大槩開化라ᄒᆞ는者는 人間의 千事萬物이 至善極美ᄒᆞᆫ 境域에 抵ᄒᆞᆷ을 謂ᄒᆞᆷ이니 然ᄒᆞᆫ 故로 開化ᄒᆞ는 境域은 限定ᄒᆞ기 不能ᄒᆞᆫ 者라 人民才力의 分數로 其 等級의 高低가 有ᄒᆞ나 然ᄒᆞ나 人民의 習尙과 邦國의 規模를 隨ᄒᆞ야 其 差異ᄒᆞᆷ도 亦生ᄒᆞᄂᆞ니 此는 開化ᄒᆞ는 軌程의 不一ᄒᆞᆫ 緣由어니와 大頭腦는 人의 爲不爲에 在ᄒᆞᆯ ᄯᅮᆷ이라 五倫의 行實을 純篤히 ᄒᆞ야 人이 道理를 知ᄒᆞᆫ 則 此ᄂᆞᆫ 行實의 開化며 人이 學術을 窮究ᄒᆞ야 萬物의 理致를 格ᄒᆞᆫ 則 此는 學術의 開化며 國家의 政治를 正大히 ᄒᆞ야 百姓이 泰平ᄒᆞᆫ 樂이 有ᄒᆞᆫ 者는 政治의 開化며 法律을 公平히 ᄒᆞ야 百姓이 冤抑ᄒᆞᆫ 事가 無ᄒᆞᆫ 者는 法律의 開化며 器械의 制度를 便利히 ᄒᆞ야 人의 用을 利ᄒᆞ게 ᄒᆞᆫ 者는 器械의 開化며 物品의 製造를 精緊히 ᄒᆞ야 人의 生을 厚히 ᄒᆞ고 荒麤ᄒᆞᆫ 事가 無ᄒᆞᆫ 者는 物品의 開化니 此 屢條의 開化를 合ᄒᆞᆫ 然後에 開化의 具備ᄒᆞᆫ 者라 始謂ᄒᆞᆯ 디라 天下古今의 何國을 顧考ᄒᆞ든지 開化의 極臻ᄒᆞᆫ 境에 至ᄒᆞᆫ 者는 無ᄒᆞ나 然ᄒᆞ나 大綱 其 層級을 區別ᄒᆞ건디 三等에 不過ᄒᆞ니 曰 開化ᄒᆞ는 者며 曰 半開化ᄒᆞᆫ 者며 曰 未開化ᄒᆞᆫ 者라9)

유길준은 개화를 행실의 개화·학술의 개화·정치의 개화·법률의 개화·기계의 개화·물품의 개화의 여섯 등급으로 나눈 다음, 다시 개화·반개화·미개화의 세 층급으로 나누어서 설명하고 있다.

---

9) 兪吉濬, 「開化의 等級」, 같은 책, 375~376 쪽.

開化ᄒᆞᄂᆞᆫ者ᄂᆞᆫ千事와萬物을窮究ᄒᆞ며經營ᄒᆞ야日新ᄒᆞ고又日新ᄒᆞ기를期約ᄒᆞᄂᆞ니如次홈으로其進取ᄒᆞᄂᆞᆫ氣像이雄壯ᄒᆞ야些少의怠惰홈이無ᄒᆞ고又人을待ᄒᆞᄂᆞᆫ道에至ᄒᆞ야ᄂᆞᆫ言語를恭遜히ᄒᆞ며形止를端正히ᄒᆞ야能ᄒᆞᆫ者를是倣ᄒᆞ며不能ᄒᆞᆫ者를是矜ᄒᆞ고敢히慢侮ᄒᆞᄂᆞᆫ氣色을示ᄒᆞ지못ᄒᆞ며敢히鄙悖ᄒᆞᆫ容貌를設ᄒᆞ지못ᄒᆞ야地位의貴賤과形勢의强弱으로人品의區別을不行ᄒᆞ고國人이其心을合一ᄒᆞ야屢條의開化를共勉ᄒᆞᄂᆞᆫ者며

半開化ᄒᆞᆫ者ᄂᆞᆫ事物의窮究도不行ᄒᆞ며經營도不有ᄒᆞ야苟且ᄒᆞᆫ計圖와姑息ᄒᆞᄂᆞᆫ意思로小成ᄒᆞᆫ域에安ᄒᆞ고長久ᄒᆞᆫ策이無호ᄃᆡ猶且自足ᄒᆞᆫ心性이有ᄒᆞ야人을接待ᄒᆞ기ᄂᆞᆫ能ᄒᆞᆫ者를許與홈이少ᄒᆞ고不能ᄒᆞᆫ者를凌侮ᄒᆞ야恒常倨傲ᄒᆞᆫ氣色을帶ᄒᆞ고妄意自重ᄒᆞ야貴賤의地位와强弱의形勢로人品의區別을已甚히行ᄒᆞᄂᆞᆫ故로國人이各其一身의榮華와慾心을經綸ᄒᆞ고屢條의開化에心을不專ᄒᆞᄂᆞᆫ者며

未開化ᄒᆞᆫ者ᄂᆞᆫ卽野蠻의種落이니千事와萬物에規模와制度가無有ᄒᆞᆯᄲᅮᆫ더러當初에經營도不爲ᄒᆞ고能ᄒᆞᆫ者가如何ᄒᆞ지不能ᄒᆞᆫ者가如何ᄒᆞ지分別도不能ᄒᆞ야居處와飮食에도一定ᄒᆞᆫ規度가不存ᄒᆞ며且人을待ᄒᆞ기에至ᄒᆞ야ᄂᆞᆫ紀綱과禮制가無ᄒᆞᆫ故로天下에最可矜ᄒᆞᆫ者라[10]

한 걸음 나아가, 유길준은 다음과 같은 주장을 내세운다.

嗟呼라開化ᄒᆞᄂᆞᆫ事가他人의長技를取ᄒᆞᆯᄲᅮᆫ아니오自己의善美ᄒᆞᆫ者를保守ᄒᆞ기에도在ᄒᆞ니大槩他人의長技를取ᄒᆞᄂᆞᆫ意向도自己의善美ᄒᆞᆫ者를補ᄒᆞ기爲홈인故로他人의才操를取ᄒᆞ야도實狀잇게ᄡᅳᄂᆞᆫ時ᄂᆞᆫ則自己의才操라時勢를量ᄒᆞ며處地를審ᄒᆞ야輕重과利害를判斷ᄒᆞᆫ然後에前後를分辨ᄒᆞ야次序로施行홈이可ᄒᆞ거ᄂᆞᆯ過ᄒᆞᆫ者ᄂᆞᆫ毫末의分別도無ᄒᆞ고外國이면盡善ᄒᆞ다ᄒᆞ야自己의國에ᄂᆞᆫ如何ᄒᆞᆫ事物이든지不美ᄒᆞ다ᄒᆞ며已甚ᄒᆞ기에至ᄒᆞ야ᄂᆞᆫ外國의景況을稱道ᄒᆞ야自己의國을慢侮ᄒᆞᄂᆞᆫ弊俗도有ᄒᆞ니此를開化黨이라謂ᄒᆞ나此豈開化黨이리오其實은開化의罪人이며不及ᄒᆞᆫ者ᄂᆞᆫ頑固ᄒᆞᆫ性稟으로事物의分界가無ᄒᆞ고外國人이면夷狄이라ᄒᆞ고外國物이면無用件이라ᄒᆞ고外國文字ᄂᆞᆫ天主學이라ᄒᆞ야敢히就近ᄒᆞ지못ᄒᆞ며自己의身이天下의第一인ᄃᆞᆺ自處ᄒᆞ나甚ᄒᆞ기에至ᄒᆞ야ᄂᆞᆫ避居ᄒᆞᄂᆞᆫ者도有ᄒᆞ니此를守舊黨이라謂ᄒᆞ나此豈守舊黨이리오[11]

---

10) 위의 책, 376~377쪽.

개화하는 일이란 어느 한쪽으로만 기울어지지 않고 양쪽의 균형을 제대로 잡아야 한다는 것이 유길준의 주장이다. 균제미(均齊美)를 추구한 것이라 해도 좋으리라. 무엇보다도 개화하는 길에 이르러서는 득중(得中)한 사람이 지나친 사람을 고르게 조절하고 다스리며, 미치지 못한 사람을 권면(勸勉)하여 다른 사람의 장기를 취하고 자기의 장점을 지킴으로써 당시의 처지와 시세(時勢)에 대응한 연후에 민국(民國)을 보호 유지하여 개화의 큰 공을 연주하게 될 것이다. 그 입안에 외국 궐련을 머금고 가슴 앞에 외국 시계를 차고 의자에 걸터앉아 외국의 풍속을 한담 약해(略解)하는 자를 어찌 개화인이라 말할 수 있을 것인가. 이는 개화의 죄인도 아니요 개화의 수적(讎敵)도 아닌, 개화의 허풍에 고취되어 마음속에 주견도 없는, 한 개의 개화의 병신에 지나지 않는다.

말하자면, <이것이 곧 유길준의 근본 사상이다. 무조건 개화로만 치닫는 것도 아니요, 불문 곡직(不問曲直)하고 수구로만 칩거하는 것도 아닌, 이른바 주체성을 지키면서 선진국의 문물을 받아들이자는, 진일보한 제창이라 하겠다. 개화하는 목적만을 내세운 것이 아니라, 개화하는 방법까지 이처럼 적절하게 밝힌 것은, 지금 생각해도 놀라운 일이 아닐 수 없다.>12)

　셔양 사룸 말에 십분 동안에 나무를 베히랴면 오분 동안은 독긔를 갈고 오분 동안에 나무를 베히는것이 둔흔 독긔로 십분을 다 허비 흐는것 보다 낫다 흐니 빅셩을 기화 식히는것도 역연(亦然) 흔지라13)

<이것은 『독립 신문』에 실린 「교육이 제일 급무」라는 글의 첫머리인

---

11) 위의 책, 381~382 쪽.
12) 필자, 같은 책, 254 쪽.
13) 「교육이 뎨일 급무」, 『독립신문』, 1899년 1월 6일.

데, 도끼를 갈 듯이 백성을 가르쳐야 개화를 빨리 이루어 나라를 보전할 수 있다는 것의 비유인 것이다.>14) 말하자면, 개화의 방법을 보인 본보기라 하겠다.

3. 나라 사랑의 길

나라를 사랑하는 마음이야 어느 때인들 없을까마는, 개화 <당시의 뜻있는 지식인은 그 정열이 어느 때보다도 훨씬 더 강했다. 이 정신은 자주 독립 정신과 이어지고, 한 걸음 나아가 강대국이든 약소국이든 대등하게 대우 받을 권리가 있다는 것을 주장하기에 이르는 것이다.>15)

有時受貢國의人民이其國의自尊ᄒᆞᄂᆞᆫ體制를妄用ᄒᆞ야贈貢國을藐視ᄒᆞ야其國法을不法ᄒᆞ고其國體를不禮ᄒᆞ야遵奉ᄒᆞᄂᆞᆫ敬意가頓無ᄒᆞ고甚者ᄂᆞᆫ其身이受貢國의官爵或使節의名號를帶ᄒᆞᆫ則贈貢國의君主에게同等의禮를濫行ᄒᆞᄂᆞ니夫强國의君도君이오弱國의君도君이라一國의上에立ᄒᆞ야至尊ᄒᆞᆫ位에居ᄒᆞ며最大ᄒᆞᆫ權을執ᄒᆞ야政治의施發과典章의裁制ᄂᆞᆫ彼此의殊異가無ᄒᆞ거ᄂᆞᆯ乃彼邦의政治와典章을奉行ᄒᆞᄂᆞᆫ臣子가此邦의政治와典章을發裁ᄒᆞᄂᆞᆫ君主와同等의禮를抗ᄒᆞ면此를可히合當ᄒᆞ다謂ᄒᆞᆯ가無嚴ᄒᆞᆫ極度에達ᄒᆞ야不敬의大者라贈貢國君主의同等國의君主를向ᄒᆞ야ᄂᆞᆫ如此不法ᄒᆞᆫ行動을恣ᄒᆞ기不敢ᄒᆞ리니此諸國의君主ᄂᆞᆫ又受貢國의君主와同等의禮를行ᄒᆞᆫ則贈貢國의君主ᄂᆞᆫ乃受貢國臣民의服事ᄒᆞᄂᆞᆫ君主의友視ᄒᆞᄂᆞᆫ同等約國君主로더브러友視ᄒᆞᄂᆞᆫ同等約國君主라16)

그렇기 때문에 주는 나라의 군주는 곧 받는 나라의 군주의 예를 나타내는 벗에 대한 예를 표시하는 벗이 된다. 벗의 벗은 곧 자기의 벗과 똑

---

14) 필자, 같은 책, 253 쪽.
15) 위의 책, 254 쪽.
16) 兪吉濬,「邦國의權利」, 같은 책, 97~98 쪽.

같다. 왜냐면 그 사람을 벗할진대 그 사람의 벗도 또한 벗이기 때문이다. 그러므로 받는 나라의 군주가 주는 나라의 군주에게 동등하게 예를 불허함은 곧 우인(友人)의 벗을 불경(不敬)함이 되니, 그 무례함을 어느 누가 가하다 할 것인가. 이것은 자기가 복종하여 섬기는 군주에게 불경을 가함과 틀림없으니, 사람을 사랑하는 이는 그 사람의 벗도 또한 사랑하거든, 자기 군주를 공경하는 사람이 그 군주의 벗을 불경하는 것이 가할 것인가.

> 商船을造ᄒᆞ야外國의物貨를交易ᄒᆞ며郵船을實ᄒᆞ야各國의信奇를通涉ᄒᆞ고換錢ᄒᆞᄂᆞᆫ都家를排鋪ᄒᆞ며主人ᄒᆞᄂᆞᆫ旅閣을設立ᄒᆞ야各處의物貨를去來ᄒᆞ고滊車의鐵路와電機의鐵線을起工ᄒᆞ며炭氣燈과電氣燈의燃火ᄒᆞᄂᆞᆫ器具를開役ᄒᆞ고各種器械의製作과各色物品의作成을經營ᄒᆞ야人生의便利ᄒᆞᆫ方道를補홈과國家의實實ᄒᆞᆫ景狀을增홈이皆社의力이니古人이云호ᄃᆡ錢이多ᄒᆞ면賈를善ᄒᆞ다홈이眞實로通暢ᄒᆞᆫ格言이라夫物이合ᄒᆞ면則大ᄒᆞ기ᄂᆞᆫ塵土의小홈을積ᄒᆞ야山岳의崇高홈이오分ᄒᆞ면小ᄒᆞ기ᄂᆞᆫ千人의千牛를食홈과同ᄒᆞ거늘奈何로我邦의商人은如此ᄒᆞᆫ理를不覺ᄒᆞ야會社의大事業을不營ᄒᆞ고全國의商權이他人의手中에歸ᄒᆞᄃᆡ振起ᄒᆞᄂᆞᆫ經綸이不行ᄒᆞ니竊歎홀者가此라商賈의羞恥와政府의虞憂가不少홀듯17)

다른 것 아닌 온 나라 상권(商權)이 다른 나라 사람의 손안으로 들어가는데도 상인들이 떨쳐 일어나 경륜(經綸)을 행하지 않는 것은 상인들의 수치일 뿐만 아니라, 정부의 근심 걱정이 적지 않을 것 같다는 나라 사랑의 충성심이 그대로 반영된 것이라 할 것이다. 이 정신은 그 앞에서 강대국이든 약소국이든 동등한 대우를 받을 권리가 있다는 정신과 일맥 상통한다. 모두가 다 애국 충정에서 움튼 것이라 하겠다.

---

17) 兪吉濬,「商社」, 같은 책, 484~485 쪽.

방금 대한이 병이 고황(膏)에 든지가 여러 十년이로듸 흔 사룸도 이 병을 곳쳐 줄싱각은 아니 ᄒ고 도로혀 졈졈 병을 더 ᄒ는 사룸만 잇서 회츈홀 긔샹 이 업는터인즉 차라(리) 어진 의원이 업셔 병을 못 곳칠지언뎡 슉련치 못흔 의 원이 병의 근원을 아지도 못 ᄒ고 직물이나 욕심 너여 스스로 릉히 곳치겟다 ᄒ야 쇼홀이 약을 쓰다가는 흔시도 못 살고 미리 죽을터이니 그런 신듥에 대한 에는 오히려 그런 셔투른 의원은 업는것이 다힝흔 일이라18)

<이것 역시 애국 충정에서 우러나온 말로서, 여기의 '의원'이란 사이 비 애국자, 혹은 매국적인 대신을 가리킨다. 한 마디로 말해서, 자기 벼슬 을 유지하기 위해서는 외국 사람에게 아첨이나 하고 자기 나라 땅을 다 주더라도 다행한 일이라 생각하는 작자를 뜻한다. …… 이 글은 이 글의 앞뒤 문맥으로 보아, 충신인 체하면서 역적들을 잡는다 하고 사사 혐의 를 공사(公事)에 붙여 쓸 뿐만 아니라, 그 밖의 헤아리지 못할 만큼의 못 된 일을 저지르는 작자들이 정부에 많다는 것을 은근히 꼬집고 있는 내 용으로 되어 있다.>19)

國은人의會合홈을因緣ᄒ야其名이立홈이오人은國의建設홈을附依ᄒ야其基를 成홈이라國이雖人을從ᄒ야其名을得ᄒ나人도國이無ᄒ면其基의不存홈은姑舍ᄒ 고其名도無ᄒ리니今에其理를析明ᄒ기爲ᄒ야論柄을忩用ᄒ건듸人이雖其家族의 姓氏와行列의名字가有ᄒ나此는各其一身의私稱이오普同혼公名아니니假令我朝 鮮人으로議ᄒ야도朝鮮人三字가第一重大혼公稱이라…… 萬若一點羞恥라도遺 ᄒ며汗辱을受ᄒ야此名을虧損ᄒ면其一身의恥辱에不止ᄒ고全國의罪人되기를未 免ᄒ리니其緣由는如何혼人이外國人에게不美혼關係가有ᄒ든지外國人은必曰朝 鮮人이如此ᄒ다謂홀딘則一人의惡行으로全國人이其汙名을共受홈이니然ᄒ기我 輩가共有혼朝鮮人이라稱ᄒ는公名의職責을欲守홀딘딘此名을父母의名 又치恭敬 ᄒ야他人에게不屈ᄒ고又羞辱을貽홈도無ᄒ야正道로뼈保ᄒ며大權으로뼈護ᄒ야 天下에敢히此名을慢侮ᄒ는者가有ᄒ거든義氣의勇으로爭ᄒ야尊重혼地位를勿失

---

18) 「밋지못홀 말」, 『독립신문』, 1899년 3월 9일.
19) 필자, 같은 책, 255 쪽.

홈이可ㅎ지라大槩此道가我朝鮮人의獨然홈아니오天下의何國人든지亦皆如此ㅎ
야英吉利人은英吉利人이라稱홈이其國人의公名이오佛蘭西人은佛蘭西人이라呼
홈이亦其國人의公名이라[20]

 다른 나라 사람이 자기 나라를 사랑하는 일들에 대해서 좋이 칭송할
사람이 많으니, 대개의 경우, 애국심은 인민이 교화(敎化)와 은혜를 베풀면
베풀수록 지성 감발(至誠感發)하게 마련이다. 그러므로 정부는 인민을 가르
쳐 타이르기에 종사하여 심력(心力)을 다함으로써 많은 재물을 아끼지 않
고, 인민은 어떤 무엇이든지 나라를 위하는 것이면 죽기 살기를 돌보지
않는다. 관직에 이바지하는 사람과 학문에 힘쓰는 사람은 자연히 그 종
지(宗旨)가 나라를 위하는 일에만 몰두하려니와, 농사짓는 사람도 나라를
위함이요, 장사하는 사람도 나라를 위함이요, 물품을 만드는 사람도 역시
그러한지라, 일반 국민의 온갖 사물이 나라를 위하는 것 말고는 그 아무
것도 없다.
 따라서 삼척 동자나 규중 처녀라도 자기 나라의 무엇이든지 타국에 미
치지 못하는 말만 들어도, 분함을 이기지 못하고 수치심이 치밀어 올라,
비록 어린이의 소견이라도 타인에게 굴하지 않을 경륜을 의평(議枰)하기에
이른다. 나라가 어찌하여 넉넉하지 못하고 강하지 못하뇨 하면서 말이다.
 이에 유길준은 농자(農者)의 애국성(愛國誠)과 상자(商者)의 애국성을 비롯
해서, 제물자(製物者)의 애국성·공직자(供職者)의 애국성·수학자(修學者)의
애국성 따위를 열거하면서 거기에 대한 상론(詳論)을 펴고 있다.
 여기 곁들여 그는 외국인 접대하는 일에 대해서도 한 마디 덧붙인다.
애국성이 있는 사람은 외국인 접대를 극진하고 조심스럽게 해야 한다.
대개 어느 나라 사람이든지 다른 나라에 간 사람은 그 정부의 덕화(德化)

---

[20] 兪吉濬,「愛國ᄒᆞ는忠誠」, 같은 책, 303~304 쪽.

와 법률을 신종(信從)하고 인민의 예절과 신의를 시뢰(恃賴)하여 신명(身命)과 재산의 정권(正權)을 보전하기에 아무 근심이 없음을 기필(期必)함이요, 그 친척과 벗들을 이별하고 멀리 떠나온 연유가 비록 자기가 구하는 경영에 따라 무역에 유의하든지 유람에 종사하든지, 원객(遠客)의 처절한 회포와 고국에의 묘망(渺茫)한 정서는 화조 월석(花朝月夕)의 좋은 시절과 비바람 치는 어두운 밤에도 때를 가리지 않고 자발(自發)할 일이다. 나라의 이름은 비록 나라의 분별이 있으나, 사람의 정회는 사람의 타고난 품성(稟性)이 똑같으므로 서로 예(禮)로 사귀고 서로 의(義)로 맺음으로써 위안 안락하는 길을 행하며 순편(順便)한 방법을 도모하고 혹 풍속에 맞지 않아 미흡한 사단이 있어도, 그 부지(不知)함이 외국인이기 때문이라 하여 주인의 도리로 그 허물을 관대히 용서해야 한다.

가령 가난한 사람이 그 생애를 위하여 외국인에게 고용되어도 그 약속을 굳게 지키고 행실을 선수(善修)하며 언어도 공손하고 부지런히 하여 고용되는 도리를 극진히 하되, 자주하는 권리와 불굴하는 성기(性氣)로 나라 사람의 공명(公名)을 보전하고 또 속이는 사정과 거만한 말투와 얼굴빛으로 자기의 사신(私身)에도 태욕(殆辱)함이 옳지 않으니, 외국인에게 고용되는 일이 천하기는 천하다 말할 것이지만, 극난하기는 또한 이에 지나친 자가 없으니 애국하는 자의 최신(最愼)하는 조건이 된다. 또 불행한 때를 당하여 이 나라와 저 나라 사이에 전쟁이 일어남으로 말미암아 비록 저 나라 사람이 이 나라 사람의 원수이긴 하지만, 선전(宣戰)하기 전까지는 유주(留駐)하던 자는 살해하는 것이 불가하기 때문에 그 정부가 기한을 정하고 기한이 되기 전에 발거(發去)하라는 명령을 내린다. 하지만 불거(不去)하는 자가 있으면 나라의 비기(秘機)를 누설할까 염려하여 벗의 집에 보수(保囚)하기도 하고 정부의 관사에 구류하기도 하여, 그 의복·음식·거처의 범절을 편하게 하여 휴전한 뒤에 석방하는 것이 공법의 큰길이다. 그러므로 원수 나라의 인민이라 하여 살해하는 것은 어질지 못한 야만인의 풍속이며, 한때의 분노로 말미암아 무죄한 생명을 해치면 천하의 기소(譏笑)를 자초할 뿐만 아니라, 필경은 배상금을 징출하기에 이른다. 애국자가 명심할 조목이 역시 여기에도 있는 것이다.

그러면 개화 당시의 형편은 어떠하였는가? 이에 「비승 비속(非僧非俗)」[21]이라는 글월 가운데에서 가려 뽑아 보기로 한다.

> 현금에 대한 사름들의 형편을 보건디 즁도 아니오 쇽인도 아니오 기화도 아니오 슈구도 아니라 무엇이라 일홈 홀고 갈지즈 거름에 오슈졍(烏水晶) 안경으로 지권연을 입에 물고 머리 싹고망건 쓰며 양복 닙고 샹토 짱네[22]

'비승 비속'이란 중도 아니고 속인(俗人)도 아닌 어중간한 얼치기를 뜻한다. 그리하여 이 어중간한 얼치기 현상을 벗어나기 위한 두 가지 방책을 내놓는다.

> 첫지는 관인이나 빅셩이나 쟝관이나 병명이나 복식을 ᄀ치 ᄒ되 견쟝과 훈표로 상하믈 분별 ᄒ고 일례로 ᄀ치 ᄒ며 법률을 공평히 ᄒ야 권셰 잇는 대관이라도 샤졍을 불고 ᄒ며 쳥쵹 ᄒ는 쟈의게 합당흔 률을 쓰면 일명흔 규모가 잇서 협잡도 업셔지고 백성들도 편안 ᄒ야 정치가 문명 흔디 이를 것이오[23]

철저하게 개화함으로써 모든 것이 공평 무사하게 되어, 협잡도 없어지고 백성들도 편안하게 살게 된다는 것에 중점(重點)을 두고 있다.

---

21) 「비승 비쇽」, 『독립신문』, 1899년 6월 3일.
22) 위의 신문, 같은 날짜.
23) 위와 같음.

둘직는 관민 간에 일심이 되야 기화를 업시 ᄒᆞ고 녯법을 복셜 ᄒᆞ되 외국
샹민이나 외국 션교샤나 일톄로 대한 디경 밧그로 좃ᄎᆞ 닉여 외국인은 하나
도 대한에 들어 오지 못 ᄒᆞ게 ᄒᆞ고 외국 병함(兵艦)이 일으거든 관민간에 다
ᄀᆞ치 죽기로 쟉뎡 ᄒᆞ고 ᄊᆞ홈홀 계칙이라²⁴⁾

완전히 안으로 문을 닫아걸어 잠그고, 모든 외국 것을 배제하자는 주
장이다. 앞의 것은 완전 개화요, 뒤의 것은 완전 쇄국이다.

이 두가지 즁에 ᄒᆞ나도 쓰지 안코 다믄 뎐보션이라 뎐긔차라 텰도라 우톄라
ᄒᆞ는것은 기화를 좃치면셔 졍부 관인들은 권리믄 닷호고 편당믄 슝샹 ᄒᆞ야
모도 녯법믄 회복 ᄒᆞ려 ᄒᆞ니 이것은 슈구도 아니오 기화도 아니라²⁵⁾

완전히 문호를 개방하여 정부나 백성이 골고루 권리를 누리지도 못하
고, 그런가 하면 관민(官民)이 죽음을 무릅쓰고 일치 단결하여 모든 외국
의 것을 막아 내지도 못하는 어중간한 얼치기 상태에 있기 때문에, 눈으
로 보이는 것만 개화를 따르면서 자기의 권리와 이익만을 추구하는 편당
싸움을 하게 된다는 것이다. 또한 이 글은 필자의 이름이 밝혀져 있지
않은 점도 눈에 띈다.

---

24) 위와 같음.
25) 위와 같음.

제2부

개화기 이후 수필(1908년~1909년)

1. 근대적인 뜻으로서의 수필

1) 그 출발

개화기 이후 수필의 출발은 『소년』지가 발간된 1908년부터 잡아야 할 것이다.

「소년 시언(少年時言)」[1]은 '여러분은 뜻을 어떻게 세우시려오'·'오당(吾黨)은 어떻게 신년(新年)에 처할까?'·'오당은 어떻게 전아(餞迓)를 할까?'·'청년다운 청년'·'청년 학우회(學友會)'·'유리(有理)한 말'·'헛소리 헛일'·'자기의 처지'·'나를 잊어 버림'·'평범'·'본색'·'본색이란 무엇이뇨'·'성(誠) 모르는 욕망'·'윤리적 명리(名利)'·'명리를 추구하는데 세 가

---

1) 「少年時言」,『少年』, 第一年 第一卷(1908년 11월) ; 第二年 第一卷(1909년 1월) ; 第二年 第八卷(1909년 9월) ; 第二年 第九卷(1909년 10월) ; 第二年 第十卷(1909년 11월) ; 第三年 第二卷(1910년 2월) ; 第三年 第三卷(1910년 3월) ; 第三年 第五卷(1910년 5월) ; 第三年 第六卷(1910년 6월) ; 第三年 第八卷 (1910년 8월).

지 착념(着念)'·'위인이란 무엇?'·'극히 천단(淺單)하여도 극히 심홍(深弘)한 이치'·'소년 심사 검상지(劍相知)'·'견인(堅忍)'·'자살 절망'·'우리들도 광대'·'순실(純實)한 희생'·'딱한 사람 딱한 다행'·'국민의 외형(外形)과 국세(國勢)의 성쇠'·'국민 사행(國民思行)의 표준'·'그대는 착실하냐'·'세월이 왜 아까운고'·'『소년』의 기왕(旣往)과 및 장래'·'잡언 십(雜言十)' 따위가 있고,「쾌소년 세계주유 시보(快少年世界周遊時報)」2)는 제일보(第一報)부터 제오보(第五報)까지 연재되었다.

여러분은 뜻을 엇더케 세우시려오

一日의計는 晨에잇고 一年의計는 元日에잇고 一生의計는 幼少에잇나니 諸子의 一生에 對하야 只今갓히 重大한時節은 업난것이오. 대뎌 粳團이나 水餠이나 松片이나 饅頭나 이것은 다 成形된뒤에 일홈이로되 밀ㅅ가루나 쌀ㅅ가루에 물을 타서 뭉텬 반듁째에는 다갓흔 반듁이니 아모 分別도 업난것이라. 그럼으로 諸子는 썩반듁갓하서 只今에 몽굴녀 맨드난대로 아모것이라도 될수 잇슬쑨더러 쏘한 달못하면 쉬거나 뭉그러뎌서 아모것도 되디못하고 말ㅅ수도 잇난것이라 이째우리가 웃디 操心티 안사오릿가.

서울서 義州가 千里ㅅ길이니 義州가난 行客이 三十里되난 新院에가서 발ㅅ병이나서 듀댜안뎌도 안될것이오 一百六十里되난 開城에가서 다리가더셔도 안될것이오 五百五十里되난 平壤에가서 다시가디못하게되야도 안될것이라 그러나 義州千里를 頓업시 가고 못가난것은 獨立舘·毋岳峴부터 발서 챠리기에 잇난것이오 舊把撥·昌陵川부터 미리 딤댝할것이라 그런즉 凡事가 다 이러하야 그始初에 발서 結末이 보이난것이니 썩닙을 달 거두어둔나무가 畢竟 됴흔열매를 맷나니 웃디하면 頓업시 鴨綠江邊에 牧馬가長嘶하고 九連城裏에 市塵이高起하난樣을 보리오하난것은 只今 獨立舘압헤서 발감기하난 우리가 챠릴것이라 只今에 失手하야 달못하얏다가 다른날 靑石關에 부룻튼발을 싸고 洞仙嶺에 앏흔다리를 쉬여서 徐徐히 統軍亭우혜 뎌녁바람을 쏘이랴

---

2) 「快少年世界周遊時報」,『少年』, 第一年 第一卷(1908년 11월) ; 第一年 第二卷(1908년 12월) ; 第二年 第一卷(1909년 1월) ; 第二年 第二卷(1909년 2월) ; 第二年 第三卷(1903년 3월) ; 第二年 第十卷(1909년 11월) ; 第三年 第三卷(1910년 3월).

한들 엇을수 잇스리오. 셕닙 時節이 重大한둘알면 只今에 크게 決斷하야 크게準備함이 잇디아니히야선 아니될것이오.3)

율곡(栗谷) 이이(李珥)는 『격몽요결(擊蒙要訣)』에서 '입지(立志)'를 주장했다. 기둥이 없으면 집이 지탱치 못하고 돛대가 없으면 배가 가지 못하는 것처럼, 사람에게도 뜻이 없으면 그 어떠한 일도 이룰 수가 없다. 사지가 늘어진 사람이나 주야 장천 누워 있기만 하거나, 아니면 앉아 있어도 벽 같은 데에 기대야 하는 사람이라면 무슨 일을 할 수가 있을 것인가? 부지런히 서서 다니는 사람이라야 무슨 일이든지 이룰 수가 있는 법이다. 이처럼 몸을 세워야만 일이 성취되는 것처럼 뜻도 세워야 한다. 철장(鐵杖) 같은 꿋꿋한 뜻이 세워진 사람이라면 그 앞날을 염려할 필요가 전혀 없다는 뜻이다.

'쾌소년 세계 주유시보'라는 제목은 쾌소년이 세계를 두루 돌아다니며 유람한다는 뜻인데, 사실은 나라 안에서만, 그것도 개성(開城)이 중점적으로 다루어져 있을 뿐이다.

2) 개성(開城)

開城

小生은 只今 義州로 向하난 三等客車中一隅에 옥으리고 안뎌잇소.

더러케 열닌 田野와 더러케 秀麗한 江山과 더러케 泰平한 村落을 볼째마다 오오 아름다운 우리나라여 오오 깃거운 우리나라여하다가도 今時에 아름다운것을 업시하고 깃거운것을 쎄앗난 한 感想이 잇스니 다른것아니라 곳 이 汽車의 主人을 무러보난 생각이라 생각이 한번 이에 이르러

"너는 뉘 車를 타고 안딘둘 아나냐?"

---

3) 「少年時言」, 『少年』, 第一年 第一卷(1908년 11월), 5~6 쪽.

하난것이 電光갓히 心頭에 오르고 霹靂鞭갓히 神經을 짜릴째에 果然 나는 마음이 便티못하고 쯧이 깃겁디못하오.
　나는 여기까디 오난동안에 여러곳 景槩됴흔데를 보앗소 漢江中에 써잇난 蘭芝島의 飄然한것도 보앗고 德物邑에 노혀잇난 德積山의 超然한것도 보앗고 碧波가 蕩漾한데 白帆이 그우흘 點綴한 汶山의 개도 보앗고 기름갓흔 물에 칼갓흔 바람이 부난데 비오리갓흔 배가 살갓히 닷난 漢江의 흐름도 보앗스나 不幸히 그佳境과 그好勝을 보고도 能히 거긔相當한 興趣를 일히키디못하얏노니 그 韻致가 아름답디못함이 아니라 곳 수레임댜를 무리보난 생각이 나의 神經을 鈍하게 만드러 美感이 이러나디못하게함이오
　天下에 不幸한 國民이 만흐리다 그러나 고은 物色을 보고 눈에 깃겁디 못하도록 된 處地에 잇난 人民에 디날者ㅣ 또 잇사오릿가 나는 이를 생각하고 우러야 됴흘디 우서야 시원할디 웃디할뉼을 아디못하얏소이다
　그러나 瞥眼間에 다시 새긔운이 나서 掌心힘ㅅ듈이 씃씃하야디난수가 생기니 이는 곳 우리 少年사이에 恒常 剛健한 思潮가 漲落(溢)하고 豪壯한 氣風이 吹動하야 次次 新大韓은 少年의 것인즉 이를 興盛케함도 少年이오 이를 衰亡케함도 少年이오 이믜 일허바린것을 탸댜올사람도 少年이오 아딕 남어 잇난것을 保全함도 少年이어니 하난생각이 아모의 腦에도 박혀서 牢不可拔하게됨을 생각한즉 그러케 슯흔마음과 됴티안은쯧이 雲散霧消하얏소이다4)

　'한강'은 우리나라 오대강(五大江)의 하나로서, 그 수원(水源)이 셋인데, 하나는 강원도 금강산에서 나오고, 다른 하나는 충청북도 속리산(俗離山)에서 나오며, 또 하나는 강원도 강릉(江陵)의 우통(于筒)이라는 곳에서 흘러나와 목멱산양(木覓山陽)에서 한강이 되어 가지고 인천으로 빠져 나간다. 그리고 '난지도(蘭芝島)'는 수색(水色)에서 10리 정도 되는 한강 가운데에 있는, 둘레가 20리가량 되는 풍치가 아름다운 곳이다. 또한 '덕적산(德積山)'은 장단(長湍)에서 20리쯤 되는 곳에 있는데, 고려(高麗) 경세가(輕世家) 최영(崔瑩)의 사당이 있을 뿐만 아니라, 요무우맹(妖巫愚氓)의 치성 공물(致誠供物)로 인하여 자못 떠들썩하고 시끄러울 뿐이다.

---

4) 「快少年 世界周遊 時報」, 第二報, 『少年』, 第一年 第二卷(1908년 12월), 9~10 쪽.

개성역(開城驛)에서 내린 나는 용수산(龍岫山) 위에서 내리쬐는 볕을 받으면서 박연 폭포(朴淵瀑布)·화담 선생(花潭先生)·황진랑(黃眞娘)의 삼절(三絶)이 나타난 송도(松都) — 500년 가깝게 왕씨 집 큰솥을 맡아 가지고 있던 송도-인삼의 주요 산지인 송도의 서소문(西小門)을 바라보면서 터덜거리고 들어간다. 위이 완연(逶迤蜿蜒)하여 산골짜기와 들을 두른 29,000자(尺)나 되는 성은 한 잔초(殘礎)나 반파(半破)된 벽이라도 450년 왕가의 성쇠(盛衰)를 가장 분명하게 말해 준다 할 것이다.

무엇보다도 우리가 구역나는 일은 태조(太祖) 이후에 성신 문무(聖神文武)한 군주가 한 사람도 나지 않았고, 또 양보 석필(良輔碩弼)한 신하가 있지 않아 거란(契丹) 몽고(蒙古)가 강성해진 뒤로는 언제나 굴욕과 수모를 당하였을 뿐이다. 최영 같은 무장이나 정몽주(鄭夢周) 같은 문신이 충렬왕(忠烈王) 때가 아니면, 충선왕(忠宣王) 때나 충혜왕(忠惠王) 때쯤 태어났더라면 오랑캐를 응징하고도 남았을 것이다.

만월대(滿月臺)는 개성의 진산(鎭山)인 송악(松岳)의 반복(半腹)에 있으며 고려 연경궁(延慶宮) 정전(正殿)이다. 그리고 50척(尺)이나 되는 고대(高臺)의 전좌우(前左右)가 모두 석축(石築)인데 장방형의 화강석을 층적(層積)한 것으로 보아 그 기대(基臺)가 굉대(宏大)하였음을 능히 짐작할 수가 있다.

자하동(紫霞洞)은 동부(洞府)가 그윽하고 깊숙하며 천석(泉石)이 맑고 깨끗하여 하나의 별세계라 할 수 있다. 그런데, 바위의 여기저기에 이름이 새겨져 있는 것이 아닌가. 그들은 각명(刻銘)함으로써 자기 이름이 영원히 후세에 전해질 것으로 생각했겠지만, 내가 보기엔 고려의 망국 기념비(亡國紀念碑)라 생각되는 것이다.

선죽교(善竹橋)에 대해서는 더 이상 이야기하지 않고, 다만 이런 말을 남기기로 한다. <나라를 위하여 영화(榮華)와 신명(身命)을 버려서라도 조수(操守)

를 보이려 하면 왜 죽창 석기(竹槍席旗)라도 들고 일어나서 단포방(單砲放) 씨름을 한 번 하여 보든지, 그렇지 아니하면 느직느직 실력을 양성하여 못 될 때 못 되더라도 흥복(興復)을 계도(計圖)하든지 하여 가치 있게 광채 있게 일을 하지 못하고 비겁하게 협소하게 웅크리고 숨기는 왜 숨으며 어슬렁어슬렁 달아나기는 왜 달아난단 말인가.>

이럭저럭 夕陽이 在山하고 人影이 散亂하니 이믜 오날 汽車에는 타고가난 수업슨즉 실여도 한밤은 여긔서 새울터이라 드른즉 이곳에서는 밤이 되면 旅舍에서도 손을 부치지아니한다하니 해지기前에 밧비 宿所를 定하리라 하고 …… 城內로 드러가다가 구경이라면 人事精神모르난 小生은 해가 漸漸咸池에 갓가워가난것은 이저바리고 宿所걱정도 다 후루쳐던져두고 門樓엽헤 걸은 梵鍾구경을 올너갓소이다

이鍾은 只今부터 五百六十年前(高麗忠穆王二年, 元至正六年)에 그째마참 元으로서 鐵工이 온것을 機會삼아 鑄造한것인데 鍾口의 直徑이 六尺二寸이오 周圍가 十九尺二寸八分이오 厚가 八寸이오 鐘口에서 鐘頂에잇난 龍트림밋까지 高가 八尺三寸이오 龍트림의 高가 二尺四寸이오 總高는 十尺七寸이며 全體의 貌形은 우둥둥하며 鍾口는 여덟번 쑥불퉁거렷고 쑥불퉁거린 쩍긴눈마다 八卦를 그렷스며 그 위에는 줄 둘을 두루고 그사이에는 波紋을 삭엿스며 허리에는 굵은 줄 셋을 두루고 또 그 上下에 가는 줄 셋이 듬은듬은 잇고 그 사이에는 梵字를 삭엿스며 그 上下에 여러 間劃을 긋고 上에는 三佛帝釋을 그리고 下에는 銘文과 밋 董役人·化緣者의 姓名을 陽刻하얏스며 또 上部四面에는 別노 長方形의 둘네를 긋고 그안에 位牌모양을 그리고 또 그안에 '皇帝萬歲' '國王千秋' '法輪常轉' '佛日增輝'의 文字를 對刻하얏고 그 억개에는 蓮花를 삭이고 龍을 노앗난데 두龍이 左右로서 쑴틀거려서 各其두손으로 鍾頭를 웅켜쥐고 한편다리를 들어 如意寶珠를 밧들엇난데 그技術은 얼만콤 圓熟하지못하다 할지로대 그形狀은 美麗하다 하겟고 그 裝飾도 또한 都雅하다 하겟더이다.[5]

---

[5] 「快少年 世界周遊 時報」, 第三報, 『少年』, 第二年 第三卷(1909년 3월), 23~25 쪽.

그 종에 새긴 글월은 이곡(李穀)이 지은 것인데, 읽어 내려가다가 '일문종성개성심(一聞鍾聲皆醒心)'이라는 글귀에 이르러 <어떻게 하면 내〔崔南善〕손으로 이러한 종을 한 개 만들어서 백두산 절정에다 매어 놓고 정차청(靜且淸)한 야반(夜半)에 자유퇴(自由槌)를 높이 들어 힘껏 때려서 청구(靑邱) 2,000만민(萬民)의 완몽(頑夢)을 깨우고, 그러한 뒤에는 다시 히말라야산(山) 에베레스트봉(峰)에 옮겨 달고 정의퇴(正義槌)를 번쩍 들어 전세계 십오억성(十五億姓)의 취심(醉心)을 깨치게 하리오> 하는 쓸데없는 망상에 사로잡히기도 하는 것이었다.

3) 소년 시언(少年時言)

『소년』 제2년 제10권(第二年 第十卷 ; 1909년 11월)에 실린 「소년시언(少年時言)」의 첫머리는 다음과 같다.

自己의 處地

　누구던지 일을 할째에는 꼭 自己의 處地에 對하야 正確한 自覺을 가져야 하나니 그러치아니하면 그째 自己의 技能과 事情과 趣味와 局勢에 맛지아니함으로 큰 自信이 아니나고 큰 自信이 업슴으로 順境에 서서 잘되여가면 모르되 逆境에 서서 困難의 맛을 볼때에는 길히 견대고 굿게 직히지못ㅎ고 今時今時에 失敗하난 辱을 當하고 마난것이라 무삼일에든지 自己가 自己를 아난것이 먼저니라.
　自己를 난호아 말하면 먼저 時勢오 둘째 家勢오 셋재 身勢니 自己의 몸을 中心으로ㅎ고 時勢와 家勢를 觀察함은 如干사람에게는 매우 安心할수업난 일이라 그럼으로 반다시 먼저 自己가 處하야잇난 世上(或나라)이 웃더한 地境에 잇난것을 삷히고 다음 그 世上에 잇난 自己집과 그집에 잇난 自己 몸의 現在와 將來를 생각하야 自己의 避치못할職分을 쎄다라서 그대로 할일을 하면 可ㅎ니라.

世上은 사른것이라 時時刻刻으로 推移하나니 나를 나의속으로 보면 昨年의 내가 곳 今年의 나오 今年의 내가 곳 昨年의 내ㄹ난지 모르되 나의밧그로보면 크게 그러치아니하야 어젹게 내가 이믜 오날 내가아니니 그럼으로 나란것도 時間과 함씌 連方 나아가고 時勢와 함씌 連方 옴기난것이니 우리는 쏘한 나의 옴겨가난것을 精神써 보아야할지니라.

나를 알어야함은 오작 個人으로만 그럴쑨이 아니라 나라로도 쏘한 그러하니 한國民이오 그나라의 當場形勢를 모르면 마참내 國民的敗辱을 當코야말 것이오 이믜 當한者라도 怳然히 自我를 쎄닷고 쏘 그째의 自己를 알어서 合當하게 힘을 쓸진댄 쏘한 免할수가 잇나니라.

世上사람이 걸핏하면 남의 일은 比較로 밝히 알되 自己는 장 모르나니 이는 自己가 그 世上의 한귀를 채우고 잇고 그世上일의 한귀를 自己가 맛핫다 하난 생각이 남과 莫上莫下한것을 쏙 모르거나 그러치아니하면 分明치못한 까닭이라 그럼으로 自己의 일에는 그째時勢가 그리 크게 相關이 업난듯하게 알고 무삼일을 經營하난일이 만흐니 이는 참 어리석다하지아니하면 아니되리로다.

自己를 알어! 이것이 일을 하난 第一步이오 功을 이루난 最要訣이니라.[6]

윗글은 남의 흠을 잡을 것이 아니라, 자기 자신을 아는 것이, 곧 자기의 처지를 아는 것이 가장 중요하다는 것을 강조한 내용으로 되어 있다 하겠다.

2. 기행문으로서의 수필

4) 「반순성기(半巡城記)」와 「평양행(平壤行)」

「반순성기」[7]의 필자 이름을 엔·에스(N·S)라는 머릿글자로 나타낸 것

---

6) 「少年時言」, 『少年』, 第二年 第十卷(1909년 11월), 9~10 쪽.
7) 「半巡城記」(上)·(中)·(下), N·S, 『少年』, 第二年 第七卷(1909년 8월) ; 第二年 第八卷(1909년 9월) ; 第二年 第九卷(1909년 10월).

으로 보아 최남선임이 분명하고, 그 내용 첫머리가 <5월 1일 잡지『소년』의 춘기(春期) 특별권(特別卷) 편집을 겨우 마치고 나니 벌써 오전 11시 20분이 되었더라>로 되어 있다.

솔 많은 남산(南山)과 돌 많은 북맥(北陌)에 '구십 소광(九十韶光)에 때를 만난 내 모양 보시오' 하고 낼 수 있는 대로 모양내어 핀 꽃 ― 나는 북반부(北半部) 순성을 할 요량으로 R 군과 함께 길을 떠났다.

> 둘이 서로 붓들고 붓들녀가면서 한숨에 그中 놉흔峰으로 올너가니 비로소 감은빗 바윗돌이 겹쳐노여 잇슴을 보겟난데 이모 저모 剝落이 莫甚하고 또 크고 적은 窟穴이 無數한데 사이사이에 山躑躅간드러진 곳이 제따는 幽香을 보내난 모양이라 지나느니 모래밧에 들한아 못보다가 이제 바위란것을 본것이 이믜 얼만콤 單純에 배부른 눈을 위로할만한데 더욱 곳까지 잇서 錦上添花의 格을 이루엇스니 詩人이면 이에 一首詩가 업지 못하리로다 말만하고 짬난 옷을 푸러헤치고 萬戶長安을 一指로 指點하면서 街衢의 어듸어듸를 알의키면서 여러가지 걱정을 紛紛히하니 그中에는 南山의 體格이 너모 單純한 걱정도 잇고, 멀니 보이난 漢江물이 都城안으로 쇠쭈러나아가지못한 걱정도 잇고, 우리나라市街가 놉흔곳에서 蓋瓦ㅅ장고랑을 보면 할씃하되 아래로부터 보면 그러치못한걱정도 잇고, 堂堂帝國의 首都=世界的大都會에 整齊한 街衢와 宏壯한 建築과 美麗한 市井과 暢闊한 遊園이 업난 걱정도 잇고……, 나는 R君을 抑制하고 R君은 나를 抑制하야 서로 강잉히 몸을 일히켜 압흐로나 아가기 始初하니…….8)

<구배(勾配) 늘어진 언덕을 올라가 본즉 이곳은 경복궁(景福宮) 뒤 백악산정(白岳山頂)인데 뜻밖이라, 오기 전까지는 인제도 창의문(彰義門)까지 가자면 신날도 꼬지 아니한 셈이려니 하였더니 참 뜻밖이라. 삼계동(三溪洞) 석파정(石坡亭)이 지척 송림(咫尺松林) 속 내려다 보인즉, 남아도 얼마 남지 아니함을 가히 추측할지라. 나는 이를 보고 세상 모든 일―사자(士子)가

---

8) N·S, 「半巡城記」(中), 『少年』, 第二年 第八卷(1909년 9월), 23~24 쪽.

공부를 함이나, 학자가 도(道)를 구함이나, 사업가가 일을 경영함이나 다 마찬가지로 얼마만큼은 애껏 힘껏 정성껏 하다가 '조금만 더'란 묘리(妙理)를 모르기 때문에 얼마 남지 아니한 것을 피곤한 김에 아직도 먼 줄만 여겨 그만 중도에 시그러지고 마는 까닭으로 '실패'란 욕된 말이 걸핏하면 남의 사업의 끝을 막는 줄로 생각하니, 우리도 만일 저쯤께 다리 좀 아픈 때에 여기만 바라보고 다시 용기를 고발(鼓發)치 못하였다면, 참 애는 애대로 쓰고 결과는 우습게 되고 말았을지니, 이에 무슨 일이든지 어렵게 생각되는 때와 언제나 되나 하는 생각이 날 때마다 '조금만 더'란 철리(哲理)를 생각하기로 작정하고, …… 백악산의 분수척(分水脊)이 되어 급준(急峻)한 판로(坂路)가 된 것을 헐떡헐떡 내려와서 바로 고전 난투(苦戰難鬪)나 겪은 듯 몸을 풀밭에 집어내 던지다.>

최남선은 역시 N·S라는 필명으로 「평양행(平壤行)」9)을 발표했다. 때는 9월 19일, 일요일, 오전 9시 10분, 남대문 역 발(發), 신의주행(新義州行) 제일 열차(第一列車)였다.

마음은 몸을 싸르고 몸은 滊車를 싸라 龍山新開地의 宏壯한 日本官舍와 日人市井을 놀나면서 새로짓난 龍山驛舍엽헤 暫時멈춘後 뒤ㅅ거름으로 義州ㅅ집아 平壤집아 어서보자하고 나아갈새 沿江上下에 第一盛榮하다하야도 우리눈엔 그 모양이 貧寒한 漁村갓흔 龍山·麻浦와 近江部曲에 第一殷富하다하야도 滊車에선 그家宅이 亂雜한 豚柵갓흔 東幕·孔德里를 보고 불상한 이사람아 계어른 이사람아하야 吊傷하고서 半空에 놉히 쎄여난 度支部煉瓦製造所烟突에서 쑴어 나아오난 黑烟이 무슨 意味가 잇난듯하야 近世文明과 烟突의 關繫며 二十世紀 以後의 機關과 原動力等 問題를 생각하난데 水色驛에서 停車치 아니한 汽車가 一山驛에서 暫時停車하난지라 고개를 들고 내여다보니 酒幕巨里엔 훅불면 날너갈쯧한 白衣兩班들이 場보시기에 雜踏한 모양이오 東北方으로 보이난 高峰山에는 蒼翠가 써러질쯧한데 그리로부터 열닌 넓으나넓은 들은 익어가난 벼가

---

9) N·S, 「平壤行」, 『少年』, 第二年 第十卷(1909년 11월), 133~152 쪽.

豊年빗흘 씌여 가지런히 고개를 숙엿더라.10)

금촌 역(金村驛)에서 잠깐 정거한 뒤에 문산포(汶山浦)로 기차가 달린다. 장단 역(長湍驛)을 거쳐서 송도(松都)에 다다랐다. 기차는 용진강(龍津江)의 철교를 건너 한포 역(汗浦驛)에서 물을 넣어 가지고 다시 떠난다. 신막 역(新幕驛) 부근은 <토지가 고옥(膏沃)하여 농산(農産)이 풍요하고 또 신탄(薪炭)의 산지(産地)로 유명한데, 모두 이 역으로 모여들어 철도로 각처에 헤쳐가므로 상황(商況)이 자못 번성하나, 철로에서 내려다보건댄 눈에 띄는 것은 오직 되지못하게 지었어도 이층집의 연장 접무(連墻接廡)한 것이 다 일본인이러라. 여기서 기관차를 바꾸어 가지고 평송천(坪松川) 철도교(鐵道橋)를 건너 …… 서흥천(瑞興川)에 이르러서는 차가 가만가만히 가는데 양산(兩山)이 서로 껴안으려고 미거안래(眉去眼來)하는 사이를 빠져나간즉, 푸른 필(疋) 비단 같은 내가 또 놓였고, 사면(四面)에 치송(稚松)이 소담스럽게 덮인 산이 병풍 모양으로 둘렀는데, …… 벼가 누렇게 익어 황금이 일면(一面)에 깔리고 백로(白鷺)가 틈틈이 나는 곳에 또한 운치(韻致) 있게 나무로 지붕을 이은 집이 자연에 조화하여 헤어져 있고, 곳곳에 허리 긴 황해도(黃海道) 소가 풀을 뜯고 있어, 오래 자연의 미(美)에 주렸던 눈을 한꺼번에 배부르게 만들어 황홀히 잘 그린 유화(油畵)를 대하는 듯, 신성한 영계(靈界)에 들어온 듯하니 아무리 몰풍류(沒風流)한 나이기로 여기야 그저 가는 수>가 있을 것인가.

서흥천을 흐르는 물은 유정하고 다정하여 맵시 있고 볼품 좋게 요리 빼뚤 요리로 고부리고 조리 얼씬 돌려 꼬불거리는데, 철로와 기차는 무정하고 매정하여 한 번도 흘끔 돌아보는 일 없이 남[서흥천]의 허리를 타고 갈 뿐이다. 흥수 역(興水驛)을 거쳐 마동 역(馬洞驛)에 이르렀다. 여기는

---

10) 위의 책, 134~135 쪽.

동북 쪽으론 멀리 언덕이 이어졌고, 서북 쪽으론 논밭과 들이 평탄하고 넓게 퍼져 있다.

사리원(沙里院)은 사위(四圍)에 풍요한 농산지를 끼고 있기 때문에 미곡(米穀)의 집산(集散)이 성대(盛大)할 뿐만 아니라, 서남 쪽으론 큰들이 망망하여 안계(眼界)가 궁진(窮盡)함이 없고, 서북 쪽으론 수역하(水易河)가 흘러가서 수륙 양방(水陸兩方)으로 사통 팔달(四通八達)한 한 시장(市場)인데 근년에 이르러 철도까지 개통되었기 때문에 한층 더 시황(市況)이 번창하게 되었다. <근처에서 산출하는 곡속(穀屬)이 차편(車便)으로는 경성 방면으로, 선편(船便)으로는 겸이포(兼二浦)와 증남포(甑南浦)로 운반하여 각처로 헤져가는데, 수역하 줄기에 석탄포(石灘浦) · 종로포(鐘路浦) · 화역포(禾易浦) · 석해포(石海浦) · 당포(唐浦) 등 다섯 포구가 있어 다 곡속의 출포(出浦)가 많다> 한다.

황주 역(黃州驛)을 지나 역포 역(力浦驛)에 닿았다. 여기서 얼마 가지 않아 지금까지 지나온 큰 등성을 감친 물이 희망이 양양하고 활기가 등등하게 끈기 있고 길게 비낀 것이 곧 대동강이다. <평양 역에 이르니 공연히 가슴이 두근두근하는데, 철로 선로(鐵路線路)에 개구리가 나게 된 물을 미투리 새 버선으로 질벅질벅 건너가서 출구에 이른즉 …… 땅은 억척이요, 우구(雨具)는 없어 …… 얼른 인력거 한 채를 불러 타고 먼저 ×× 학교를 찾아가기로> 했다.

밤낮으로 내가 그리워하던 평양은 어째서 비로써 나를 맞이하게 하느냐? 머리도 쪽찌고 더러운 얼굴도 깨끗하게 하여 오는 손님을 맞음이 마땅하거늘 이렇게 험상스럽게 하고 있는가! 나는 섭섭하기는 하다. <그러나, 내가 너를 멀리 찾기까지 사랑하는 것은 너의 겉얼굴이 아니라 속마음이어니, 너도 아마 내 뜻을 짐작하고 이러함인 듯한즉 오히려 마음이 만족>스럽다.

5) 교남 홍조(嶠南鴻爪)

「교남 홍조」[11]의 '교남'은 영남을 가리키고, '홍조'는 기러기가 눈이나 진흙 위에 남긴 발자국이라는 뜻인데, 형적(形迹)이 묘연(杳然)하고 경로가 불명(不明)함을 일컫는 말이다.

이 글은 '바다를 보라'·'나는 이 여름을 바닷가에서 지내겠다'·'남대문(南大門)-대구(大邱)'·'대구-구포(龜浦)'의 작은 4제목으로 이루어져 있다.

> 가서 보아라! 바다를 가서 보아라!
> 큰것을 보고자하난者, 넓은것을 보고자하난者, 긔운찬것을보고자하난者, 싄긔잇난것을 보고자하난者는 가서 시원한바다를 보아라! 應當 너의들이 平日에 바라던바보담 以上을 주리라.
> 마음이 큰者어든 저의 큰것이 얼마나 큰것을 比較하야볼양으로, 마음이 적은者어든 사람이 고러케 마음먹고 잇서도 올흘난지를 判斷하야볼양으로, 이믜 큰일을 한者어든 싸어노흔 功塔을 들고 大小다톰하야볼양으로, 將次 큰일을하랴하난者어든 規模와 度量을 웃더케하여야만 可謂 크다고할난지를 占卜하야볼양으로, 암만工夫를하야도 속이 담배ㅅ대구멍밧게 쑬니지아니하야 事理쎄다름이 遲鈍한者어든 좁은속을 넓혀볼양으로, 한번만보면 열ㅅ번째닷고 한가지만 드르면 열ㅅ가지를 짐작하난 재조가 잇서 매우 工夫ㅅ속이 밝은者어든 그러토록 聰明하야도 쇠퇿보담 더하고 바다ㅅ물갓히 만흔自然界의 理致를 容易히 알어다하지못할것을 알기爲하야 다 함쯰 옷깃을 聯하고 발을 마초아 가서 바다를 보아라 크게 너의들의 狹隘한 所見과 微小한 氣宇를 깨우쳐주리라.[12]

만일 네가 공부하기를 좋아하거든 가서 바다를 보아라. <학리(學理)와

---

11) 公六, 「嶠南鴻爪」, 『少年』, 第二年 第八卷(1909년 9월), 45~66 쪽 ; 第二年 第十卷 (1909년 11월), 60~64 쪽.
12) 위의 책, 第二年 第八卷(1909년 9월), 45~46 쪽.

물성(物性)이 갖추어 있지 아니한 것이 없는 자연물(自然物)은 바다 밖에 없>기 때문이다.

만일 네가 놀기를 좋아하거든 가서 바다를 보아라. <천하의 위대한 경(景), 장엄한 경, 미려(美麗)한 경, 기묘한 경, 평화의 경, 살벌(殺伐)의 경, 졸공(拙工)으로 그리게 하여도 명화(名畵)를 만들어낼 경, 애사(騃士)로 베풀게 하여도 웅문(雄文)을 이루게 할 경 등이 갖추갖추 있어 해당 일지(海棠一枝)가 추우(秋雨)를 띤 듯한 우미(優美), 부용 만타(芙蓉萬朶)가 춘파(春波)에 간드러진 듯한 염미(艶美), 나이애가라(Niagara) 폭포가 사자후(獅子吼)를 지르면서 만장 띤 단애(萬丈斷崖)에 곤두서 떨어지는 듯한 장미(壯美), 동빙 한설(凍氷寒雪)이 견폐 밀쇄(堅閉密鎖)한 흰칠한 벌판에 …… 오직 적송(赤松) 한 줄기가 세한(歲寒)에 경절(勁節)을 자랑하고 섰는 듯한 엄미(嚴美), 다뉴브강(Danube江) 구비 지난 곳에 백백합(白百合) 한 판(瓣)이 피고 제네바호(Geneva湖) 거울 같은 면에 채범(彩帆) 한 폭(幅)이 뜬 태서미(泰西美), 원산 유학(遠山幽壑)에는 고사(孤寺)가 반(半)만 드러나고 근수 포구(近水浦口)에는 어화(漁火)가 명멸하는 듯한 태동미(泰東美), 장벽 와력(墻壁瓦礫)에도 사랑이 뭉키고 풍뢰 운물(風雷雲物)에도 평화가 가득한 예수교미(美), 구품 연화대 상(九品蓮花臺上)에 제불 보살(諸佛菩薩)이 가지런하게 무량 공덕(無量功德)을 얼굴과 몸으로 나타내고 급고독원 도량(給孤獨園道場)에 모든 비구(比丘)와 비구니(比丘尼)들이 순전(純全)한 한마음으로 불(佛)의 광명에 수희(隨喜)하는 불교미(佛敎美) 등에 이 미(美) 저 미 할 것 없이 가지지 아니한 것 없이 구비한 자연물은 바다 밖에 또 없>기 때문이다.

만일 네가 도학(道學)을 좋아하거든 가서 바다를 보아라. <생동(生動)하고 활약하는 사실로 인(仁)과 의(義)와 애(愛)와 화(和)를 가르치는 자는 바다며,> 네가 철리(哲理)를 알려 하거든 가서 바다를 보아라. <평이(平易)하고 간명한

태도로 우주와 인(人)의 관계(關係), 인생의 가치와 및 귀극(歸極), 이기(理氣)의 순환(循環), 지식의 본체 등 여러 어려운 문제를 해답할 자는 바다니라. 한강(漢江)이 와도 받고 금강(錦江)이 와도 받으며, 똥물이 들어와도 받고 진흙이 들어와도 받으며, 크고 긴 것도 받고 작고 짧은 것도 받으며, 영구적(永久的)도 받고 일시적(一時的)도 받아 용납하지 아니하는 것이 없으되 다 한결같이 하여 주니 그 양(量)도 넓기도 하다. 이러한 바다에게 가히 위인 되는 법을 배울지며, 곤(鯤)도 살리고 오(鰲)도 살리며 하(蝦)도 살리고 해(蟹)도 살리며, 사납고 굳센 것도 살리고 순하고 약한 것도 살리며, 장수(長壽)하는 것도 살리고 단명(短命)한 것도 살리되 차등(差等)을 두지 아니하니 그 덕도 크기도 하다. 이러한 바다에게 가히 성인(聖人)의 도(道)를 배울지로다. 그런즉 나도 가서 바다를 보아야 할 것이요, 너도 가서 바다를 보아야 하겠도다.>

무엇보다도 바다는 가장 완벽한 형식을 갖춘 백과 사전(encyclopaedia)이다. 거기에는 과학과 이학(理學)을 비롯해서 문학도 있고 연희(演戱)도 있을 뿐만 아니라, 짠물이나 단물은 말할 것도 없고, 더운물·찬물도 있으며, 산골물이나 들물도 있으며, 동대륙(東大陸)이나 서대륙(西大陸)의 물도 있다. 없는 것이 없다는 뜻이다.

바다는 <자강 불식(自彊不息)의 정신·독립 자존의 기상(氣象)·청탁 병탄(淸濁倂呑)의 도량(度量)·심활(深闊)한 흉차(胸次)·원대한 경륜·홍원(洪遠)한 규모·노동 역작(勞動力作)·향상 정진·불편 불비(不偏不比)·불교 불오(不驕不傲)·용감 활발·호장 쾌락(豪壯快樂) 등 온갖 덕성을 다 가지고 있을 뿐 아니라,> 입으로 말하지 않고 몸으로 가르친다.

오늘은 19일, 월요일이다. 오후 10시 50분, 남대문 역에서 삼등 객차 한 모퉁이에 자리를 잡고 모자와 두루막을 벗어 시렁에 얹고 궁둥이를 의자에 붙였다. 기차의 속력이 늘면서 노량진(鷺梁津)을 지나고 영등포(永登

浦를 거쳐 수원역(水原驛)에 이르렀는가 했는데, 병점(餠店)·오산(烏山)·진위(振威)·서정리(西井里)·평택(平澤)을 뒤로 하고 조치원(鳥致院)에 닿았다. 신라(新羅) 때 최치원(崔致遠)이 처음으로 여기에 장시(場市)를 열었으므로 그 이름을 따서 지었다 하나 확언할 수는 없다.

어느덧 인동(仁同)에 이르렀다. 이곳은 낙동강(洛東江)을 오르내리는 큰 배의 종박처(終泊處)이므로 부산(釜山)이나 김해(金海)로 오가는 배들이 항상 떼지어 모여든다 한다. 가만히 차창을 열고 내다본다.

    첫째 깃붐일은 오래 旱騷로 걱정을 매우 하더니 이제 본즉 數三日來 온 비에 苗아니낸데는 업난듯함이오, 둘째 氣막힐일은 赤松綠杉으로 거죽을 하고 黑檜聚柳로 안을 너어 밤나무 푸른 깃에 배나무 고름을 다라 滄海에 狂瀾갓히 到處에 起伏한 山岳에 아래 웃 옷을 꼭 맛게 지여 입히면 山마다 靈秀하고 골마다 幽邃하야 뒤ㅅ산과 압시내가 둘니고 곱으러진 곳에 곳곳마다 別乾坤을 이루겟거늘 이못된 어리석고 게어른 百姓이 왜 비여다가 쓸 知覺만 가지고 다시 심을 知覺은 업섯던지 山名色에 밝아벗지 아닌 山은 한아도 볼수 업슬 쑨아니라 하날까지 이믜 弊衣縕布도 못 가린 놈이니 아모리하야도 相關이 업스리라 생각하얏던지 비마저 몹시와서 沙汰가 여긔저긔 나고 바람마저 몹시부러 바위가 여긔저긔 드러나서 그 至毒한 모양을 참아 사람의 눈을 가지고는 볼수가 업시 되얏는데 朝晝暮夜로 이러한 보지못할 쏠을 보면서도 두렁이한아 지여입을 생각=慈悲心을 내이지아니하난 우리 시고을 同胞오.[13]

사면이 민둥산 꼬락서니임을 이렇게 말하고 있는 것이다. 참 한심한 노릇이 아닐 수 없다. 어디 그것뿐인가.

셋째로는 바디쳐 죽이고 싶도록 미운 일은, 남들은 다 도랑이잠방이로 겨우 가린 몸으로 새벽부터 들에 나와 비지땀을 흘리면서 일이나 하면, 풍년이 들까 하여, 한 되 쌀 한 말 콩이나 더 날까 하여 노동 역작(勞動力

---

13) 위의 책, 64~65 쪽.

作하는데, 사지 멀쩡한 젊은 놈이 돼지우리 같은 속에서 한낮이 되도록 잠을 자다가 겨우 눈을 부시시 뜨고, 반몸만 일으켜 머리맡 담뱃대로 담배를 뻑뻑 빨고 있는 꼴이라 할 것이다.

이틀 동안 대구에서 머문 뒤, 그러니까 21일 오후 1시 발 남행 열차를 타고 떠났다.

 龜浦驛에 다다라 에구 시원하다하고 튀여나려오니 汽車는 아직도 나는 釜山鎭·草梁·釜山港等세驛이 남앗슨즉 當身쌀아 여긔 주자안질수 업다하난듯 나리기가 무섭게 쩌나가더라. 車票가 여긔까지ᄂ故로 나리기는 쉽게 잘나럿스나 初行이라 웃더케하여야 조흘지도 몰을쌘더러 더욱 여긔서 東萊를 가려면 어늬길로 웃더케 가야 하난지 쏘 해는 거의 지게되얏난데 해前에 能히 드러갈만한지 全數히 몰으난지라 하난수업시 짐지워달나고 보채난 아해지게에 가방을 지워가지고 酒幕거리로 나아가 물은즉 鐵路로 東萊를 가려하면 釜山鎭에서 나려야 길이 平坦하야 가기에 힘이 아니들고 여긔서는 里數는 비록 十里가 들하야 二十里나 萬得峴이란 험한 재가 잇서 매우 어렵다하면서 馬軍의 버리할생각으로 말타지아니하면 해前에 드리대지못할말과 已往이 짐이 잇슨즉 짐지워가난 삭만하야도 마삭이 다 든단말을 하야 慫慂하니 村鷄의 官廳이라 그말을 들으매 그도 그럴듯하야 每十里에 三十錢式 定삭하야 夕陽山路에 말탄 兩班이 되야 平生에 처음으로 ᄭᆡᆨ風流客이 되기로하다.14)

이만하면 풍류를 아는 나그네가 아니겠는가.

---

14) 위의 책, 第二年 第十卷(1909년 11월), 63~64 쪽.

3. 일반적인 뜻으로서의 수필

6) 독립 사상 고취와 애국 충성심 발로

나라를 근심하는 나머지, 나라의 기틀을 튼튼히 하기 위해서 자주 독립 사상을 고취하는 것은 당연한 일이라 하겠다. 이에 『독립 신문』에서 그 보기를 들어 보기로 한다.

> 대져 국가의 독립 ㅎ는 실스는 내 몸에 잇는것을 밋는디 지나지 아니 ㅎ니 만일 남의게 잇는것을 밋을 디경이면 엇지 즈쥬 독립의 일흠과 실상이 서로 마즘이 잇스리요 비유 ㅎ건디 만 길이나 되는 놉흔 고기 우희에 큰 돌흔 죠각이 홀노 셧스니 사름도 의지 아니 ㅎ고 나무도 의지 아니 ㅎ엿스되 암암혼 긔샹이 잇고 하늘을 고이는 형셰를 가진것은 그 돌 색리가 쌍에 깁히 박힌 신둙이요 빅리 넓은 쓸에 큰 솔나무 흔쥬가 우연이 홀노 셧스니 사나온 바름과 굿센 비에도 쌔지지 안코 흔들이지도 아니 ㅎ야 쌍을 덥는 큰 근늘을 일으고 묽은 표치와 놉흔 결기를 직힌 것은 그 솔나무 근본이 몰이와 돌에 굿게 박히고 비와 이실을 밧은 연고라 그러 흔즉 나라의 독립 ㅎ는것이 큰 고기 우희 흔죠각 돌과 넓은 쓸에 흔 솔나무와 굿치그 근본을 붓드는 디 잇스니 그 근본은 사름의 ᄆᆞ음이라[15]

윗글의 특색은 두 가지의 본보기를 들어서 비유하고 있는 점이라 하겠다.

한 조각돌이나 한 그루 소나무가 독립할 수 있는 것은 그 뿌리를 땅에 깊이 박고 있어야 하는 것과 같이, 나라의 자주 독립도 역시 외국을 믿는 데에 있지 않고, 2천만 동포가 마음을 합하여 스스로 힘쓰는 데에 있

---

15) 「독립의 실스」, 『독립 신문』, 1899년 2월 16일.

다는 것이다. 말하자면, 정부나 백성 할 것 없이 상하가 심력(心力)을 합하여 문명을 도모하는 데에 있다는 뜻이다.

이러한 자주 독립 사상은 그 무렵의 어느 글에서나 볼 수가 있다. 나라의 형세가 그만큼 흉흉하기 때문에, 노래나 소설을 비롯해서 어떠한 종류의 글월에서도 나라를 근심하는 애국 정신을 고취하지 않을 수가 없다는 뜻이다.

그리고 「애국 성질(愛國性質)」16)은 제목처럼 나라를 사랑하는 성질을 설파한 글인데, 이것의 첫머리는 다음처럼 시작된다.

　　現今世界列强을觀ᄒᆞ건뒤皆其全國人民이愛國ᄒᆞᄂᆞᆫ性質이有ᄒᆞ야國事를自己의
　　事로擔着ᄒᆞ며國權을自己의權으로重視ᄒᆞ며
　　國恥를曰自己의恥라ᄒᆞ며國榮을曰自己의榮이라ᄒᆞ야其國을富코져ᄒᆞ며其國을
　　強코져홈이一般性質이오一般義務라17)

여기서 보는 바와 같이, 열강 제국 국민들은 애국하는 성질을 가지고 있기 때문에, 나라의 모든 일을 자기 일처럼 생각하고 부국 강병하고자 하는 것이 일반적인 성질이요 의무인데, 우리의 경우는 어떠한가?

　　今에大韓人民은何故로國家思想이甚히冷淡ᄒᆞ요玆大韓國을將ᄒᆞ야誰의國이라
　　ᄒᆞᄂᆞᆫ고
　　但히君上의國으로만謂치못홀것이오官紳의國으로만謂치못홀지라
　　萬一國家가不保ᄒᆞ면人民은將次何處로往ᄒᆞ야圖存홀고土地도他人의所有가될
　　거시오財産도他人의所有가될러니와
　　自身의生命도ᄯᅩᄒᆞ自意로主管치못홀지니國을愛치아니ᄒᆞᄂᆞᆫ者ᄂᆞᆫ곳其身을愛치
　　못ᄒᆞᄂᆞᆫ者니라未知케라大韓人民은平日官吏의虐政을久苦홈으로써官人을對ᄒᆞ야

---

16) 「愛國性質」, 『大韓每日申報』, 1905년 10월 18일.
17) 위의 신문, 같은 날짜.

嫉視之心이有ᄒ야然ᄒ가[18]

결코 그렇지 않다. 오늘날에 이르러 어찌 전날의 혐한(嫌恨)을 가지고 국가의 위급을 돌보지 않을 것인가. 오호라, 그 백성이 없으면 그 나라도 없을 것이요, 그 나라가 없으면 그 백성도 없을 것이다.

생각해 보아라. 대한이라는 나라는 2,000만 동포의 나라가 아닌가. 그 백성의 애국 성질이 없으면 곧 인민이 없는 나라이니 다른 사람이 어찌 이것을 취(取)하지 않을 것인가.

만약 그 나라가 망하면 곧 그 백성의 죄이므로, 그 나라를 사랑한다 함은 그 나라를 부강(富强)코자 함이요, 그 나라를 부강코자 하면 중지(衆智)와 중력(衆力)으로써 해야 할 것이다. 십백인(十百人)의 애국이 천만인(千萬人)의 애국을 당치 못함은 그 이치가 환한 일이 아닐 수 없다.

오늘날의 시대는 지력(智力) 경쟁의 세계이기 때문에, 힘으로 말할 것 같으면 중력보다 강한 것은 없고, 지(智)로 말할 것 같으면 중지보다 큰 것은 없으니, 사회가 아니면 중력을 연합치 못하고 교육이 아니면 중지가 발달치 못한다. 이런 고로 세계열강은 모두 사회의 연합과 교육의 발달로써 국가의 권리를 충당하고 인민의 생활을 안전하게 도모한다.

<대한 인사(大韓人士)도 아무쪼록 사회를 연합하여 단체를 고결(固結)하며, 교육을 확장하여 지식을 증진케 하는 것이 애국하는 실지 사업이요, 또 덕상비사맥(德相俾思麥 ; Otto Edward von Bismarck)이 유언(有言)하되, '여(余)의 소지(所知)는 적혈(赤血)과 흑철(黑鐵) 뿐'이라 하였으니, 현금 시대는 적혈과 흑철의 역(力)이 아니면 능히 국가를 유지치 못하고 인민을 보전치 못하나니, 대한 풍기(大韓風氣)가 여사(如斯)히 위미 부진(萎靡不振)하다가는 필경 강토(疆土)는 타인(他人)의 점탈(占奪)을 피(被)하겠고 종족은 장차 멸절지구(滅

---

18) 위의 신문, 같은 날짜.

絶之憯를 불면(不免)하리니 가불염재(可不念哉)며 가불환재(可不患哉)아.>

다행히 적혈과 흑철을 목적으로 삼음으로써 일종의 특성(特性)을 기르면 애국하는 인민이 될 것이다. 따라서 공(公)으로는 국권을 좋이 회복할 것이요, 사(私)로는 생명을 좋이 도존(圖存)할 터이니 힘쓰고 또 힘써야 할 것이다.

7) 매국노 규탄

기강이 잡히지 않은 나라와 도탄에 빠진 백성을 구하고자 하는 애국자가 있는가 하면, 반면에 나라는 망해도 자기 배만 채우려는 매국노가 있게 마련이다. 이러한 매국노들은 규탄의 대상이 되지 않을 수가 없다. 이에 「칠우 만록(漆憂謾錄)」[19]을 살펴보기로 한다.

사람에게 질병이 있어서, 비록 여러 가지 병의 증세가 교작(交作)하더라도, 일구 단전 기해(一灸丹田氣海)면 백돈(百豚)이 모두 소생하게 마련이다. 효험이 좋은 만 냥짜리 약방문은 여기서 벗어나지 않는다. 말하자면 나라의 정부는 사람의 단전 기해라는 뜻이다. 정부가 가지런히 정돈되면 온갖 중요한 기틀이 자연히 정돈되어 그 밖의 세세한 절목(節目)은 서가영인 자해(庶可迎刃自解)이지만, 만약 그 정부가 정돈되지 않을진댄 비록 백년이 지난다 하더라도 결코 좋이 잘 다스리는 날이 없을 것이니, 해를 가린 뜬구름이 언제 시원스럽게 흩어져서 사라질 것인가.

> 天下事ㅣ一誤再誤에不可多誤인되幾年來ㅣ所誤亦多矣라若又一着加誤면歛手推枰ᄒᆞ고莫可爲也리니諸公乎여雨將屋頹라張目如炬홀지어다
> 天下之窮蹙無歸者ᄂᆞᆫ賣國之人이是也라國人이怒之ᄒᆞ고敵人이賤之ᄒᆞ니天地廣

---

[19]「漆憂謾錄」,『大韓每日申報』, 1905년 9월 30일.

博이나將安所歸오普天下有心人은愼勿爲賣國人홀지어다 20)

  대수롭지 않은 한 끼 밥도 가히 그 보답을 생각해야 하고, 매를 들고서 그 일을 버리는 것은 상서롭지 못함이 막대한데, 나라의 은혜가 막중하고, 임금의 총애가 두터우며, 부모의 방(邦)을 걱정함에 있어서 부모의 마음에 거슬리면 어찌 재앙이 닥치지 않을 것인가.
  이것과 비슷한 글월에 직설생(直舌生)의 「탄매국제적(歎賣國諸賊)」21)이라는 것이 있다.

吁汝賣國之賊아人生世間에名義危重ᄒᆞ야樂莫樂於爲善이오哀莫哀於造惡니라
爲善者ᄂᆞᆫ雖處貧賤之中이라도自然心廣體胖ᄒᆞ야無所往而不樂ᄒᆞ며造惡者ᄂᆞᆫ雖
富貴掀天이라도其心也ㅣ懼ᄒᆞ며其身也ㅣ危ᄒᆞ야與憂俱生而餘殃이無窮ᄒᆞᄂᆞ니22)

  이 매국노야! 무엇 때문에 불고 천리(不顧天理)하고 불휼 인언(不恤人言)하며 너의 몸을 천 길이나 되는 구덩이에 던지는 것인가. 참말로 서럽도다. 그대는 어리석은 지애비로다. 그대의 계획이 부귀 잔치에 있는 것이로되, 부귀란 본디 온갖 재앙이 뒤따르게 마련임을 그대는 몰랐던가.
  무릇 하늘에 대한 죄를 얻으면 도망칠 곳이 없다. 하늘이 진노하면 그대의 몸 어느 곳이나 일순간사(一瞬間事)이기 때문에 그 근심이 어떠할 것이며, 또한 사람의 마음은 사람에 따라 반드시 다르므로 뜻에 거슬리면 쉽게 시의(猜疑)하여 호사 구팽(狐死狗烹)이 뒤따르기 때문에 그 근심이 어떠할 것이며, 옛부터 말하기를 '천수 소지(千手所指)에 무병 자폐(無病自斃)'라 했으니, 오늘날 전국 인민이 진하여지구적(盡是汝之仇敵)이오, 이천만(二

---

20) 위의 신문, 같은 날짜.
21) 直舌生, 「歎賣國諸賊」, 『大韓每日申報』, 1905년 12월 3일.
22) 위의 신문, 같은 날짜.

千萬의 뱃속에 저마다 한 묶음의 날카로운 칼날이 있으며, 천만의 혀끝에 만지 매가(萬枝每笴)하여 주여 사여(誅汝射汝)를 아무때나 가혈(可歇)하기 때문에 그 근심이 어떠할 것인가.

그대에게 있어서 자애로운 이는 그대의 부모 이상 없고, 그대에게 있어서 경중(敬重)하게 여기는 이는 그대의 형제 처자 이상 없는 것이로되, 호오 지심(好惡之心)은 인지 상정인데, 어느 누가 적신(賊臣)의 부모를 좋아할 것이며 어느 누가 적신의 형제 처자를 좋아할 것인가.

반드시 번원 통한(煩冤痛恨)이 마음에 은결(隱結)하여 정산 실적(庭訕室謫)에 화기점상(和氣漸喪)할 것이니, 그대가 비록 마음이 평탄하여 자기 스스로 큰 체하여 굳세게 환락(歡樂)을 찾아다니나 그 얼굴이 가증스럽고 언어 무미(言語無味)여서 그 근심이 여하할 것인가.

위에 보인 글은 당시의 위정자 일반을 대상으로 해서 규탄하는 내용으로 된 것이지만, 「거이불거(去而不去)」[23]는 특정 인물을 지목해서 신랄하게 비판하고 있는 점이 주목된다.

이용익(李容翊)은 자황(雌黃)을 싫어하고 미워할 뿐만 아니라, 그 종적이 섬홀(閃忽)하다. 맨 처음엔 불란서로 갔다 하고, 다음엔 러시아 공사관에 은피(隱避)하였다 하기도 하더니, 세 번째엔 청국 목선(木船)을 타고 상해(上海)로 항해하다가 큰 비바람을 만나 위해위(威海衛)에 다다랐다 하는가 싶더니, 요즈음 소문에는 경성(京城) 부근에 은타(隱咤)하였다 하니 마치 장두은미(藏頭隱尾)하여 인갑 조아(鱗甲爪牙)를 혹은 나타내기도 하고 혹은 감추기도 하는 구름 속 용과 같다.

往年獨立協會에셔殺코ㅈ ㅎ얏스며其次에元老大臣이殺코ㅈ ㅎ얏스며今回에一進會員이殺코ㅈ ㅎ야自盡키를勸告ㅎ얏스니由此觀之컨된此人의罪大惡極홈은吾

---

23) 「去而不去」, 『大韓每日申報』, 1905년 9월 13일.

言을不待ᄒ고昭然이可質홀지라
　國恩이如山如海홈이涓埃의圖報ᄂᆞᆫ夢想에도無ᄒ고聚歛의一盜臣을作ᄒ야上으로聖德을累ᄒ며下으로民害를貽홈은其無가義一大罪이오全國이殺코ᄌᆞᄒ되頑然히樞要를掌握ᄒ다가急地窘步에至ᄒ면鼠의抱頭홈과如ᄒ며狗의搖尾홈과如ᄒ야苟苟圖生ᄒ야今日예延至ᄒ얏스니其無恥홈이二大罪이오現今全國人民의함함殊死ᄒᄂᆞᆫ禍烈이果然誰의作俑을根因ᄒ야塗炭에陷溺ᄒ얏ᄂᆞ뇨靦然이別人面目을做ᄒ야榮職에蹲冒코ᄌᆞᄒ니其無廉이三大罪이라此三案大罪를兼備ᄒᆞᆫ者掀天動日ᄒᄂᆞᆫ勢焰을保有ᄒ야三十年頑福을幸延홈은實로國家의不幸이러엇지斯人의罪案만誅홀ᄯᅡ름이리오24)

　전날에 있어서, 내장원(內藏院)의 유신혁(劉臣赫)·전환국(典圜局)의 최석조(崔錫肇)·개성(開城) 삼정(蔘政)의 이건혁(李建赫)·금광(金鑛)의 조정윤(趙鼎允)·역둔토(驛屯土)의 박내훈(朴來勛) 따위들이 옛날처럼 성세(聲勢)를 도자(蹈藉)하여 지금 당장 기관(機關)을 운동함으로써 화(禍)를 국가에 끼치며 독(毒)을 생령(生靈)에 흘려보내는 창귀(倀鬼)는 몇 개의 이용익이 무양(無恙)하게 현존함을 알지 못하겠고, 그 이용익이가 어디를 가나 무슨 상관일 것인가.
　이따위 무리의 화염 독렬(禍焰毒烈)을 버리지 않으면 나라의 구허(丘墟)를 이루며, 백성의 초류(噍類)가 없음을 계일(計日)하여야 좋이 볼 것이니, 다행히 나라의 생령을 위하여 화해(禍害)를 제거할 자가 누구인지 아직 알지 못한다.
　「거이불거」와 비슷한 글에 「오적 가륙(五賊可六)」25)이라는 수필이 있다.

　　現今全國之上下人民과至於童穉婦女가皆曰賣國五賊之肉을可啖이라ᄒ되吾儕ᄂᆞᆫ以謂賣國誤國이非但五箇而已라故로聲其罪而討之ᄒ노니幸望全國之人士ᄂᆞᆫ淸鑑而批評焉이어다
　　凡謀人之國ᄒ며滅人之種者ㅣ必先着手於財政ᄒ야使全國之金融으로不爲流通

---

24) 위의 신문, 같은 날짜.
25) 「오적가륙(五賊可六)」, 『大韓每日申報』, 1905년 12월 12일.

ᄒ고漸至枯涸ᄒ야人民血脈之澁滯가達于極度然後에其國을可奪이오其種을可減
은世界强國之己行權術이昭在歷史라
　今日本이名稱財政整理라ᄒ고推薦財政顧問ᄒ야進行整釐之方法ᄒ며方設交換
之手段일시未至一個月之間에銅山이崩頹ᄒ고金泉이沽渴ᄒ야先自京城으로漸至
地方ᄒ야鳳票新貨는不見其形이오所謂濫行之惡貨도消落於誰家之大冶ᄒ야漸至
滅種ᄒ니全國人民이方一時共陷於火山之中矣라26)

　현재의 재정은 그야말로 선량 정리(善良整釐)이기 때문에 일종의 이 짐
독(鴆毒)으로써도 족히 삼천리 강토를 손안에 쥘 수 있을 것이다. 망국(亡
國)의 싹은 이미 재정 정리 조인 때 나타난 것이니 어느 겨를에 신조약
에서 논급할 것인가. 탁지부 대신(度支部大臣) 민영기(閔泳綺)가 곧 이것이니,
그의 흉특 화심(凶慝禍心)이 호상 체결(互相締結)하고 증약 조인(證約調印)하여
아첨함으로써 대신의 광영을 튼튼하게 하는 것만으로도 그 죄악이 십배
뿐만으로 끝나는 것이 아니다.
　재정 고갈 지독(至毒)이 외교 이거 지독(外交移去至毒)하니, 이로 말미암아
오적(五賊)을 가륙(可六)이라 말하고 있는데, 내가 이렇게 말함으로써 전국
의 여론이 마땅히 어떻게 될 것인가.

8) 코웃음의 뜻

　앞에서 살핀 『독립 신문』에 실린 「믿지 못할 말」처럼 야유와 조소를
퍼붓고 있는 것에 「갑을 우담(甲乙耦談)」27)이라는 것이 있다.

　　甲乙二客이旅館에耦坐ᄒ야談話가有ᄒ니

---

26) 위의 신문, 같은 날짜.
27) 「甲乙耦談」, 『大韓每日申報』, 1905년 10월 27일.

 甲曰今我韓에現狀은國勢가甚히危殆ᄒ고人民이極히困難ᄒ나將來ᄂᆞᆫ必然興旺
ᄒ리로다
 乙曰其理由를可聞乎아
 甲曰我韓에賣國之輩가多ᄒ니今에ᄂᆞᆫ비록國家의禍가되나將來에ᄂᆞᆫ人民의福이
되리로다
 乙曰賣國之輩가國家의禍가된다홈은可ᄏᆡ니와人民의福이된다홈은大不可ᄒ도
다28)

 이 해괴 망측한 논리를 입증하기 위해서 갑은 진회(秦檜)라는 보기를 들어 설명한다.
 진회는 남송(南宋) 고종(高宗) 때의 재상으로 악비(岳飛)를 무고(誣告)하여 죽였을 뿐만 아니라, 주전파(主戰派)를 탄압하여 금(金) 나라와의 굴욕적인 화약(和約)을 체결한 위인이다. 그가 죽은 뒤에 윤회 수생(輪回受生)하는 겁(劫)은 창기(娼妓)가 되기 삼회(三回)요, 우축(牛畜)이 되기 구회(九回)일 뿐만 아니라, 마침내 벽력(霹靂)이 내려 그 혼을 멸망시키기에 이른다.
 어디 그 뿐인가. 소의 등에 진회라는 글자와 삼기 구우(三妓九牛)라는 글자가 씌어져 있으니, 그가 한때 매국한 죄로 후생 영겁(後生永劫에 이와 같은 지고 지욕(至苦至辱)한 보복을 받았던 것이다. 하지만, 창기나 우축이란 이 세상에 없어서는 안 될 물건이 아니겠는가.
 창기란 천하 남자의 정욕을 위해(慰解)하므로 금전(金錢)이 자산(自産)하여 전수(錢樹)라고 일컫는 것이요, 우축이란 그 힘으로써 백성의 노역(勞役)을 대신하여 농작(農作)과 수운(輸運)에 그 공이 많을 뿐만 아니라, 그 고기나 가죽이나 뿔은 모두가 인생에게 필요한 것이기 때문이라는 것이다. 이에 갑은 다음과 같은 결론을 내리고 있다.

---

28) 위의 신문, 같은 날짜.

> 現今我韓에賣國之輩는不知爲幾箇秦檜라此輩가死後에는其輪回生世에娼妓가
> 될者도無限ᄒᆞ고牛畜이될者도無數ᄒᆞ리니
> 好箇錢樹는處處有之요農作과輪運에服勞ᄒᆞᆯ者도多多産出ᄒᆞ리니此는我韓이將
> 來에는興旺之兆라ᄒᆞ노라
> 乙이大笑曰其然가豈其然乎아ᄒᆞ고呼童酌酒ᄒᆞ야相與痛飮而起ᄒᆞ더라29)

진회의 고사를 빌어서 당시의 매국노들을 해학적으로 통박(痛駁)하고 있다. 일종의 자기 학대라고 볼 수도 있을 것이다.

> 옛적에一小兒가有ᄒᆞ니初에는大言을발ᄒᆞ다가終에는小言을作ᄒᆞ는지라一日은
> 大雪을見ᄒᆞ고曰此가쌀ᄀᆞᆺ흐면父曰무엇ᄒᆞ게兒曰粥을쑤어먹게一日은夏雲을見ᄒᆞ
> 고曰此가縣花ᄀᆞᆺ흐면父曰무엇ᄒᆞ게兒曰쥐구녁막게又一日은卒然ᄱᅢ曰天下의鐵을
> 聚ᄒᆞ엿스면父曰汝가此鐵을將何用고兒曰大劍을鑄ᄒᆞ리이다父曰汝가此劍을將何
> 用고兒曰此劍을持ᄒᆞ고龍床下에入코ᄌᆞᄒᆞ나이다父가其不測의言을發ᄒᆞᆯ가恐ᄒᆞ야
> 이놈그것이무슴소리냐고責望ᄒᆞ다가更히그終末까지大言됨을喜ᄒᆞ야復問曰龍床
> 下에入ᄒᆞ야將何爲오兒曰上監님발톱을싹거드리랴ᄒᆞ나이다30)

큰 뜻은 무너지고 시시한 일에 만족한다는 것을 비아냥거리는 내용이다. 천하의 철을 모아 대검을 만들면 거기에 알맞은 계획을 세워야지 겨우 상감의 발톱이나 깎아 드린다는 것이니, 기가 막힐 노릇이 아닐 수 없다. 정부의 뜻이 이 정도라면 볼장 다 본 셈이다.

또한 이 글의 필자인 검심(劍心)은 「담총(談叢)」이라는 큰 제목에 다시 '위인(偉人)의 두각(頭角)'·'철인(哲人)의 면목(面目)'·'강감찬(姜邯贊)과 가부이(加富爾)' 따위의 작은 제목을 달고 최영(崔瑩)·이원익(李元翼)·이황(李滉)·서경덕(徐敬德)·강감찬 등등에 얽힌 재밌는 이야기를 엮어 나가고 있을 뿐만 아니라, 외국 위인의 사적(史蹟)을 표백하기도 했다.

---

29) 위의 신문, 같은 날짜.
30) 劍心, 「談叢」, 『大韓每日申報』, 1909년 11월 21일.

公德　李梧里(元翼)少時에巷路로夜行ᄒᆞ다가偶然히葉三文을溝中에墮ᄒᆞ지라村人을募集ᄒᆞ야炬를執ᄒᆞ고溝를探ᄒᆞ야該錢을搜出ᄒᆞ니其費가葉一兩에至ᄒᆞ더라人이此를譏ᄒᆞ야曰一兩錢을棄ᄒᆞ야三文錢을得ᄒᆞ니此是愚人의事라ᄒᆞ거늘公이笑曰不然ᄒᆞ다我一人으로言ᄒᆞ면此一兩을費ᄒᆞ야彼三文을得ᄒᆞ니損만有ᄒᆞ고益이無홀듯ᄒᆞ나全國으로言ᄒᆞ면此固有ᄒᆞᆫ一兩錢은損失됨이아니오三文錢만復得홈이니何損이有ᄒᆞ뇨31)

듣고 난 다음에는 아무 것도 아닌 것처럼 생각되지만, 실제로 그러한 생각을 한다는 것은 여간 어려운 일이 아니다. 좁은 소견머리로서는 결코 그처럼 넓고 깊은 뜻을 헤아리지 못한다는 뜻이다. 이밖에도 검심은 스스로 반성해야 할 점을 비롯해서, 우리의 역사를 이모저모로 재검토하여 찬양해야 할 일, 반성해야 할 일들을 짤막하고 명쾌한 필치로 피력하기도 했다.

9) 비판의 화살과 그 귀추

「추등 청조록(秋燈聽潮錄)」32)은 <방금 신내각(新內閣)을 조직할 계획으로 참정 대신(參政大臣)을 신임(新任)하였는가. 구내각(舊內閣)을 척축(斥逐)할 방침으로 참정 대신을 신임하였는가. 신임 참정 대신이 불일(不日) 입각(入閣)한다는 전설이 자자하되, 오인의 천견(淺見)에는 참정 대신이 현명 재지(賢明才智)가 과유(果有)할지면 경선(輕先)히 출각(出脚)키를 불긍(不肯)할 시대>라고 못을 박는 것으로부터 말문을 열고 있다.

새로운 내각을 선량하게 조직할 계획이라면, 젊고 학문적으로 기량 재

---

31) 위와 같음, 1909년 11월 28일.
32) 「秋燈聽潮錄」, 『大韓每日申報』, 1905년 9월 3일.

국(器量才局)이 초절(超絶)한 새로운 인물을 등용하여야 오랜 동안 썩어빠진 구정부(舊政府)를 씻어내고 문명한 새 공기를 흡수할 수가 있을 텐데, 이러한 인물이, 바로 그날의 구정부에 교언 영색(巧言令色)으로 협견 첨소(脅肩諂笑)하던 천장부(賤丈夫)처럼 그 수가 많지 않으니 이를 어찌할 것인가.

여러 가지로 생각하고 헤아려도 숙신 사대부가(宿臣士大夫家)에 몇 사람이나 있을는지, 외국 유학생에 몇 명이나 있을는지, 궁벽한 시골에 숨어서 시관(時觀)에 주의하는 지사가 몇 사람이나 있을는지 알지 못하되, 가령 쓸 수 있는 인물이 있다 하여도 어떠한 혜안력(慧眼力)으로 일괴 박석(一塊璞石)에 양옥(良玉)이 포장함을 알게 되며, 어떠한 대완력(大腕力)으로 천척 수경(千尺修綆)을 드리워 하루아침에 흡인(吸引)한다 말할 수 있을 것인가.

新內閣도組織키不能ᄒ며舊政府도斥逐키不能ᄒ면內閣首席에出張ᄒ야何件事業을新發明홀ᄂ지縱然危急ᄒ國家를扶持ᄒ며困悴ᄒ生靈을救濟키ᄂ十分擔保키不能홀지라도自家名譽를苟苟保全홀方策인들豈有홀이요33)

신임 참정 대신이 하등의 재지 덕량(才智德量)이 있어서 비스마르크(Otto Edward von Bismarck)와 같으며 그 어떠한 용감 관절(關節)이 있어서 나폴레옹(Napoleon)과 같을는지는 알지 못하거니와, 바로 오늘날의 형세는 이와 같은 영웅 수단이 불시(不是)면 현 한국에 신내각 인물을 내조(來潮)의 맹세(猛勢)와 같이 나아가게 하며, 구정부의 오예(汚穢)를 거조(去潮)의 속력과 같이 물러가게 하기를 희망할 것인가.

청컨대 양쪽 눈빛을 발사하여 나라의 형영(形影)을 시관(試觀)할지어다. 풍경은 불수(不殊)건마는 산하 수이(山河殊異)함에 어찌 남아의 한 움큼의

---

33) 위의 신문, 같은 날짜.

뜨거운 눈물을 씻지 않을 수가 있을 것인가. 지금이 어느 때인가. 이에 '추등청조록'을 씀으로써 신임 참정 대신에게 경성(警省)하는 바이다.

「충고 내상(忠告內相)」34)은 내부 대신(內部大臣) 이지용(李址鎔)에 관한 것으로, 그는 요즈음 몇 차례 사직소(辭職疏)를 봉정(奉呈)했지만, 신권(宸眷)이 융지(隆摯)하시어 우비(優批)가 정중하시었으므로, 해당 대신이 엊그제부터 사진 시무(仕進視務)를 하는데, 군수 주본(奏本)을 며칠 안으로 결정하는 마당에, 다음처럼 충고의 정(情)을 표한다는 것이다.

> 該大臣은思之念之어다夫官爵은國家의公器라無論內外官職ᄒ고人才를公選ᄒ야各當其任케흔然後에百度惟貞ᄒ고庶績이咸熙ᄒ야國以之治ᄒ고民以之安할것이오35)

본디 지방 관리란 백성과 가장 가까운 직위이다. 따라서 백성과 가까운 사람이 아니면, 백성이 그 재앙을 받고, 백성이 그 재앙을 입으면 나라도 따라서 망하는 법인데, 그 안위(安危)의 관계가 과연 어떠한가?

> 嗚呼라今日國勢가凜若綴旒ᄒ고生民의陷於塗炭者는地方官吏의貪饕剝割로由ᄒ고地方官吏의貪饕剝割은主務大臣의官爵販賣로由흔지라36)

동서 고금을 막론하고 관직을 사고 팔면, 망하지 않는 나라가 없는 법이다. 앞에서 언급한 이지용은 이른바 을사 오적(乙巳五賊)으로 그 이름이 널리 알려진 매국노이다. 이러한 작자가 대신 자리를 지키고 앉아 있으니, 인재 선택에 있어서 공정을 기할 까닭이 없고, 오히려 지난날의 관례

---

34) 「忠告內相」, 『大韓每日申報』, 1905년 10월 10일.
35) 위의 신문, 같은 날짜.
36) 위의 신문, 같은 날짜.

적 수단을 다시 씀으로써 국운(國運)을 더욱 위태롭게 하여, 천추에 그 악명(惡名)이 없어지지 않을 것은 뻔한 일이 아닐 수 없다.

그리고 「토불각 구불모(兎不角龜不毛)」37)라고 하는 것도 역시 정부 조직에 관한 글인데, 그 내용은 「충고 내상」과 거의 비슷하고, 다만 그 비유가 색다르다.

> 自古及今에君子는或變ㅎ야小人이된者가有ㅎ거니와小人이變ㅎ야君子가된者는無혼지라天下之物이原質이有혼然後에文彩가生ㅎ나니兎가엇지角을生ㅎ며龜가엇지毛를生ㅎ리오目今某某大官中에奸細輩라貪鄙夫라ㅎ는者가其資稟을言ㅎ면先天的難化오其學識을言ㅎ면目不識丁者라平生習慣은賣官이아니면賣國이니……38)

위의 보기들은 거의 모두가 위정자를 규탄하는 것들이지만, 다음과 같은 것은 우리 백성들이 스스로 깨달아 외국 것은 쓰지 말고 우리 것을 쓰자는, 일종의 자기 반성적인 처지에서 씌어진 것이다. 곧 '애국생'이라는 이름으로 씌어진 「나라 붙잡을 방침」39)이라는 것이 그것인데, 순 한글로 씌어진 것이 특색이다.

꽤 긴 글이지만, 한 마디로 말해서, 우리 동포가 만든 것이 좀 비싸다 하더라도 우리 것을 사서 쓰면, 나라가 부강하게 되고, 외국 사람도 물러간다는 내용으로 되어 있다.

> 니지물산쓰기로작정하셰결심하셰일시라도늣게시힝홀수록에외국에는이가되고우리게는히가되네우리나라것만잘쓰고보면우리나라물건들도졈졈졈진보되오진취되오빗산거슨싸지질슈잇고슝흔거슨죠화질슈잇소40)

---

37) 「兎不角龜不毛」, 『大韓每日申報』, 1905년 10월 31일.
38) 위의 신문, 같은 날짜.
39) 애국생,「나라 붓잡을 방침」, 『大韓每日申報』, 1906년 1월 5일~1906년 2월 4일.

이렇게 하면 자본가가 기계도 만들어 제조 사업을 확장하게 되고, 여기 따라 자연히 물건도 좋아지고 싸져서 우리 동포들이 잘 살 수 있다는 것이다. 바꾸어 말하면, 국산품을 애용하지 않고 외국 것만 입고 먹고 가지고 써야 한다고 생각하는 자들이 역적이오, 그따위 놈들 때문에 나라가 이 지경에 이르렀다는 뜻이기도 하다. 따라서 백성들 하나하나가 우리 산업을 부흥시켜 갱생함으로써 비로소 나라를 붙드는 기틀이 잡힌다는 것이 이 글의 중심 사상인 것이다.

10) 기지(機智)에 빛나는 눈빛

이미 앞에서 언급한 것처럼, 개화 수필은 거의 모두가 기울어져 가고 있는 나라를 근심하거나, 어떻게 하면 나라의 기틀을 바로잡을 것인가 하는 것으로 집약되었다 해도 과언이 아니다. 이런 가운데에서도 일반적인 제재를 취한, 기지(機智)에 빛나는 작품도 있었다는 것을 잊어서는 안 된다.

> 헌누덕이감발ᄒᆞ소곰장사하나이隆冬風日식민기홀홀날니ᄂᆞᆫ날에소곰흔짐잔쑥지고傷寒病든놈喘促ᄒᆞ듯시헐금씨금ᄒᆞ며艱辛히黃澗秋風嶺밋헤니르러셔고기를쳐다보니山은하늘에딱부터잇고눈은길길히싸혀넘어갈싱각전혀업다쥬막을차져드러가셔棲宿홀식이딕지치운날에이딕지險ᄒᆞ山을엇지넘으리오아모셔라도날이좀풀닌後에나나셔리라ᄒᆞ엿더니秋風嶺고기우에속빈古木나무가오ᄂᆞᆯ밤에도우루루ᄒᆞ며넉일밤에도우루루ᄒᆞ야밤마다우루루소리가긋치지안는지라이소리에겁이나셔동결춘결다지닉고보리가눌웃눌웃하도록고기넘스기ᄂᆞᆫ姑舍ᄒᆞ고아릭묵에쑥드러안져門밧게도나셔지못ᄒᆞ니라⁴¹⁾

---

40) 위의 신문, 1906년 2월 1일.

조그마한 어려움 앞에 용단(勇斷)을 내리지 못하는 심약자(心弱者)의 모습을 짤막한 글 속에서 재치 있게 그려내고 있다. 이 소금장수와 같은, 전혀 용기 없는 위인을 우리는 둘레에서 얼마든지 찾아볼 수가 있을 것이다.

이 글월의 주인공은 너무나 무기력한 구석이 뚜렷하게 엿보이는데 반해서, 열다섯 살 밖에 되지 않은 최정흠(崔正欽)의 「나의 소한(所恨)한 소망(所望)」[42]은 보다 훨씬 씩씩하고 기운찬 글월이라 하겠다.

> 왜 우리는 海邊에서 나지를 아니하얏노!
> 왜 나의 처음쓰난 눈에 하날을 삼키려하난 膽大한 물ㅅ결의 모양이 드러오지를 아니하고 나의 처음 내이난 우름 소리가 山岳을 싸려부스난 力强한 물ㅅ결의 號통으로 唱和하지를 못하얏노!
> 已往 나기는 이러한 紅塵萬丈 가운대서 하얏슬지라도 자라기는 크기로도 限이 업고 넓기로도 限이 업고 깁기로도 限이 업난 저 바다ㅅ가에서 못하얏노!
> 나는 다행히 사나히로 나고 衣食걱정업난집에 나고 이째까지 健壯하게 자라고 이째까지 父母의 德分에 學校에다니면서 師父의 德分에 訓導를 밧으니 이 멧가지일에는 恨이 업노라 그러나 至冤코 極痛하게 매치고 몽킨 설흠은 바다를 겻하야 나지를 못하고 바다를 벗하야 자라지를 못함이로다.[43]

하지만, 말을 하지 말아라. 나는 이 설움을 풀고, 이 소망을 이루기 위하여 학업을 성취하기만 하면, 나의 튼튼한 몸은 바다와 싸우는 데 쓰고, 나의 넉넉한 지식은 바다를 탐구하는 데 쓰며, 내가 가지고 있는 유형무형의 모든 것을 다 바다와 씨름하는 데에 쓸 것이다. 그런 다음에 그 바다에서 죽어서 나의 뼈를 그 바다 속에 장사지낼 예정이다. 북빙양(北氷

---

41) 劍心, 「談叢」, 『大韓每日申報』, 1909년 11월 24일.
42) 崔正欽, 「나의 所恨한 所望」, 『少年』, 第二年 第一卷(1909년 1월), 76 쪽.
43) 위의 책, 같은 곳.

洋・남빙양(南氷洋)・태평양・인도양・대서양의 모든 바다여! 내가 공부하는 동안, 정력을 잘 양축(養蓄)하여라. 공부가 끝난 다음에 너와 나와 어디 한번 겨루어 보자! 나의 힘줄은 날로 빳빳해지고 나의 뼈대는 날로 꿋꿋해진다! 현재가 아니라, 미래에 소망을 건 수필이다.

그리고 망사인(忙思人)의 「일단집(一端集)」44)은 닭의 세계와 개의 세계를 본 대로 느낀 대로 표현한 내용으로 되어 있는데, '일단집'이라고 명명한 이유를 이렇게 말하고 있다.

> 눈에 씌우난것, 귀에 들니난것, 웃지 보면 어늬것이던지 다 무엇의 象徵인 듯한지라, 깃븐것도 잇스며 슯흔것도 잇거늘, 機에 觸하야 感이 生하난대로 簡潔하게 붓을 놀닌것이 이것이라, 써 밧그론 深秘한 運命의 一端을 볼것이오 안으론 感情 發動의 一端을 볼것이니 이로써 一端集이라 일홈하다.45)

「일단집」은 두 부문으로 나뉘어져 있다. 그 하나는 닭장에 갇힌 왕 수탉과 닭장 밖에 있는 큰 수탉의 싸움을 그린 것이고, 다른 하나는 목에 개패를 달고 있어야 개의 생명을 부지할 수가 있다는 내용을 다룬 것이다.

닭장 안에는 3년이나 묵은 듯싶은 왕 수탉 한 마리가 버티고 있는데, 닭장 밖에 있는 어지간히 큰 수탉이 번개같이 닭장으로 달려들면서 '꾹꾹꾹' 하고 볏을 내흔들며 싸움을 걸자, 안의 놈도 질세라 하고 황모(黃毛) 갑옷에 떡반죽 투구로 응전(應戰)한다. 이렇게 시작된 싸움은 수십합(數十合)이 계속되었지만 승부가 나지 않는다. 닭장을 얽은 새끼 그물이 이른바 전선(戰線)이 되어 서로가 더 전진 투쟁을 할 수가 없기 때문이다.

이때 닭을 사려는 손님이 주인과 흥정을 한다. 아직도 안팎 수탉들은 여전히 까닭 모를 싸움을 계속하고 있다. 흥정이 성립되어 주인이 닭장

---

44) 忙思人, 「一端集」, 『少年』, 第三年 第九卷(1910년 12월 15일), 42~44 쪽.
45) 위의 책, 42 쪽.

속의 왕 수탉을 잡으러 들어간다. 왕 수탉이 위세 당당하게 싸울 때에는 왕 수탉을 대장처럼 모시던 다른 졸개닭들이 잡힐까 염려하여 이 구석 저 구석으로 고개만 처박는다.

한편, 목에 변변치 못한 개패를 두른 개 한 마리가 개에게는 호명부(護命符)라 할 목줄을 끊으려 혀를 날름거리면서 안간힘을 쓰고 있다. 모든 개는 반드시 개패를 달아야 한다는 법률이 공포된 뒤부터 개패를 달지 않고 문밖으로 나가면, 쥐도 새도 모르게 잡혀가게 마련이다. 그런데, 그 개는 죽을지 살지도 모르면서 개패를 물어뜯고 있는 것이다.

죽으면 죽었지 사람 따위가 만든 법률이 무서워 억만고(億萬古) 조상천지(祖上天地)에 없던 거북한 패를 목에 건단 말인가, 경가단(頸可斷)이언정 경불가환(頸不可環)이라 생각했기 때문일까? 짐승이란 할 수 없는 것인지도 모를 일이다. 그래서 한때 거북하다고 염라 대왕 물침첩지(勿侵帖紙)를 제 손으로 발기는 것이 아니겠는가. 벌써 세 번째 갈아 준 것인데 이번에 또 끊어 버리는 꼴을 보니 벌써 싹수가 노랗다. 오늘로 <문안에만 있는 거, 패 아니해 달기로 어떠랴 하고 그대로 두었던 우리 집 개가 문밖 행차를 모처럼 하셨다가 승천(昇天)하신 지 나흘 되는 날>이었다.

이 수필은 인간 사회를 은근히 풍자한 것이라 보인다.

제3부
근대 태동기의 수필(1910년~1917년)

앞 장에서 살펴본 바와 같이 개화기 이후 근대 수필은 주로 『소년』지를 중심으로 해서 그 싹이 텄다고 할 수가 있다.

근대를 춘원(春園) 이광수(李光洙)의 「무정(無情)」이 발표된 1917년으로 잡는다면, 여기서 말하는 '근대 직전'이란 1910년 무렵부터 「무정」이 발표될 무렵까지의 7·8년 동안을 가리킨다. 『청춘(靑春)』지는 말할 것도 없거니와, 『매일신보(每日申報)』에도 여기저기에 수필로 볼 수 있는 것들이 눈에 띈다.

1. 상해(上海)와 동경(東京)을 거쳐서 서울까지

1) 「낭패 막심(狼狽莫甚)」과 「상해(上海)서」

狼狽莫甚

一砲手가 獵銃을메고 終日단이다가 谷中으로긔여가는 山鷄를 見ᄒ고 手脚이慌忙ᄒ야 急히銃을 放ᄒ얏는듸 見樣을 誤ᄒ얏든지 銃聲은탕一ᄒ자 山鷄는 후두々 飛去ᄒ

는지라其砲手가仗銃而立ᄒᆞ야飛去ᄒᆞᄂᆞᆫ山鷄를無心히望見ᄒᆞ다가大呼ᄒᆞ야曰이놈아今日月收ᄂᆞᆫ엇덧케ᄒᆞ라고爾가飛去ᄒᆞᄂᆞᆫ다[1]

윗글은 하나의 우스운 이야기[一笑話]에 지나지 않지만, 어떻게 생각하면 당시의 멍청한 정치가를 비아냥거리는 것으로 간주할 수도 있을 것 같다.

호상몽인(滬上夢人)의 「상해(上海)서」[2]는 제일신(第一信)·제이신(第二信)의 두 가닥으로 나뉘어져 있는데, 이것의 첫머리만 인용하기로 한다.

우리 一行은 龍巖浦 連山우에 첫 눈이 덮인것을 보고 배에 오른지 十數日에 營口 大連 煙台 靑島를 두루 거쳐 어제 밤을 吳淞砲臺 밋헤 지내고 아츰 해뜨게 흐리건만 물결 업는 黃浦江을 거스로 져어 軟黃色으로 서리에 물든 兩岸의 柳色에 反暎하는 黃色 만흔 아츰 해 볏을 등에 지고 東洋倫敦의 稱 잇는 上海 埠頭를 向하나이다 아직도 얼마만에에 하나씩 물의 深淺을 標하는 浮標에 채 ᄭᅥ지지 아니한 電燈이 가믈가믈하오며 浚渫工事에 從事하는 뭉투룩한 배에는 새로 發動機에 물 쓸히는 石炭 내가 갈길을 몰라하는듯 구불구불 서리고 우리 배는 휘임한 물 구비를 아조 살금살금 推進機 소리도 들릴락말락 進行하오며 船客들은 자리와 짐을 모다 묵거 노코 어서 上海市街를 보리라고 甲板우에 나와 …… 喜色이 滿面하야 압뒤로 왓다갓다 하는 이도잇나이다[3]

2) 「거울과 마주앉아」

외배[李光洙]의 「거울과 마주앉아」[4]는 거울과 마주앉아 자기 얼굴을 관

---

1) 「狼狽莫甚」, 『每日申報』, 1910년 10월 19일.
2) 滬上夢人, 「상해(上海)서」, 『청춘(靑春)』 第三號(1914년 12월 1일), 102~106 쪽 ; 第四號(1915년 1월 1일), 76~79 쪽.
3) 위의 책, 第三號, 102 쪽.
4) 외배, 「거울과 마조 안자」, 『靑春』, 第七號(1917년 5월 16일), 79~83 쪽.

찰하는 과정을 그린 것으로 객관과 주관이 잘 어울리는 수필 작품이라 하겠다.

> 나는 거울과 마조 안자 눈을 감앗다 나는 참아 내 얼골 보기를 두렵어 눈을 쓸 勇氣가 업섯다. … (중략) …
> 그 피ㅅ긔 업고 얼 쌔진듯 한 얼골, 疲困하고 졸리는듯 한 흐릿한 눈, 푹 풀어진 그 입, 눌어케 여윈 두 쌤, 넙적하고 코물 흘리는 그 코, 주름 잡히고 가죽 엷은 이마 — 게다가 몸에 들어 맛지 아니 하는 보기 숭한 그 옷, 光澤 업는 거츨거츨한 머리털은 한 가운데를 턱 가르어 갑 싸고 賤한 香내 나는 밀기름으로 자이어 부티고 여러 날 빗질 아니 한 데다가 더럽은 房에 딍굴어 몬지가 더덕더덕 오르아 마치 그 미테서 구덕이가 생겨 날쯧 하다5)

지나치게 자기 자신의 모습을 깎아 내리고 있다. <이처럼 형편없는 머리털로부터 눈과 귀와 입에 대해서 작가 자신의 불만을 토로하고 있는 것이다. 작가 춘원(春園)은 비듬이 득실거리는 머리털에서 구리고 고린, 무어라고 형언할 수 없는 불쾌한 냄새가 난다 했고, 자기 눈은 아름다움을 보고도 아름다운 줄 모르고 참다운 것을 보고도 참다운 줄을 모른다고 했고, 자기 귀는 복숭아꽃을 띄운 맑은 시냇물 소리도 듣지 못하고 가을바람에 우는 수풀 소리도 듣지 못한다 했고, 자기 입은 일세(一世)를 경성(警醒)시키는 대설교(大說敎)나 모든 백성을 호령하는 사자후(獅子吼)가 나오지 못했다고 말하고 있다. 거울 앞에 앉아서 자기 자신의 못난 이모저모를 한탄하는 장면이다. 말하자면 자기 자신의 감각이 남보다 뛰어나지 못한 것에 대한 안타까운 감정을 그린 작품이라 하겠다.>6)

또한 <사족(蛇足)이 될는지 모르지만, 특히 여기서 눈에 띄는 것은 대설교를 못하고 사자후가 나오지 못하는 입이라고 한 대문인데, 이것은

---

5) 위의 책, 79 쪽.
6) 필자, 『近代韓國文學槪說』, 中央出版印刷株式會社, 1981년 4월 30일, 270 쪽.

곧 당시의 동포들에게 사자후와 같은 대설교를 하고 싶다는 것의 역설적인 표현으로 볼 수 있다는 점이라 하겠다. 이것은 소설을 비롯한 춘원의 모든 문학 활동이 예술성보다는 설교적이며 교훈적인 면이 두드러지게 나타났다는 점과 상통된다는 것을 뜻하는 것이다.>7)

3) 「동경(東京)에서 경성(京城)까지」

춘원(春園)의 「동경(東京)에서 경성(京城)까지」8)는 제일신(第一信)부터 제십일신(第十一信)에 걸쳐서 엮어진, 일종의 서간식 기행문이다.

第一信

앗가 停車場에서는 참 서운하게 써낫다. 네가 풀라트홈씃헤 서서 내가 보이지아니하도록 手巾을 두를때에 나는 눈물이 흐를번하엿다. 그것도 그럴일이아니냐. 나를 알아주는이가 너밧게업고 너를알아주는이가 나밧게업다하면 한몸의 두쪽갓흔 우리 두兄弟가 비록 暫時라도 서로 써나는것이 슬프지아니할理가잇느냐. 더구나 네가 몸이 편치못한것을보고 써나는것이 내마음에 몹시걸린다. 同生아 날더러 無情하다고 하지말어라. 내가 늘 네곁헤 잇서서 너를 慰勞하여주고십기야 여북하랴마는 우리는 情에만쓸릴 사람이아니다. 눈물을 쑤리며 千萬里의 遠別을하는것이 우리의 八字다 그러나 나는 비록 어대를 가든지 어느쌔나 늘 너를 생각할것이다. 그러나 돌아다니며 滋味잇는것을 볼째마다 네게 알려줄터이다 너는 그것을 보고 나를 본드시 웃고 慰勞를 바다다오.9)

第二信

移秧이 한창이다. 부슬부슬 비가오느데 도롱삿갓쓴 農夫들이 허리를 굽으리고 볏모를 옴긴다. 그네들에게는 쇄 밧븐일이언마는 곗헤서보는 내게는 퍽

---

7) 위의 책, 같은 곳.
8) 春園, 「東京에서 京城까지」, 『靑春』, 第九號(1917년 7월 26.일), 73~80 쪽.
9) 위의 책, 73 쪽.

閒暇해보인다. 나도 왼통 집어내던지고 저들과갓히 農夫가 되엇스면 하는 생각도난다. 그러나 돌려 생각하면 우리는 그러케 제한몸의 安樂만 爲할째가아닌것갓다.

東京속에 잇서서는 봄이 가는지 녀름이 오는지몰랏더니 밧게 나와보니 벌서 녀름이 무르녹앗다. 너도 틈틈이 郊外에 놀러 나가서 大自然과 자조 接하도록하여라. 大自然을 接하면 自然히 胷襟이 爽快豁達하여지고 塵世의 齷齪하던것을 니저바리게되며 아울러 生命의 깃븜을 切實하게 깨닷는다. 모다 살앗고나 모다 生長하는고나 모다 繁昌하는고나 모다 活動하는고나 個人도 이러할것이오 一民族도 맛당히 이러해야 할것이란 생각이 굿세게 닐어난다. 同生아 부대 活力이 만코 希望이 만코 活動이만허라.10)

第三信

國府津을 지나면 汽罐(關)車의 숨소리가 더욱 헐덕헐덕한다. 물결 잔잔하고 물맑은 고은 바다는 次次아니보이고 그代身 山이 次次놉고 갓가워간다.

녀름비에 말가케 씻겨낸 푸른山은 가슴부터 우흘 黃昏의 컴컴한 안개속에 감초앗다. 그 안개가 쌍에서 나온듯도하고 茂盛한 나무닙새에서 나오는듯도 하고 또 엇지보면 바위틈으로서 나오는듯도하다. 그리고 山밋흐로는 一條溪流가 여울을 지며 흘러나려간다 그것이 몹시 희게보인다. 푸른山에 對照해서 엇더케 아름다운지 모르겟다.

모든 景致가 黃昏의 빗에가리어서 그깁숙하고 慇懃한맛이 비길데가업다. 그사이로 우리列車는 헐덕어리며 箱根山巓의 御殿場驛을 向하고 올라간다 …… 銀魚로 有名한 山北驛에서부터 압뒤에 汽罐(關)車 두놈이 달려서 밀고 쓸고하건마는 그래도 쒸어나리기 조흐리만큼 천천히 달아난다 우루루하면 鐵橋를 건너고 또 우루루하면 굴을지난다 …….11)

第十一信

배에서 쾌 困햇다. 夜十一時發 奉天行을 타고는 곳 잠이 들엇다. 中間에멧번 쎄엇스나 밧겻히 어두어서 山구경도못햇다. 窓을 열면 벌레소리가 '이제 오시오' 하는듯하엿다. 그럴것이다. 비록저는 벌레요 나는 사람이지마는 제나 내나 멧百代祖上적부터 이 쌍 이 하늘알에 살아왓스닛가 오래간만에 돌

---

10) 위의 책, 73~74 쪽.
11) 위의 책, 74 쪽.

아오는 나를보고 반가와 할것도 맛당하다.

　太田을 지나서 十五分쯤 와서는 검하고 아삭바삭한 山머리로서 붉은 太陽이 쑥 베어진다. 이것은 一年만에 처음보는 朝鮮의 太陽이다. 붉듸붉은太陽이다. 이제 나지나되면 萬物이 다 타져서 죽을것갓다 太陽빗이 저러하고야 決코 비오는法이 업다고 흰옷닙은 사람들이 걱정을한다.

　해가 쓰니 초라한 朝鮮의 쌀아군이가 分明히 눈에씌운다. 져 쌜가버슨 山을 보아라. 저 쌧작 마른 개천을 보아라. 풀이며 나무까지도 오랜 가물에 투습이 들어서 계모의 손에 자라나는 게집애 모냥으로 침이 볼수가업게 가엽게 되엇다. 그러나 이제 비가 올테지 싀언하고 기름갓흔 비가 올테지. 져쌜가버섯던 山이 기름이 흐르는 森林으로 컴컴하게되고 져 밧작마른 개천도 맑은물이 남울남울 넘칠째가오겟다. 그래서 고운꼿이 피고 청아한 새소리가 들릴째도 오겟지. 웅 確實히 오지. 네가 只今 이러한 새누리의 圖案을 그리는中이아니냐. 그러타. 그러나 밧바할것읍다. 천천히 천천히 宏壯하고 永遠한 것을 그려다오.12)

　일본 동경(東京)으로부터 조선 서울까지 오는 동안에 보고 느낀 것을 나타낸 내용으로 되어 있다. 조선에 관한 것은 마지막 제십일신 뿐이지만, 그래도 아주 절망적인 초라한 꼬락서니만 끄집어내지 않고 기름진 미래상을 천천히 그려보고자 하는 점이 눈에 띈다.

2. 일요일 · 새벽 · 구안심(求安心)

4)「해삼위(海蔘威)로서」와「어느 일요일부터 월요까지」

　앞에서 살핀「동경에서 경성까지」처럼 편지 형식으로 된「해삼위(海蔘威)로서」13)는 필자의 이름이 밝혀지지 않은 기행문이다. 여기의 '해삼위'

---

12) 위의 책, 80 쪽.
13)「海蔘威로서」,『靑春』, 第六號(1915년 3월 1일), 79~83 쪽.

란 러시아 연해주(沿海州)의 동해(東海)에 면하는 항만도시 블라디보스토크(Vladivostok)을 지칭한다.

저는 좀 오래 留하려하던 上海를 지난 ○日에 써나아 오늘 아츰 無事히 海蔘威에 上陸하얏나이다
제가 上海를 써나는 날은 正月 바로 初生 바람 세게 부는 날이러이다 새로 지은 洋服에 새로 산 구두를 신고 나서니 저도 제법 洋式紳士가 된양하야 맘이 흐뭇하더이다 게다가 平生 못 타보던 人力車를 疾風가티 몰아 英大碼路 장판가튼 길로 달릴 째엣 맛은 나가튼 식골쑥이에게는 어지간한 호강이러이다 그러나 路上에서 眞字 洋人을 만나매 나는 至今껏 가지엇던 '푸라이드'가 어느덧 슬어지고 등골에 찬 쌈이 흐르어 不知不覺에 푹 고개를 숙이엇나이다 洋人의 옷이라고 반드시 내것보다 나은것은 아니며 내 옷 닙은 쓸이 반드시 洋人보다 자리가 잡히지 아니함은 아니로대 自然히 洋人은 富貴의 氣象이 잇고 나는 쌔들쌔들 洋人의 숭내를 내랴는 불상한 貧寒者의 氣象이 잇는듯 하야 羞恥의 情이 저절로 생김이로소이다 果然 나는 아모 目的도 업고 事業도 업는 遊客이오 그네는 私事 公事에 눈 쓸 사이가 업시 분주한 사람이니 이만하야도 내가 羞恥의 情이 셍김은 맛당할가 하노이다 設或 漫遊를 한다 하여도 그네의 漫遊는 價値가 잇나니 商業視察이라든지 地理歷史的 探檢이라든지 或은 人情風土와 文化視察이라든지 或 政治的 視察이어나 軍事偵探이라든지 그러치아니하면 詩人文士의 詩材文材蒐集이라든지 다 相當하게 價値가 잇거니와 나가튼 놈의 漫遊에 果然 무슨 쯧이잇사오리잇가 내가 商業 政治 等 視察을 할 處地오릿가 쏘는 그러할 能力이 잇나잇가 쏘는 學術的 藝術的으로 무엇을 어더만한 知識과 眼光이 잇나잇가 제게 羞恥之心이 생김이 當然한가 하오며 古聖의 말슴에 知恥는 近乎勇이라 하오니 或 내가 이 羞恥를 알기나 하는 것으로 慰勞를 삼으리잇가[14)]

이마에 찬땀이 흐르는 나는 황포탄(黃浦灘) 부두로 와서 행리(行李)를 대합소에 놓고 벤치에 걸어앉아 기다렸다. 마침 미주(美州) 가는 코리어호(號)가 늬알 아침에 닻을 올린다 하여 서양 손님이 많이 왕래하고 있었다.

---

14) 위의 책, 79~80 쪽.

이 코리어호 종선(從船)엔 동양 황색 인종이 전혀 눈에 띄지 않는다. 일이 등객(一二等客)만 타는 배임이 틀림없다. 이등은 두 가지이다. 하나는 '외국인용(For Foreigners)'이요, 다른 하나는 '중국인 이등급(Chinese 2nd Class)'이다. 앞 것인 서양인 타는 데는 갑판 위 미려한 선실이요, 뒷것인 중국인 이등은 갑판 아래 어둑침침한 방이다.

코리어호 종선을 떠났다. 전송객으로 본선(本船)까지 가지 않는 사람은 모두 다 부두에서 모자와 손수건을 두르며 작별 인사를 한다. 이윽고 우리가 탈 아국 의용 함대(俄國義勇艦隊)[上海-長岐-海參威 사이] 플라워호 종선에서 고동 소리가 난다. 나와 나를 전송하려고 나온 벗 3~4명이 종선으로 오른다. 부두를 떠난 종선이 황포강 양수포(楊水浦) 굽이를 비스듬히 돌아간다. 마침내 우리는 플라워 본선에 올랐다.

벌써 러시아 사람의 세계에 들어선 것이다. 종선이 본선을 떠날 때, 나는 모자를 흔들며 소리를 질렀다. "나는 방향 없이 가는 대로 가오" 저편에서도 무슨 소린가를 지른다. 그러나, 바람 소리에 제대로 들리지 아니한다. 나는 선실에 들어가 낮은 천장을 바라보고 옷도 안 벗고 누웠다. 몸이 피곤하다. 그만 잠이 들었다.

역시 필자의 이름이 밝혀지지 않은 작품에 「어느 일요일부터 월요까지」15)라는 수필이 있다.

  十一月 五日 日曜 맑.
  첫 눈이 오다 보스락눈이로다
  들어 가기 실흔 會堂에 억지로 들어 갓다 실증나면 살작 나오량으로 門 미테 안젓다가 聖經工夫에 자미가 나서 끗까지 잇섯다 오늘 工夫는 예수의 審判과 死刑을 宣告하야 十字架에 못 박는 데로다 빌라도의 '眞理란무엇이냐'는 千古의 疑問이오 萬人의 疑問이로다 사람은 번접스럽은 動物이로다 언제

---

15) 「어느 日曜日부터 月曜까지」, 『靑春』, 第六號(1915년 3월 1일), 75~78 쪽.

는 밉다 하야 별에별별 지랄발광을 하야 그 사람을 죽이고는 또 무슨 생각이 나서 그 사람을 왓작 밧들어 놉혀 '主여 主여' 하고 눈물을 흘리는고 要컨댄 그 사람이 살앗슬 쩨에는 저보다 새롭은 저보다 갸륵한 소리를 하는 것이 밉다가도 정작 죽여 노코 본즉 올흔 사람을 죽인것이 未安하야 그 罪풀이로 야단을 함이로다 或 사람의 맘이 아조 열리어 제법 公平하게 사람을 判斷할 날이 올는지 말는지? 더욱이 열나고 얄밉은 것은 當時 猶太놈들이 예수 한아를 죽이기 爲하야 '예수가 왕'이라 自稱함은 僭濫한 말이외다 우리 임검은 오즉 '카이사르'이시외다 하며 속에도 업는 사설을 짓거림이라 고런 야식야식한놈들의 속알머리는 개도 아니 먹으리라 하얏다 만일 그런 속알머리를 개가 아니 먹으리라 하면 世上에는 퍽 개도 아니 먹을 속알머리가 싸히엇스리라 하엿다.16)

  예수를 심판하는 대목은 불후의 가치가 있는 비극이며 인정극(人情劇)이다. 교회가 이 만치만 재미가 있으면 늘 와도 좋으리라 생각되었다.

  오후에는 ○ 장로의 강도(講道)가 있었다. ○ 장로라는 이름만 들어도 그 비열한 인격과 함께 구역나는 얼굴이 보인다. 장로는 벌써 들어와서 강단 뒤의 높은 의자에 걸앉아 싱글싱글 웃고 있다.

  장로가 입을 연다. 양목사(洋牧師)에게서 보고 배운 동작과 억양을 화호유구격(畵虎類狗格)으로 야릇한 문자와 엉뚱한 자작 격언(自作格言)을 쓰면서 도도히 수천 마디를 쏟는다. 지난주(週) 읍내 회당(邑內會堂)에서 하던 소리를 재탕하고 있는 것이다. 보약도 재탕을 하는데, 장로가 삼탕 사탕을 한들 무슨 상관이 있을 것인가.

  장로는 매우 피곤한 모양이지만, 아직도 야비한 말이 끝없이 나올 것 같다. 북벽(北壁) 아래 꼼짝 안하고 앉았던 ㄷ 선생이 자기 성미를 참지 못하여, "응" 하는 몸짓을 지으며 혀를 튼다. "신성한 강당 안에서 저게 다 무슨 소리란 말인고" 모든 시선이 장로의 몸짓에서 소리 나는 쪽으로

---

16) 위의 책, 75 쪽.

모였다. 입바른 여러 학생들이 "옳소" 한다. 사람들의 얼굴에는 '동감동감(同感同感)' 하는 웃음이 보이면서도 점잖기 위해서 학생들을 책망하였다. 그러나, 학생들은 진리를 말한 것이었다. 장로는 그만 기운이 막히어 빨리 말을 마치고 불쾌한 낯빛으로 강단에서 내려서려다가 다시 올라가서 고개를 숙이고 한 마디 늘어놓는다. "하나님이시어, 완악(頑惡)한 형제의 맘을 감화하여 주소서. 하나님의 길을 벗어나는 불쌍한 형제를 도로 인도하여 주소서."

ㅂ 군이 한 마디 한다. "글도 나고 성치 않기도 하니까 저 소리야." ㅅ 선생은 다른 사람들은 모두 버선발로 다니는 자리를 못 박은 구둣소리를 쾌드등거리면서 단(壇)에 올라가 남녀 자리를 한두 번 굽어보더니 얼굴이 벌개지도록 소리를 높인다. "이게 무슨 일이오? 학도(學徒)들이 무슨 버르장머리란 말이오? 하나님의 성전(聖殿)에 와서 웃고 괴악 망측한 소리를 하고 그 따위로 배워먹어서 무엇한단 말이오? 차라리 …… 다 제 집에 돌아가 자빠졌거나 하지! 그 따위 학도가 백만 명 있으면 소용이 무엇이란 말이오?" 이제 막 통곡이 나올 듯 나올 듯하다.

아까부터 눈을 힐끗힐끗하던 ㅊ 씨가 벌떡 일어난다. "하나님의 거룩한 성전에서 그렇게 사람을 질욕(叱辱)하고 저주하는 법이 있습니까? 또 학교 여러 선생님네도 계신 바에 그렇게 학도를 책망하시면 선생네는 어떻게 생각하겠습니까? 또 일개 교회의 하급 직원으로서 아무리 교회 학교라 하더라도 한 공공(公共)한 단체를 그렇게 후욕(詬辱)하는 법이 어데 있습니까? 교회는 사람을 충고 선도하는 직분이 있으되 저주 책벌(責罰)하는 직권은 없으니 예수께서도 당신을 배반하는 유다를 애석(愛惜)을 할망정 책벌은 아니하시었습니다. 오늘 교회에서는 장로 이하로 큰 실수 ― 말하자면 하나님과 주께 대하여 큰 죄를 지으신 것이니 속히 눈물을 뿌리고 회개하는 것이 마땅한가 합네다."

11월 6일 월요일은 맑고 참.

어젯밤 소등종(消燈鐘)이 울린 뒤에도 지옥 회의〔사감의 눈을 피해 이불 속에서 하는 회의, 선생의 별명도 짓고 食主人 비평과 웃음거리를 장만하는 것 따위가 그 것〕를 한 까닭에 정말 눈이 안 떨어지는 것을 억지로 일어났다. 오늘처럼 기상종(起床鐘)을 미워해 본 적은 과거엔 없었다. 세상에서 제일 미운 것을 지고 오라면, 한 어깨엔 ○ 장로를 다른 어깨엔 종을 지고 가리라 생각했다.

무엇보다도 오늘 아침은 마당 쓸기가 참 죽기보다 더 싫었다. 게다가 남은 있는 악을 다 써서 마당을 쓰는데, ○ 선생은 늘큰하게 팔짱을 끼고 벌벌벌 떠는 주제에 잘 쓰느니 못 쓰느니 잔소리를 한다. <저는 책망하러 난 사람, 우리는 책망 들으러 난 사람인 줄 아는 게다. 당신 자는 방조차 제 손으로 못 쓸고 세숫물도 우리를 시키는 처지에 무슨 면목으로 우리를 책망하는고 원래 교내(校內)에 유명한 미움받이언마는 오늘 아침에는 더 미워진다. 종과 ○ 장로는 내어놓고라도 ○ 선생을 지고 갈까 보다.>

5) 「경성 소감(京城小感)」과 「새벽」

소성(小星, 곧 玄相允)의 「경성 소감」[17]은 우리의 서울을 지나차게 과소 평가한 점이 우선 눈에 띈다. 그럴 수 밖에 없을는지도 모를 일이다.

---

17) 小星, 「京城小感」, 『靑春』, 第十一號(1917년 11월 16일), 124~129 쪽.

東京으로서 歸省하는길에 暫間 京城에 들넛다. 들닌目的으로말하면 別노일이 잇서서 들닌것도아니오 다만 보지못한그동안에 京城이 얼마나 進步되며 얼마나 發展되얏는가하고 그變就의程度를보기爲하야 들닌것어엇다. 그럼으로 나는 할수잇는대로 여러사람과 接하며 여러가지事物을 보려하얏다. 그러나 날도 쓰겁고 몸도困하야 計劃과가치 그리되지못하고 오직 小部分의 멧멧方面만보앗다. 그럼으로 지금 이가치 쓰는것도 무슨제법한 具體的感想이아니오 아조 支離滅裂한 斷片的생각임애 不過한것은 미리부터 注意하야둔다.

○

그런데이번留京의印象을 몬저簡單히 말하자면 자그만이 나흘저녁이오 차즈며 본것이 數十時間에 京城도 이만하면 希望이잇다하고 생각된것이 한째 或 두째라하면 이模樣으로는 아모것도아니다하고 생각된것이 멧十째멧百째이엇스니 조리말하면 '京城은 아직 멀엇고나'하는것이 그適當한對答일가한다. 아아 京城은 아직것 나아가지못하얏다 아직것 열니지 못하얏다 아니 그뿐만아니라 京城은 나의보는所見으로는 적어도 아니되랴는京城가치만 보이고 물너가라는京城가치만 보이엇다. 이러케말하면 或 나를 甚하게말하는 사람이라 할이도 잇스리라 그러나 나는元來 나아간京城 잘된京城을 보러왓던사람임으로 나의보는바도 亦是 조흔곳 조흔일만골나볼것은 勿論이어늘 무슨까닭인지는 모르나 나의눈에 보인바는 別노 조흔것이아니오 거의다 조치못한것만임을 생각하면 觀察의對象인京城그自身이 조치못한것임은 가리우지못할事實인가한다

○

爲先京城의 空氣는 다른나라都會의 空氣에比하야 무겁고 沉靜하며 弛緩하고 不活潑한듯이 늣기엇다. 이는 空氣그物件이 참으로 그런지 或은 나의 主觀的感情이 그런지는 아지못하나 그러나 左右間 나의몸이 鍾路갓흔곳을 거러단이자면 무엇이 고개를 내려누르는것갓기도하고 팔을 당기는것갓기도하야 활개며거름이 自然前가치 납신납신하지못하며 呼吸을한번하여도 코가 찡찡하리만큼 緊張하고 당글당글한 맛이 업다.
다시말하면 京城은 아즉것 競爭의味를 感할수업고 自奮의氣를 覺할수업다. 어대서어대를가나 모도다 맛북이 울지못하고 한쪽이당글당글하면 한쪽은 펑드렁펑드렁하며 한쪽이 도드라지면 다른한쪽은 반드시 움푹하게 게드러간다.

그럼으로 사람과사람사이에 競爭이 니러나지못하고 事業과事業사이에 緊張이 생기지못하야 남도하는데 나도한다는 氣象이 한아토보이지아니하며 世上이 이러하니 나도 이러하여야하겟다는 自覺이 아직것 徹底하게보이지아니한다.

더한번 곱잡아말하자면 京城은 아조事無訟하고 四方에無一事한것갓치보인다. 넘어도 閑暇롭고 넘어도 便安하다 自己할일을 남이 하여주려니하는듯하다. 남은 發明을하며 發見을하여 世界文明에 貢獻을하노라 惹端인데 나는 가만이안자서 그것의德이나 보자하는듯하다.

그래그런지는 모르나 京城에는 퍽노는사람이 만이 잇는듯하다 아츰저녁 밥먹을것은 업스면서도 낫잠자기와 將棋바독은 依然하게 盛行하는듯하고 文明한나라都會로말하면 日曜日이나 慶節日을除한外에는 市街가운데로 일업시단이는사람이 別노업슨模樣이어늘 京城市街에는 一年열두달 어느날을勿論하고 흔들흔들 일업시단이는사람이 몟百몟千으로 計치안을날이 別노업는듯하다, 그리하야 입을 쩍 버리고 침을 게제 흘니는양이며 눈을 힘업시쓰고 귀짝이를 푹 느린것이 어느便으로던지 絶切半은 죽은사람이오 絶切半은 中毒한사람이며 精神나간者 얼싸진者가치 보인다. 여러말할것업시 이모양을 一言으로 蔽하야 말하면 京城은 怠氣滿滿이라고 할밧게다시다른말이업는가한다.[18]

무엇보다도 경성은 학자(學者)를 몰라보는 도시 같다. 따라서 경성은 학문과는 인연이 없는 것처럼 보인다. 다른 나라 도회에서 가장 큰 우대와 존경을 받는 것은 관리나 실업가가 아니며, 오직 학자와 학생이다. 그들이 항구한 진보를 하는 것도 바로 이 까닭이다. 우선 동경(東京)만 보아도 그것을 알 수가 있다.

본디 경성은 학자도 없거니와, 설령 학자가 있다 할지라도 그를 존경할 줄도 모르고 우대할 줄도 모르는데, 어찌 학자가 나오기를 바랄 수 있을 것인가.

경성은 두억시니의 경성이오, 도깨비의 경성이다. 도서관 하나 없고 학회 하나 없는 데서야 저마다 두억시니가 되거나 도깨비가 될 수 밖에 없

---

18) 위의 책, 124~125 쪽.

기 때문이다. 그러므로 학교 선생들이 술 마시고 바둑둘 줄은 잘 알지만, 서적 대할 줄은 전혀 모르고, 젊은이들이 야시(夜市)나 꽹과리 구경은 갈 기회가 있되 학술 강연이나 학자의 연구 보고는 들을 기회가 없다. 정말 슬픈 일이 아닐 수 없다.

그리고 경성은 허영의 도시요, 서방님의 도시처럼 보인다. 물론 좋은 점도 많이 있다. 그러나, <경성 일판(한 地域 全部)이 모두 다 바람에 띄운 듯하고 헛기(氣)에 사로잡힌 듯하다. 그리하여 사람사람이 모두 다 하지 않고도 무엇이 잘되었으면 하는 듯하고, 비록 한다 하여도 어떻게 단 한 번에 천금을 쥐었으면 하는 듯하다. 그러므로, 힘들여서 얻고 땀흘려서 먹는다는 사상은 이곳 사람들에게는 미친놈의 말같이 들리는 듯하고 끈기 있게 참고 억세게 다투는 것은 이곳 사람들에게는 아주 몰교섭(沒交涉)한 일같이 보이는 듯하다.>

다시 말하면, 경성은 스페인이나 프랑스 같은 남구라파의 아양있고 화사한 귀공자적인 풍채는 엿보이나, 독일이나 스코틀랜드 같은 북구라파의 튼튼하고 근검(勤儉)한 평민적인 냄새는 풍기지 않는 것 같다. 경성은 속은 하나도 없고, 껍데기만 있을 뿐이다.

<경성에는 중심이 없고 축(軸)이 없는 듯하다.> 말하자면, 일에는 일의 중심이 없고, 사람에게는 사람의 중심이 없다는 뜻이다. 중심이 없으니 회전이 제대로 될 까닭이 없다. 게다가 경성에는 참다운 뜻으로서의 후배도 없고 제자도 없음과 동시에 진정한 의미의 선배도 없고 스승도 없다.

지금까지 내가 고언 신구(苦言辛句)를 거리낌 없이 토한 것은 경성에 대한 악의에서가 아니요, 현재의 경성 상황을 알려 함에 그 목적이 있다. <아아, 사랑하는 경성아. 하루바삐 나아가 이 글을 쓴 나로 하여금 후일에는 다시 금일과 같은 느낌이 일어나지 말게 하여라, 아아, 사랑하는 경

성아.>

역시 소성의 수필에 「새벽」19)이라는 작품이 있다. 「경성 소감」보다 먼저 발표된 수필 「새벽」은 너무나 그 선이 가늘다 하겠다.

> 萬籟는 죽은듯이 고요하고, 夜色은 그지업시 침침한대. 먼山갓가운山에 자옥한 안개는 含默의 美를 곱단이 그려내고, 여긔저긔 반작이는 새벽별은 濃灰色 하늘빗을 熹微하게 繡노흔듯하다 —
> 이째 나는 어대라 定한곳업시 홋옷에 맨발로 한거름 두거름 집뒤 재백이를 向하고 올나간다.
> 귀를 기우려 들으려 하기로 어대서나 버레소래 하나 들닐소냐. 밤은 依然하게 깁고 어두옴은 如前하게 둘녀잇다 오직 압뒤村에 가늘게 니러나는 몽당불 烟氣는 어제부터 타던 異常한 내음새가 무럭무럭 무겁은 空氣에 몰녀오고 잇다금 잇다금 획획 불어오는 서느러운 바람은 오삭오삭 弱한몸에 솜을 돗칠뿐인데, 언덕아래 삼길네집 마구간으로서 '응―'하고 길게 내쉬는 소의 숨소래에 나는 흠칫 놀내엿다 —
> 이러케 놀낸몸을 간신이 옴겨 이리쓸고 저리더듬어 허방지방 재백이에를 올나오다.
> 좁은가슴에 밀녀오는 거츤숨을 단한번에 길게쉬면서 눈을들어 여긔저긔를 살펴보니 압히나 뒤나 山이건 물이건 나무가지에나 풀닙에나 에워싸둘닌것은 오즉 어둠의 빗뿐이고녀.
> 아아 이어두옴의 빗! 내의 弱한몸을 누르는듯하다 — 깁히깁히 져검은 구석에 싸여잇는 무엇이라 形容못할 온갓 monster(怪物) 온갓 devil(惡魔)이 무셔운 입에 異常한 우슴을 씌우면서 무엇을 기다리고 잇는듯이 보인다, 안이 금시에 나를 向하야 한입에 생키랴고 짜라나올듯이 보인다.20)

이 빗에 엄습된 나는 번개같이 등골로 지나가는 무슨 느낌 하나가 갑자기 온몸에 더운 이슬을 맺히게 한다. 이런 때인데, <어찌 숨인들 편하

---

19) 小星, 「새벽」, 『靑春』, 第八號(1917년 6월 16일), 76~77 쪽.
20) 위의 책, 76 쪽.

게 쉬어지며, 걸음인들 순탄히 옮겨질소냐. 손끝에서 발끝까지 전하여지는 것은 오직 떨림뿐이요, 심장의 고동마다 따라 일어나는 것은 무서운 생각뿐이어서, 가지 위에 자고 있는 새나, 풀포기 아래 쉬고 있는 벌레의 무지 무감각한 것까지 꾸짖고 비웃었다.>

위로는 천근이나 만근되는 무거운 무엇이 머리를 내리누르는 것 같고, 아래로는 몇 백 몇 천 길 되는 험한 벼랑이 깎아지른 듯하다. 어쩔 줄 모르고 미혹(迷惑)의 소용돌이 속에 돌처럼 서 있던 내가 힘주어 '살려주!' 소리를 지르려는 그 찰나에 건넛마을에서 검은 장막을 쫓는 듯한 닭 울음소리가 울려 퍼졌다. 이 소리! 얼마나 힘있는 구원의 외침이냐. 이집 저 집에서 울어대는 닭소리와 더불어 어둠의 빛도 여기 따라 한 겹 두 겹 열어지고 동 쪽 하늘이 훤하게 밝아오기 시작한다. 어둠에서 밝음으로 인도해 준 소리 ― 무서움에서 기쁨으로 이끌어 준, 가장 힘있는 천사(angel)의 외침이 아니고 무엇이겠는가.

6) 「구안심(求安心)」과 「광(光)」

현순(玄楯)의 「구안심」[21]은 앞에서 살핀 「경성 소감」이나 「새벽」과는 완전히 성격을 달리하는 수필이다.

> 人生이 此世에 處ᄒᆞ야 犯罪키 不可ᄒᆞᆯ 者이나 犯罪ᄒᆞ며 淸淨ᄒᆞᆯ 義務가 有ᄒᆞᆯ 者이나 不潔ᄒᆞᆯ 品性을 發表ᄒᆞ며 天使를 成得ᄒᆞᆯ 만ᄒᆞᆯ 資格이 備ᄒᆞᆯ 者이나 往往 禽獸의 地位에 下落ᄒᆞᄂᆞᆫ 者로다. 噫라 惟我 人生이 登攀ᄒᆞ면 天上의 人格을 成ᄒᆞᆯ 거시오 下落ᄒᆞ면 地極의 惡鬼를 成ᄒᆞ리니 無限ᄒᆞᆫ 光榮과 無限ᄒᆞᆫ 墮落은 共히 吾人의 達ᄒᆞᆯ 바 境遇라 然ᄒᆞ나 墮落ᄒᆞ기ᄂᆞᆫ 易ᄒᆞ고 登攀ᄒᆞ기ᄂᆞᆫ 難ᄒᆞᄂᆞ니 墮落ᄒᆞ면 良心의 責이 有ᄒᆞ고 登攀ᄒᆞ면 情慾의 妨이

---

21) 玄楯, 「求安心」, 『每日申報』, 1910년 10월 22일.

有ᄒᆞ야畢竟我의願ᄒᆞᄂᆞᆫ바ᄂᆞᆫ不行ᄒᆞ고我의惡ᄒᆞᄂᆞᆫ바를行ᄒᆞᄂᆞ니實노我ᄂᆞᆫ二個의我로分成흔者로다 一個의我ᄂᆞᆫ他一個의我와恒常戰爭ᄒᆞᄂᆞᆫ者라故로古人의云흔바와如히吾人의一生은戰爭의一世라흠이可ᄒᆞ도다 …… 富ᄒᆞ면足ᄒᆞ다흘지나富ᄒᆞ야도平安을不得ᄒᆞᄂᆞ니吾人이平安에對ᄒᆞ心內의缺乏을不知ᄒᆞ고此를心外事로認ᄒᆞ며心內에充滿케흘거슨不求ᄒᆞ고心外에充滿케흘거만求ᄒᆞ니我의敵은他에不在ᄒᆞ고實노我로다新約聖書에云ᄒᆞ얏스되爾中에戰爭과戰鬪가何處로從來ᄒᆞᄂᆞ뇨爾의肢體中에셔來ᄒᆞᄂᆞ거시아니뇨ᄒᆞ얏스니太初브터今日ᄭᆞ지戰爭의原因을究컨ᄃᆡ다情慾의戰爭이니惟我同胞兄弟姊妹ᄂᆞᆫ各其心內에不滿不安흠을覺ᄒᆞ시고無限흔安慰를賜ᄒᆞ시ᄂᆞᆫ上帝의來ᄒᆞ야安心得ᄒᆞ시기를望ᄒᆞ옵ᄂᆞ이다22)

인생으로서 이 세상에 머물게 되면 천사가 되거나 악귀가 되게 마련이다. 우리 인생이 오르면 천상의 인격을 이룰 것이오, 떨어지면 저승의 악귀 노릇을 하게 될 것이다. 무한한 광영이나 무한한 타락은 모두 다 우리가 다다를 수 있는 길이다. 하지만, 타락하기는 쉽고 영광하기는 어렵다.

언제나 '나'라는 존재는 '이것'과 '저것'으로 나뉘어진다. 이것과 저것은 항상 싸운다. 따라서 우리는 전쟁의 소용돌이 속에서 살고 있는 셈이다.

흔히 부자로 살면 족하다고 말한다. 하지만, 부자로 살아도 평안을 얻지 못한다. 오로지 평안을 바깥에서만 찾고 마음의 평안을 깨닫지 못하기 때문이다.

따라서 우리의 적은 다른 데에 있는 게 아니고 우리에게 있는 것이다. 바로 이 지체 가운데에서 싸움이 벌어진다. 먼 옛날부터 오늘날까지를 돌아보건대, 전쟁의 원인은 정욕(情慾)으로부터 비롯되었다고 보아야 할 것이다. 이에 형제자매는 저마다 마음속의 불만 불안을 깨닫고 끝없는 안위를 주시는 상제께 가서 안심 구득하기를 바랄 뿐이다.

그 내용은 약간 다르지만 논조가 「구안심」과 비슷한 글월에 이상재(李

---

22) 위의 신문, 같은 곳.

商在의 「광(光)」[23)]이라는 것이 있다.

> 예수는光이시니光이世上에臨호되世人은暗을喜ᄒᆞᄂᆞᆫ故로光에就치아니ᄒᆞᄂᆞᆫ도다人이光을不喜홈은自己의惡ᄒᆞᆫ行事와自己의惡ᄒᆞᆫ思念을顯出홀가恐홈이나光이此世에已臨ᄒᆞ얏ᄉᆞᆷ즉暗中에在ᄒᆞᆫ至微至細ᄒᆞᆫ것이라도畢露莫隱ᄒᆞ리니是ᄂᆞᆫ自己의暗으로自己를自欺홀ᄲᅮᆫ이로다譬컨되吾耳를自掩ᄒᆞ고鈴을盜ᄒᆞᆫ즉吾雖無聞ᄒᆞ나鈴 豈無聲이며吾目을自蔽ᄒᆞ고雀을捕ᄒᆞᆫ즉吾雖無見이나雀豈不飛ᄒᆞ리오暗을喜ᄒᆞ고光을惡ᄒᆞᄂᆞᆫ者도此와如ᄒᆞ야暗中에셔行動ᄒᆞ다가顚沛躓蹶ᄒᆞ야滅亡坑에陷入홀지라仁愛ᄒᆞ신上帝게셔此를矜憐ᄒᆞ사獨生子의光으로此世를救援코자ᄒᆞ시ᄂᆞ니窃願컨디滅을厭惡ᄒᆞ고生命을愛好ᄒᆞᄂᆞᆫ兄弟姉妹ᄂᆞᆫ此期會를莫失ᄒᆞ야暗을棄ᄒᆞ고光으로來홀지어다[24)]

한 마디로 말해서, 어둠을 버리고 빛을 찾으라는 것이다. 여기의 빛은 예수를 가리킨다. 그런 뜻으로서의 빛이 이 세상에 나타났지만, 세상 사람은 어둠을 좋아하기 때문에 빛을 뒤따르지 않는다. 사람이 빛을 좋아하지 않는 것은 자기의 악한 행사와 자기의 악한 생각이 밖으로 드러날까 두려워함이지만, 이미 빛이 이 세상에 나타났으므로 어둠 속에 있는 아주 미세한 것이라도 모두 다 나타나게 마련이오 결코 감출 수 없는 법이니, 이것은 다만 자기의 어둠으로 자기를 속이는 것에 지나지 않는다.

비유컨대 자기 귀를 자기가 가리고 방울을 훔치었기 때문에 비록 자기는 듣지 못한다 한들 어찌 방울이 소리를 내지 않을 것이며, 자기 눈을 자기가 가리고 새를 잡았기 때문에 비록 자기는 보지 못한다 한들 어찌 새가 날지 않을 것인가. 어둠을 좋아하고 빛을 증오하는 사람도 이와 같아 어둠 속에서 행동하다가 엎드러지고 자빠지며 걸려 넘어져 멸망갱(滅亡坑)에 빠지게 마련이다.

---

23) 李商在, 「光」, 『每日申報』, 1910년 10월 21일.
24) 위의 신문, 같은 곳.

자애로운 상제께서 이를 불쌍 가엾게 여기어 독생자의 빛으로 이 세상을 구원코자 하신다. 멸망을 혐오하고 생명을 애호하는 형제 자매는 이 기회를 잃지 말 것이며 어둠을 버리고 빛으로 와야 할 것이다.

3. 돌비늘·신부

7) 「화단(花壇)에 서서」와 「돌비늘」

우보(牛步 ; 閔泰瑗)의 「화단에 서서」[25]라는 수필은 흙과 화초에서 느낀 아름다움을 그대로 토해낸 작품이다.

> 渝色하고 째뭇고 몬지올라 藍인지 검정인지 灰色인지 分明치못한 무명니불은 疲困한 나의몸이 밤새도록 안으며 감으며 부뷔대어 휘주근하게 되엇다 그모양이 어제저녁 나의몸과 다를것업다 — 마치 나의 몸과 나의寢具가 晝夜交代로 安息하는세음이라 — 구렁이 허믈벗듯 발치에 버서바렷던 玉洋木袴衣적삼을 上軆만 무릅과 가슴이 맛닷도록 쭈부려 쓸어다몸에쒜고 툭툭털고 일어나서 이불을 개켯다 그리고門밧그로나섯다
> 맨발버슨채 옷가슴 헤쳐노흔채 門을 열어제치고 마루슷흐로 나갓다 마루바닥에 발을옴겨노흘째마다 선득선득한긔운이 清涼劑를 注射하는듯이 全身에 사뭇히며 新鮮한 아츰空氣는 온몸을 둘너싸서 모든 털구녁으로 긔어든다 펴지기 始作하는 아츰해빗츤 내눈의 가리움을 不意에 벗겨갓다 나의 精神은 爽快하고 나의몸은 싱싱하야 活氣가넘친다
> 나는 無限히 感謝하엿스며 쏘 恒常 이와갓기를 願하얏다 그래서 나는 하늘님께 祈禱를 올녓다
> '하늘님 慈悲하고 全能하신 하늘님!! 저의 무리를 사랑하시와 하로밤 동안을 安息케하시고 또 只今이와갓히 참된 마음과 싱싱한 몸으로 하늘님압헤나

---

25) 牛步, 「花壇에 서서」, 『青春』, 第九號(1917년 7월 26일), 86~90 쪽.

오게하시니 感謝感謝하옵나이다 하늘님시여 懇切懇切히 비올바는 저의 무리로하여곰 恒常 이와갓히 참된 마음을 保全케하소서 저의 무리는 悍馬를 어거하는 서투른 御者와 갓하야 肉體의 부리는바이 되면서도 엇지할 줄을모르나이다 하늘님이시여 可憐한 무리를 살피시옵소서'
　이와갓히 祈禱를 올닌뒤에는 쯸에 나려가 花草가온대에 들어섯다26)

　장방형의 화단은 남의 담 밑에 붙어 있고, 마루 앞으로는 ㄱ 글자 모양의 길이 나 있다. 고운 화초들이 아침 이슬을 머금고 조용히 늘어서 있고, 그 꽃과 잎은 활짝 필대로 피어 있다. 포플러나무 어린 잎에 종적 없는 바람이 무어라 속살거리고 참새가 아침빛을 찬미하는데, 아침빛은 포플러에 찬란한 광채를 번득인다.
　<저것 보아라! 저 한련(旱蓮)을 보아라. 잎마다 진주를 받들었다. 나는 그 옆에 쭈구리고 앉았다. 그리고 그 잔대(盞臺) 같은 잎과 불빛 같은 꽃을 손에 따들고 뚫어지도록 들여다보았다. …… 나는 눈을 썩썩 비비었다. '이것이 시각의 착오라는 것인가' 하고 다시 들여다보았다. 여전히 광채가 난다.> 맑은 향기와 비위를 가라앉히는 맛!
　나는 땅을 들여다본다. 흙빛이 누릇하다. 살이 거칠다. 나는 손에 진흙 한 덩이를 움켜들었다. <흰빛·검은빛·붉은빛·푸른빛·누른빛, 모든 빛이 섞여 있다. …… 금같이 번적거리는 것, 은같이 반작거리는 것, 보석 같은 가는 모래, 별 고운 것이 다 섞여 있다. 이 한 주먹 흙이 비할 데 없이 고귀하고 미려하게 보인다. 나의 마음은 기쁘고 나의 얼굴은 미소를 띠었다. 큰 발견을 한 것같이 비상한 유쾌를 느끼었다. 그리고 앉았던 곳에 여전히 앉았었다. 우주의 만물은 미(美)가 있을 뿐이요, 추(醜)라는 관념은 우리 감각의 착각인가 하였다.> 이러한 명상을 하고 있었기 때문에,

---

26) 위의 책, 86~87 쪽.

나는 사람이 바로 곁에 오는 것도 알지 못했다. "더러운 흙은 왜 들고 앉아 넣 놓고 보시오? 웃기는 무엇을 보고 웃으시오?" 깜짝 놀란 나는 손의 흙덩이를 땅에 던졌다. 그러나, 흙에서 얻은 그 무슨 큰 것 하나는 무한한 상쾌로 화하여 내 가슴에 그득하게 채워졌다.

순성(瞬星 ; 秦學文의 「돌비늘」[27])은 '비항(B港)의 하루'·'야족헌(也足軒)'의 두 가지 작은 제목으로 이루어졌다.

  細雨와갓흔 깁흔안개가 天地에 가득차 하늘과싸를 못나누겟다. 바다도 업고 陸地도 업고 眼界는 단지 朦朧한 霧世界다. 나무를 삼키고 사람을 삼키고 집을 삼키는 强한 바람의 쎄가안개바다[霧海]우로부터 山우 貧村을 쏠코 살가치 몰녀가니 이것이 西伯里亞熱風의 근원이오 오늘은 定해논 露西亞的날이다.
  먼 곳에 외로운 나는 水土不服으로 因하야 한나절 지나도록 흙房 기직우에서 배를 쥐고 이리듸굴저리듸굴 듸굴듸굴 구르다가 낫이 겨운後 先生의 사랑히 다려주시는 湯藥한貼을 마신後에 겨오 精神을 차려 이러안젓스니 나의 氣力은 악가 부든 連한 바람에 쌔여 발서 멀니 우랄(Ural)山을 넘어간듯 혼곤히 힘이업고 簷下끗에서는 안개 어린 적은 물방울이 각금가다가 쭉쭉.
  싯벌것케 녹 난 양철 주전자에 듸운듯 만듯한 미지근하고 비린 흙물에 半에 쏘갠 黑麵包 한조각으로 배를 채고 피곤한 몸을 흔들흔들 흔들면서 散步次兼 勘察半島로 고기 잡이 가는배를 구경하려 埠頭에 나아갓다. 바람은 자조용하나 안개는 여전히 자욱, 埠頭에는 식검은 옷에 帽子를 뒤로 제쳐쓰고 해바라기[向日花]씨를 이로 싸서 겁질을 투투배앗고 섯는 한가한듯한 失業者, 조고만 一輪車에 흙을 가득 싯고 밀며가는 勞働者, 머리는 보자로 싸고 구은 鱸魚와 林檎을 가득이 담은 광주리를 왼 팔에 걸고 비럭질하듯이 팔라다니는 시골 女子, 동그란 帽子에산듯한 服裝을 입고 입에는 굵단 파이푸를 물고 두손을 바지 포켓트에 싹찌르고 왓다갓다하는 船員은 깁흔 안개 속에 活人畫가치보인다.[28]

---

27) 瞬星,「돌비눌」,『靑春』, 第十一號(1917년 11월 16일), 121~123 쪽.
28) 위의 책, 121 쪽.

<배에서 땡땡 종을 치니 이곳 저곳에서 한 무더기 두 무더기씩 승객이 배에 오른다. 선현(船舷)에 열을 지어 죽 늘어선 승객 중에는 전별(餞別)의 표로 받은 꽃을 가슴에 안고 입 맞추는 부인도 있고, 굵은 여송연(呂宋煙)을 퍽퍽 피우며 점잖이 딱 서서 껄껄 웃으며 태연히 이야기하는 신사도 있다.>
　배에서 두 번째 종이 울린다. 세 번째 종소리가 나자 모두가 일제히 작별 인사를 한다.

　　나는 水口門밧 安定寺 드러가는 어구 오른便언덕우에 조고마니 산듯하게슨 也足軒 퇴마루에 다리를 걸치고안젓다. 우에서는 여름 낫 불해가 山이나 집이나 나무나 사람의 區別업시 一時에 다녹이고야 말리라하는 듯한 무서운 暴力으로 容恕업시 내리찍고 아래에서는 限업시 큰 大地가 큰 입을 딱버리고 씨는 熱氣를 '하하'하고 내쫌는다. 이世界는한 큰 鎔爐다.
　　먼 南漢의 긴 山은 더운 김에 쌔워 숨과가치 희미히 보이고 왼便 龍馬의 石山은 曝陽에 쬐여 등이 쩍쩍 터지는지도 모르고 기리누어 낫잠잔다. 그 뒤에서는 모든것이 녹아 올나오는듯한여름구름. 茫茫한 大海에 數百丈式 올라오는 물기둥〔水柱〕과 물기둥이 서로 맞부듸쳐 무서운 물연긔를 쏨고 흐터지는듯 눈의 알푸스가 싸른바람에 별안간 山더미째 문어지는듯 적은 내의 맑은 물이 微風에 흔들려 잔잔한 물결을 이리키는듯 强한 壓出力을 가지고 내미는 熱湯의 쓸어 용소숨치는듯한 무서운힘을 싼 여름구름이 悠悠히 퍼져간다.29)

　낮이 훨쩍 겨워 얇은 해가 서산에 걸리며 석양빛이 맞은산 왜송(矮松) 사이를 비스듬히 밭고랑 속으로 흘러 들어간다. 오른편에 다부룩하게 무성한 송림 속에서는 서늘한 저녁바람에 깬 작은 새와 까치의 자작대는

---

29) 위의 책, 122~123 쪽.

소리가 흘러나오고, 용마산(龍馬山) 검은 바위에서는 산신(山神)의 오줌 줄기 같은 가는 선이 한층 더 완연하게 보인다. 호박밭을 끼고 흐르는 작은 내는 '쫄쫄쫄쫄' 하고 가늘게 휘어 소나무와 포플러 사이로 숨어 버린다.

냇가에서는 흰 옷 입은 두 여자가 '차닥차닥' 빨래를 하고 그 곁에서는 햇볕에 시커멓게 탄 두 아이가 발가벗고 목욕을 한다. 해가 꼬빡 넘어가자 두 여인은 흰 빨래 광주리를 머리에 이고 돌아간다. 멀리 보이는 초가에서는 넓고 푸른 연기가 올라오고, 등뒤의 절에서는 저녁 종이 '뎅뎅' 울린다.

8) 「남조선(南朝鮮)의 신부(新婦)」

최소월(崔素月 ; 本名 崔承久)의 「남조선의 신부」[30]는 그 주인공이 새색시이다.

내가 탄 기선 순천호(順天號)는, 10월 4일, 달빛은 환하게 밝고, 맑은 바람이 산들산들 부는데, 파도 한 점 일어나지 않는 밤 8시쯤 되어서, 전남 홍양반도(興陽半島)의 풍남포(豊南浦)에 정박하게 되었다.

> 再昨年이째에는 家兄과갓치西海岸을휘도라濟州島까지가서, 白沙場에서潛水娘과갓치물녀단이며, 漢拏山비탈에서 安置로와잇던K君과갓치 말달니든일도 잇섯스나, 오늘날南韓地方에다가 나의肉身을내놋키나, 家兄의出迎이잇기까지 된것은稀有헌機會이다. 새로이接觸될山川, 人情, 風俗이얼마큼珍奇허리라는생각으로 헌자깁버허고기다리던나는 從船타고드러온家兄의게 우슴한번보이고 握手한번헌뒤에 從船으로갓치내리게되엿다.
> 내리기前汽船에서붓허, 이러한漁村이나鄕谷에서는 자주보기어려운盛裝의年少헌婦人을보앗다. 盛裝이라고허면過言인듯허나, 바눌갓쌉은綠衣紅裳을입엇

---

30) 崔素月, 「南朝鮮의 新婦」, 『學之光』, 第三號(1914년 12월 3일), 35~40 쪽.

고, 머리는 南韓式으로, 漢陽附近에서는얼마큼稀少허다고헐만헌 濟州梳賣女
의머리貌樣으로 트러서머리위에언젓는데, 油粉으로化粧은하얏스나, 길이드
지못하야보기에不體裁헌것이나, 귀기지도안이헌紫純仁唐綺가것흐로조금느러
진것이나, 머리만지기에힘은쓴듯허나 手段이益熟치못하야 트레가씰그러지고
非便해허는것을보면 成冠한지가오래되지못헌것도分明허거니와, 新婦인것도
斷言할수잇다. 밤버레갓치쏀얏케보이는 純朴헌銀指環이왼便손까락에끼여잇
슴으로.31)

<한데, 이 신부는 나와 같이 탔던 선객이 아니요, 노파 두 사람과 같
이 종선으로부터 오른 사람이다. 왈가닥왈가닥하는 푸르둥둥한 옥색(玉色)
옷을 입고 반백이나 된 머리를 …… 틀어 얹은 애꾸눈이 주걱턱에 아무
리 뜯어보아도 변변치 못한 성질을 가졌을 것 같은 50이 훨씬 넘은 노파
와, 이등실 옆 갑판 한구석에서 종용종용히 한참 동안 수작하더니, 그 노
파와는 본선에서 작별하고, 순백색의 안주(安州) 항라(亢羅) 겹옷에 제법 모
양 좋게 치장한 40이 채 못 되어 보이는 인품 좋고 숭굴숭굴한 노파와는
우리들과 같이 종선으로 내렸다. 필연 누구를 전송하러 온 모양이요, 애
꾸눈이 노파는 친족이 되는 사람인 듯하다.>

이곳 처녀가 하는 일은 도대체 무엇이겠는가. <봄에 김매는 일, 모종
내는 사람 밥 갖다 주는 일, 가을에 타작 마당으로 벼뭇 이고 다니는 일,
…… 보리밭에 오줌 주는 일, 물방앗간에 나가는 일, 더운 때면 나물 캐
러 다니는 일, 추운 때면 길쌈하는 일, 넉넉하면 자기 집 부엌 보살피는
일, 어려우면 품팔이 다니는 일, 산곡(山谷)이면 낙엽(落葉) 긁으러 다니는
일, 해변이면 조개 주우러 다니는 일, 까딱 잘못되면 잠수(潛水)하러 다니
는 일들뿐이다. 이것이 향곡(鄕曲) 여자의 일생애(一生涯)에 면치 못하는 생
활이요, 또 이러한 일들 밖에는 더 알지 못하는 것이 사실이다.>

---

31) 위의 책, 35 쪽.

그러면, 이 평생의 굴레 밑에서 자라난 이 신부가 대문간(大門間) 전별(餞別)도 아니요, 동네 어귀의 전별도 아니요, 해변의 부두에서 돌아서지 아니하고 종선에 올라 기선까지 전별을 해? 실로 기이한 일이요, 놀라지 않을 수 없는 일이다.

상륙할 선객은 다 옮겨 타고 짐을 다 옮겨 실은 뒤에 종선은 본선을 뒤에 두고 부두를 향한다. 뱃머리가 막 돌자 아까 그 신부가 잔사설(殘辭說) 몸부림을 치며 방성 통곡을 한다. 무슨 일로 저처럼 우는 것인가?

이 신부는 10여 일 전에 풍남(豊南)서 금리(錦里)의 면장 집으로 시집왔단다. 아까 기선에서 작별한 노파는 이 신부의 친정 계모로서 사나흘 전에 사돈 사이의 인사 겸 딸 보러 왔다가 오늘 내라도(奈羅島) 본가로 돌아가는 길이요, 지금 동행하는 인품 좋은 중년 부인은 이 젊은 신부가 평생을 공양하고 종순해야 할 시어머니인 것이다.

그러면 어째서 통곡하는 것인가? <계모를 그리워함인가? 아니, 그 변변치 못한 성질보다 여태까지 유순하게 달래는 인품 무던한 시모(媤母)가 있고, 또 지금 가는 곳에는 자기를 일평생 사랑하여 줄 신랑이 있다. 내라도 한구석에 다 쓰러져 가는 친정을 못 잊어함인가?>

자기가 지금 가는 곳에는 자기 집이 될 사랑 행랑까지 있는 훌륭한 집이 있을 뿐만 아니라, 그 집 곳간에는 조포(租包) 잡곡섬이 쌓여 있다. <이 신부는 부두에서 종선 타는 맛을 아는 신부요, 기선까지 전송하는 맛을 아는 신부요, 육지에서 수면(水面)으로 나아가는 맛 및 용기를 가지고 실행할 줄을 아는 신부>인 것이다. 그러면 어떻게 된 것인가?

<난국(暖國)의 처녀! 남해의 내라도! 더 따뜻한 일광(日光)을 그리워함인가. 먼저 받는 춘색(春色)을 그리워함인가, 앞서 오는 조류(潮流)의 향기를 그리워함인가, 화단 앞에 심었던 봉선화를 그리워함인가, 암초(岩礁) 위에

서 있는 백일홍을 그리워함인가, 사회의 죄악에 물들지 아니한 동생들을 그리워함인가, 순결하게 단합(團合)하던 동무들을 그리워함인가, 어디까지든지 자유인 고향을 그리워함인가.> 아니면, 시부모를 싫어함인가, 시뉘를 싫어함인가, 평화롭지 아니할까 염려함인가, 공평치 아니할까 염려함인가.

<시모(媤母)의 인품 좋은 것쯤 가지고서는, 신랑의 사랑쯤 가지고서는, 사랑 행랑 있는 집쯤 가지고서는, 면장 댁 며느님의 대우쯤 가지고서는, 조포 잡곡섬쯤 가지고서는, 쌀밥에 고기국쯤 가지고서는, 도저히 이 부인의 단단한 그리움과 굳은 뜻을 유혹해 낼 수 없고, 그 용기를 억제할 수 없고, 지금 이 통곡을 금지할 수 없으며, 아까도 이곳까지 오려 하는 실행(實行)을 만류할 수 없었겠다.>

이 여인의 통곡하는 소리는 산골짜기에 사무친다. 그녀는 자기의 용기가 잠시나마 꺾이는 것과, 권위가 잠시나마 눌리는 것과, 귀중한 시간 보내는 것을 철천의 원한과 분골 쇄신의 아픔으로 생각한다. 나는 삼가 동정의 뜨거운 눈물을 두어 방울을 뿌리는 바이요. 내라도의 순결한 처녀! 나는 신부를 처녀라고 부른다. 처녀가 이미 안 맞은 내버리지 아니하고, 그리움은 끊지 아니하고, 권위를 떨치려 하는 용기는 결코 눌리지 아니할 터이라! 아니, 그것을 억제할 사람이 생겨나지도 못할 것이다!

종선이 부두에 정박된다. 나는 존경하는 마음으로 통곡하는 처녀에게 묵례하고 가형과 함께 흥양읍(興陽邑)을 향하여 떠났다. 험하고 높은 고개에 걸렸던 달은 아주 넘어가고, 난운(亂雲)은 산처럼 중첩되고, 뒤에서는 곡성이 은은하다.

무엇보다도 이 작품은 처녀(신부)가 무엇 때문에 통곡하는지 그 내용이 구체적으로 밝혀지지 않은 점이 좀 아쉽지만, 오히려 그런 점 때문에 이 수필의 여운이 있다고 해고 좋을 것 같기도 하다.

4. 감정적 생활과 생존욕

9) 「정감적 생활(情感的生活)의 요구」

최승구(崔承九)의 「정감적 생활의 요구」[32]라는 글은 어떻게 보면, 논문 같기도 한데, 수필로도 볼 수 있는 여건을 충분히 갖추고 있다 하겠다.

— K·S兄.
三田의森, 品川의海가 好個所라허는것도, 溫情을품어다주는 日光이照耀허고, 香氣를싸다주는 微風이徐動헐쩨의말이지. 今日의自身으로서, 今日의呼吸難通헐暴風부는날, 今日의眼鼻莫開헐狂雨쏘다지는날에는, 自然히胸中이擾亂되며, 不愉快헌生覺뿐, 이러나오.
兄보다나도, 처음에는 壯快허다는 感情이잇섯소. 坯支持코저도하얏소. 허나, 瞬間에消滅되얏소. 厖大한常綠樹는이러한暴風雨에도 傲然히서잇스나, 凋殘헌 茱松花는悽慘허게다부러젓소. 雨一滴에花一瓣式 쩌러지오. 砲丸과갓치, 榮華의歷史가진花壇을鏖殺허오. 大紡錘의頭角을가진人間들은, 防禦헐道理가엇서 抱頭鼠竄쥐여드러가오(쭈생 잇는우리간)만은, 小拳形의白鷗들은, 弱枝黃葉밋헤서駈見猫의절고(求友々々헐氣運도옵시) 잇소. 必然, 傲然히서잇는常綠樹에게나, 自慢허는人間들에게도, 未久에戰慄的大掩襲이올것이요. 이瞬間에나는, 不得不最敬愛허는吾兄에게答信을써야겟소.
나는方今圖書館樓上에잇소. 大掩襲이오기前까지는沉着허게, 이러케樓上에잇슬터이요. 聞迅雷落箸허던大耳兄의體樣은안이허고, 周密히쓸터이요. 坯地形이나 位置까, 建築까지 彷佛헌兄의處所를印象허며, 最後까지쓸터이요.[33]

---

32) 崔承九, 「情感的生活의要求」(나의 更生) — K·S兄의게與허는書 —, 『學之光』, 第三號(1914년 12월 3일) 16~18 쪽.
33) 위의 책, 16 쪽.

<왜 입원하였소? 모씨(某氏)의 간병(看病)하기 위하여? 나의 친우 K·S형이 간호부 되었소? 고리키(Maxim Gorki) 씨도 적십자(赤十字)로 종군하였답디다. 형은 병실에서 도행(倒行)하지 아니하오? 씨의 녹각장(鹿角場)에서 도행하는 것보다, 형의 천아융(天鵝絨)에서 도행하는 것은, 매우 안락(安樂)이 될 줄 믿소 무엇보다도, 형의 설암(舌癌)·불소화(不消化)·난배설(難排泄)·신경 쇠약(神經衰弱)·사지 마비(四肢麻痺)·피로·정충증(怔忡症)들 좀 치료하시기 축원하오. 화홍문 월랑풍청(華虹門月朗風淸)하던 몽반(夢半)에, 오비 백련(五飛百練)을 보고 '체루(體累)보다도 심구(心垢)를 세척거(洗滌去)하였으면' …… 하던 형의 말씀이 기억되오. 나는 그때에 비상히 통절히 소양증(搔痒症)이 발작되었었소 우리에게는 선천 부족(先天不足)·유전·습관의 구구 탁재(舊垢蘀滓)가 아직도 잔존하였으므로.>

형의 글 가운데에 '자아(自我)를 살리러 시대의 도어(door)를 개방하러 가는 여행'에 대하여 나도 여행 참가자로 동의하여 준 것은 고마운 일이다. 탄탄대로로 가지 못하게 된 것만은 사실이다.

무엇보다도 나는 아직 독서도 많이 하지 못했고, 독서력도 부족하다. 하지만, 나는 우뚝한 이상(理想)이 조금 남아 있다는 것을 믿고 있다. 우선 얼키설키 얽힌 실 엉킴을 감정적 생활을 함으로써 풀어야 할 것이다. 나는 운명이라는 것을 믿지 않는다. 운명을 믿으면 역사가 없었을 것이고 진보가 없을 것이기 때문이다. 사람들은 공포로 하여금 사시나무처럼 떨고 있다. 바로 혼잡 그것일 뿐만 아니라, 독무(毒霧)가 자욱하고 천지가 암흑이다. 이 순간에도 나는 형을 옹호하고 싶은 마음이 우러난다.

10) 「저급(低級)의 생존욕」

KS 생(生)의 「저급의 생존욕」[34]은 앞에서 살핀 「남조선의 신부」와는 그 성격을 완전히 달리하고, 최승구의 「정감적 생활의 요구」와 이어지는 수필 작품이라 하겠다.

> 便紙는보왓소 答狀을기다린지 오랜듯할줄生覺하오 便紙보고情緖와, 感能이 뭉처서한덩어리되얏슬째난答狀쓰기에너머忽忙하고, 居接하야執筆할곳도읍섯소
> 한달十餘日동안을京城에서, 꿈결갓치지낼동안에, 츠음으로 世上에난듯 經驗한일이만히잇소. 病院에셔잇슬째에, 每日三十分式은佇立하야各色患者가, 往來하난것을구경하니, 生存慾의絶對限度를發揮한修羅場입디다. 주물러만든듯한 看護婦가, 대강이를쌔싹흔들면서, 여러患者를引導한後에, "요보, 이리와, 오소" 송곳갓치서서, 公然헌암상에소리를쌕쌕지르니, 普通사람의색끼들의本能的排外野蠻性이라, 그들의意識의惡性도안인줄生覺하오. 連發허난侮辱과先入的侮蔑에 對하야堪忍하난배달사람의耐久力도偉大하다할난지! 生命을추허게 執着하난이네들을엇지하나! ──히 붓들고무엇을成就하랴고生存에努力하난지, 무러보고십흡디다. 엇던날저녁에A君을O旅館에서相逢하니, 해음읍시疲困한두얼골이싹맛쳐, 無言이서로凝視하기數分後에 "도교는우리의空想의天國이요, 서울은事實의羑里로구려!" 그다음에나오난것은한숨쑨입디다. 그旅館에出入하난사람들은, 만히도교에서一面識이라도잇든터이라, 마음에반갑고짜듯하나, 쓸데읍는말에最大尊敬待를 썩썩붓처서 滋味도잇서거이와滋味도읍습디다, …… C君, 나난一週日前에水原상귀長安이라고허는 이곳으로打作보러왓소.[35]

우리 집 전답이 여섯 섬 마지기가 된다는데, 그 논밭은 생전에 아버지도 보지 못하였고, 나 역시 그것이 어디에 있는지 알지 못하오. 추수해 보니, 마흔 여덟 섬이오 동네 가운데에 우리 사음(舍音)의 집이 가장 똑똑

---

34) KS生, 「低級의 生存慾」── 打作마당에서, C君의게 ──, 『學之光』, 第四號(1915년 2월 28일), 34~35쪽.
35) 위의 책, 34쪽.

한데, 이부자리가 두텁지 못하여 다음날 아침에 귀족적 배앓이가 생겼지 뭐요. 그래 내가 신농씨(神農氏)가 발견한 진근 부탕(陳根腐湯)이나마 한 첩 먹으려 하는데, 30리 밖까지 가지 않으면 없다는 것이요, 이곳 농민들은 병들어 죽을 지경에 이르러서야 비로소 전인(專人)하여 약 한 첩 얻어온다는 것이다.

  매일, 아침부터 나는 타작 마당에 서서 타작을 감시한다. 이때 나를 부르는 두루이름씨는 '나리'요, 가리킴대이름씨는 'O 주사'다. 이처럼 최대 경의를 표하는 것은 이왕에 분조(分租)한 땅을 타인에게 옮기지 않을까 하는 위험을 없애기 위함이다. 타작관 대접이 특사 대접으로 변하고 작인들이 졸지에 영합적 표정으로 변하는 필사적 노력은 땅 마지기나 더 얻을까 하는 마음이 있기 때문이다. 괴상타 할 것인가? 가련타 할 것인가?

  말끝마다 죽지 못하여 산다 하니 앞길에 보이는 것은 궁핍과 가난 뿐이어든, 내가 보기엔 아무 소리 아니 하고 있는 것만 이상한 일이라 생각되오. '제너럴 스트라이크 사보타지(general strike sabotage ; 총파업)'라는 것이 그들 농민들의 유일한 자위 자존 방법(自衛自存方法)이요, 삶의 진리언마는 어느 누가 '브나로드(vnarod), 브나로드' 하면서 붉은 기를 높이 들 사람이 있겠는가? <그 몇 사람이오!? 세상일을 책상에서 한 번 웃고, 땅에서 길이 울 뿐이로구려!>

5. 불만과 혼잣말

11) 「불만(不滿)과 요구(要求)」 및 「공화국의 멸망」

  최승구의 「불만과 요구」[36)]는 앞에서 살핀 「정감적 생활의 요구」처럼 논문 같은 일면이 엿보이는 것 같은 수필문이라 하겠다. 또한 서간체로 된 점도 공통된다.

 한 마디로 말해서, 「불만과 요구」는 자아(自我)의 실현과 공공(公共)의 도리(圖利)에 대한 것을 비롯해서, 자기 것 보존과 남의 것 수입에 대한 의견, 과거의 우리 생활이 물질적인 생활을 지나치게 멸시하였기 때문에 농민들의 생활이 비참하게 된 것에 대해서 한탄하는 것, 그리고 우리 민족이 반도에 정착하게 되어 북 쪽은 경예(勁銳)하고 남 쪽은 문약(文弱)하다고 하는 것처럼, 발해(渤海)・고구려(高句麗)의 북에는 대건국(大建國)이 있었으나, 여기 비하여 탐라(耽羅)・유구(琉球)의 남 쪽으로의 진취는 미약했다는 점을 아쉬워하는 것 같은 것은 일종의 논문으로 볼 수 있는 반면, 하나의 여행 답사에 의해서 보고 느낀 바를 적은 글이라는 점으로 미루어 수필이라고 할 수가 있다는 뜻이다.

 그리고 고주(孤舟 ; 李光洙)의 「공화국의 멸망」[37]은 피상적인 문명에 중독되어 과거의 윤리 도덕이 허물어지는 것을 한탄하는 내용으로 엮어졌다.

 이 수필은 우리가 자라난 마을은 모두가 다 소공화국(小共和國)이라는 것을 출발점으로 삼고 있다. 저마다 엄정한 불문율(不文律)이 있어 가지고 이것을 강행시키는 권력이 없어도 사람마다 진정으로 지켜 왔던 것이다. 오다가다 혹 그 불문율을 범하는 일이 있으면 으례 제재를 받을 것으로 알았다. 이 나라의 헌법엔 지켜야 할 조항이 없다. 그런 조목이 없으므로 도리어 지켜야 할 법망을 벗어나지 못한다. 주권의 소재도 분명하지 않다. 그러나, 그 국민은 형상이 없는 신권(神權)의 실재(實在)를 인식한다. 국민이 두려워하는 것은 오직 이 신권이다. 게다가 이 신권을 자비로운 부

---

36) 崔承九, 「不滿과 要求 －鎌倉으로붓허－」, 『學之光』, 第六號(1915년 7월 23일), 73~80 쪽.
37) 孤舟, 「공화국의 멸망」, 『學之光』, 第五號(1915년 5월 2일), 9~11 쪽.

모처럼 정들게 여긴다. 만일 그 제재를 받을지라도 송구스런 마음과 함께 고맙고 기뻐하는 정이 깃들게 마련이다. 바꾸어 말하면, 이 신권은 우리 몸과 결코 떨어질 수 없는 눈에 보이지 않는 존재인 것이다.

이 공화국의 입권자(立權者)는 동네 안에서 가장 덕이 높고 연치가 많은 어른이 된다. 모든 일은 이 어른이 다 처리한다. 철없는 아이들이라도 이 어른의 말씀을 복종할 줄 안다.

조목 없는 헌법의 중요한 정신을 든다면 다음과 같은 네 가지로 요약할 수 있다.

一 너희 몸은 祖上에서 나앗고 너희 衣食宮室과 禮儀文物이 모도 祖上의 주신 배니 祖上을 사모하고 모도 祖上 공경하야 니즘이 업슬지어다
二 너희에게 몸에 손과 발이 달리엇스니 이는 제 손과 발로 제 몸을 치라 함이라 무슨 핑게로든지 남의 쌈을 어더 먹는이가 되지 말리엇다
三 各々몸 가짐을 조심하야 가깝게 너희 父母의 아들 됨을 부끄럽게 말고 멀리 어질으신 祖上의 後裔 됨을 더럽히지 말리엇다
四 父母 同氣와 妻子는 이르지 말고 一門은 한 피를 난흔 肢體와 가트니 마상히 愛憐으로써 서로 돌아 볼지며 鄰里는 準一門이라 一門과 가티 녀길지면 設或 一門도 아니오 鄰里도 아니라도 옷과 말을 가티 하는 이는 모다 멀기는 멀어도 血族은 한 血族이며 쏘한 興亡盛衰에 休戚을 가티 함인즉 자별하게 눈물과 피로써 사랑할지어다 38)

그러므로 나라 안에 불충 불효가 나지 아니하며 주색 잡기가 있지 아니하고 우물을 파고 밭을 갈아 배를 불리고 거문고를 타며 노래하는 소리가 예의를 빛내는 근화 강산(槿花江山) 군주국(君主國)의 찬송을 받던 옛배달의 유풍(遺風)이었다. 그러나, 이제는 깨어지고 말았다.

동네에 술집이 생기고, 투전판을 벌이며, 갈보를 데려다 놓는다. 농부

---

38) 위의 책, 10 쪽.

는 농사를 짓지 않고 주색에 빠진다. 덕을 흠모하는 마음이 전혀 없을 뿐만 아니라, 오직 경관에게 붙들리지만 않으면 그 어떠한 흉악한 짓이라도 못할 것이 없게 된 것이다.

<법령(法令)은 소극적이라 이미 죄악을 범한 뒤에 이를 다스리는 능력이 있을 뿐이니, 애초에 죄를 범치 못하게 하는 힘은 오직 도덕적 감화에 있고, 도덕적 감화는 교육과 민간(民間) 유덕 인사(有德人士)의 존경에 있>게 마련이다. 한데, 우리의 현상태는 도덕이 깨어진 것이 아니요, 도덕의 뿌리가 되는 도의심이 마비된 바이다.

아들이 아비에게 대하여 권리를 내세워 다투고, 아이가 어른에게 평등을 역설할 뿐만 아니라, 제자가 스승을 고용(雇傭)하는 지경에 이르렀다. 우리 도덕의 뿌리가 되는 가정 제도가 깨어진 마당이라, 이젠 선비가 금권 앞에 무릎을 굽히는 세상이 되었으니, 참말로 사제(師弟)도 없고 친척도 없고 이웃도 없는 세상이 되었도다. 우리는 피상적인 문명에 중독되어 이 오래되고 정든 공화국을 깨뜨렸도다.

12)「독어록(獨語錄)」과「천재야! 천재야!」

전영택(田榮澤)의「독어록」39)은 작은 제목 '나와 천재'·'모를 일 알 일'·'단편(斷片)'·'침묵과 이해'·'나와 방학'의 5부문으로 나뉘어져 있다.

천재라는 말이나 소리만 들어도 벌써 나의 심장이 뛰놀며 어깨가 으쓱 거려진다. 흔히들 뉴턴(Sir Isaac Newton)·다윈(Charles Robert Darwin)·라파엘(Sanzio Raphael)·미켈란제로(Buonarroti Michelangelo)·괴에테(Johann Wolfgang von Goethe)·바이런(Lord Byron)·이태백(李太白)·나폴레옹(Napoleon)·진시황(秦始皇)

---

39) 田榮澤,「獨語錄」,『學之光』, 第十號(1916년 9월 4일), 39~43 쪽.

따위를 천재라 일컫는다. 최근으로서는 니체(Friedrich Wihelm Nietzsche) · 헤겔(Georg Wilhelm Friedrich Hegel) · 카이제르(Wilhelm Kaiser)도 역시 천재로 불리운다. 나도 이왕에는 천재라는 것을 몹시 부러워했고 대단히 높이 평가했다. 하지만, 요새는 그런 천재가 웬일인지 싫어졌다.

비록 세상 사람들이 천재로 부르는 것이 그다지 고마운 말도 아니요, 좋은 이름도 아닌 것 같다. 우리 나라엔 재사(才士)라는 말이 있지만 매우 경솔한 말처럼 느껴진다. '그 사람은 재간은 있다', 또는 '재주만 있다'고 하는 것 같기 때문이다.

천재는 어쩐지 품성이 부족하고 덕이 적은 것 같고, 자기의 천재를 믿고 언행을 제멋대로 함부로 하는 것 같다. 제 재간만 믿고 품성을 연마하지 않기 때문이다. 품성이라는 것은 천재와는 그 성격이 전혀 다르다.

평범이라는 말이 있다. 평범은 대왕(大王)의 공도(公道)라고 누군가가 말했다. 나는 이 대왕의 공도를 가고 싶다. 천재는 어디까지든지 사람의 한 부분에 지나지 않는다. 그러므로 모든 사람이 천재를 바랄 것이 아니요, 자기가 노력하고 분투하여 실력을 닦을 일이다. '천재나 되었으면' 하는 것은 미련한 자의 꿈에 지나지 않는다.

"셰상일은참모를일일세, 아모개가죽다니, 참분하에" 이는 近日우리입에자조오르내리는말이로다. 참모를일이로다子息을나아서敎育ᄒ야將來榮光을보며樂을 보랴고ᄒ든오마님이도라가신다.   外國에留學을ᄒ야遠大ᄒ뜻을품고精神을다ᄒ며腦를짜가면tu客地의왼갓苦生을참아工夫ᄒ야卒業을해노코그만죽난다.   어려서브터쓴맛, 신맛을다보고왼갓苦勞를지내다가한번은墮落이른못에까지쌔젓다가多幸이소사나와서深遠한理想과無窮혼空想을가지고모든困難과煩悶으로더브러싸와가든將來有望혼靑年이어서,   어제까지친구ᄭ리別議論을다ᄒ고別약조까지다ᄒ엿다드니그도그만아조갓다.   아모리ᄒ여도다시오지는안을것이요, 어대로가셔엇지ᄒ고게신지도감히알수업다. 가시고말앗다.

"아ㅡ 人生은宛然히朝露와갓흐단말이果然올흔말인가보다. 王冠과權勢와黃金

과城壁이죽은후에무삼쓸대가이스리요. 오직남는것은 '이터니티'(無窮) 쑨이로다." 이것은 져—루터(Martin Luther)가한親舊로더브러길을가다가그친구가 벼락을마자當場에죽는것을보고, 소래질너부르지진말이안인가.

　孔明을보라漢나라有數흔兵家로仲達과對陣ᄒ야雌雄을相爭ᄒ다가仲達이너무오래出陣ᄒ지안음으로孔明은漸漸年老ᄒ야生命이朝夕에臨迫ᄒ엿다, 그난天을울어러生을빌엇스나終乃長逝ᄒ엿다. 不老의道를아라내인學者가어대잇스며, 不死藥을아는醫士가어대잇는가. '죽음'은自古及今에모든人類를엄습ᄒ고모든 사람은죽음을두려워한다.40)

　죽음은 신비 그것이다. <이 신비는 엄연히 인류 위에 있어 (가지고) 사람을 덮어 누르고 있다. 제 아무리 하늘에 닿는 황금이 있더라도, 제 아무리 날고 기는 지식과 재간이 있더라도, 이것은 막을 수가 없다. 이 법(法)은 일호(一毫)도 문란하게 할 수 없다. 아, 우리는 …… 인생을 비평할 수가 없다 ……>

　자당(慈堂)을 잃은 친구여, 그리고 벗이나 애인을 잃은 친구여. 그대들은 오죽 속이 탈 것인가. 소리를 질러 부르짖어도 응답이 없고, 목을 놓아 울어도 시원치 않다. 우주 만상은 침묵을 지킬 뿐이다. 그 어떤 동정도 있을 수 없다.

　하지만, 너무 상심 마오 나는 아무 말도 하지 않고 침묵으로 일관해도 그대들만큼 속이 쓰리고 마음이 아프다오. 여보, 우지 마오. 그가 가신 곳이야 설마 한들 여기처럼 춥고 음침하고 험하리오? <그 곳이야 봄 동산 같겠지, 단꿈 같겠지. 그런 데를 가셨을 터이니, 너무 상심하지 마시고 내 말을 들으시오. 하여간 죽음은 신비요, 무섭고 싫은 것이요, 모를 일이로다. 그러나, 여기에 분명히 알 일이 하나 있다. 그것은 우리도 죽을 일, 그대나 나도 죽을 일이로다. 이는 불을 보는 것보다도 분명하다.>

---

40) 위의 책, 41 쪽.

그대들 자신이 내주 아니면 다음 달에 남의 조상(弔喪)을 받을는지 알겠소, 그대의 추도회를 열게 될는지도 알 수 없소. 이에 살아 있는 동안에 보람 없고 헛된 생각은 내버리고 무엇보다도 급한 일을 하며 부끄럽지 않게, 그리고 부족할 것도 후회할 것도 없이 있다가 가는 것이 낫지 않을는지 모르겠소.

인생의 비극이 비롯됨은 주고받는 말에 오해가 생길 때가 아니라, 침묵이 이해되지 못하는 때다. 가만히 있어도 좀 알면 좋으련만 꼭 말을 해야 알아들어! 말을 해도 모른다! <세상의 모든 불평·싸움·소설·전쟁은 다 모르는 데서 생긴다. 남을 이해하기를 자기를 이해하는 것처럼 하면 사회는 한 즐거운 홈(home)이 될 것이로다.> 알 만한 처지인데도 알지 못하는 것은 정말 섭섭한 일이 아닐 수 없다.

이광수(李光洙)의 「천재야! 천재야!」[41]는 전영택의 「독어록」과는 그 성격을 달리한다. 「독어록」은 제목이 말해주듯이 혼잣말로 지껄이는 것처럼 쓴 글인데 반해서, 「천재야! 천재야!」는 논설문에 가까운 수필이다.

황금이나 금강석을 보물이라 한다. 근래에는 라듐(radium)을 보물이라 하는 것 같다. 이런 것들이 보물 아님이 아닌 것은 틀림없는 사실이다. 개인이 이러한 것을 많이 가지고 있으면 부자라 할 것이고, 나라가 많이 가지고 있으면 부국(富國)이라 할 것이다. 그러나, 이러한 보물은 땅을 파면 나오는 것들이다. 우리가 얻으려고만 하면, 언제 어디서나 이것을 얻을 수가 있다. 그러나, 이보다 더 귀한 보물이, 이보다 더 효력이 많고 조화가 무궁한 보물이 있다.

그것은 땅을 파서 나오는 보물이 아니요, 오직 하늘로서만 내려오는 보물이다. 땅에서 나오는 것이면 우리 손으로 팔 수도 있겠지만, 하늘로

---

41) 李光洙, 「天才야! 天才야!」, 『學之光』, 第十二號(1917년 4월 19일), 6~12 쪽.

서 내려오는 것이야 우리 힘으로 어찌할 것인가. 우리 팔이 하늘에 닿지 못하니 오직 우리 눈으로 하늘을 쳐다보며 빌고 바랄 뿐이다. 이 보물이야말로 참 보물이다.

이 보물은 곧 천재요, 위인이다. 카알라일(Thomas Carlyle)의 이른바 영웅이다. 공자(孔子)와 노자(老子)와 야소(耶蘇)와 석가(釋迦)와 두보(杜甫)와 라파엘과 베토벤(Ludwig van Beethoven)과 비스마르크(Otto Edward von Bismarck)와 워싱톤(George Washington)과 링컨(Abraham Lincoln)이 곧 그들이다. 퇴계(退溪)와 율곡(栗谷)과 매월당(梅月堂)과 난설헌(蘭雪軒)과 그리고 코페르니쿠스(Nicolaus Copernicus)와 뉴턴(Isaac Newton)과 퀴리(Marje Sklodowska C. Curie)와 칸트(Immanuel Kant) 역시 똑같다.

그들은 그 어떠한 보수를 받으려고 저마다의 위대한 일을 하고 작품을 쓴 것은 결코 아니다. 그들은 사회를 근심하고 사랑하는 충정(衷情)으로, 혹은 깊은 산에서 고행(苦行)도 하며, 혹은 학교나 서재에서 형설(螢雪)의 공(功)을 닦는 기도로 비로소 천명(天命)을 받아 사회에 전하게 되는 것이다. 그러므로 삶이 곧 사회를 위함이 되고, 일하고 생각함이 역시 사회를 위함이 됨은 물론, 한 걸음 나아가서는 하늘에 빌고 신명에게 구함이 또한 사회를 위함이 되는 것이다. 말하자면, 그의 웃음은 사회의 행복을 보았음을 뜻하고 그의 통곡은 사회의 불행을 보았음을 뜻한다.

따라서 그의 몸은 그 자신의 몸이 아니다. 곧 그가 사랑하는 사회의 몸인 동시에, 그의 생명과 그의 사업과 그의 작품은 그의 사유물이 아니라, 그가 사랑하는 사회에게 바치는 공유 재산이 된다. 그는 언제나 자기의 이익이나 안락을 생각하지 않는다.

범인(凡人)은 오직 자기만 위할 줄 안다. 그렇기 때문에 범인의 성공은 위인의 성공보다 빠르다. 범인은 짧은 동안에 일확 천금(一攫千金)도 가능하다. 그러면 그는 집을 새로 짓고 양복도 새로 맞추고 패물도 사들여 당당한 일류 신사가 된다.

이에 반해서, 위인은 부자가 되지 못하기 때문에 몸치레나 그 밖의 것이 아직도 서생의 울타리를 벗어나지 못한다. 다만 위인도 그 일상 생활은 범인과 다름이 없다. 아니, 범인보다 더 졸렬할는지도 모른다.

카알라이는 역사는 위인의 기록이라고 말했다. 한 나라의 문명은 그 나라의 위인의 사업의 축적이라는 뜻이다. <정치가 발달하려면 정치적 위인이 있어야 하고, 산업이 발달하려면 산업적 위인이 있어야 하고, 문학이나 종교나 예술이 발달하려면 각각 그 방면의 위인이 있어야> 한다. 문명이란 이 모든 것의 총화를 이르는 것이니까, 위인이 없으면 그 나라에는 문명이 있을 수 없다.

그런데, 위인은 만들어서 되는 게 아니라, 하늘에서 떨어지는 것이다. 10년에 하나 혹은 100년에 하나 하나님이 한 나라에 위인 될 종자를 떨어뜨리는 것인데, 일단 땅 위에 떨어진 뒤에는 그것을 배양하고 안하기는 전적으로 그 사회의 지혜에 맡겨지게 마련이다. 만일 그 사회가 이 종자를 잘 보호하고 잘 기르면 그것이 쑥쑥 성장하여 꽃이 피고 열매가 맺혀진다. 그러나, 미련한 사회는 이러할 줄을 모르고 오히려 그것을 누르고 밟아서 중도에서 말라죽게 하는 것이다.

우리 조선은 그것을 알아보지 못하고 밟고 눌러서 모두 다 말라죽이고 말았다. 우리에게도 대정치가・대교육가・대종교가・대실업가・대문학가・대예술가・대과학자・대발명가도 있었으리라. 그러나, 그네들을 돌보는 자가 없었으니 그만 말라비틀어지고 만 것이다.

대개의 경우, 천재는 겸손하다. 따라서 그는 자기를 내세울 줄을 모른다. <이러므로 어떤 형안자(炯眼者)가 그의 천재를 통관(洞觀)하여 그에게

천재라는 자신(自信)을 주고 물질과 정신으로 그를 보호하고 그를 장려함이 필요>한 것이다. 지인지감(知人之鑑)이 있어야 한다는 뜻이다. 그런데, 우리에게는 그런 형안자가 나타나지 않아 대천재가 말라죽었던 것이다.

천재는 흔히 못생겨 보인다. 명민(明敏)치 못하여 보이는 자도 있고, 어른의 말에 순종치 않는 듯한 자도 있고, 게으르고 방탕한 듯한 자도 있다. 범인의 눈에는 흔히 사람 구실도 못할 것처럼 보인다. 범인은 범인을 좋아한다. 자기네와 같은 범위나 같은 틀 속에 드는 자를 좋아하므로 조금이라도 여기서 벗어나면, '악인'··'안 된 놈'이라 낙인 찍어 침을 뱉고 버린다. 위인이 사회의 악매(惡罵)와 조롱과 천대의 표적이 됨은 바로 이 때문이다.

천재가 범인의 눈이 미치지 못하는 하늘의 것과, 범인의 생각이 미치지 못하는 미래의 것을 예언할 때에 범인이 천재를 미친놈이라 하고 조롱함이 예사요, 범인이 제 몸을 위하여 울 때에 천재가 천하를 위하여 울고, 범인이 오늘을 보고 웃을 때에 천재가 늬알을 생각하여 통곡한다. 이를 보고 범인은 천재를 얼빠진 놈이라고 비웃음은 당연한 일이다.

천재는 흔히 불러야 나오게 마련이다. 사마골(死馬骨)을 오백금(五百金)에 사기 때문에 천리마가 모여드는 법이다. 그러므로 흥하려는 지혜가 있는 백성은 목을 놓아 천재를 부르고 하늘을 우러러 천재를 비는 것이다. 그러다가 하나를 얻어 만나면 애지 중지하고 칭찬하고 감사하고 존경한다. 그 천재는 그 백성 전체에게 또는 천만 대 후손에게까지 썩지 아니할 보물을 주고, 크나큰 행복을 줄 것이기 때문이다.

천재를 몰라보는 백성은 불쌍하다. 천재를 핍박하고 천대하는 백성은 멸망한다. 오늘날의 조선은 마땅히 천재를 부를 때이다. 모든 종류의 천재를 부를 때라는 뜻이다. 제 밥을 굶어가며 천재를 먹이고 제 살을 깎아 천재를 먹이고 제 껍질을 벗겨 천재를 입힐 때이다. 그런데, 조선 사람은 천재를 모른다.

이제는 천재를 보물로 알 만한 때가 된 것 같다. 결코 예수를 십자가에 다는 유태인이 안 되고, 영웅에게 월계관을 씌워 주는 희랍인이 되어도 좋을 때가 되었다. 나는 하늘을 우러러 큰 소리로 "천재야! 천재야!" 하고 부른다.

우리 동경 유학생 가운데에도 천재가 있을 것이다. 꼭 있어야 한다. 경성에 있는 각 학교 중에도 천재가 있을 것이다. 반드시 있어야 한다. 없으면 그야말로 큰일이다. 천재를 알아주고 격려해 주는 이가 없으면 조선 사람은 영원히 그만 그대로 말라붙고 말 것이다.

천재를 칭찬해 주자. 그렇게 함으로써 그들로 하여금 기쁘게 마음 놓고 힘껏 자기네의 천재를 발휘하게 하자. 당장 적어도 열 명의 천재는 나와야 된다. 경제적 천재·종교적 천재·과학적 천재·교육적 천재·문학적 천재·예술적 천재·철학적 천재·공업적 천재·상업적 천재·정치적 천재가 시급히 나와야 된다. 또 이 열 명이 새끼를 칠 터이니까 아무런 염려도 없으리라. 하지만, 10년 안에 이들이 나오지 않으면 우리는 말도 안 될 일이다.

나는 다시 소리 높여 부른다. "천재야! 천재야!"

6. 가을 · 회고 · 기녀(妓女)

13) 「가을」

작가의 이름이 밝혀지지 않은 수필에 「가을」[42]이라는 것이 있는데, 어딘지 모르게 작가의 개성이 반영되지 않은 느낌을 준다.

 샘물바닥과 함씌 매암이 소리가 맑고 쌀쌀하야짐으로 녀름의 사나운 위엄도 인제는 얼마 남지아니하얏고나하얏더니 귀쏠귀쏠하는소리가 선잠쌘 귀를 울리거늘 벌서 가을일세하는 생각이 번개불가치 이러나는도다 차차 眞珠가튼이슬이 풀닙헤 안기렷다 기럭이소리가 구름밧게 요란하렷다 나무입히 한아씩 한아씩 나빗기는족족 늙은이가 셰여가는 털억을 새삼스러히 걱정하게 되렷다 싹썻든 長옷을 홱 버서던진 美人처럼 두렷하고 환한 月宮姮娥가 淸楚한 맵시와 鮮艶한 바탕을 앗김업시 드러내노하 설흔이 조흔이의 새로운 늣김이 두 極端으로 背馳하게되렷다 詩人은 까닭업시 밧븜에 억매고 壯士는 부질업시 칼집을 어루만지렷다 아아 가을이 오는고야 가을이 오는고야[43]

 기승스러운 나무숲들도 얇은 빛을 가리지 못하여 누르락붉으락 어찌할 줄을 모른다. 싱싱하던 푸새들도 한껏 공손해지고 한껏 겸손하게 자기를 낮추어 고개를 푹푹 숙이고 있다. 마지막 빛나듯 이 산이나 저 산이나 노랑 저고리 다홍 치마로 눈부시게 일제히 단장하여 하늘 땅 사이의 아름다움이 자기에게만 있노라고 뽐낸다. 산은 서리를 맞아 여윈 어깨가 갈수록 뾰족해지고 들은 바람에 씻겨 티끌 하나 눈에 띄지 않는다. 이리저리 떠다니던 구름이 바람 따라 솔솔 풀리기도 한다. 아침볕은 손님처럼 반갑고 낮볕은 친구처럼 훗훗하고 저녁볕은 정든 님처럼 든든 탐탐하다. 아침보다는 낮, 낮보다는 저녁, 저녁보다는 밤이 더 그립고 다정하다. 밤이라는 것이 형상 있는 것이라면 껴안고 놓고 싶지 않은 가을이 왔다. 가을이 말이야.

 밤은 알알이 굵어졌고 대추는 볼이 붉어졌다. 감은 침이 들었고 배는 거풀이 얇아졌다. 가을의 풍성을 과실이 먼저 알려 준다. 싸리꽃과 국화

---

42) 「가을」, 『靑春』, 第十一號(1917년 11월 16일), 4~5쪽.
43) 위의 책, 4쪽.

꽃이 가을을 꾸미고 있다. 들을 보아도 산을 보아도 성숙뿐이요 풍성뿐이다. 익었기 때문에 받아들일 수 있고, 넉넉하기 때문에 기쁨이 있다. 봄날의 땀을 참은 값과 여름날의 괴로움을 견딘 싹이 이젠 노적가리에 드러나며 광에 드러나며 그의 소반에 드러나며 그의 집안 얼굴빛과 말소리에 드러난다.

사람은 이때에 생기가 나고 활력이 돌며 밥맛 좋고 잠 잘 자고 정신 맑고 피가 잘 돌게 마련이다. 이런 가을이 왔다. 일할 때가 오고 힘쓸 철이 되었다. 쓸쓸함과 슬픔의 가을은 늙은이나 불평객에게 맡기고, 우리 청춘들은 가을 말처럼 살이 쪄서 가을 매처럼 시원하게 하늘도 날며 즐겁게 춤추고 노래도 부를 일이다.

14) 「25년을 회고(回顧)하여 애매(愛妹)에게」

고주(孤舟 ; 李光洙)의 「25년을 회고하여 애매(愛妹)에게」[44]는 누이에게 보내는 서간체 형식의 수필이다.

> 내누이야!
> 오늘이 내 生日이다. 壬辰年二月初一日寅時에 '나'라는 한 生命이 이 世上에 쑥쎌어젓다. 그쩌 '으아' 하는 울음 한 소리로 내 地上生活의 幕이 열닌 것이다. 그 쌜간 핏덩어리의 조고마흔 조마구에는 그의 一生의 푸로그람이 쥐어젓다. 그러나 그는 이 푸로그람을 닑을줄을 모른다. 그는 그가 엇더케 자라나겟는지, 엇더흔 사람이 되어 무엇을 흐겟는지, 今年에는 무슨일이 잇고 明年에는 무슨일이 잇슬는지를 모른다. 다만 一年二年 이일져일이지나간뒤에라야 비로소 그는 고개를 까닥까닥흘짜름이다.

---

[44] 孤舟, 「二十五年을回顧ㅎ야愛妹에게」, 『學之光』, 第十二號(1917년 4월 19일), 49~53쪽.

　　　　아버지께서 四十二歲적에 나를 보셧다. 나는 晩得子다. 그리고 우리 門中에
　　　　長孫이다. 아버지께서는 깃버ᄒᆞ시고 一門中도 祝賀ᄒᆞ엿다. 내 兄들이 二三人
　　　　이나 낫스나 다 二三歲를 넘우지못ᄒᆞ고 죽엇슴으로 내가 난뒤에도 아버지께
　　　　서는 깃븜속에도말ᄒᆞᆯ수업는 근심이 잇섯다더라. 내 叔母 한분은 내가 오래
　　　　살기를 바라서 입으로 내 胎신을 ᄭᅳᆫ코 그 피를 삼켯다 ᄒᆞ며, ᄯᅩ 내가 生後
　　　　二個月만에 風으로 氣絶ᄒᆞ엿슬 ᄯᅢ에 아버지께서는 徹夜ᄒᆞ야 눈물을 흘니고
　　　　自殺을ᄒᆞ려ᄒᆞ엿다 ᄒᆞ며 …… 叔母께서는 밤시도록 山에 올나가 七星과 天地
　　　　神明께 祈禱를 올녓다 흔다. 내 머리와 몸에 잇는 ᄯᅳᆷ자리가 實로 그ᄶᅥ 여러
　　　　恩人이 나를 爲ᄒᆞ야 이를태이던 紀念일다. 나는 只今 그 ᄯᅳᆷ자리를 만지며 그
　　　　ᄶᅥ 내 父母와그 叔母의 情境을 싱각ᄒᆞ고 눈물을 흘닌다.45)

　그 뒤에도 나는 대여섯 살이 넘도록 몸이 몹시 약해서 언제나 잔병이
많아, 아버지는 나를 언제나 간병하셨다. 무엇보다도 내가 열한 살 되던
해에 부모가 구몰(俱沒)했고, 그 뒤부터 나는 부평초처럼 동표 서류(東漂西
流)했다. 어젯밤까지 나는 벌써 25년을 보냈다. 그 동안에 세계의 지도와
인류의 역사는 많은 변천을 겪었다. 나는 한 일도 없고 가진 것도 없다.
다만 나는 남의 귀한 은혜를 입었을 뿐이다.
　내가 해야 할 일을 찾지 못한 나는 허망한 세월을 보내고 말았다. 그래서
이렇게 한탄하고 있는 것이다. <암만 제 속을 들여다보아도 한 점 보이는
것이 없고, 현재 살아가는 것도 아무 뜻이 없고, 이 모양으로 가게 되면 장
차도 무슨 여망(餘望)이 없을 것 같고, 공연히 여러 은인을 속여 그네에게 폐
만 끼치는 것이 미안도 하고 부끄럽기도 하여 차라리 사회와 은인의 기대
를 다 저버리고 산에 들어가 중이 되거나, 시골에 숨어 제 손으로 땅이나
팔까 하여도 보고, 혹 발 가는 대로 되는 대로 생명 있는 날까지 천하를 돌
아다닐까 한 적도 있었다.>
　그때의 나의 마음은 절망과 실망과 슬픔에 싸여 죽을 지경이었다. 희

---

45) 위의 책, 49 쪽.

망도 없고 용기도 없고 열정도 없고 오직 식은 재처럼 싸늘했다. 동족을 위하여, 또는 인류를 위하여 힘쓰는 이상이 스러짐은 물론이요, 한 개인으로서도 이 세상에서 살아가려는 생각도 없었다. 그때 오래 잊고 있었던 네 얼굴이 쓱 나섰다.

"오빠! 어디를 가셔요? 정처 없이 가신다고? 이 넓은 세상에 나 하나를 내던지시고 뿌리치시고 …… 저는 웁니다, 오빠를 위하여." 그래, 내가 너를 떠나서 어디로 갈 것인가. 부모의 혈육을 받은 자는 너와 나 뿐이다. 나 말고 너를 사랑할 자가 어디 있을 것이며, 너 말고 나를 사랑할 자가 어디 있을 것인가?

누이가 또 이렇게 덧붙인다. "패배가 있든지 전승(戰勝)이 되든지 나가 보시오!" 그리고 여러 은인들이 울며 손목을 잡고 외친다. "너는 책임이 중하다. 책임을 피함은 대죄가 아니냐. 네 목숨이 있는 날까지 네 힘이 믿는 바를 다하여라!"

나는 너를 위하여, 그리고 저 은인들을 위하여 다시 살기로 결심하였다. 나는 더 이상 울지 않고 부질없이 과거를 회상하고 실망의 한숨을 쉬지 않으리라. 과거는 장사 지내고 현재와 미래를 향하여 매진 수양하고 전력을 다하여 일하리라.

빨갛게 작렬(炸裂)하는 불덩어리가 되어 뜨겁고 뜨겁게 살려는 것이 내 이상이다. 나는 오늘의 생일을 새 생활의 신기원으로 삼아 뜨겁디뜨겁게 살아갈 것이다. 끊임없는 노력을 아끼지 않겠다는 뜻이다.

내 생활의 서막(序幕)은 어제로써 마무리한다. 오늘부터는 내 생활의 중간에 해당된다. 출발은 실패였다. 그러나, 아직 중막(中幕)과 대단원이 남았으니 기회는 넉넉하다. 지금 정성스럽게 분장하는 중이요, 내 입술에는 희망의 미소가 감도는 중이다. 이월(二月) 초하루는 태호(太昊) 복희씨(伏羲氏)

의 생신이라 하지 않는가.

<누이야! 고맙다. 눈물이 흐르도록 고맙다. 멀리 있으면서도 나를 잊지 아니하고 내 난 날을 축(祝)하노라고 사엽근(四葉槿)을 보내 준 것을 감사한다. '작추(昨秋)에 종일 애써서 이것을 찾았어요. 이것을 찾으면 운이 좋다고 해요. 그리고 복이 있대요. 오빠 생신에 복 많이 받으십사고 ……' 오냐, 복 많이 받으마. 네가 밤낮에 나를 위하여 정성으로 드리는 기도가 헛되지 않도록 있는 힘을 다하마.>

하느님은 나에게 삶과 희망을, 그리고 기쁨과 용기를 주셨다. 만리동(萬里東)에 외로이 있는 나는 만리서(萬里西)에 외로이 있는 너에게 뜨거운 사랑을 보낸다. 서 쪽 하늘에 뜬 구름을 바라보고 내가 눈물을 뿌릴 때는 틀림없이 네가 동 쪽 하늘에 솟는 달을 보고 가슴을 아파하는 때인 줄을 나는 안다. 하나님이시어, 비옵나이다. 그녀에게 항상 건강과 행복을 주시고 동기가 반갑게 한 자리에 모일 기회를 주시옵소서.

15) 「구기(舊妓)와 신기(新妓)」

「구기와 신기」[46]는 제법 긴, 작자의 이름이 밝혀지지 않은 글월로, 대화가 끼어든 것으로 미루어 소설로 볼 수도 있지만 분명히 수필이라 할 것이다.

> 세월이변쳔흠을짜라 인간만물도 쏘흔밧고이는것은 리치의당년흔소이라흐겟도다 강흔쟈는약흐고 약흔쟈는강흐며 야미(野昧)흐던풍속은 문명흐여지고 문명흐던습관은 다시변흐야야미흔구렁으로 싸지나니 이는다만금셰의일이안이라 즈고급금(自古及今)으로 면치못흘졍례라흐리로다 인간이라흐는것은 흐르듯

---

46) 「舊妓와 新妓」, 『每日申報』, 1915년 1월 1일.

흐는셰월을좃츠 어제날창창ᄒᆞ든소년들이 오날은 셩셩흔빅발이 머리우에언치여 과거와미리를 싱각홀졔 다만나오는것은 허희탄식(歔欷歎息)에셔 지나지못홀지로다 그째를림ᄒᆞ고 또는이셰샹에쳐ᄒᆞᆫ 우리인싱으로 녯날을보니고 다시 또오날ᄀᆞᆺ흔날은 만나지못홀 한심흔몸이오 또거년(去年)을보니고 금년은차져오는 일분일초의동안으로 일년이왕릭ᄒᆞ는째를당ᄒᆞ야 불가불지닉인일기년간의 소경ᄉᆞ를 다시한번싱각홀것은 인정에그러홀바이오 또는일년ᄉᆞ를 다시돌아보는동시에 젼반싱의경력도 싱각홀것이오 겸ᄒᆞ야 후반싱의장릭도계교홈이 온당ᄒᆞ리로다 일년동안으로부터 그젼ᄉᆞ(前事)를 거슬너싱각홀시 제반사회의 억쳔만ᄉᆞ를 도라보는것도필요ᄒᆞ나 뎨일그즁에도 한두가지를 젹발(摘發)ᄒᆞ야 의론ᄒᆞ고싱각ᄒᆞ는것도 또흔ᄌᆞ미잇스리로다47)

본디 사회란 밝은 면도 있고 어두운 면도 있는 법이다. 상서로운 새해의 초하룻날 햇빛은 사사로움 없이 공평하게, 한쪽으로 기울지 않도록 은혜를 베푼다. 그런데, 사람들은 밝은 광명을 얻기도 하고 어두운 암흑 속으로 빠져 들어가기도 한다.

정월 초하룻날 햇빛은 기생의 집 들창에도 눈부시게 비춘다. 요릿집 망년회에서 장고와 양금으로 여러 손님들의 간장을 간지르다가 거의 간 밤을 지새우고 집에 돌아와 자리에 누웠던 기생은 눈부신 햇살에 벌떡 일어나 앉았다. 때맞추어 서방이 문을 열고 들어오면서 "아따, 그 제길할 놈은 ……" 하며 욕설을 내뱉고 기생의 얼굴을 흘낏 쳐다본다. "왜 식전부터 욕설이야, 무엇을 내가 잘못한 일이 있소?" "아따, 그놈은 남의 기생을 혼자 샀단 말인가! 밤낮 데려다 놓고 섣달 그믐이 되어야 세찬(歲饌) 한 가지 이렇단 말이 없이 해를 보내게 ……. 그것은 모두 네가 잘못해서 그렇다."

<정월 초입 새해가 되어도 욕설 아니면 할말이 없고, 눈에 보이는 것은 공방씨(孔方氏) 밖에 없다. 이와 같은 집안에는 첫해의 광명은 창까지

---

47) 위의 신문, 같은 곳.

비치어 명민한 기운이 들어오고자 하나 환영치 않고, 광명을 받지 아니하는 창안으로는 광명이 들오다가도 도로 도망하는 법이라. 캄캄한 구석에 있는 사람일수록 밝은 기운을 받으려 하는 것은 사람마다 모두일 테라. 그러나, 문호를 개방하고 광명을 받아들이지 않으면서 종일 앉아 헛궁리만 하고 있어서는 몇 백 년을 지내도 광명 받을 이치는 없고 점점 칠야(漆夜)로 들어갈 뿐이니, 그 나중의 신세는 점장이가 아니라도 스스로 판단>하게 될 것이다.

<부박 경조(浮薄輕佻)한 태도로 집에 들어오면 금의 옥식이나 찾으며, 나아가면 여러 사람의 일시적 사랑을 받는 것으로 무한한 영광으로 알고 제반 교태를 모두 하여 없는 정이 있는 듯이 어여쁘지 않은 것을 어여쁜 것같이 아양으로 세월을 보내일 제, '세월아 훨훨 네가 가지 마라. 청춘의 호걸이 다 늙는다' 하는 것은 화류계에서 항용 하는 노래라. 그러나 그 노래는 다만 청춘이 늙어지면 놀지 못할까 겁을 내어 지은 노래가 아니라, 청춘을 허송하여 아무 사업도 한 일이 없음을 개탄함이라.>

그런데, 지금은 어떠한가? 그 전엔 보지 못하던 화로수(花露水)를 쓰는가 하면, 시체(時體) 비단만을 고집한다. 그 비단이 시세가 조금이라도 떨어지면 다시는 거두(擧頭)를 못하고 명색이 기생으로 남부끄러워 나서지를 못하고 있는 것이다. 외양만 시체를 따르고 내용으로 시체를 따르지 않음은 어쩐 일인가. 야박한 것만 남고 순후함과 의리 세우는 것은 조금도 숭상하지 않으며, 이른바 후견인이라 하는 위인의 농간으로, 비록 천성은 상당한 기생이었다 하더라도, 그 위인으로 말미암아 부박한 화류계의 못된 풍속이 습관화되어 나중에는 제이(第二)의 천성을 짓게 된다.

기생의 본래의 주지(主旨)는 재주를 팔아 생업을 얻는 것이요, 젊은이를 유인하여 재산을 탕진케 하며 그 사람의 정신까지 부랑(浮浪)케 만드는 데에 있는 게 아니다. 그런데, 오늘날에는 그렇게 못하는 기생은 명기라는 이름을 얻지 못하는 것처럼 아는 것이 병이다. 그러므로 기생은 더욱 학식을 닦아 사람의 마음을 유쾌하게 하는 방법을 연구하는 것이 제일 중요하다.

오늘날에 있어서는 손님이나 기생이나 모두 타락하는 쪽으로만 가서, 예전처럼 조박(糟粕)을 차리지 않을지라도 예의는 지켜야 하는데, 얼굴만 해반주그레하면, 우선 기생으로 나오는 것이 하루에도 몇 명씩인지 알 수 없다. 그러한 기생이 가무는 고사하고 손님 접대는 무엇을 알고 능히 할 수가 있을 것인가. 한낱 창녀에 지나지 않는다. 그 가운데에도 조금 경력을 쌓아 이름이 있다 하는 것들은 거만 떠는 것이 일쑤요, 만복 경륜(滿腹經綸)은 남의 남자를 어찌하면 낚지 배때기 속에 집어넣을까 하는 연구뿐이다.

그녀는 가만히 남자의 동정을 살핀다. 좋이 그만하면 공방씨의 구멍이 터져 은행에 저금한 것이나 다름 없겠다 할 때에야 헤어나지 못하는 방법으로 울고 짜고, 하루라도 아니 오면 편지가 닷 발은 된다. 그 내용은 비루하고 천착(舛錯)하여 웃음이 나올 지경이라 여기에 소개하지 않기로 한다.

그러나, 예전 기생은 이른바 약방 기생(藥房妓生)이라는 이름이 있을 때에는 그처럼 심하진 않았다. 물론 옛날 기생이라 하여도 모두 다 의리와 지조를 지킨 것은 아니다.

하지만, 개중에는 비록 몸은 화류계에 참례하긴 했어도 그 지각과 마음이 호방(豪放)하고 의리와 절개는 정렬 부인이나 다름없이 본받을 만한 이야기가 전해진다.

어떤 호걸 별감(別監) 한 사람이 있었다. 그 위인은 고지식하여 변통성이 조금도 없었다. 그러나, 마음이 호협하여 본집의 처자는 돌아보지 아니하고 기생을 데리고 살면서 친구들과 술 마시고 풍류를 즐기는 것으로 세월을 보내고 있었다. 그러므로 부모 처자는 생활이 온데 간데 없었다. 정월 초하룻날인데 조상의 다례 지낼 준비도 없었다. 이에 아내는 열 살쯤 되는 아들을 별감에게 보내어 다례를 어찌하자고 소식이 없느냐, 그 의향을 듣고 오라 말했다.

그 아이는 저의 부친이 있는 기생집으로 가서 보니, 저의 아버지는 없고, 기생 혼자 한 사람의 손을 접대하고 있었다. 그 아이를 본 기생이 문을 열고 밖으로 나왔다. 아이에게서 여차여차한 사정을 들은 기생이 눈물을 흘리며 큰집 마누라의 신세를 불쌍히 여기고 별감의 무정함을 원망한다.

방안에 앉아 있던 손이 문틈으로 그 모양을 보고 있다가 기생이 방안으로 들어온 뒤 그 연유를 물었다. 기생이 전후 사실을 하나하나 말한다. "내가 오입은 많이 하였으되, 기생의 집으로 너같이 궁궁한 집은 처음 보았으니, 그는 모두 네가 본래 정직하고 네 남편 되는 사람이 돈 먹을 줄 알지 못하여 그러함이니, 내가 그런 말을 듣고 어찌 가만히 있겠느냐. 오늘로 내가 변통하여 줄 것이니 조금도 염려 마라."

그날 밤, 쌀과 나무와 돈을 그 손님이 별감 집으로 보냈다. 그 이튿날, 별감은 술이 거나하게 취하여 집으로 돌아와 보니, 자기가 벌어다 준 일이 없는데 집안에는 쌀이 섬으로 놓이고 아이들은 설빔에 새신을 신고 차례를 차리느라고 집안 사람들이 분주했다. 별감은 어인 일인지 알지 못하여 곡절을 물었다. 마누라는 "영감이 어제 쌀하고 돈을 보내시고 딴 소리를 왜 하시오?" 하며 도리어 핀잔을 준다.

별감은 급히 기생한테 가서 눈을 부릅뜨고 바로 대라 외친다. 기생 역시 알 수 없으나 어제의 일을 자세히 말한다. 별감이 대로하여 꾸짖는다. "기생이라 하는 것은 청백하기 얼음 같아야 가위 기생이지 손의 재물을 얻어 큰집을 살리는 것은 기생의 할 짓이 아니요, 오입하는 본의가 아니라, 나는 지금으로부터 너와는 한가지로 있지 못할 것이니, 너는 너대로 살고 나는 나대로 살자." 별감은 이 말만 남기고 뒤도 돌아보지 않고 나갔다.

기생은 별감의 간곳을 사방 팔방으로 찾았으나 종적을 알 수가 없었다. 어느덧 4~5삭이 지나갔다. 기생의 곤궁한 모습은 사람의 눈으로 볼 수 없을 정도가 되었다. 그러나, 기생은 별감의 생각을 잠시도 잊지 않고 근심으로 세월을 보내고 있었다. 이 모양을 쌀과 돈으로 부조하던 외입장이가 보고, 모두가 내 잘못으로 이렇게 된 것이니 나와 백 년 동락하자는 제안을 한다. 기생은 수삼차 사양하다가 마침내 허락한다. 수 삼 년을 남부러울 것 없이 지냈다.

어느 날, 기생이 시골로 성묘하러 가는 길이었다. 새문 밖 길갓집 앞에 가마를 내려놓고 교군꾼들은 술 먹으러 갔다. 집안에서 무엇인지 뚝딱거리는 소리가 난다. 대장간이었다. 기생이 유리창으로 내다본다. 대장장이가 곰방대를 물고 정신 없이 쇠를 치고 있다. 분명 그 얼굴은 별감이다. 기생이 튀어나가 대장장이를 붙들고 울기만 한다.

별감이 허허 웃으며 "나는 본래 돈 모으자 하는 마음으로 너를 기생으로 데리고 있던 것이 아니라, 일시 호협한 기운으로 한 일이더니 ……, 놀 때는 놀고 일할 때는 일을 하여야지 평생 그 모양으로 지낼 수 없다 하여 나는 그 후로 힘을 다하여 이 영업으로 잔명을 보존하는 것이니, 너는 지금 남의 집 첩이 되어 주인 있는 몸으로 남을 찾아오는 것은 부당하다" 하며 돌아가기를 재촉한다.

하릴없이 집으로 돌아온 기생은 그 연유를 남편에게 설파한다. 남편은 깜짝 놀라며 진작 찾지 못함을 한탄하고 일변으로 집을 사고 세간을 장만하며, 돈을 많이 주어 살림에 쓰게 하고, 별감의 큰집 식구를 그 집으로 옮긴 뒤, 자기는 친히 별감이 있는 곳으로 찾아가서 그 집에서 생활하게 했다.

별감도 마지못해서 그 사람의 은혜를 치사하고, 또한 기생의 숙원도 여의롭게 성취하여 주었을 뿐만 아니라, 은혜를 베푼 사람으로 말하면, 모두가 다 호걸스러운 별감의 뜻도 감동하지 않을 수 없다 하겠다. 무엇보다도 그 기생의 의리를 생각하고 그 사람의 소원을 맞추고자 하여 그처럼 힘을 쓴 것이니 이와 같은 사람은 기생계의 모범이 될 것이요, 마음이 그처럼 온전하면 장래의 복이 스스로 이루어진다 하겠다.

오늘날의 세상에도 동서를 가리지 않고 유명한 기생이 적지 않으나, 우선 일본을 말하면, 기생의 몸으로 장래의 유망한 청년이 있으면 자기의 온힘을 기울여 그 사람이 성공할 때까지 공부를 시킴으로써 나중에는 그 사람으로 하여금 일대에 큰 사람이 되게 하는 일이 적지 않다. 현 일본 국무 대신에도 기생의 힘으로 곤궁할 때에 보조를 받아 성공한 뒤 그 기생을 부인으로 정하여 평생을 화락하게 지내는 일이 비일 비재하고, 기생계에 그와 같은 사람이 나오는 것을 큰 영광으로 안다.

7. 금강산(金剛山)

집필인의 이름을 밝히지 않고 씌어진 「동양 명승 금강산」[48]은 '금강의 위치'·'금강산의 유래'·'사찰(寺刹)의 성쇠(盛衰)'·'금강산의 특색'·'각 절계

---

[48] 「東洋 名勝 金剛山」, 『每日申報』, 1915년 4월 27일~1915년 6월 9일.

(各節季)의 풍광'·'외금강(外金剛)의 명소 구적(名所舊跡)'·'외금강의 승경(勝景)'·'금강의 명소 구적'의 8종목으로 나뉘어져 있다.

16) 위치와 그 유래

금강산의 위치는 <조선 반도의 북부 태백 산맥(太白山脈)에서 기(起)하여 함경 남도(咸鏡南道)에 입(入)하여 일산(釖山)을 작(作)하고 강원도(江原道) 회양군(淮陽郡) 서북(西北)에 내(來)하여 …… 고성 군계(高城郡界)에 긍(亘)하여 비로소 금강산이 되었으므로 영동(嶺東) 영서(嶺西)의 분수계(分水界)를 작(作)하였으니 영동에 속한 부분을 외금강(外金剛)이라 칭하며 영서에 속한 것은 내금강(內金剛)이라 칭하여 …… 그 군봉(群峯)이 실로 일만 이천(一萬二千)에 지(至)하고 연봉(連峰)은 거개(擧皆) 기관 승경(奇觀勝景)에 부(富)하며 변환 결곡(變幻結曲)에 조화지사(造化之砂)를 산중(山中)에 수집 무유(蒐集無遺)하여 실로 해내 무비(海內無比)한 영지(靈地)로 명성이 천하에 관절(冠絶)한 소이(所以)이라. 차(且) 차산명(此山名)에는 금강산·개골산(皆骨山)·열반산(涅槃山)·풍악(楓嶽)·기저산(怾怛山) 등의 오개(五個)가 유(有)하니 …… 춘절(春節)에는 화취 식체(花吹息啼) 고(故)로 금강산, 하절(夏節)에는 초목 번무(草木繁茂) 고(故)로 봉래산(蓬萊山), 추절(秋節)에는 단풍이 만산(滿山) 고(故)로 풍악, 동절(冬節)에는 초목이 고사(枯死)하고 잔해(殘骸)와 여(如)한 형태를 현출(現出)하는 고로 개골산이라 칭하여 무비 기관 승경(無比奇觀勝景)이라. 산중(山中)에 유점사(楡岾寺)·신계사(神溪寺)·장안사(長安寺)·표훈사(表訓寺) 등의 거찰(巨刹) 급 대소 수십 처의 암사(庵寺)가 유하여 왕고(往古) 삼한(三韓) 시대에는 내외 금강산 중 백팔사(百八寺)라 운(云)하였으나 금(今)에는 폐사(廢寺)된 자(者) 다(多)하며 전기(傳記)에 왈『화엄경(華嚴經)』중 동북해(東北海) 중(中)에 금강산

이 유하여 일만 이천 봉 담무갈 보살(曇無竭菩薩)이 항상 기중(其中)에 처(處)하였다 하였고 ……, 일만 이천 봉이라 칭함은 군봉의 수를 칭함이 아니라, 『화엄경』의 일만 이천 봉이라는 어(語)를 후세에 ……>

금강산의 유래에 대한 기록은 구구하다.

> 自今三千年前에旣히釋尊의現世中에在ᄒᆞᆫ所住處로世上에現出홈으로推論ᄒᆞ겟고又一說에는唐武王이商을伐ᄒᆞ니 …… 箕子를朝鮮에封ᄒᆞ니朝鮮은卽東海之上에在ᄒᆞ다云ᄒᆞᄂᆞᆫ지라然則世界에八金剛이有ᄒᆞ되七金剛은海中에隱ᄒᆞ고一金剛은海上에在ᄒᆞ얏다ᄂᆞᆫ說은此朝鮮에在ᄒᆞᆫ金剛山을指홈이라고思料홀것이오49)

금강산의 유래는 이밖에도 여러 설이 있지만, 여기에선 위의 설만을 소개하는 것으로 마무리하기로 한다.

17) 특색 및 철마다의 풍광

금강산의 특색은 첫째 그 구역이 넓고 기암 괴석(奇巖怪石)으로 이루어졌을 뿐만 아니라, 특히 가을철엔 가파른 낭떠러지 사이의 홍록(紅綠)이 참치 부제(參差不齊)하여 그 장관이 다른 데에서는 도저히 볼 수 없는 유람지라 하겠다. 다음으로 속계를 멀리 떠난 심산 유곡(深山幽谷)이기 때문에, 굽어보면 천인(千仞)의 심담(深潭)에 임하게 되고, 쳐다보면 서슬이 시퍼런 만장 바위 절벽을 보게 되며, 또 물이 맑고 바람이 서늘하여 여름에도 한기를 느끼게 된다.

셋째로 그윽하고 고요할 뿐만 아니라, 공기가 신선하고 온천물이 청결하여 자연히 심신(心神)이 상쾌해진다. 넷째로 최고(最古) 역사를 가진 고적

---

49) 위의 신문, 1915년 4월 28일.

(古跡)이 많은데, 특히 사찰이 많아 여러 가지 전설이 전해지며 연구의 가치가 충분하다. 다섯째로 불가사의한 명동(鳴動)을 들을 수 있다는 전설이 전해진다. 밤에 바위에 귀를 대고 엎드리면 닭 울음소리를 들을 수 있다는 것이다.

그리고 금강산은 춘하추동 어느 계절이든지 미관 장려하지 않은 곳이 없다.

봄에는 산벚나무·철쭉나무를 비롯한 여러 가지 꽃이 화려하게 만발하여 매우 향기롭고, 새떼는 맑은 바람을 희롱하여 나무 꼭대기를 희학질하고, 멀고 가까운 뾰족뾰족한 산봉우리는 아득하기 그지없어 구름놀 사이에 숨었다 나타나 그 풍광이 좋이 아름답고 사랑할 만하다. 특히 만물상 밑에 있는 온천골의 벚꽃은 최고의 미관(美觀)을 드러낸다. 산꼭대기로부터 골짜기에 이르기까지 온갖 꽃이 한꺼번에 만발하지 아니하고, 계곡으로부터 점점 정상으로 피어 올라가기 때문에 산기슭에서는 오만 가지 꽃이 흐드러지게 피는 것을 보면서 봉우리에서는 얼음과 눈을 보는 경우도 있다.

여름에는 산 전체의 초목이 번성하여 남파랑이 방울방울 떨어지며, 맑은 시냇물은 산속 어디에서나 맑고 서늘 그윽하다. 칼날 같은 바위 벼랑의 만장 절벽 사이엔 점점이 흩어진 취색(翠色)이 한층 멋진 경치를 자아낼 뿐만 아니라, 장마 뒤에는 온 산이 폭포를 이루어 장관이지만, 산 속에서 장마를 만나면 시냇물이 급증하여 건널 수 없게 되어 진퇴 유곡에 빠지는 위험이 있다.

가을에는 온 산에 단풍나무가 많으므로 홍엽(紅葉)에 이르면 홍록 참치(紅綠參差)하여 완연히 일대 화폭(一大畵幅)과 똑같이 눈에 가득 차 보이는 가을 모습이 수려하여 무한한 시취(詩趣)를 일으키게 한다.

겨울은 초목이 말라죽기 때문에 거의 개골(皆骨)과 같고, 바위 벼랑의 뾰족뾰족하게 우뚝 솟은 봉우리와 봉우리 사이에 여기저기 흩어진 늙은 소나무의 갈매〔深綠〕 빛깔이 산재(散在)해 있다. 무엇보다도 봉우리의 나뭇가지에 결빙(結氷)한 상태는 앵화 난만(櫻花爛漫)함과 똑같다. 언 그 가지를 꺾을 수가 없다. 결빙된 금강산을 오르기는 불가능하다.

18) 외금강의 명소 구적(舊蹟)과 그 승경(勝景)

외금강의 명소는 온정리 온천(溫井里溫泉)·감로수(甘露水)·만물상(萬物相)·신계사(神溪寺)·구룡연(九龍淵) 따위라 하겠다.

온정리 온천은 고성군 이북면(二北面) 온정리에 있다. 온천은 두 군데에서 솟아 나오는데, 그 하나는 옛부터의 목욕통으로 조선 사람이 들어가고, 다른 하나는 광산업자 소립 원건(小笠原鍵)이라는 자가 설비한 것으로 설비는 충분치 못하지만 청결하여 속진(俗塵)을 씻기에 부족함이 없다. 그리고 온천이 무색 투명하고 열(熱)하여도 이상한 냄새가 나지 않고 일종의 청렬미(淸冽味)가 있기 때문에 염류천(鹽類泉)으로 분류된다. 또한 이 광천(鑛泉)은 만성 맹장염·신경통·신경 쇠약·질염 피부병(膣炎皮膚病)을 비롯해서, 외상(外傷) 뒤의 운동 기능 장해 및 중병(重病)의 쾌복기(快復期)에 유효하다 한다.

감로수는 온정리로부터 신계사로 통하는 도로 부근에 있고, 만물상은 고성군(高城郡)으로부터 회양군(淮陽郡)으로 통하는 길가에 있다.

萬物相은奇岩이削立ᄒ고數十百年을經過ᄒ …… 樹木이岩壁에生育ᄒ얏스며 同一ᄒ奇岩도觀光人의位置로因ᄒ야其形狀이各異ᄒ되或은獅子와如ᄒ고犬과如ᄒ고象과如ᄒ고猫와如ᄒ고僧侶와如ᄒ고武者와如ᄒ야實로万物의相을現出홈이

其雄大흔天工의妙技는觀光客으로ㅎ야곰金剛山中의第一이라謂케ㅎ더라50)

신계사는 신라조(新羅朝) 제23대 법흥왕(法興王) 6년(519년)에 보운 조사(普雲祖師)가 창건했다. 화재에 소실되어 의거할 것이 없지만, 대웅보전(大雄寶殿) 앞에 있는 오중 석탑(五重石塔)은 법흥왕 21년에 건립한 것이라 하며, 이밖에도 대종(大鍾)과 중종(中鍾)이 있다.

구룡연은 신계사를 계곡으로 서향(西向)하여 20분 정도 오르면 나온다. 옥류동(玉流洞)의 왼쪽 낭떠러지로부터 떨어지는 폭포를 비봉폭(飛鳳瀑)이라 일컫는데, 물이 많을 때는 장관을 이룬다. 다시 왼쪽 기슭으로 옮겨 암벽을 오르는 도중에 서 쪽에서 흐르는 작은 계곡이 나온다. 이 시내를 걸어서 건너는 데를 도담교(倒覃橋)라 칭한다. 옛날엔 여기에 다리가 있었는데, 구룡대(九龍臺)는 여기서부터 오르게 된다.

삼일포(三日浦)는 고성읍 서북 쪽의 산자락에 자리하고 있는데, 호수 가운데의 섬에, 지금은 없어졌지만, 사선정(四仙亭)이라는 조그마한 정자가 있었다. 신라의 국선(國仙) 영랑(永郎)·술랑(述郎)·남석행(南石行)·안상(安詳)의 4명이 여기서 삼일 동안 노닐면서 돌아갈 줄 몰랐다 하여 삼일포라 일컬었고, 뒷사람들이 이들을 흠모하여 지은 것이 사선정(四仙亭)이다.

19) 「금강행(金剛行)」

천풍(天風) 심우섭(沈友燮)의 「금강행」51)은 24회에 걸쳐서 연재된 제법 긴 기행문이다.

<신우(薪憂)로 노량강관(鷺梁江關)에 한거(閑居)하여 신체의 강장(强壯)을 전

---

50) 위의 신문, 1915년 5월 1일.
51) 天風 沈友燮, 「金剛行」, 『每日申報』, 1916년 5월 7일~1916년 6월 15일.

의(專意)함이 우자(于玆)에 태일년 유여(殆一年有餘)라. 기효(其效)가 또한 불무(不無)하나 근자에는 갱(更)히 고금풍(高襟風)의 신식병 즉 신경 쇠약의 징후가 현저하여 기울 심조(氣鬱心燥)하고 안면(安眠)을 부득(不得)하여 견고 파심(見苦頗甚)하더니 …… 금강 탐승(探勝)을 시(試)할 행의(行意)를 결(決)하고 장(裝)을 속(束)할새〉 ― 본디 천풍은 오대(五臺)의 준험(峻嶮)과 영동(嶺東)의 팔경(八景)을 역방코자 함이니 잠시 금강을 주인공으로 해서 '금강행'이라 명명했다는 것이다.

1916년 5월 3일이라 남산(南山)의 취색(翠色)을 뒤로 하고 왼쪽으로 우이동(牛耳洞)의 명구(名區)와 인수(仁壽) 도봉(道峯)의 웅자를 손가락질하며 돌아보면서 철원(鐵原)의 대야(大野)를 돌파하여 나는 마침내 석왕사(釋王寺)에 이르렀다.

萬瀑洞口水石大戰爭을良久히參觀ᄒᆞᆯᄉᆡ飛爆流彈과兼ᄒᆞ야大雨의襲擊에驅逐되야表訓寺에至ᄒᆞ니佛殿樓閣은別로可觀ᄒᆞᆯ者ㅣ無ᄒᆞ며終日冒雨行走에身困心疲ᄒᆞ야寺附屬旅館房에入ᄒᆞ니房突이甚冷ᄒᆞ고主人도無ᄒᆞ야千呼万喚에一人의應答者도無ᄒᆞ니可怪々々라少後에一老尼가來ᄒᆞ거늘溫水一杯를得ᄒᆞ야凍腸을暫慰ᄒᆞ고更히寺院을一週ᄒᆞᆫ後寺後約五里를登ᄒᆞ야正陽寺에達ᄒᆞ니朱欄彩閣이頗히鮮明ᄒᆞ야建築이淡雅奇麗ᄒᆞ고六角建의藥師殿을더욱精巧를極ᄒᆞ야山內外寺刹中에其巧를可誇ᄒᆞ겟스며般若殿內에ᄂᆞᆫ海印刱의大藏經을藏置ᄒᆞ얏더라此時에雨ㅣ少霽ᄒᆞ고山谷間에片雲이條往條來ᄒᆞᆯ쑨안이라歇星樓에登ᄒᆞ야東天을望ᄒᆞ니內金剛의衆峯은大小를勿論ᄒᆞ고擧皆眼前에列立ᄒᆞ야皓姿巧態를爭露ᄒᆞ니快爽可愛ᄒᆞ며客年共進會協贊會의製作인指峯臺ᄂᆞᆫ그製度가頗히精巧ᄒᆞ야十個의大小高峯을臺上에模造ᄒᆞ고垂直糸를付ᄒᆞ야此糸와模造峰과實峯을照準ᄒᆞ면峯名을歷々可記니卽毘盧曰馬等高峰으로브터近히香爐, 靑鶴等峯에至ᄒᆞ기신지一眼에看取흠을可得ᄒᆞ겟스며寺前天一臺ᄂᆞᆫ其眺望이歇星樓에無過ᄒᆞ니鬱蒼ᄒᆞᆫ暮景이쏘ᄒᆞᆫ可愛可賞이라 大抵內外金剛을總括ᄒᆞ야寺刹에서坐望ᄒᆞᄂᆞᆫ景槪로ᄂᆞᆫ此寺에第一指를屈치아니치못ᄒᆞ리로다[52]

---

52) 위의 신문, 1916년 6월 2일.

윗글은 표훈사(表訓寺)와 정양사(正陽寺)에 관한 글월이다.

8. 동경잡신(東京雜信)

춘원(春園) 이광수(李光洙)의 「동경잡신」53)은 '학교'·'유학생의 사상계(思想界)'·'공수(工手) 학교'·'학생계의 체육'·'홀망(忽忙)'·'목욕탕'·'경제의 의의(意義)'·'근이기의(近而己矣)'·'명사(名士)의 검소(儉素)'·'조선인은 세계에(서) 제일 사치하다'·'가정의 예산 회의'·'복택 유길(福澤諭吉) 선생의 묘를 배(拜)함'·'문부성 미술 전람회기'·'지식욕과 독서열'·'일반 인사의 필독할 서적 수종(書籍數種)' 따위로 나뉘어져 있다.

20) 학교 교육

교육은 아무리 강조해도 끝이 없다. 하느님이 인류에게 주신 최대의 복은 사람됨·양각행(兩脚行)·장수·부귀·안락도 아니요, 오직 교육의 능력이다. 교육의 조화가 무궁무진하기 때문이요, 자연을 정복하는 지식을 주기 때문이요, 만물의 영장이 되는 자격을 주기 때문이오, 자손만대가 번영하는 능력을 주기 때문이다.

특히 춘원은 산의 조종(祖宗)이 히말라야(Himalaya)라면 학(學)의 조종은 제국 대학(帝國大學)이라고 강조한다.

東洋의 最高學府니 帝國人物의 太半이 實로 帝國大學에서 出ᄒ다.   此校에 入ᄒ랴

---
53) 春園 李光洙, 「東京雜信」, 『每日申報』, 1916년 9월 27일~1916년 11월 9일.

면高等學校를出ᄒᆞ여야ᄒᆞ고高等學校에入ᄒᆞ랴면競爭試驗에合格ᄒᆞ여야ᄒᆞ고此試驗에應ᄒᆞ랴면中學校를卒業ᄒᆞ여야ᄒᆞᄂᆞ니. …… 帝國大學이有四ᄒᆞ니卽大學中大學인東京帝國大學, 京都帝國大學, 福岡에在한九州帝國大學, 北海道札幌에在ᄒᆞ 東北帝國大學이오其他大阪齒科大學이有ᄒᆞ며高等學校ᄂᆞᆫ都合八處니卽東京, 仙臺, 名古屋, 京都 岡山, 福岡, 金澤, 熊本이라.

內地中學校出身이안이라도高等普通學校又同程度學校出身이면應試資格이有ᄒᆞ니才能과金錢을兼備ᄒᆞᆯ有福靑年諸君은奮然히志를決ᄒᆞ고最高學府에學ᄒᆞ야써最高人物되기를힘쓸지어다. 入學試驗은 法, 政, 文, 理, 工, 醫, 農等科를隨ᄒᆞ야差異가有ᄒᆞ나最重崔要ᄒᆞᆫ者ᄂᆞᆫ 英語와數學이라. 高等普通學校及同程度學校出身者ᄂᆞᆫ二個年만專心豫備ᄒᆞ면可能ᄒᆞ리라54)

무엇보다도 고등 학교의 학생 생활은 전 일본의 학생 생활을 대표한다. 뒤가 터진 모자에 끈이 굵은 나막신을 신고 울퉁불퉁한 벚나무 몽둥이를 질질 끌며 천하가 좁다 하고 활개치며 활보하는 모습은 장차의 학사요 여학생들의 이상적 남편감인 고등학교 학생이다. 팔씨름·유도·격검(擊劍)은 그들의 유희요, 야끼이모(日語 燒藷 ; 군 고구마)는 그들의 요리이다. 그들은 공부도 잘하고 유희도 잘하며 다시 못 오는 청춘을 가장 값있고 가장 흥미있게 생활하는 자들이다. 또한 검소하고 활발하게, 모험 맹진하는 무기(武氣)와 각고 근면(刻苦勤勉)으로써 그들의 특색을 삼는다.

일본의 문학·정치는 조도전(早稻田)이요, 이재(理財)는 경응(慶應)이며, 법률은 명치(明治)로 저마다 그 특색이 있다. 조선 젊은이들도 일본 유학을 꿈꾸는데, 가급적이면 비생산적 사업보다는 상공업과 같은 생산적 사업에 눈을 떠서 먼저 의식(衣食)을 족(足)하게 하고 조선 여기저기에 벽돌 굴뚝이 임립(林立)하는 것은 말할 것도 없고, 2~30층 거포 대고(巨舖大賈)가 각도 각읍(各道各邑)에 즐비하게 들어서도록 힘써야 한다. 일본 유학의 목적을 올곧게 세워야 한다는 뜻이다.

---

54) 春園 李光洙, 「東京 雜信」 — 學校 —, 위의 신문, 1916년 9월 27일.

21) 유학생과 그 주변

조선 유학생이 고향에 돌아오기만 하면, 유실 유자(有室有子)한 '서방님'이 되고 '나릿님'이 되고 '영감마님'이 된다. 그 서방님・나릿님・영감마님이 지위와 가치로 보건대, 타국(他國) 소학생과 숙고 숙저(孰高孰低)를 가리기 어렵거니와, 어떻든 고향 사회에 있어서는 당당한 신사로 자타(自他)가 공인하는 자가 만리 이역에 가서는 일개 한서생(寒書生)을 감수함은 칭찬할 만한 용단(勇斷)이라 할 것이다. 게다가 조선의 문화와 부(富)를 위하여 그러함이라 하면, 그 희생적 태도를 감사히 여겨야 옳은 일이다.

특히 갑신(甲申), 그러니까 1884년 이래 유학생의 수가 5,000명이 넘는다 하며, 이른바 졸업생도 거의 1,000명에 이른다 한다. 그들이 조선 문화에 공헌한 바가 어떠한지는 모르나, 그렇다고 유학생 무용론을 부르짖을 수는 없다. 다만 여기서 말할 수 있는 것은 아직까지 유학생이 확실한 시대의 자각(自覺)을 얻지 못했다는 것뿐이다. 확실한 자각을 갖지 못한 자가 어찌 확실한 입지(立志)를 세울 수 있으며, 확실한 입지가 없는 자가 어찌 확실한 사업을 이룰 수 있을 것인가.

古來朝鮮人은成功이라ᄒᆞ면政治的成功을意味ᄒᆞ고立身出世라ᄒᆞ면官界에得意홈을意味ᄒᆞ야修學ᄒᆞᄂᆞ者의最高理想이崇祿大夫正一品이라。昔日ᄲᅮᆫ아니라應當此舊習이破壞되엇서야ᄒᆞᆯ今日에도靑年學生의眞正ᄒᆞᆫ志望을問ᄒᆞ면高ᄒᆞ면判檢事郡守오低ᄒᆞ면郡書記警部며父兄의希望과社會의待遇도오직金線帽烏銅刀라야成功ᄒᆞ얏다稱ᄒᆞ나니國家의公務를直接으로輔ᄒᆞᄂᆞᆫ官吏의任이重치아님이아니오貴치아님이아니어니와官吏가社會의全軆ᄂᆞᆫ아니라。文明이發達ᄒᆞ야社會의組織이複雜ᄒᆞ게된今日에ᄂᆞᆫ官界ᄂᆞᆫ社會活動舞臺의一局部에不過ᄒᆞ나니實業界，敎育界，宗敎界，學者界，政治界가다官界와對等ᄒᆞᆫ地位를有ᄒᆞᆯ것이라假令敎育界에最高人物은官界의最高人物인總理大臣과그勳功과榮光과名譽가相等ᄒᆞ며中學校의敎

員은判檢事나郡守보다劣흔者가아니라.55)

어찌하여 복택유길(福澤諭吉)이 대외중신(大隈重信)보다 뒤지며, 타고르 (Rabindranath Tagore)나 부쉬(Fritz Busch)를 루즈벨트(Franklin D. Roosevelt)나 원세개 (袁世凱)에 버금간다고 할 수가 있을 것인가. 이른바 관존 민비(官尊民卑)는 유치한 사회 현상이기 때문에, 조선도 이와 같은 비습(鄙習)을 버리지 않으면 문화의 발달은 가망이 없을 것이다.

오늘날의 동경 유학생을 세 가지로 분류할 수가 있다. 그 하나는 일본 청년과 거의 동등한 선상에서 세계의 대세와 현대의 문명을 완전히 이해하지는 못하지만, 그 일부를 이해하기 때문에 나머지를 모두 이해하려고 노력을 기울이는 부류이고, 다른 하나는 옛꿈을 깨지 못하는 부류인데 이들은 세계란 어떠한 것이고 현대 문명이 무엇이며 어느 쪽에 조선 전도(前途)가 있는지를 전혀 모르는 부류이다. 셋째는 철모르는 자로서 남이 유학하니까 나도 유학하며 남이 학교에 들어가니까 나도 학교에 들어가는 부류이기 때문에 거론할 필요조차 없다.

첫 번째는 조선의 장래를 나타내는 자로서 번창하게 웅비할 운명에 있고, 두 번째는 조선의 과거를 나타내는 자로서 쇠퇴 칩복(蟄伏)할 운명에 놓여 있을 뿐이다. 따라서, 첫 번째는 실로 조선의 빛이 되며 조선의 문화가 이들로 말미암아 흥성하게 된다.

그들은 현대 문명을 이해함으로써 세계 문명에 접하려 하기 때문에, 학문을 학자적 태도로 그 원류(源流)를 궁구(窮究)하려 든다. 그들은 독서하고 사색하므로 일상적으로 도서관 출입을 좋아한다. 그들이 철두 철미하게 학자적 태도로써 법학을 연구하고 경제학과 문학을 연구하는 학자가 되기만 하면, 조선 사람은 그들을 통하여 세계의 새로운 문명에 접할 수

---

55) 春園生, 「東京雜信」 — 留學生의 思想界 —, 위의 신문, 1916년 9월 28일.

있게 된다. 그들은 옛꿈을 깨뜨리고 자각함으로써 허(虛)를 버리고 실(實)을 취하며, 공상을 버리고 실행을 귀하게 여기는 노력파라 할 것이다.

22) 공수학교(工手學校)와 학생 체육

조도전 대학(早稻田大學) 부속에 공수 학교가 있다.

중앙 기독교 청년회에서 목공·철공·사진·동석판술(銅石版術)을 가르치고, 경신 학교(儆新學校)에선 목공술과 염직술(染織術)을 교수하지만, 이는 고학생을 위하여 설립한 것이기 때문에 일반 사회인은 이용할 수가 없다. 조선의 각 도시에는 14~5세 되는 소년으로써 직업 없이 만유(漫遊)하는 자가 많아, 그대로 방치하면 유해 무익한 존재가 되고 만다. 이처럼 극빈한 자 말고도 보통 학교를 졸업한 뒤에 그 이상의 교육을 받을 능력이 없어서 세월을 허송하는 자가 적지 않다. 그들은 교육만 받으면 일신 일가(一身一家)를 보전할 뿐만 아니라, 사회와 문화에 공헌할 수 있는 귀중한 사람이다.

인구가 날로 증가하기 때문에 농경지를 최대 한도로 정리 이용한다 하더라도, 겨우 입에 풀칠할 정도에 지나지 않는다. 그러므로 조선에서는 불가불 공업에 손을 뻗치지 않을 수가 없다. 그런데 조선은 공업지로서 부족함이 없다. 개천(价川)과 재령(載寧)의 철맥(鐵脈)은 무진장이요, 평양과 무순(撫順)의 석탄은 말할 것도 없거니와, 단류(湍流)가 도처에 있기 때문에 수력 이용이 쉬울 뿐만 아니라, 원료를 싸게 얻을 수 있는 위에 저임 노동자를 얼마든지 구할 수가 있다.

이것만으로도 공업 발전의 조건을 충분히 갖추었다 할 것이로되, 금상 첨화로 압록강 철교를 사이에 두고 중국 대륙의 광대한 시장이 있으니 조선의 대공업지가 될 자격을 빠짐없이 갖추었다 할 것이다. 따라서 자본가의 백만 치부(百萬致富)도 가능할 것이요, 실업자의 의식주도 해결할 수 있을 것이며, 나아가서는 조선 사람의 민족적 실력의 발휘도 할 수 있을 것이다.

이러한 지리(地利)와 천시(天時)가 있으니 어찌 사람의 경영함이 없을 것인가. 멀지 않은 장래에 자본가들이 각성 개안(覺醒開眼)하여 조선 공업계의 일대 비약이 이루어질 것을 믿는 바이다. 이때에 가장 먼저 요구되는 것은 숙련된 직공이다. 공장과 기계는 자본만 있으면 곧바로 손에 넣을 수 있지만, 숙련공은 황금으로 해결될 성질의 것이 아니기 때문에 오랜 동안 투자하여 양성할 수 밖에 없다.

그렇게 함으로써 장래의 공업 진흥에 이바지하고 직업도 교육도 없는 수백만 소년에게 새 교육을 전수함으로써 독립 생활을 영위할 수 있을 뿐만 아니라, 좋은 직업을 얻을 수 있으니 일거 양득이 아닐 수 없을 것이다. 우선 경성·평양·대구·개성과 같은 주요 도시의 재산가들이 저마다 협력하여 이런 학교의 설립을 도모하면 과히 곤란한 사업이 결코 아님을 확신한다. 이것은 재산가들의 장래의 큰 이익이 될 뿐만 아니라, 사회와 국가에 대해서도 막대한 공헌이 될 것이다.

여기 곁들여 학생의 체육에 대해서도 한 마디 언급하지 않을 수 없다. 세계에서 최고 최성(最古最盛)한 체육국은 희랍이오, 특히 스파르타(Sparta)가 강국이었다. 스파르타는 오늘날의 스웨덴(Sweden)인데 체조나 유희의 태반이 스웨덴 사람에 의해서 창시되었다. 일본에서도 몇 해 전부터 체육의 장려가 성행되었다.

일본 사람의 안색을 보면 먼저 반짝반짝 빛나는 눈동자에 날카로운 기운이 가득하며 바싹 다문 입에 의지력이 나타난다. 가슴이 튀어나오고

양팔의 근육이 발달하여 돌처럼 단단하다. 그들은 유약한 선비처럼 보이더라도 하루에 능히 백여 리(百餘里)나 되는 험한 길을 답파하고, 남양(南洋)의 염열(炎熱)과 북극의 한랭(寒冷)을 감내하며, 한 두 시간 동안의 '차렷' 자세를 견딘다. 또한 너댓 시간 계속되는 고통스런 사무나 연구를 참아낼 뿐만 아니라, 일단 전쟁이 일어나면 즉시 담총 배낭(擔銃背囊)하여 풍운노숙(風雲露宿)에 오랜 시일의 격전(激戰)을 이겨낸다.

그러면 조선 사람은 어떠한가?

눈동자는 풀어졌고 입은 '헤' 벌어졌으며, 사지는 늘어져 처지고 가슴은 움쑥 들어갔으며, 몸뚱이는 앞으로 휘어지고 걸음은 기력이 없으며 안색(顔色)은 병황(病黃)이라는 것이다. 이러한 종족이 어찌 경쟁장에서 자기 생명을 유지할 수가 있겠는가. 농민이나 노동자는 문제 밖이지만, 이른바 노는 사람의 체질은 퇴패(頹敗)하고 열약(劣弱)하여 실사회의 사무를 감내하기 불능할 것이다.

23) 목욕탕과 사치심

일본 사람이 세계를 향해서 자랑하는 것 가운데의 하나가 목욕을 좋아한다는 것이요, 목욕 애호는 곧 청결을 엄지손가락으로 꼽는다는 뜻이다. 청결은 일본 국민성의 하나이다. 도시에는 100호 또는 200호마다 반드시 일일 목욕탕이 있고, 그들은 평균 하루건너 목욕한다. 중류 이상의 가정에서는 집안에 욕실을 설치하여 매일이나 격일에 온 식구가 목욕하게 마련이다.

하루 종일 사회의 격무에 시달리다가 저녁때 집에 돌아오면 목욕을 끝낸 다음 유까다(浴衣 ; 목욕 뒤나 여름에 입는 무명 홑옷)를 걸치고 정다운 가족과 마주앉아 저녁밥을 먹으면 하루의 노고가 풀리고 인생의 즐거움이 저절로 우러난다. 학생의 경우도 똑같다.

> 朝鮮人은아직도淸潔思想이普及치못ㅎ야入浴의善習慣이無ㅎ나니此는文明人의體面에甚히羞恥홀바이라. 中流以上人士도一個月以上이나入浴치안이ㅎ는者有ㅎ며婦人에至ㅎ야一生六七十年에六七次沐浴을ㅎ는지마는지. 顔面에는粉을발느고全身에는錦繡를着ㅎ얏스나가만히그衣服속을想像ㅎ면應當垢紋이縱橫ㅎ야至今토록戀慕ㅎ던者로ㅎ야곰嘔逆을禁치못ㅎ고避ㅎ게ㅎ리라. 車室中이나演劇場中鮮人이多數會集ㅎ處所에는所謂땀이라는一種惡臭가有ㅎ나니此가入浴안이는證據며왓송이ㅅ흔男女兒童의身軆에서도不快ㅎ此땀ㄴ를發홈은(을)外人이知홀가보아羞恥를不禁ㅎ는바이라.56)

이러한 이유로 말미암아 교육가나 종교가가 목욕 사상을 고취함으로써 조선 사람으로 하여금 먼저 몸의 때를 씻게 하는 것이 필요한 것이다.

요즈음 교통이 편리하게 발달되어 해외의 물품이 꽤 많이 들어오면서부터 우리 조선 사람은 편리 미려한 외국 물품에 미혹(迷惑)되었다. 그리하여 값비싼 양복 양화를 비롯해서 시계·반지는 물론 담배와 술까지 손을 대는 것이다.

사치라 하는 것은 지나치게 돈을 쓰는 것을 말하는 것이요, 지나치다 하는 것은 수입에 맞지 않은 지출을 말한다. 가령 매달 100원 수입이 있는 사람이 2~30원짜리 양복을 산다고 어찌 이것을 사치라 할 수 있으며, 1,000원씩 받는 월급쟁이가 간혹 수백 원의 유흥비를 썼다고 어찌 이것을 사치라 할 수 있을 것인가.

생산 사업엔 전혀 종사하지 않고 부모에게서 물려받은 재산을 마구잡이로 쓰는 사람이 있다. 이른바 유산 낭비자이다. 자기는 돈 한 푼 벌지

---

56) 春園生,「東京雜信」 - 沐浴湯 -, 위의 신문, 1916년 10월 12일.

못하면서 달마다 수백 원이나 수천 원을 비생산적인 데에 헛되게 쓰는 것이 사치이다. 아니, 단 한 푼을 쓴다 해도 이것은 사치가 아니고 무엇이란 말인가.

그러므로 문명국에서는 그 자제가 독립한 직업을 얻게 되도록 교육시킨 뒤에는 의식주의 생활비를 그 자제로 하여금 스스로 얻게 하며, 혹 자기가 경영하는 은행이나 회사나 공장 따위에 자기 자식을 근무하게 한다 하더라도, 그 역량에 따라 타인과 똑같은 월급을 주다가 호주가 죽은 뒤에야 자식에게 전 재산을 상속시키는 것이다.

호주 자신도 자기 개인의 생활비는 일정액을 정해서 쓰도록 한다. 자기 자신도 피고용인이 되는 셈이다. 따라서 문명인은 조선에서처럼 호주 혼자 주색 잡기에 빠져 재산을 탕진하는 일이 거의 없다. 문명인은 자기 분수에 맞는 사업에 종사함으로써 일정한 수입을 얻기 때문이다.

땀을 흘리지 않고 돈을 탕진하는 자는 불한당이오, 불한당은 곧 도적의 별명이다. 사회의 도둑이 될 뿐만 아니라, 국가의 도둑이 되고 전 인류의 도둑이 된다. 좀이나 구더기 같은 기생충에 지나지 않게 되기 때문이다.

9. 만리장성(萬里長城)과 동물 세계

24) 만리장성과 그 둘레

「만리장성」57)은, 곧바로 진(秦)의 시황(始皇)을 흔히 연상하지만, 실에 있어서 그렇지 않다는 것을 고증하는 것으로부터 시작하고 있다. <만리장

---

57)「萬里長城」,『靑春』, 第一號(1914년 10월 1일), 43~49 쪽.

성은 꼭 시황제(始皇帝) 때에 비로소 생긴 것도 아니요, 또 지금 남아 있는 만리장성이란 것은 시황제의 축조(築造)한 것이 아니라, 여기 대하여(서)는 청(淸) 고염무(顧炎武)의 지은 『일지록(日知錄)』이란 책의 장성이란 제목으로 여러 가지 고증도 하여 있고, 또 근래 학자들의 새 연구도 있으니 이것들을 보면> 상세한 내용을 알 수 있다.

 戰國時代에 在하야 秦 楚 燕 齊 魏 趙等 여러나라가 다토아 그 國境에 長城을 싸하 써 敵의 侵入을 막은것은 古書를 보아 證明되는 것이라 이제 그 重要한것을 보이건대 齊의 長城은 或 潘王쌔에 築造되엿다하고 或 宣王쌔에 築造되엿다하기도하나 이제 山東省 濟南府 平陰縣附近에 起하야 泰山의 밋흘 지나고 萊州府 高密縣 海岸에 至하야 그친것이니 처음에는 魯에 對한 防衛로 後에는 楚에 對한 防衛가 된것이오
 楚의 長城은 襄王쌔에 築造된것이라고 傳하니 河南省 汝州 魯山縣 地方에 잇서 이른바 河洛과 荊襄 사이를 劃하야 楚 北方의 防衛가 된것이오
 魏의 長城은 惠王쌔에 築造된것이라하니 이것은 河南省 開封府 密縣附近에서 起하야 黃河를 過하야 山西省 南部를 斜走하야 다시 黃河를 건너 陝西省 榆林府 地方에 達한것이니 이 大部分은 秦의 防衛로 한것이오
 燕의 長城은 南方허고 北方허고 兩便에 잇스니 南方은 易水附近에 잇서 趙와 中山의 防衛로 한것이오 北方것은 西으로 造陽地方에서 起하야 東으로 襄平地方에 達하얏다 하는대 그 造陽이란곳 位置는 어된지 不明하나 上谷郡에 屬하얏던 이제 直隸省 宣化府의 獨石口附近쯤 되리란 說도 잇스니 於此於彼 이것은 匈奴와 東胡를 防衛하기 爲하야 築造한것이라 또 燕은 箕準의 朝鮮을 服屬한 結果로 長城의 東端이 鴨綠江 方面까지 及하얏다 하는것이오
 趙의 長城은 肅侯의 째와 武靈王의 째에 築造된 것이니 肅侯의 築한것은 漳水 滏水에 沿하야 魏의 防禦가 되엇던것일지오 또 武靈王의 築造한것은 山西省 北方 代의 地方으로서 陰山에 沿하야 高闕地方에 至한것이니 北方의 匈奴를 備한것이라 이 代란 곳은 이제 山西省 大同以北의 地方이오 高闕이란 짱은 이제 內蒙古의 오르토쓰地方이란 說도 잇스며
 秦의 長城은 秦의 隴西 北地 上郡의 邊境에 築造된것이니 이것도 쏘한 匈奴를 備한것이라 이러트시 列國의 國境에는 長城이 存在하얏섯는대 이것은

다 秦의 始皇帝以前에 築造된것이니라[58]

진시황이 육국(六國)을 통일한 뒤에도 여전히 흉노의 세력이 왕성하기 때문에, 여러 장성 가운데에서 연(燕)·조(趙)·진(秦) 등이 축조한 북부(北部)의 것을 수축 연결한 이것이 이른바 만리장성이 된 것이다. 서 쪽으로는 임조(臨洮)에서 시작하여 동 쪽으로는 요동(遼東)에까지 이른다. 임조는 오늘날의 감숙성(甘肅省) 공창부(鞏昌府) 적도주(狄道州) 지방이 되고, 요동군(遼東郡) 전체는 오늘날의 요동 반도로서 압록강 부근까지 이르른다. 그러니까 장성의 대부분은 전국 시대에 쌓았던 것을 시황 때에 연접 수축한 것이요, 새로 축조한 것도 있는 것이다.

<시황의 통일 이전에는 이 하남(河南)은 진(秦)의 영지가 아니므로 장성을 축(築)하지 못하였던 것을 흉노를 구축(驅逐)하고 하남군을 치(置)하게 되매 비로소 물가로 축새(築塞)한 것을 보면, 그 지방의 것은 시황 때에 축한 것으로 보아야 할 것이며, 그런즉 서방(西方) 임조로서 황하에 연하여 장성을 축하여 이제 산서(山西) 부근에 지(至)하여 (원래) 조(趙)가 쌓았던 장성에 접속하고, 다시 동방(東方)으로 연(燕)이 쌓은 장성에 접속하여 요동에> 이르른 것이다.

그 서 쪽은 황하(黃河)를 경계로 해서 볼 수가 있는데, 황하가 산서 지경(地境)에서 남절(南折)하는 지방으로서 귀화성(歸化城) 이남을 지나 장성의 북 쪽으로 달려 독석구(獨石口) 부근에 이르러 직예성(直隷省)의 승덕부(承德府)·조양부(朝陽府)의 북 쪽을 스쳐 동 쪽으로 달리다가 요하(遼河)를 건너 양평(襄平), 곧 요양(遼陽) 부근에 이르는 것으로 볼 수가 있는데, 그 동 쪽 끝은 어디까지 이어져 있는지는 의문으로 남는다.

『사기(史記)』를 보면, 진나라가 망하고 한(漢)나라가 일어난 뒤에 요동의

---

58) 위의 책, 43~44 쪽.

고채(古砦)를 수축하여 패수(浿水)로 지경을 삼았다고 되어 있다. 이 패수는 압록강을 가리킨다. 따라서 현존하고 있는 장성은 진나라 때의 장성과 다르다는 것을 알 수가 있다.

25) 짐승의 기이한 이야기 두 가지

「동물 기담 이(動物奇談二)」[59]는 '새를 잡아먹는 지주(蜘蛛)'·'병어나 가자미의 눈은 왜 한편으로 몰렸나'·'세계에(서) 제일 큰 새'·'해리(海狸)는 수류 중(獸類中) 건축가(建築家)'·'사람의 피를 빠는 모기는 암놈이니라'의 다섯 가지로 나뉘어져 있는데, 그 가운데에서 두 가지만 가려뽑아 본다.

그 하나는 새를 잡아먹는 거미 이야기이다.

여러 가지 거미 가운데에는 '미가레'라는 새를 잡아 먹는 종족이 있다. 이 종족은 유럽 남부에 살고 있는데, 몸은 별로 크지 않지만 무척 영리해서 언제나 안전한 곳을 택하여 산다. 그 가운데에서도 코르시카(Corsica) 섬에서 사는 종족은 더욱 영리하다. 그들이 집을 짓는 법이 무척 정교하여 서양 동물학자들은 이를 '왕'이라는 칭호로 부른다.

거미왕의 궁성(宮城)은 가장 안전한 곳을 택한다. 그리하여 땅속에 원주형(圓柱形)으로 우물처럼 파서 그 내부는 윗쪽이 조금 퍼지고 중간은 차차 좁아지며 아랫쪽이 다시 퍼져 마치 장고통이나 누에고치를 세워 놓은 듯하다. 굴속의 벽은 가늘고 고운 비단실로 도배해서 흙이나 모래 같은 것들이 떨어지지 않도록 정성을 다한다.

궁성이 다 완성되면 왕은 그 속에서 거처한다. 물론 먹거리를 구하기 위해서 외출하는 일이 많다. 나갈 때에는 뚜껑을 밀어 올리고 나간다. 그

---

59) 「動物奇談 二」, 『靑春』, 第二號(1914년 11월 1일), 54~64 쪽.

러면 뚜껑은 전처럼 도로 닫혀 아무 것도 들어갈 수가 없다. 들어올 때에는 미가레의 발끝에 달린 갈고리로 뚜껑을 올리고 그 속으로 미끄러져 들어간다.

새는 메를 주워 먹으면서 궁성 근처까지 온다. 그 새는 대적〔大敵 ; 미가레〕이 발뿌리 밑에서 엿보고 있는 줄은 꿈에도 모르고 조동아리로 흙을 헤적거린다. 그리고 발로 모래를 버르집으며 문 옆으로 가까이 간다. 이것을 미가레는 발끝 갈고리로 새다리를 할퀸 다음, 실을 토하여 찬찬히 얽어 속으로 들어가면 그것으로 일은 끝난 셈이다. 무엇보다도 새다리를 실로 감는 순간엔 전광석화 같다.

그리고 사람의 피를 빠는 모기는 암놈뿐이요, 숫놈은 결코 피를 빨지 않는다. 모기든지 등에든지 벌이든지 숫놈보다 암놈이 무섭다. 숫모기는 몸이 푸르고 머리에 촉각이 있으나 사람에게 해를 끼치지 않는데 반해서, 암모기는 길게 늘어진 아랫턱 한가운데에 있는 가는 혀로 피를 빨아 먹는다.

숫모기는 언제나 풀이나 나무에 붙어 그 진액을 빨아먹고 살며, 또 당분을 좋아하여 꽃꿀과 같은 것에 입맛을 붙이기 때문에 애초부터 사람 근처에 찾아오지 않고 평생 동안 숲이나 연못 근처에서만 산다.

쟁가비(장구벌레)가 변하여 모기가 된다. 쟁가비는 모기가 물웅덩이에 슨 알에서 나온 것이다. 쟁가비가 물속으로 갈앉을 때에는 쏜살같지만 올라올 때에는 몽둥이를 내두르는 것처럼 몸뚱이를 좌우로 흔들며 올라온다.

쟁가비는 수채나 연못 속의 더러운 것은 말할 것도 없고 사람에게 독이 되는 것까지 주워먹기 때문에 사람에게 이익을 주지만, 모기가 된 뒤에는 사람의 피를 빨아먹을 뿐만 아니라, 학질이라는 무서운 열병을 전염시킨다. 또 남미 텍사스(Texas)의 어느 도시에서는 동풍이나 서북풍이 불

때에는 몇 천억이 되는 모기가 떼를 지어 날아와 사람이나 가축을 못 견디게 굴기 때문에, 모기떼가 오기 전에 가축을 미리 물속으로 피신시킨다 한다. 그러나, 풍세(風勢)가 바뀌면 모기떼들은 순식간에 다 어디로 가는지 그림자도 찾아볼 수 없게 된다니 참 기이한 현상이 아닐 수 없다.

26) 연예(演藝)하는 벼룩과 나무에 올라가는 물고기

「동물 기담 오(動物奇談五)」[60]는 모두 세 가지 작은 제목으로 되어 있는데, 그 가운데에서 '가르치면 벼룩도 연예(演藝)를 하나니라'와 '나무에 올라가는 물고기'에 대해서 언급하기로 한다.

벼룩은 모기처럼 혀로 쏘는 것이 아니라, 조동아리 끝에 있는 날카로운 가위 같은 것으로 사람의 살갗을 싹싹 베어 젖히고 흡관(吸管)을 박고 염치없이 피를 빨아먹는다. 몸에는 홍포(紅袍)를 입고 머리는 작고 허리통은 굵으며, 코끝에는 촉각 셋이 달렸고 발은 세 쌍 곧 여섯이며 그 발끝에는 낫 갈구리처럼 생긴 것이 한 쌍 있어서 뛰어도 떨어지지 않게 생겼다. 또한 뒷다리는 힘이 매우 세어 굉장히 높이 뛸 수가 있다.

그런데, 독일에서는 이런 벼룩을 훈련시켜 구경시킨다는 것이다. 베를린(Berlin) 야시장(夜市場)에서 구경했단다. '벼룩의 재주'라는 간판을 보고 표를 사가지고 들어갔다. 그 둘레에 구경꾼이 무척 많이 모여 있었다. 유리 궤에 들어 있는 벼룩의 모가지에다 아주 가느다란 털을 감고 그 털의 끝을 조금 비틀어 벼룩 놀리는 이가 그 비튼 데를 족집게로 꼭 집어내어 거기다 조그만 수레를 걸어 끌리기도 하고 훈련하는 흉내도 내게 하지 않는가.

---

60) 「動物奇談 五」, 『靑春』, 第六號(1916년 3월 1일), 37~40 쪽.

이 재주를 부리는 벼룩은 예사 벼룩과 조금도 다를 바 없다. 재주 벼룩 역시 솟구치고 뛰고 하는 벼룩에 지나지 않았다. 하지만 벼룩 놀리는 이가 잡아서 먼저 한참 동안 유리 상자 속에 넣어 두면 그 벼룩이 처음에는 뛰고 솟고 하여 함부로 머리를 천장이나 유리에 부딪친다. 부딪치면 부딪친 그만큼 아프기 때문에 나중엔 뛰지 못하게 된다. 그렇게 되면 털을 모가지에 감아 가지고 재주를 가르치게 되는 것이다.

고사 숙어에 '녹목 구어(綠木求魚)'라는 말이 있다. 절대로 불가능한 일을 비유해서 하는 말이다. 그러나, 나무에 오르는 고기가 있으니 이상한 일이 아닌가.

인도의 석란도(錫蘭島)와 대양주(大洋洲)의 피지 제도(Fiji Islands) 따위에서 사는 '페리오프사름쓰'라 하는 물고기는 가슴의 지느러미가 굉장히 커서 마치 작은 날개를 편 것만큼이나 되고 눈알이 머리 위에 얹혀 있는 듯하도록 툭 불거진 아주 괴상하게 생긴 놈인데, 늘 먹을 것을 찾아 뭍으로 다닐 뿐만 아니라, 가끔 물가의 나무에 기어 올라가는 일이 있으며, 만일 나뭇가지 같은 데 있는 것을 사람이 잡으려고 하면 마치 개구리처럼 물속으로 뛰어 들어가 쉽게 잡을 수가 없단다.

또 이밖에 노어(鱸魚)의 일종인 '아나비쓰'라는 것도 나무에 잘 올라간다 한다.

27) 나비 · 바다표범 · 개미

「동물 기담 칠(動物奇談七)」[61]은 '감심(感心)할 모접(母蝶)의 지혜' · '자식 사랑하는 해표(海豹)' · '세계에 희한한 개아미의 각색(各色)' · '현세계(現世界)

---

61) 「動物奇談七」, 『靑春』, 第九號(1917년 7월 26일), 53~58 쪽.

유일의 사족조(四足鳥)'의 네 항목으로 되어 있다. 여기서는 나비·바다표범·개미에 대해서만 언급하기로 한다.

<따뜻한 봄바람이 건듯 부는 때에, 호랑나비 흰나비 각색 나비들이 너울너울 날아드니, 그 화려한 날개를 벌리고 보드라운 수염을 살긋살긋 움직이면서 이 꽃 저 꽃 방문하여 단꿀로 배를 채우고 화분(花粉)을 운반하는 모양, 아무리 보아도 흥이 없고 아무리 보아도 천진(天眞)이요, 또 아무리 보아도 태평 세계를 저 혼자 차지한 듯>하다. 그러나, 저희들에게는 연작(燕雀)과 같은 대적(大敵)이 있기 때문에 자칫 잘못하면, 언제 어느 때에 그들의 포로가 되어 독한 창자 속에 고려장(高麗葬)을 지내게 될는지 모를 일이다. 그렇거늘 이러한 강적(强敵)을 전후 좌우에 두고도 마음 편하게 자손 번식에 여러 가지 방략을 두루 생각하는 것이 아닌가. 참 우리로 하여금 저러한 미물에도 저러한 대담성과 저러한 지각이 있는가 하는 느낌을 일으키게 하는 것이다.

그러면 어떻게 해서 자손을 번식시키는가. 어미나비가 산란하는 때에는 나뭇잎의 표면에 하지 않고 이면에 한다. 외적(外敵)에게 들키지 않게 하기 위해서이다. 그것도 한 잎사귀에 알을 한꺼번에 많이 슬지 않고 한 잎사귀에 하나씩만 스는 것이다. 만일 한 잎사귀에 알을 많이 슬어 두면 외적에게 들키기 쉬울 뿐만 아니라, 한꺼번에 전멸 당할 수도 있을 것이요, 설사 운수가 좋아서 들키지 않고 모두 무사히 깔지라도, 여러 새끼가 당장 한 잎사귀를 다 파먹어 버리고 굶어 죽게 될 것이 뻔한 일이다. 그러므로 튼튼하고 염려 없이 하기 위해서 한 잎사귀에 알을 하나씩만 스는 지혜를 발휘하는 것이다.

그렇게 하면, 외적에게 들키는 일도 적을 뿐만 아니라, 설혹 외적에게 들킨다 하더라도 그 화는 하나나 둘에 지나지 않게 된다. 이 용의 주도

한 본능에 우리는 감탄하지 않을 수가 없다.

그리고 이 세상에 제 자식을 귀하게 여기지 않는 동물은 하나도 없다. 그 가운데에서도 바다표범은 유별나다. 해표는 남북극 근해에 사는 포유동물로써, 해초(海貂) 따위와 같은 종류에 속한다. 성질이 극히 유순 온화하고 기민 영리하다. 해서 동물(海棲動物) 가운데에서 사람들이 제일 길들이기 쉬운 것이 바다표범이다. 여러 가지 재주를 가르치면 다 배워서 사람이 시키는 대로 모조리 재주를 부린다. 또한 비상하게 자식을 사랑하여 항상 새끼를 앞발로 떠안고 젖꼭지를 물리기도 하고 먹이를 찾아 먹이기도 한다.

이처럼 해표는 애정이 있는 동물이기 때문에 언제나 저희들끼리 군거생활(群居生活)을 좋아할 뿐만 아니라, 서로 친목하고 화합하며 지낸다. 특히 그린랜드(Greenland)와 북미(北美)·북빙양(北氷洋) 군도에 사는 에스키모(Eskimo) 인종에게는 막대한 은혜를 끼쳐 의식주의 온갖 거리를 제공한다. 곧 그 살은 식용(食用)이 되고 가죽은 옷이 되며, 그 밖의 것도 버릴 것이 하나도 없다.

무엇보다도 개미의 종류는 그 수가 무척 많다.

우선 노예를 부리는 개미가 있다. 이 개미는 노예를 만들기 위하여 다른 개미에게 싸움을 걸어 그 다른 개미의 소굴을 탕복(蕩覆)하고 새끼와 굼벵이를 뺏어다가 기른다. 그것들이 크면 노예로 부리는 것이다.

다음으로 농사짓는 개미가 있는데, 미국 서남부의 텍사스(Texas)에서 산다. '아리스티카'라는 화본과(禾本科) 식물만 남겨 두고 그 밖의 풀은 끊어 버린다. 그리하여 그 씨가 익으면 한꺼번에 걷어 들여 건조한 방안에 쌓아 두고 식료로 삼는다.

그리고 개미 가운데에는 꿀을 빚는 것이 있다. 일은 아예 하지 않고 오직 꿀만 빚어냄으로써 일개미의 먹거리를 만드는 것이다.

끝으로 용맹스러운 개미가 있는데, 이놈은 그 어떠한 개미도 대적하지 못한다. 적의 다리를 끊고 목을 베어 몸뚱이를 제 집으로 끌고 들어오는 잔혹한 짓까지 한다는 것이다.

제4부
근대 전기 수필(1918년~1925년)

1. 싹·그림·삶

1) 근대 수필의 싹

작자의 이름이 밝혀지지 않은 「아관(我觀)」[1]은 다시 작은 제목 '반성(反省)'·'파겁(破怯)'·'가두인(街頭人)'의 세 가지로 나뉘어져 있다.

激烈한 競爭은 사람으로 하야곰 馬車말 노릇을 식이는도다 한눈 팔 새 업시 압흐로 압흐로만 줄다름질할밧게 업도다 이 中에도 些少時라도 고요히 反省하는 機會가 잇서 비로소 馬車말로서 사람의 생각에 도라오나니 反省할 機會가 업든지 機會가 잇서도 反省할줄을 모르면 앗갑다 堂堂한 사람이 終生토록 말노릇하다가 말리로다
  한가한 사람만 反省할수 잇는가 하로에 한두時間 혹 一二十分 餘裕 업는이가 업슬지니 反省할틈 업시 밧븐 사람이 거의 업다할지로다 아츰 니러나는 길이면 어제 하로 일을, 저녁잘째면 오늘 하로 일을, 끼니 먹을 前後나 茶草

---

1) 「我觀」, 『靑春』 第十二號(1918년 3월 16일), 4~10 쪽.

먹을 동안이나 계지개 켜고 먼山 바라보는틈이나 뒤깐에 안젓는 동안이면 그째 그째까지의일을 넉넉히 反省할수 잇슬지니 反省을 爲하야 특별한 時間을 求한다하면 이는 도리혀 修養의 一方便을 지나서 職務的 性質을 씌게된 다할지니라2)

그렇다면 뉘우치고 원통해 하면서 부질없이 묵은 책장을 뒤적거리려는 것인가. 아니다. 결코 그런 게 아니고, 이미 지나간 일을 성찰함으로써 득실(得失)을 점검하고, 선악을 비판하여 앞날을 경계할 요량으로 반성함이요, 지난날의 경험이 헛되지 않고 앞으로의 내 생명에 도움이 되고 뜻있는 공부를 하기 위해서 하는 것이 반성이다. 요컨대 기왕의 조각조각을 살려서 양양한 장래의 튼튼한 토대가 되도록 취약한 지반을 달구질하는 것이 곧 반성이라는 뜻이다. 여기엔 회의(懷疑)나 감상(感傷) 따위는 필요 없고, 오로지 미래를 향한 펄펄 끓는 힘만이 필요하다.

과거의 잘못을 뉘우치고 미래의 잘함을 만드는 데에 반성이 뜻있고 값진 것이 된다. 그릇됨을 밟고 일어나는 용기가 있어야 한다. 용기가 있어야 비로소 옳음을 일으킬 수 있는 바탕이 되기 때문이다. 바꾸어 말하면, 좋은 일에 부지런해야 한다는 뜻이다. 부지런하지 못하면 아무 것도 이루지 못한다는 것은 자타가 공인하는 철칙이다.

어느 누구임을 불문하고 '파겁'이 요긴한 계단(階段)이 된다고 할 수가 있다. 아무리 다릿심이 튼튼하다 하더라도, 이 파겁의 계단을 지나지 않으면 집으로 다가 갈 수가 없고 방으로 들어갈 수도 없다.

독학 다식(篤學多識)한 학생이라도, 연단에 오르면 얼굴이 벌개지고 머리만 긁으면서 한 마디 하고는 두 마디를 대지 못하고, 한 번 한 말을 두 번 세 번 거푸 하는 경우가 있다. 복고(腹稿)만으로는 웅변을 잘할 수 없

---

2) 위의 책, 4 쪽.

기 때문이다. 설봉(舌鋒)의 날카로움은 따로 벼려야 하는 까닭이 여기에 있다. 그러나, 한 번 해보고 두 번 해보면 숙련되게 마련이다.

  세계라는 무대에서 우리를 보면, 시골뜨기에 지나지 않는다. 공부는 좀 했다 해도 용광로 맛도 보지 못한 광석이요, 신문화(新文化)의 자양분을 섭취할 생각은 간절하여도 집어먹을 줄을 모른다. 세계인(世界人)이 되어야 하는데 세계인 노릇을 할 파겁을 못하여 주춤거리는 동안에 세계는 우리를 포용해 주지 않고 모르는 체한다. 한 번 파겁을 하게 되면 세계적 사자후가 나오고 세계적 신통력을 발휘하게 되는 것이다.

> 길거리에 나서거라 다各各 街頭人이거라!
> 運數가 이 슈甲을 나린지 …… 오래건마는 우리는 一向 깨닷지못하고 一向 順從하지 아니하야 畢竟 그의 盛怒를 사고 그의 峻刑을 免하지 못하게 되엇도다
> 새 世上은 一切 拘束을 忌惡하나니 囚禁된 一切를 赦免하고 執着된 一切를 解脫하고 固閉된 一切를 開放하고 凍結된 一切를 融解하고 潛伏된 一切를 發起하고 壓搾된 一切를 伸張하야 萬有一切가 大自在界에 平列等存하야 光明과 溫和를 고로히 누리며 化育과 發達을 한가지 이루게한뒤에 말려함이 새 世紀의 使命이오 새 史冊의 期待로다 이 造化의 衝動을 바다 人心은 엇더케 活潑하야젓스며 人生은 엇더케 맛나고 뜻잇서젓나뇨3)

  이러한 덕으로 말미암아 미신의 갱참(坑塹)에서 빠져나올 수가 있었다. 폭위(暴威)의 가쇄(枷鎖)에서 놓여나왔다. 숨어 있던 모든 것이 드러난 셈이다. 눌려 있던 모든 것이 일어선 것이다.

  방장(房帳)을 걷어치워라. 덧문을 열어 젖혀라. 장벽을 무너뜨려라. 머뭇거리지 말고 시원시원하게 길거리로 나와라. 문명 진보의 대역사(大役事)에 없지 못할 일꾼이 되어라. 통구 대도(通衢大道) 위에서 활개치고 다니는 사

---

3) 위의 책, 7쪽.

람이 되어라. 이것 밖에는 그 아무 것도 없다. 거리로 나온 뒤에야 앞이 환하게 보이리라.

2) 한 폭의 그림

바로 앞에서 살핀 「아관」은 설교적이며 교훈적인데 반해서, 「사생첩(寫生帖 ; 스케치첩)」⁴⁾은 제목처럼 하나의 그림을 보여 주고 있다 하겠다. 이 「사생첩」은 이름이 밝혀지지 않은 것이 2편, 에이치 엠(H·M)이라는 이름으로 된 것과 시 생(C生)이라는 이름으로 된 것이 저마다 1편씩 — 이렇게 해서 모두 4편이 된다.

> 지난일요일(二十日) 오후 세시일다. 어늬누구와 약됴를ᄒ고 기다리느라고, 파소다공원 중앙팔각정 잔교의 한편에 의지ᄒ야 마차쓰는 말모양으로 정문만 늬여다보고 안젓다.
> 좌우편에는 것츤잔듸가 잇고, 그압흐로는 번영(繁榮)을 등지고 령락(零落)을향ᄒ야 고기를 드리운 수목이 너무도 기하학적(幾何學的)으로 정열되어잇다.
> 그사이로는 미술학교에서 원근투시법(遠近透視法)을 교수홀 찍에 쓰는 그림 가운데 잇는것과 갓흔 곳은길이 직힝선으로 쎄처 잇다.
> 이길끚헤는 돌기동에 쇠창살 — 이것이 정문일다.
> 올흔편 음악디에서 낫연습을 ᄒ느라고 흠부로 부러니이는 악기의 노이쓰기, 혹은 푸른-혹은 붉은 나무잎사이로 싀여드러오는것쑨이, 가을바람 열분 해ㅅ발에 뇌곤흔정신을, 고요흔연못에 모릐흔기더지니만힘 미약한파동을 이르킬쑨이고, 이외에 정신상-감흥상-웃더흔 감동을 감동케 홀만흔것은 업다.⁵⁾

다만 눈에 비치는 것은 정문 위로, 수목 위로, 허리통 아래부터 나타나

---

4) 「寫生帖　스켓취첩」, 『泰西文藝新報』第四號(1918년 10월 26일), 6 쪽 및 第五號(1918년 11월 2일), 4~5 쪽.
5) 위의 신문, 第四號, 6 쪽.

보이는, 동편에서 일어나서 두어 번의 굴곡을 거쳐 서편을 향하여 흘러내린, 어떠한 운명에 쌓이어 위대한 광채를 발휘하지 못하는 근심과 걱정과 답답에 잠긴, 남산의 장엄함이 디민 고요한 정신의 뿌리를 흔들며 은은하고 깊은 감상을 일으킨다. 그러나 그의 장엄도 이제는 늙고 지쳐서 기거 동작을 마음대로 못하고, 창에 치인 사자가 새앙쥐에게 구원을 청하는 것처럼, 미미한 나를 보고 눈물을 지으며 손을 잡아 일으켜 달라고 애원하는 듯하다.

오른편 담 위로 뵈는 남산으로 병풍 삼은 천주 교당(天主敎堂)이 경성의 신엄(神嚴)을 보호하고 서 있을 뿐만 아니라, 거기서 훨씬 내려와서 왼 쪽 수림 사이로 나타나는 비석이 우리의 장래를 축복한다.

> 일요일(二十七日)명오일다. 몇칠 동안을 인ᄒᆞ야 급작스러옵게 변한찬바람이 여간 치아니 ᄒᆞ드니, 오날은 아츰붓터 제법따쓰ᄒᆞ다. 어나따쓰ᄒᆞᆫ동모와 따쑷ᄒᆞᆫ 손목을 난호고 급한 거름으로 몸을 인쇄소 사무실 교의우에다 갓다노앗다.
> 엿시 동안을 다른사람이 보면 질알한다고 홀만치 분주ᄒᆞ게 날쒸다가 겨오 반나절쯤되난것을 좀 쉬우랴니가 무정ᄒᆞ게도 인쇄쇼나으리님씌서 방망이를 드신다. 안저잇ᄂᆞᆫ 사무실은 톱장이 쏘야기모양으로 한편은 넓고 한편은 좁다. 남창을 쭐코드러 오ᄂᆞᆫ히ㅅ발ㅡ교준(校準)ᄒᆞ느라고 압헤 펼쳐노흔 신문지우에 무수ᄒᆞᆫ '따야몬드'부스럭이를 쏘다붓ᄂᆞᆫ듯ᄒᆞ다.6)

이 사무실 앞은 공장이다. 검은 빛으로 단장하여 주기를 기다리고 편안히 쉬고 있는 종잇 더미 사이로 서로 엇갈린 피대(皮帶)가 부지런히 오르락내리락, 기계들은 쉬지도 않고 덜크럭딱 덜크럭딱. 어두컴컴한 공장에는 낮 전깃불이 음울한 게으른 빛을 나타낸다.

ㄱ 자(字)로 된 벽에 나란히 있는 유리창은 이름이 유리창이지 유리보

---

6) 위의 신문, 第五號, 4 쪽.

다 찢어진 신문지가 더 많다. 이것만으로도 인쇄소의 특색이 유감없이 나타난다. 두 팔을 걷어붙이고 정면으로 전깃불 광선을 받고 서 있는 쇠골 격(格)의 장년들, 즐비한 기계 사이로 민첩하게 왔다갔다하는 생기있는 청년들은 얼마나 유쾌한 희망과 얼마나 기쁜 생각을 가지고, 아침에 출근하고 저녁에 퇴근하는가?

나는 안다. 너희들 가운데에는 마음에 내키지 않지만 그럭저럭하는 사람도 있을 것이요, 싫은 것을 어쩔 수 없이 하는 사람도 있을 것이다. 그러나, 나는 그대들을 존경하고 사랑하는 마음을 가지고 있다. 그대들의 '일해야 하겠다'는 깨달음의 마음이 귀하고 그대들의 생활이 순결하기 때문이다.

에이치 엠(H·M)이라고 이름을 밝힌 「사생첩」[7]의 첫머리는 이렇게 시작된다.

<며칠 동안은 아주 봄철과 같이 제법 온화하다. 몇 시간 동안을 라이팅 데스크(writing desk)에 의지하여 고불고불한 글자와 씨름을 하였더니, 나중에는 그 고불고불한 글자들이 종이 위로 일어나 떼지어 나오는 것도 같고, 혹시는 서로 향하고 고불거리며 기어드는 것도 같다.> 지나친 피로가 엄습해 왔기 때문이리라.

어느 날이나 오후가 되면 피곤하다. 그런데, 특별히 오늘은 온화함 때문인지 아니면 과도한 노력을 썼기 때문인지, 눈만 감으면 무성한 녹음 사이로 잔잔하게 흐르는 시내요, 귀에 들리는 것은 웅장한 산악의 적막을 깨는 물결 소리뿐이다. 늦봄에 어느 동무와 더불어 맑은 바람을 마시면서 한강의 물결을 따라 흐르던 생각도 나고, 찌는 듯한 염천에 남산으로 올라가 경성의 운명을 상상하던 일도 머리에 떠오른다.

---

7) H·M, 「寫生帖」, 『泰西文藝新報』 第十三號(1919년 1월 1일), 10쪽.

다시 눈을 뜬다. 창가로 걸어간다. 희비극이 엇갈리고 쾌 불쾌가 교차되는 바깥 풍경이 보인다. 캡을 쓴 위에 유니폼을 입고 스케이트하러 가는 청년, 검정 치마 저고리를 입고 누군가에게 선사할 물건을 싸서 들고 가는 아가씨, 무거운 행장 하나를 가운데에 놓고 서로 다투는 나이 어린 두 지게꾼들이 곧 그것이다.

C 생(生)의 「사생첩」8)은 강가에 서서 여기저기를 둘러보면서 사색에 잠기는 내용으로 되어 있다.

> 몃거름을 늬켜드듸면서 강가를둘너봅니다. 이곳저곳에 어름에뭇치인 빈젼에는 낙시딕를 걸치여노앗슴니다. 넙흐로는 두어사공이 팔장을끼고 흔가히 건일고잇슴니다 돗딕가 삼딕드러스듯ᄒ고 산뎜이갓흔 물화가 왓다갓다ᄒ든 흔창젹일을 여긔다가 비기여 보십시오 …… 머리를드러 서편을 비스듬이 바라봅니다 웃둑소슨 관악산머리에는 뭉긔인 구름이 셔리여잇스며 무지긔갓치 건너집힌 철도교에는 긔차의건느는소릭가 요란홈니다. 누르스름흔 비단폭갓흔 모릭사장에는 사람의자최가 일긔를시작홈니다 다시눈을 조곰둘니여 즉션션으로 나루건너를 바라봅니다. 소바리가 일즈지게 쭉—느러서 가는모양은 사ᄒ라 사막에 낙타를모라 지닉여가는 광경이 이러ᄒ드냐고 뭇고십흡니다. 쏘눈을 북쪽으로단기여 밤셤나루를 찻슴니다. 9)

작년 여름엔 수정처럼 맑은 물결 위에 떠 있는 낚싯거루에 기대앉아 고기를 낚아 가지고 저 마을을 찾아가 해지는 줄도 모르고 흥을 다하고 돌아왔었다. 한데, 이젠 나뭇잎이 다 떨어져 가지만 앙상하게 남아 있을 뿐 새소리도 들리지 않는다. 그래도 저곳은 여름이 다시 오면 그 모양을 변함없이 드러낼 것이다.

나는 다시 서강 편을 바라본다. 저 모퉁이를 지나가면 깎아지른 언덕

---

8) C 生, 「寫生帖」, 『泰西文藝新報』 第十六號(1919년 2월 17일), 4 쪽.
9) 위의 신문, 같은 날짜, 같은 쪽.

아래의 물가로 바위박이가 있다. 이 동네 아씨들이 어느 때든지 빨래 광주리를 가지고 찾아간다. 그 옆에 여울이 있고 나무숲이 있다. 4년 전 어느 날 가까운 벗들을 짝지어 가지고 즐겁게 논 일이 있었지만 이젠 달라졌다. 한 벗은 멀리 저 나라로 가 버렸고, 한 벗은 벌써 수림 사이에 길게 잠들어 버렸다.

그 벗들은 그렇게 되었거니와, 죽어 버린 그들의 청춘을 항상 아까워하던 나는 바로 오늘 우연히 여기에 이르러 새로운 감상에 젖으며, 비탈로 내려서서 얼음을 디디고 섰다. 여러 날 비바람에 부대껴 거북등 모양으로 갈라졌다. 얼음이 이따금씩 '쩡' 하고 우는가 하면, 그 속에서 '출렁출렁' 물결 소리가 난다.

어느덧 발길은 저곳으로 향한다. 해가 벌써 넘어간 것 같다. 나는 일어서서 집으로 돌아간다.

3) 들의 신비와 진실한 삶

바로 앞에서 언급한 「사생첩」이 저마다의 그림을 보여 준 것이라면 배달자(倍達子)의 「K 형(兄)에게」10)는 광활한 들의 신비한 자연에 감탄하는 내용을 서간 형식으로 쓴 작품이라 할 것이다.

> K兄!
> 나는只今廣潤한들에彷徨하고잇슴니다.
> 그곳에는아모拘束도업고, 不自由도업고, 모든것이다自然的임으로, 自由임을 쎄달음니다. 참왼世上이, 나한사람을爲하여지은것갓슴니다.
> 오른便에, 쇄깁숙하고, 검웃한閒寂한樹林이잇슴니다. 바람은긋치지아니하고,

---

10) 倍達子, 「K兄에게」, 『靑春』, 第十五號(1918년 9월 26일), 74~75 쪽.

微微한諧調로樹林의音樂에合하여, 一種形容하자못할歌曲을알윔니다. 그것이 微妙하고, 崇嚴하게울으렁울으렁, 넓고넓은들로傳播하여감니다.
 갓진하게나온, 들의가는풀들은, 一齊히고개를숙이고, 그微妙한神秘的音樂을 듯고잇슴니다. 四面이갈스록靜寂하여저서, 神妙한音樂만더욱鮮明하게, 坐崇高 히들의 一面으로흘너, 나의身魂을和暢하게함니다.
 華麗한太陽은이曠野의一方으로부터, 漸漸갓갑게올나옴니다. 모든草木들은더 욱生氣를씌이, 그의精力이盛大히그의體內로循環하는듯함니다. 太陽으로부터 나려오는光의一線一線에도, 모다熾烈한, 밝은生의빗치잇슴니다.
 妙調의神秘的音樂─이것이곳'봄노래'임니다. 곳도라오는봄을마자, 그것을 질겨하는노래올시다. 이音樂이들니는곳, 저和煦가쏘이는곳의, 모든것은, 모 다들흰옷을벗고, '봄'의새옷을가라입엇슴니다. 이로부터는모다新生涯를짓겟 슴니다. 짜에蟄伏하엿든動物은쒸여오르고, 깃속에누어자든가마귀는이音樂 을맛초아, 춤추면서날아감니다. 歡喜가찬낫을가진듯이, '봄'消息을傳하는使 命인듯이─.11)

  검고 차던 땅의 세포는 무덕무덕 팽창하여 느긋하게 봄의 빛을 맛본다. 새흙의 냄새가 가늣하게 올라가는 수증기와 함께 들을 덮었다. 따뜻한 볕발이 나의 잔등을 정답게 내리쬔다.
  이 숲과 저 숲 사이에는 고요히 소리도 없는 일선 백은(一線白銀)이 가로놓여 있다. 그것은 흐르는 것이 아니요, 깊은 땅의 밑바닥으로부터 보드랍게 부풀어 오르는 땅의 세포를 통하여 땅위로 나와 그대로 있는 것처럼 보인다.
  나는 그저 침묵을 지키며, 음악의 묘조(妙調)에 귀 기울여 들으면서 나 혼자만의 세계인 맑은 뜻을 맛보고 있다. 나는 나의 영혼과 온몸이 의식 이외에 더욱 그윽하고 심오한 무슨 물건의 인도를 받은 듯하다. 나는 나 자신을 사랑하고 또 둘레의 모든 것을 진정으로 사랑했을 뿐만 아니라, 내 주위의 만상(萬象)은 모두 나를 사랑하고, 동시에 나는 그 사랑을 받을

---

11) 위의 책, 74 쪽.

수 있게 되었다. 그러므로 이 세계의 소유 일체(所有一切)가 다 나의 사랑임을 깨닫는다.

'이놈아 무엇 하느냐'라고 나의 의식은 돌아와서 나를 이 영원한 행복의 땅, 신비 몽환(神秘夢幻)의 세계로부터 잡아들이려 한다. 나는 놀라 번적 뛰었다. 동시에 나를 인도하던 유환(幽幻)하고 신묘(神妙)한 무엇을 내쫓으려 하는 것이다.

슬프다. 나는 그의 굳센 힘 있는 팔을 저항할 힘과 참을성이 없다. 나는 그만 드러누운 대로 기절하고 만다. 내가 이 인사 불성으로부터 소환한 때에는 '봄노래'는 간곳이 없고, 번민의 그물이 나의 몸을 둘렀던 것이다. 아 ―, K 형이여!

「K 형에게」와는 달리 백대진(白大鎭)의 「생(生)의 진실」[12]은 인생을 진실하게 살자는 것을 강조한 내용으로 엮어져 있다.

> 우리도 남과 ㄱ치 큰사업 큰성공의 쥬인공이되고져 노력ㅎ엿섯다 마는 지금에이르기까지 그언덕 그고기에올나 성공 혹은 득달의깃분 흐슴을 지워본이가 업다 과거에도 이와갓헛슴과동시에 현직에도 ㅆ흔다름이업다 이과거의지님과 현싀(세)의잇슴을 싱각ㅎ야 써 미릭를미루워 헤아리건듸 우리의싱활이란 오직 그 정신됨에 듸ㅎ야 아모아름다운 흔적이업는 그삶에듸ㅎ야 아모그록흠직흔 누림이업는 무리가되고말겟다 과연 우리는 누구에게 향해셔던지 이럿타 저럿타홀 곳다운자랑의힘 거룩흔삶의힘을 갓지못흔무리일다 그리도 오히려 제법 거록흔체를ㅎ고져ㅎ니 제엇지 량심이 허락ㅎ디 우니ㅎ는 거짓의기록이아니되랴[3]

우리에겐 참말로 아름답고 향기로운 것이라곤 눈을 씻고 찾아볼래야 찾아볼 수가 없다. 과거에도 없었고 현재에도 없다. 왜 그럴까? 그런 것

---

12) 白大鎭, 「生의 眞實」, 『泰西文藝新報』 第六號(1918년 11월 9일), 6 쪽.
13) 위의 신문, 같은 날짜, 같은 쪽.

이 없는 것은 우리들이 그것을 구하지 않기 때문이요, 비록 구한다 하더라도 한결같이 나아가려는 굳은 뜻이 없어서일 것이다. 말하자면 그 구함이 참이 아니고 거짓이었기 때문이었다. 이성적이지 못하고 기계적이었으므로, 오직 방황하다 말았고 덤벙거리다 말았다는 뜻이다.

진실되지 못하면 사람마다 보다 더 크고자 하여도 결코 크게 되지 못한다는 것을 가슴 깊이 새겨 두어야 할 것이다.

2. 늦가을·슬픔·편지·어머니

4) 어느 늦가을·외로운 슬픔

박춘파(朴春坡)의 「청추(淸秋)의 소요산(逍遙山)」[14]은 백대진의 「생의 진실」과는 완전히 그 성격을 달리한다.

맑고 달 밝으며 바람 찬 가을! 게다가 기러기 울고 실솔(蟋蟀)이 노래하는 가을! 구름이 희고 잎이 누른 가을, 모두가 결실 아니면 황락(黃落)되는 가을이요, 과연 사나이의 가을이다. 칼이 있으면 한 번 어루만질 만하고, 말이 있으면 한 번 달릴 만하다. 등불을 가까이 하여 독서함도 가을 사나이의 일거리이며, 거문고를 잡고 달을 농함도 가을 사나이의 할 만한 일임에 틀림없다. 그러나, 가을 사나이거든 들로 가라! 산으로 가라! 바다로 가라! 그리하여 기를 쓰고 고함치며 힘껏 발을 굴러라! 장부의 쾌사는 그에서 비로소 맛볼 수 있을 것이다.

가을의 들, 가을의 바다, 가을의 산 — 어디로 갈 것인가. 모두가 사랑하는 단풍을 따라 소요산으로 가라!

---

14) 朴春坡, 「淸秋의 逍遙山」, 『開闢』 第五號(1920년 11월호), 115~118 쪽.

여행하는 데 어찌 동무가 없을 수가 있을소냐. 적어도 2~3인의 휴수자(攜手者)는 있어야 한다. 또한 산행에 어찌 단장 하나쯤 들지 않을 수가 있을 것인가.

간단한 행장으로 남문 역(南門驛)에 이르러 차에 몸을 싣고 용산(龍山)을 지나 서빙고(西氷庫)를 지나간다. 의정부(議政府)를 지나고 덕정(德亭)을 지나 동두천(東豆川)에서 하차한다. 경원선 신작로에 걸음을 놓으니 스틱 춤이 절로 난다.

벼 베는 농부와 목화 따는 촌부(村婦)를 칭송하면서, 나는 어느덧 소요산의 입구에 이르렀다. 전원의 경치가 실로 별천지다. 산자락이나 산꼭대기가 온통 단풍이요, 만산 홍록(滿山紅綠) 바로 그것이다.

세인이 소요를 일컬어 소금강(小金剛)이라 함은 과연 거짓이 아니다. 걸음을 따라 층층 석경(層層石逕)을 넘어 오르니 이게 곧 소요산의 명승인 원효대(元曉臺)이다. 좌우가 모두 백척 단애(百尺斷崖)이며, 앞이 천장심연(千丈深淵)인데, 비류 분폭(飛流噴瀑)이 단애에 도하(倒下)함은 마치 선아(仙娥)가 백포(白布)로써 낭떠러지를 재는 것 같다.

원효대는 원효 대사가 도통(道通)한 곳, 대사가 일찍이 과천(果川) 삼막사(三幕寺)에서 지우(知友)인 의상 법사(義湘法師)・윤필 거사(尹筆居士)와 더불어 도를 닦다가 나중에 소요산의 이곳으로 도량을 옮긴 것이다.

大師ㅣ 그윽히 誓願하되 百日祈禱면 觀音의 眞像을 可見하리라 百日祈禱에 萬若 觀音의 眞像을 못보게되면 萬理萬事ㅣ 모다 虛僞라 我ㅣ 苟苟히 살지아니하리라 반듯히 千崖絶壁에 落下하야 魂도 肉도 永滅이 되고已하리라하얏다 誓願대로 大師ㅣ 日로日에 至極한 精誠으로 祈禱를 致할세 百日이 다되도록 別로 靈驗이 업는지라 觀音菩薩은 影子부터 不露하는지라 自嘆의 極에 落望이되어 萬事ㅣ 虛僞임을 痛說하고 決然히 起하야 斷然히 岸頭에 立하니 身은 이미 空中에 落下하는 正其時 不知不識의 中에 神이 扶하며 佛이 護하야 觀音의 眞像이 完然히 現露되며 "元曉元曉

여何其太急고"하는지라 大師ㅣ 문득覺하니 身은臺上에 依然히섯는데 心身이 痛快하야萬事千理를通見하겟는지라 이에觀音에게合掌禮를올하고臺에下하야 寺院을建하며徒弟를聚하니 遠近의僧侶ㅣ 구름모히듯 大師의門에進하얏더라[15]

다시 원효대에서 내려 시내를 건너 석경(石逕)을 넘으니 사위(四圍)의 석벽이 철통(鐵桶) 같은데, 자재암(自在菴)이 눈앞에 보인다. 원효굴(元曉窟)에 들어가 원효 약수를 마시고, 다시 원효 폭포에 이르니 눈빛이 현황(炫煌)하다. 사반 산채(寺飯山菜)로 배를 채우고 석양녘에 돌아오니 소요동 하늘이 모두 우리의 동천(洞天) 같다.

이일(李一)의 「만추(晩秋)의 적막(寂寞)」[16]은 백대진의 「생의 진실」과는 그 성격을 완전히 달리하지만, 박춘파의 「청추의 소요산」과 그 흐름이 비슷하다 하겠다. 「청추의 소요산」이나 「만추의 적막」은 모두 가을이 그 배경으로 깔려 있으면서, 앞것은 소요산이 뒷것은 서울이라는 공간적인 차이가 있을 따름이다.

京城의秋空은 놉히밝고 晩秋의 冷風은 蕭瑟힛는대 高樓書窓에對机點座ᄒ기도 倦厭의感이싱기여 어데가고십흔마암이 惱中에電閃갓치니러낫다, 飄然ᄒ게 鍾路에셔南을向ᄒ니, 左右로往來ᄒ는 男女老幼는 悠々長閑ᄒ게 太古쩍步法이라. 어데를 가고십허 나왓스나 어데를 가면 조흘란지 모르겟다. 南으로 가랴랴니 南山이 막혀잇고 뒤로가려ᄒ니 도라서기 실코, 東으로 가려다 右足이 偶然히 西便을 向힛기에 그디로 한거름 두거름 옴겨노흐니, 엇지 왓는지 電車길이노인 傾斜板에 니르럿다. 다시 南으로向ᄒ야 갓다, 이런싱각 뎌런싱각ᄒ며 머리를 숙으리고 가노라니 左便에 '梨花學堂'이라고 黑板白書가 눈에씌엇다. 거름을 멈추고 正面을 바라보니 언덕우에 두어層校舍가 잇다.[17]

---

15) 위의 책, 118 쪽.
16) 李一,「晩秋의 寂寞」,『泰西文藝新報』第九號(1918년 11월 30일), 6 쪽.
17) 위의 신문, 같은 날짜, 같은 쪽.

158

아무 말도 하지 않고 그 학교의 관계자처럼 구내로 들어갔다. 그러면서도 누가 '웬 사람이오?' 하고 힐문할까 봐 불안하고, 창피나 당하지 않으면 요행이라고 생각했다. 지난 칠월에 본 물이 흐르는 듯하던 무성한 나뭇잎과 오색 영롱한 꽃은 그림자도 없고, 서리를 맞고 바람에 흔들려서 다 떨어진 나무들이 참 처량하고 소슬할 뿐이었다.

조용하고 정서 가득한 풍금 소리 — 사월 난풍(四月暖風)에 흔들리는 숲 속 소리 같기도 하고, 심산 유곡(深山幽谷)에서 흐르는 맑은 시냇물 소리 같기도 하고, 홍진 난세(紅塵亂世)에 천사의 평화로운 노랫소리 같기도 하여 내 귀를 통해서 온몸이 황홀해진다. 마치 마음이 선경(仙境)에서 노니는 것 같다. 때마침 배재 학당(培材學堂) 학생들이 차올리는 풋볼 소리는 쾌활한 기분을 일으키게 한다.

이와 같은 여성적인 것과 남성적인 것은 어디에 조화가 있는지, 아무튼 이 두 소리는 조화를 이루고 있는 것 같다는 생각이 든다. 이것이 곧 인생의 표현인가. 해는 벌써 서 쪽으로 기울어지고, 늦가을의 빛은 더욱 더 짙어지고 으스스한 바람에 떠는 나뭇잎, <오색이 영롱하던 만화 방초(萬花芳草)는 추천 한상(秋天寒霜)에 간곳이 없고 유곡 청류(幽谷淸流) 같은 풍금 소리는 여성의 손에서 흘러난다.>

가을 바람은 떨어지지 않으려는 나뭇잎을 기어이 때려서 떨어뜨린다. 도대체 자연은 선인가, 아니면 악인가.

역시 똑같은 이일의 「고독의 비애」[18]는 소녀 같은 달콤한 감상(感傷)에 젖는 내용으로 된, H에게 보내는 형식의 서간체 수필이다.

H에게,
나는 모든 悲哀와 苦痛을 每日몇번식 참고 至今까지生活해왓서오 그런것이

---

18) 李一, 「孤獨의 悲哀」, 『泰西文藝新報』第十一號(1918년 12월 14일), 6쪽.

다시 니平生에업기를 금즉이도바리것만 이時間도 鉛갓치 무거운것이 가슴속에 가라안젓슴니다, 만이도말고 一日만 니게로 이拘束을푸러쥬면. 나는平生의願이 편지라도한번 마음이시원ᄒ도록 써보고십허오. 그째맛낫던 其時間이 왜 그다지도 짤던가오, 光陰을流水에도 放火에도比較ᄒ더니 참말그런 時間을 가르침인지오 至今다시싱각ᄒ닛가 마치前世에서된일갓치 비슷ᄒ게 니記憶에 남앗슴니다, 그時間이 愉快힛던지 嘆息이엿던지, 사름의 눈에ᄂ 喜淚와 悲淚의 두가지가 잇지오, 니가 그째운것이 悲淚가 아니에요19)

그런데, 나는 아무리 생각해도 그것을 비루(悲淚)라고 해석하고는 만족을 얻지 못하겟더라고 나는 이제껏 '오빠'라고 불러 주는 사람이 없었다. 모든 이성(異性)들이 나를 볼 때 '없었으면 좋겠다' 하는 얼굴과 감정을 가지고 본다. 그 이유를 물어 보지도 못했다.

거리로 돌아다니는 여자들이 내외하느라고 추우나 더우나 장의(長衣)를 몸에 두르고 다니면서도, 그 두 눈은 분주하게 왔다갔다하는 남자들의 얼굴을 본다. 그럴 양이면 차라리 장의를 벗어 버리고 보고 싶은 대로 실컷 볼 일이지 왜 그런 고생을 하는지 모르겠다. 그것이 당대의 처세법의 체현(體現)인가 보다. 나는 그런 위선이 마음에 안 든다.

남의 앞에선 안 보는 체하면서 몰래 보는 것은 결코 칭찬하고 싶지 않다. 모든 은익성(隱匿性)과 음험성(陰險性)을 다 내버리고 유리로 내 몸을 만들고 싶다. 내가 H에게 보내는 편지에 불합리한 곳이 있는가.

5) 편지를 띄우는 그 심정과 어머니의 그림자

백웅(白熊 ; 白基萬)의 「대구(大邱)에서」20)는 바로 앞에서 살핀 이일의 「고독의 비애」처럼 서간체 수필이다.

---

19) 위의 신문, 같은 날짜, 같은 쪽.
20) 白熊, 「大邱에서」, 『泰西文藝新報』 第十號(1918년 12월 7일), 5~6 쪽.

海夢兄님

　　나는 至스今 조고마흔 大陸에와잇슴니다. 이大陸에對흔 나그네살스님이란 이번이 나에게向흔양참 처음이올시다. 그러흐나 항상 南船北馬로 지닉는 나의 살님이어니 무슴 줄기찬 生的味야 잇스오릿가? 그리도 나는 이러흔 浪人살님이 어느 탓(덧) 趣味잇새요. 或形勝이 됴흔곳에 다다를째엔 自然를 노릭도흐엿섯고 或 쯧친자최가 만은 짜에 이를씨엔 過去를 익이어늬김도 잇섯지요. 아니 녯사름의 향긔로운生活 다시금 생각흐고 고요흔想像속에서 늣김 잇섯지요 或모릭만은시닉가에 하날을바라고길게누어 夕陽의붉음을 깃비 버둥버둥히본적도 잇섯지요, 或시골막걸니멧잔을 후르륵마시고나와 남어지프름을 마지막으로 자랑흐는고은 수풀에안져 혼자 고기를씃덕씃덕흐면서 '반넘이늘 것스니 ……'를 부름도 잇섯지요 참田土의生涯란 엇지그다지悠長흐고, 그다지新鮮흐지요? 나는이生活과 써나고는 살수업슬듯히요21)

　나는 대구(大邱)를 조그마한 대륙이라고 말한다. 아름다운 지방적 빛깔은 없으나 넓고도 큰 듯한 느낌이 든다. 우리의 살림이란 먹는 것·입는 것 밖에 더 지나지 않는 게 아닐까 싶다. 그런 면에서 볼 때 생활력이 단순한 셈이다. 그래서인지 돈이라면 눈이 벌겋다. 그러니 그네들이 무슨 예술의 맛을 알 것인가.
　무명자(無名子)의「나의 사랑하는 여자 동무에게」22)라는 수필은 서간체 작품이다.

　　나난 연익문뎨를 아조경홀(輕忽)흐게 싱각흐엿슴니다. 말흐자면 경홀흐게 싱각흔것이 아니라 연익문뎨보다 사업이라는것을 더 중대흐게 싱각흐엿슴니다. 이제 나는 얼마나 후회흐고 얼마나 슯히 우는지모름니다. 아마 남자에게는 사업문뎨, 명예문뎨가 더 중대흘는지 모릅니다마는 녀자에게는 연익문뎨보다

---

21) 위의 신문, 같은 날짜, 6쪽.
22) 無名子,「나의사랑흐난 녀자동모에게」,『泰西文藝新報』第十一號(1918년 12월 14일), 5~6쪽.

더 중대흔것은 업슬것이외다. 혹 오활흔 쓴싱각을 가지고 이말을 우숩게 싱각ㅎ실이가 잇슬는지 모릅니다마는 만약 잇다고ㅎ면 저는 나와갓흔후회를 후회하게 될것이외다. 업기를바랍니다, 참으로 연이라는것은 녀자에게는 싱명문뎨이올시다. 그러흔것을 나는 철업시 경홀ㅎ게 ㅎ엿세요. 학교를 막 맛치고 나온 ― 단몽상(夢想)과 엄청난욕망(慾望)을 잔득 가진 젊은처녀의몸으로 어나시골 됴고마흔촌학교에 교슈를 시작ㅎ엿습니다.23)

나는 그 시골에서 제일 유명한 교사가 되려고 열심히 일했다. 그때 나의 친구 가운데에는 나보다 몇 살 위인, 사회에 다대한 명망이 있는 청년 문학가 한 사람이 있었다. 그는 학식 있고 친절하고 활발하고 열성적인 남자였다. 나 역시 문학에 대한 취미가 많았다. 그래서 우리는 아주 친한 사이가 되었다. 우리의 우의는 고상하고 아주 순결한 사랑으로 돌아섰다. 마침내 우리는 조그마한 가정과 함께 할 우리의 평생의 즐거움도 이야기하기 시작했다. 나는 정말 대단히 기뻤다.

나는 그 학교에서 2학기 동안 교수를 한 뒤에 대학에 들어갔다. 나를 기다리고 있는 그가 어떻게 생각할지 몰랐다. 물론 자세한 편지를 했다. 그는 나의 욕망을 이해했다. 마침내 나는 학위도 받았고 수입도 동무들이 부러워할 정도가 되었다. 하지만, 지금 나는 쓸쓸하고 슬프다. 나의 남편이 되었을 그 사람과 나의 학위를 바꾸고 싶은 심정이 되어 있으니까 말이다.

「나의 사랑하는 여자 동무에게」처럼 서간 형식으로 된 수필에 유랑아(流浪兒)의 「야적(夜笛)」24)이라는 작품이 있다.

---

23) 위의 신문, 같은 날짜, 5쪽.
24) 流浪兒, 「夜笛」, 『泰西文藝新報』第十三號(1919년 1월 1일), 8쪽.

K 君!
　北녁 찬하늘아래의 流浪兒의외로운꿈을 실컷 그대에게 푸념한 뒤에 얼마아 니되야서 나는 곳 손의몸이 되엿다. 알기도 하겟다, 만은 情얏튼 나는 셜은 光景과 맛날째에는 울지안을슈업다. 슬젹 집을써나, 슬젹 집으로 돌아오는 나의몸은 다른사람이 보기에는 高等逸民갓틀지도 모르겟다, 마은 이러케 몸을 가지는나는 만흔孤獨과 만흔痛愁가 잇다. 되는대로 되거라하며, …… 根底업시 쏘는 싱각을 힘잇게 씬으려고도 하엿다, 만은 어느덧 모르게 흘너드는 '그윽한寂寞'과 '고요한설음'과에 쏘다시 쓴몸을 압흐게한다. 그리서 잇다금 …… 우슴을 사기도 하엿다.25)

　<그대여, 힘없는 아우의 가슴을 살피어 이렇게 하는 것을 너무 꾸짖지 말기 바란다. …… 이로부터 무엇을 할 것을 묻지도 말고, 그저 그대로 버려두기만 바란다. 어린 꿈을 안고 있는 나를 어여삐 여기기만 하면 그만이겠다. 안동현(安東縣)? 그래 갔다 왔다.> 뜻한 바도 없이 그저 발에 몸을 맡기어 갔을 뿐이다.
　뉘우침의 더러운 눈물과 실패자의 혈관을 흐르는 더러운 피와 몸을 팔며 살아가는 악덕 경성(傾城)의 분단장 냄새와 무아경의 향기로운 꿈을 맡게 하는 아편 냄새와 모든 불의(不義)의 온갖 패덕을 모아 놓은 유혹의 안동현에서 떠나기는 거리의 등불이 켜지려 할 즈음이었다.
　여기 선천(宣川)에 오니 살 것만 같다. 바람이 분다. 달은 아직 뜨지도 못한 그믐밤이다. 눈이 오기 시작한다. 나는 자리에 누웠다. 문득 잠든 나의 귀에 곡조 모를 피리 소리가 들린다. 문밖에서 나는 애처로운 소리에 귀를 기울였다. 쓸쓸한 골목에서 이름 없는 소경이 도움을 청하는 곡조다. 눈물 없이 어떻게 들을 것인가! 나는 떠돌이의 설움과 까닭 없는 애달픔에 가슴이 아팠다.

---

25) 위의 신문, 같은 날짜, 같은 쪽.

맑으면서도 원망하는 듯한 거문고, 웅엄(雄嚴)하면서도 애음(哀音)을 띤 그윽한 피아노, 졸리는 듯한 기타, 창자를 끊을 듯 애원(哀願) 어린 만돌린. 하지만, 찬 밤의 공기를 울리는 봉사의 피리 곡조 — 100년이라는 기나긴 생명을 50년으로 줄이는 듯한 애처로운 곡조에 나는 어찌할 줄을 몰랐다. 이 어두운 밤중의 바람에 갈 곳도 모르고 떨어지는 낙엽과도 같은 눈이 내리며 바람 부는 밤거리를 눈먼 비렁뱅이의 피리 소리가 내 가슴을 이리 흔들 줄은 미처 몰랐다.

<야반(夜半)의 적성(笛聲)! 나는 울음의 눈물로 내 가슴을 뜨겁게 한 너를 고마워한다. 청춘의 까닭 모를 아름다운 설움이여.> — 이렇게 표현한 것은 피리 소리가 젊은이의 마음속에 '그윽한 설움'을 안겨 주기 때문일 것이다.

삼전생(三田生)의 「멀리 간 벗에게」[26]도 역시 서간체 수필이다.

> P형! 형이발정ᄒ신후 션즁에서 ᄒ신편지와 R형을맛는후 부치신 엽셔를뵈옵고 이번에다시 S형의게보ᄂ신 편지도 뵈왓습니다. 이제형의게 답장으로두어자 적으랴ᄒ야 붓들고 조희를대ᄒ니 무엇을쓸가 싱각수록 더욱더욱 할바를모름에이르ᄂ도다. 몃자를쓰다가 씨저더지고 두세번시작ᄒ다가 그치니 싸른글과 어울ᄒ말이 붓그러워ᄒᆷ이아니라 진실노 싸인말과 모힌회포를 억제ᄒ야슌서잇게 이루지못ᄒᆷ이라, 차라리 금번 신년하로날 지난경력을들어 다소의 싱각되든바와 감촉되든일을 긔록ᄒ야 드리고자ᄒ니 천리긱창에 늙으시와 한쎡에 위로가될가 ᄒᄂ이다[27]

따뜻한 듯이 시원한 듯이 소춘(小春) 일기가 아주 쉽게 지나가 깊은 겨울이 되어, 한 장 두 장 떼어 버리던 일력(日曆)이 맨 바닥만 남았다. 형이 떠나간 뒤에 형을 별로 생각해 본 적이 없는 것 같다. 1918년을 마지막

---

26) 三田生, 「멀니간벗에게」, 『泰西文藝新報』 第十四號(1919년 1월 13일), 5~7 쪽.
27) 위의 신문, 같은 날짜, 5 쪽.

보내던 어젯밤은 망년회 잔치로 지낸 것도 아니고, 다만 크나큰 빈 숙직실에서 혼자 지냈을 뿐이다.

다음날 아침, 곧 1919년 1월 1일을 맞아, 9시에 먼지 앉은 프록-코트(frock coat)를 입고 신년 인사를 마친 뒤, S 형의 댁을 가려고 사직골 막바지로 들어섰다. 해는 뒷산에 반쯤 걸리어 뉘엿뉘엿 넘어가고, 북풍은 한양 성내를 뒤덮어 내리친다.

10여 년 전 일이다. 어느 학교에 P도 처음으로 교편을 잡아 화학을 다루었고, 나(三田生)도 영어 강의를 하던 때엔 두 사람은 매일 만나다시피 했다. 세월은 덧없이 빨리 흘러갔다. 그 동안 P는 멀리 떠나 버렸다.

<아까 S 형에게 가다가 새소리만 듣고 부질없는 정신적 자극에 가던 길을 그치고 다시 돌쳐서 집으로> 돌아와 지금 이 편지를 쓰고 있는 것이다. 올해의 유행성 감기에 견디기 어려워, 이처럼 횡설 수설하는 것은 형께서 신년을 태평하게 맞이하여 만사가 여의함은 물론, 우리가 다시 만나자는 축원과 희망 때문인 것이다.

억생(億生 ; 岸曙, 본명 金熙權)의 「가난한 벗에게」[28]도 역시 서간체 수필이다.

> 우리의압혜는 보이지안는 만흔 줄이 힘업는 나뷔나 벌을 잡으랴고 걸이어 젓는모양으로 버텨잇슙니다. 그런데 사람은 갑니다. 밤이나낫이나 것슙니다, 하다가는 몰으는동안에 그줄에 걸니게됩니다. …… 그줄이 늘사람을 좃차갑니다, 사람의 그림자 가는곳에는 반듯시 쭐옴니다. 사람의길은 쟝미꼿을 펴노흔 芳春의 길이 아니고 苦惱의외마대길입니다. 幸福은 비방울갓치 온나하면 不幸은 瀑布갓치 쏘다집니다. 이리하야 그나려지는 瀑布아래에 …… 만흔 '애닯은犧牲'이 싱기면서 잇슙니다. 아희의 첫울음소리를 苦海에는 恨의부르짓즘이라고 합니다, 果然 肯定되는말인줄 압니다, 우리는 幸不幸은 엇지하얏

---

28) 億生, 「가난한 벗에게」, 『泰西文藝新報』 第十六號(1919년 2월 17일), 5~6 쪽.

스나, 生命과意識을 가진 '사람'으로 생겨낫습니다. 只今와서는 엇지할수업습
니다. '괴로운生'이거나 '즐거운生'이거나 곳칠수업는定命으로 우리의모든것
은 발서 決定되엿습니다. 인미 回避할수업는일이매, 다만 뜻할만한 갑있는무
엇을 그안에서 發見ᄒ야 써 慰安의길을 잡지아니하면 안되겟습니다. 無意味
안에서도 意味를 차자야합니다.29)

　이 현실 세계 말고 다른 즐거운 세계가 있다면, 구태여 현실 세계에
집착할 필요도 없을 것이다. 하지만, 그러한 세계는 없을 뿐만 아니라, 비
록 있다 하더라도, 그 세계의 풍속이나 관습을 비롯한 모든 것이 현실
세계와 달라서, 우리에게는 몹시 괴로울 것이다. 그러므로, 우리는 어찌할
수 없이 '싫다 싫다' 하면서도 이 현실 세계에 매달릴 수 밖에 없게 된
다. 바꾸어 말하면, 괴로움 속에서 즐거움을 찾아야 한다는 뜻이다.
　우리는 우리의 서러운 운명을 헤치고 우리의 삶에서 오는 '비애를 뚫고
의 환희'를 맛보아야 하는 것이다. <눈에 보이지 아니하는 불행이라는 대적
(大敵)과 싸우며, 한 걸음 한 걸음씩 앞으로 위안의 새 길을 밟아야> 한다.
진정한 '나'를 찾아 그 '나'를 살리지 않으면 안 된다. 뿐만 아니라, '남'도
살려야 한다. '나'를 헤아리는 그 헤아림으로 '남'을 헤아릴 때에 비로소 생
명의 힘을 가진 이해가 이루어지기 때문이다.
　이러한 힘과 이러한 이해는 '공허'와 싸우는 생명의 생명이요, 어두운
밤을 밝히는 등불이며 영원한 빛이다. 생명에서의 진리, 진리에서의 사랑,
사랑에서의 이해 ― 이 위에서 생명을 위한 싸움이 시작된다. 이 싸움은
끝이 없다. 죽는 날까지 싸워도 끝이 없다. 또한 싸움은 평화를 낳는다. 사
람은 싸움의 찰나에서 싸움의 찰나로 옮겨 다니는데, 그 순간마다 생명은
진화되면서 무한으로 발전 향상된다. 따라서 생명을 위한 마지막 목적은,

---

29) 위의 신문, 같은 날짜, 5 쪽.

사실은 평화가 아니고, 싸움에서의 생명이다.

세계는 어둡다. 가만히 잠들어 있다. 얼마 아니하여 진정한 '나'를 토대로 한 이해를 가진 사랑이 깊어지면 깊어질수록 모든 불행과 비통의 느낌이 옅어지고, '비통을 뚫고의 환희'가 깃든 행복된 웃음의 꽃을 선사하게 마련이다. 이것이 곧 우리 앞에 놓인 보이지 않는 불행의 줄에서 회피할 수 있는 길인 동시에 위안의 외길이기도 하다.

'나'를 아끼며 사랑하는 것은 곧 '남'을 아끼며 사랑하자는 것과 다름이 있겠는가. 이해한다는 것이 이러한 것일 게다. 우리가 아침에 새의 울음소리를 듣고서도 새와 같은 느낌과 마음을 경험하지 않는 한, 사람으로서의 참된 생활이 없는 것과 똑같다 할 것이다. 말하자면 '남'과 '나'를 나누지도 아니하고, 서로 지배하거나 지배 받지도 아니하고 오직 '하나'가 되는 거기에 '참됨'이 있다 하겠다. 우리 인류의 역사도 이처럼 '하나 됨'을 찾으려 애쓰는 고민의 발자취가 아니겠는가. <밝고 바른 인생의 길을 걸으려는 형이여!>

에스 엔 생(SN生)의 「사랑하는 벗에게」30)는 가까운 친구에게 보내는 서간체 형식으로 짜여진 수필이다.

    사랑ᄒᆞ는벗이어!
    작년츈삼월꽃피고 닙필째 되구역 풀닛토옴에서 따뜻ᄒᆞ손을 잡엇다가놋코 눈물흘니며 리별ᄒᆞ든 그적 — 벌셔 철이밧괴고 ᄒᆡ가밧괴엿습니다. 날이가고 달이갈수록 사모ᄒᆞ는정회 날로더ᄒᆞ야 가을밤달붉은쌔와 八空山기슬계우는 杜鵑의소리를 들을쩍 동편하늘을 울으러보고 이슷는회포을 금치못ᄒᆞ엿ᄂᆞ이다.31)

---

30) SN生, 「사랑ᄒᆞ는 벗에게」, 『泰西文藝新報』 第十六號(1919년 2월 17일), 6~7 쪽.
31) 위의 신문, 같은 날짜, 6 쪽.

지금은 겨울이다. 찬바람이 살을 에는 것처럼 분다. 이역 만리에서 그대는 갖가지 풍파에 얼마나 부대끼며 살고 있는지! 나는 무의미한 생활이라도 그럭저럭 살아가고 있다. 하루 종일 붓대와 씨름하는 것으로 지내고 있지만, 이따금 슬픔 같은 것을 느끼기도 한다.

내가 집으로 내려갈 때마다 그대의 아버지께서 말씀하신다. 소년 고생은 금을 주고 산다고 말이다. 그대의 어머니께서는 금지 옥엽 같은 그대를 보낸 뒤에 비바람이 몰아칠 때나 달이 밝거나 두견이 울 때마다 사랑의 눈물을 흘리시고 ……

근근히 붓을 잡고 여기까지 써 내려왔으나 뜨거운 눈물이 앞을 가리어 붓대가 더 나아가지 못한다. 이에 붓을 놓고 가만히 앉아 있으니까 난데없는 단적(短笛) 소리가 밤의 침묵을 깨뜨리고 하늘로 흘러간다. 처량한 그 곡조가 나의 여수(旅愁)를 자아내면서 그대를 더욱 생각나게 한다. 밤은 더욱 깊어 만뢰(萬籟)가 잠잠하고 조용하다. 놓았던 붓을 다시 들고 자세한 고향 소식을 소상하게 알려 드리고 싶으나 심사가 산란하여 더 쓸 수가 없다. <사랑하는 그대여, 내내 평안하소서.>

바로 앞에서 살핀 백웅의 「대구에서」, 무명자의 「나의 사랑하는 여자 동무에게」, 유랑아의 「야적」, 삼전 생의 「멀리 간 벗에게」, 억생의 「가난한 벗에게」, SN 생의 「사랑하는 벗에게」는 거의 모두가 가까운 벗에게 보내는 서간체 수필인데 반해서, 유광렬(柳光烈)의 「어머니를 뵈옵고」[32]는 직접 어머니에게 호소하는 내용으로 이루어진 수필로, 무려 14회에 걸쳐서 씌어진 작품이다. 이에 이것의 첫머리와 끝머리를 살펴보기로 한다.

<머리가 아프다. 사지가 아프다. 아아 잔약(屠弱)한 몸에 병이 든 것이로다. 아픈 몸을 자리에 뉘인 지 몇 시간이나 지났는지 나는 어렴풋이

---

32) 柳光烈, 「어머니를 뵈옵고」, 『東亞日報』, 1921년 3월 10일~3월 27일.

잠이 들었다.>

> 나는어느곳에를왓다 자세보닛가 어려서살든곳이다 나의마음은무엇이라말할
> 수업시신산(辛酸)스럽다 이째에나는우연히저편에서十餘年前에도라가신어머니
> 를뵈왓다 아々一이째까지도라가신줄로만알든어머니 뵈왓다 나는엇더케반가
> 옵든지와락그압흐로달녀들며부지중목을노하울엇다 그리고어머니가엇더케오
> 섯소하는말을하려도입이써러지지아니하고말이되지아니한다이러케입을몹시쓰
> 는데도어머니는역시반가워하는긔식도업시가만이잇슬쑨이다나는이째에쏘다시
> 가슴찟는듯한야속한싱각이드러서쏘다시어머니압헤업듸리어목을노아울엇다
> 이리하다울음으로내쳐세이닛가어머니는근곳업고초저녁에켜노앗든촉불이어는
> 틈에다다랏는지방은캄々한데홀노病席에누엇다[33]

몸에서 식은땀이 나고 입술이 타 들어간다. 나는 냉수를 한 모금 들이
마시고 다시 베개를 베고 누워서 하염없는 눈물을 쏟는다. 새벽 닭 우는
소리가 들린다. 다시 잠이 들어서 아까 만났던 어머니를 뵙고 한 마디
말이라도 하고 싶다. 그러나, 도무지 잠이 오지 않는다.
— 어머님, 어머님 같은 사랑은 이 세상에 다시 없나이다. 고단한 신세
가 된 저는 정붙일 데가 없어 동서로 돌아다니며 살려고 애쓰고 있나이
다. 어머님의 젖꼭지를 물던 그 입으로 일어와 영어를 지껄이고, 어머님
의 따뜻한 무릎 위에 앉아 어리광 부리던 그 손으로 펜을 잡고 있나이다.
어머님의 한쪽 젖꼭지를 물고 다른쪽 젖꼭지를 움켜쥐던 그 손으로 맡은
직무를 다하고자 애쓰고 있나이다. —
나(유광렬)는 이 세상에 살 수가 없는 것이다. 이렇게 슬퍼서는 살 수가
없다는 뜻이다. 세상에서 아무 위안도 얻지 못하는 나는 세월이 이만저
만 지리한 게 아니다. 견디기 어렵다. 모두 다 살고 있으니까 사는 것이

---

33) 위의 신문, 1921년 3월 10일.

지 정말로 살고자 해서 사는 것이 아니다. 이 아픈 가슴을 호소할 길도 없어 쌓이고 서린 대로 세월을 보내고 있는 것이다.

한시나 반시나 모진 잠이 들기 전에는 어머니를 잊지 못한다. 무엇보다도 객창에서 병들어 누워 있을 때에는 어머니 생각이 더욱 간절해진다. 어머니의 부드러운 손길이 그리워진다. 길에서 어머니의 얼굴이나 모습이 비슷한 부인만 보아도 반갑다.

세상이 귀찮고 서러운 일이 있을 때에는 어머니의 산소에 가서 실컷 우는 것이다. 그러면 모든 슬픔이 다 사라지는 듯 속이 시원하다.

― 어머님은 지금 지하에 계시옵니까, 천국에 계시옵니까? 어디에 계시든 좋으니 저를 불러 주십시오. 천국에 계시면 천국으로, 지하에 계시면 지하로, 어머님 계신 데라면 따라가겠습니다. 저는 이 세상을 떠나도 아까울 것이 하나도 없나이다. 남들은 금전을 아까워하고, 지위와 명예를 아까워하고, 애인을 아까워합니다. 그러나, 저에게는 그 아무 것도 없나이다. 그러니, 무엇을 위하여 이 세상 떠나기가 어렵겠습니까. 무엇이 아까워서 이 세상을 붙들고 놓기를 애처로워하겠나이까. 이 자식의 요즈음 생활은 하루에 세 번씩 죽음을 생각할 뿐이옵니다. 정다운 어머님이시여, 당신이 계신 곳을 따라가려 하나이다. ―

나는더욱울며아버지에게 "나를그대로두시요" 하고물러안지며손가락에서다시피가솟기를기다릴동안에어머니는반듯이누으며우아렛니를밧삭악물고마즈막으로운명을하신다아々 ―나의最後의시험도허사로도라가고어머니는긔어코도라가섯다나는이썩분함과놀나움과슬픔이일시에발하야소리를내어울엇다   아々 ― 금방숨을지시는순간까지나의우는소리를드르시고조곰이라도나의마음을위로하려고 그하시기어려운말슴을최후의努力을다하야 "나안죽는다"를겁푸말하시더니 숨이지시면서고만이다 아々고만이다…… 고만……34)

---

34) 위의 신문, 3월 27일.

170

<아버지가 어머니 신체를 백지장으로 얼굴을 덮으시며 소리 내어 우는 우리 3남매를 돌아보시고 "사당(祠堂)에 고별(告別)의 사(辭)를 드리고 사자(使者)의 밥을 해 놓을 동안에는 울지 말라" 하셨다. 우리들은 소리를 삼키며 우는데, 방안은 죽은 듯이 적적하다. …… 어느덧 넘어가는 햇발이 서창(西窓)에 들었는데, 처량스러운 어머니의 초혼(招魂) 부르는 소리가 나의 가슴에 미어질 듯이 들려 온다.>

　나는 이때 이상한 기분을 느꼈다. '금방(까지) 살아 계시던 어머니가 벌써 혼이 되었다! 그러면 어디로 가셨는가?' 초혼이 끝났다. 어머니는 오직 고요 감감하게 누워 있다. 어지럽게 울던 까마귀 떼들도 울기를 그쳤다. 누이가 백지 덮인 어머니의 얼굴을 쳐들어 보며, "정말 돌아가셨소?" 하다가, 다시 "아이고 이를 어찌하나" 하며 또 운다.

　어머니는 이미 이 세상을 떠났다. 이제 어머니에겐 근심이 없다. 자식을 어데 보내고 기다릴 근심이 없어진 것이다. 우리들을 아무쪼록 고이 먹이고 입히려고 알뜰살뜰히 고생할 것도 없어졌다. 어머니는 돌아가시는 순간까지 죽기를 원통하게 생각하셨다. 벌써 해는 저물어 등잔불이 켜졌다. 바깥에서 이웃사람들이 두런두런한다. 말라붙은 나의 눈에서 새로운 눈물이 흐른다. 선산 가운데의 소나무 우거진 작은 언덕에 어머니를 안장했다. 쌀쌀한 겨울바람이 분다.

　10년이라는 세월은 가고 인생은 변한다. 그 동안에 아버지도 돌아가셨다. 우리 집도 헐리어 보리밭이 되었다. 다만 굴참나무만 남아 있다. 너무 오래된 고목이므로 베면 벼락 맞을까 봐 그대로 둔 것이란다. 나는, 이 굴참나무의 성긴 가지에 저녁 해가 비취고 참새 떼가 요란하게 지저귀는데, 무연(憮然)하게 서서 눈을 감고 막막한 나의 과거를 회상하는 것이다.

아아 폐허(廢墟)다! 폐허! 황량한 인생의 폐허! 나는 통곡한다. 북악산(北岳山) 머리에 잠겨 넘어가는 저녁 해를 보고 운다. 이제 이 글을 마치고자 한다. 어찌하여, 무슨 연고로 나의 어머니가 되어 나를 그처럼 사랑하고 그처럼 길렀단 말이냐?

노작(露雀 ; 洪思容)의 「노래는 회색」35)은 '나는 또 운다'라는 부제가 붙은, 시를 곁들인 서간체 수필이다.

  아기의울음을 달내랴할째에 속이지아니하면은 어머니의사랑으로도
  웃지말어라 미친이의이야기를
  참말로밋으면 허튼그소리도 커다란뷘집을 일업시직히는 젊은이과수의 찟업
  는실음은 한마음밧게 쏘달은쯧을 몰은다말어라
  속몰으는이의 군이약이가업섯더라면

  사나희젊은중 넘불이아니엿더면
  밝은눈동자 목탁(木鐸)이아니거든 몰을수잇스랴 가사(袈裟)를입을쩍에 붉은비
  단수노흔솜씨를어엿분보살(菩薩)! 관세음(觀世音)을!36)

<12월 22일, 사랑하는 언니 유로(流露) 씨여! 누영 군(淚影君)을 기다리느라고 전등불이 켜진 뒤에도 한 시간이나 되어서 저녁밥을 먹었나이다. 그리고 또다시 누영 군이 돌아오기를 기다렸으나, 기다릴수록 그는 지긋하게도 오지 아니하더이다.>

한 마디로 말해서, 이 작품은 전체적으로 애조(哀調)를 띠고 있음과 동시에, 통분(痛忿) 같은 것을 느끼게 하는 작품이라 해도 좋을 것 같다.

누영 군이 오지 못하는 것은 아마 그림을 오늘도 마치지 못했기 때문인지도 모를 일이다. 그렇지 않으면 예배당에서 저녁밥을 먹었기 때문인

---

35) 露雀, 「노래는 灰色-나는 쏘운다-」, 『東亞日報』, 1923년 1월 1일.
36) 위의 신문, 같은 날짜.

지도 모른다.

두루마기를 입고 막 일어서려 할 때에 몽소 군(夢笑君)이 헐헐거리고 달려든다. "왜 이때까지 이 냉방에서 가뜩이나 말라꽁이가 떨고만 앉았어?" 나는 쓴웃음을 지을 따름이었다.

몽소는 의아한 눈으로 나를 유심히 살피며 말을 건넨다. "왜 오늘도 또 무슨 근심인가?" "아닐세……." "아니기는 무엇이 아니여? 어서 나오게……." 나는 아무 말도 하기 싫어서 그가 시키는 대로 따라 나섰다.

종로 네거리에서 몽소 군이 "거기나 가 보지!" 한다. 수진방(壽進坊) 골로 들어간다. 어떤 곳인지 짐작이 간다. 수색(愁色)이 짙은 나의 마음을 풀어 주기 위해서 붉은 등을 찾아가는 것이 분명했다.

이층으로 새로 지은 잡화점 앞까지 갔을 때 누영 군의 애인 화정(花艇) 아씨를 만났다. 그녀가 우리를 보고 아는 체하려고 한 번 방끗 웃을 때에, 나도 무슨 말을 할 듯이 멈칫하고 섰다.

몽소 군이 화정이와 나란히 서서 가는 양장한 여자를 보더니, 아무 말도 없이 시치미를 뚝 떼고 얼른 걸음을 옮긴다. 너무도 수상하다는 생각이 들었다. 나도 모르는 체하고 그를 쫓아가며 어쩐 까닭을 물었다.

양장한 여자가 어느 교육계(教育界)의 회장인 것을 알았다. '이상한 곳에서 이상한 일이 이상하게도 충돌이 되었구나!' 하고 나는 발을 돌이켰다. 화정이 가는 곳을 쫓아가기 위해서다. 나는 그녀가 가는 곳이 서린동(瑞麟洞)에 사는 동무의 집이라는 것을 알았다.

사랑이란 사람이 반드시 겪어야 하는 것이지만, 그것이 행복을 가지고 올 것인지 불행을 가지고 올 것인지는 모르는 일이다. 그런데, 그것이 사람의 행복과 불행을 마음대로 지배하고 또 농락하는 것도 사실이다. 나는 불행이란 불행을 모아 가진 누영을 늘 옆에서 보고 있다. 3~4년이나 방탕한 난봉을 부린 그가 화정이라는 여성의 '사랑 좀 하여 주오!' '허영이라는 그 속에서 행복하게 살아 보자!' '슬픔과 기꺼움을 모두 묶어서 될 수 있으면 우리만 아는 행락의 나라에서 꿀처럼 알뜰하게 살아 보자!' 하였던 것이다.

그는 애인이 있는 동안에는 침착하고 진실하여진다. 그러나 그의 사랑은 지나가는 나그네의 허튼 주정이 되어 버렸다. 아마 화정의 모진 발길이 여지없이 그를 박차 버린 것이다. 기생은 어디까지나 그대로 기생일 뿐이다. 결국 누영은 실연을 당한 셈이다.

오늘밤 그러한 배경 밑에서 화정을 만난 것이다. 심상하게 그녀를 만났으면 아무 일도 없었을 텐데 말이다. 서린동의 대문 안으로 들어서며 중문 안에서 소근소근 속살거리는 화정과 그 동무의 말소리를 들었을 때, 가슴이 빠개지는 불쾌한 감정이 일어났다. '또 속이는구나!' 나는 마음속으로 부르짖으며 골목길로 나왔다.

특히 이 작품에 나오는 사람들의 한자(漢字) 이름을 조금만 유심히 살피면 노작 홍사용(洪思容)의 속뜻을 대충 짐작할 수가 있을 것이다.

이 편지를 보내는 상대 이름 유로(流露), 실연자의 이름 누영(淚影), 누영의 애인 화정(花艇), 나를 종로로 끌고 가는 몽소(夢笑), — 이런 이름들은 저 나름의 뜻을 가지고 있다 하겠다. 화정의 '정(艇)'은 '거룻배정'이다. 거룻배란 돛이 없는 작은 배이니, 물결 따라 바람 따라 아무데라도 갈 수가 있는 것이 아닌가 말이다.

3. 나라 안에의 발길

6) 금강산을 에워싸고……

김석송(金石松 ; 金炯元)의 「금강 잡필」37)은 일기 형식으로 씌어진 제법 기다란 수필이다.

> 七月四日 晴後雲雨
> 서울서元山까지는夜行을타고舍속에서왓슴으로아모所得도업다 四日午前八時 우리(나와R)는아츰밥도어더먹지못하고元山埠頭에서長箭가는櫻井丸이라는二百噸 밧게안되는적은배에몸을실엇다아츰日氣는아조晴朗하야海上은매우平穩하다그러 나船客中에는배가쩌나기도前부터멀미를하면엇지하나하고걱정하는소리를하는이 도잇섯다배는汽笛을불며陸地를쩌낫다 우리는甲板우에서멀리南으로葛麻半島의 西洋人海水浴場을바라보며明沙十里의海棠花이야기까지하엿다 나는明沙十里를 보지도못하얏지만은同行의말을들으면녯날에는그러케茂盛하든海棠花밧이지금은 눈을씻고보아야겨우한두송이어더볼지경이라고한다38)

원산항(元山港) 밖으로 여기저기 흩어져 있는 섬들도 차차 멀어지며 배는 점점 더 흔들리기 시작하자, 갑판 위에 서 있던 사람들은 하나씩 둘씩 방으로 들어가 버린다.

오후 2시가 지나자, 선원이 미구에 장전(長箭)에 도착할 터이니 내릴 준비를 하라고 외친다. 모두들 갑판 위로 뛰어오른다. 서남 쪽으로 멀리 구름 위에 칼날같이 솟은 연봉(連峰)이 보인다. 우리는 만세를 부르며 장전

---

37) 金石松, 「金剛 雜筆」, 『朝鮮日報』, 1925년 7월 10일~7월 16일.
38) 위의 신문, 7월 10일.

부두에 내렸다. 오후 2시 반이었다. 자동차에 몸을 싣고 오후 3시 10분 무렵 외금강의 출입문인 온정리(溫井里)에 도착했다. 우리는 바른 쪽으로 외금강의 산봉우리들을 바라보며, 왼 쪽으로 신라 시절에 영랑(永郎)·술랑(述郎)·남석(南石)·안상(安祥)의 네 화랑이 노닐던 삼일포(三日浦)를 지나 해금강(海金剛) 입석리(立石里)에 이르렀다.

입석리는 돌이 서 있다 하여 생긴 이름이다. 어촌 <마을 앞에 바로 선 큰 바위 위에는 반신상(半身像)의 조그만 돌이 얹혀 있으니, 이 돌은 '사공 바위'라 하여 동(東)으로 10여 칸 앞에 엎어져 있는 '배 바위'와 아울러 해금강, ― 아니, 전(全)금강 로만스의 주인공이 되는 것이라 한다. ······ 서역(西域)에서 오십삼불(五十三佛)이 해동(海東)의 영산(靈山) 금강을 향하여 쇠북 안에 앉아서 돌배를 타고 이곳에 이르러 배와 사공만 입석리 해중(海中)에 남겨 두고, 쇠북을 가지고 육로(陸路)로 개잔령(開棧嶺)을 넘어 유점사(楡岾寺)에 이르러 비로소 설법을 하였다 한다.>

무엇보다도 <망월암(望月岩)의 청송(青松), 금강문(金剛門)의 백파(白波), 해금강 만물상의 기관(奇觀) ― 그야말로 이곳에 이르러 필설(筆舌)의 무용(無用)을 깨달을 수 밖에 없다. 우리는 팔만 대장경을 의미하였다 하는 '경서(經書) 바위'를 기어 올라서서 서으로 촉촉(矗矗)한 연봉을 바라보고 동으로 망망한 대해(大海)를 내려다보며 동해 중에 잠겨 있다 하는 칠금강(七金剛)을 상상할 때에 산같이 몰려오는 광란 노도(狂瀾怒濤)는 이야말로 수금강(水金剛)이나 아닌가 하였다.>

極樂峴을넘어서면松林이鬱蒼한사이에神溪古刹이山客의다리를쉬이라하고 南으로바라뵈는彩霞連峰의水晶가튼 偉觀은바야흐로 快哉一聲을앗길者누구리오 神溪寺는 新羅法興王째에 創建한古刹로서 以來여러번祝融의禍를격것고 ······ 只今은般若寶殿外二三殿閣이남엇슬쑨임으로 金剛四大寺中에가장小規模를 免치못하게되얏다한다 그러나압흐로一帶의松林을隔하야彩霞의奇峰을바라보고

左에文筆右에欽岩을끼고觀音峰을背景삼아그윽히幽靜한맛이잇다 般若寶殿압헤선古塔은이절을創建할째부터잇는것이라하야金剛三古塔中의一로매우重寶라고한다 39)

 신계천(神溪川)을 끼고 서북 쪽으로 올라가다가 오선암(五仙岩)을 바라보고 한 줄기의 맑은 물을 건너면 깊숙 그윽한 정자가 하나 나온다. <관음・옥녀(玉女)・세존 등 연봉(連峰)의 능릉(稜稜)한 암골(岩骨)은 전후 좌우에 삭립(削立)하여 금강의 특징인 협압적(脅壓的) 색채가 점차 노골로 보인다. 이곳으로부터 유림(幽林)을 뚫고 가면 앙지대(仰止臺)를 지나 금강동 석문(石門)을 기어나게 된다. 산병(山屛)은 더욱더욱 험준을 극하고, 천지는 정적에 싸이어 신역(神域)을 밟는 듯한 감격은 사람의 마음을 사로잡고 만다. 석경(石逕)을 굽이돌면 계류(溪流)가 앞을 막는 곳에 반석(磐石) 위에 백옥을 부시는 듯, 용용(湧湧)한 물소리는 계곡을 울리는데, 남안(南岸)의 석벽에는 옥류동(玉流洞) 삼자(三字)가 뚜렷이 새겨 있다.>

 구룡폭(九龍瀑)은 그 길이가 170여 척이나 되는데, 동굴처럼 석벽(石壁)이 둘려 있고, 이 물이 신계천의 수원이 된다.

 <해금강(海金剛)에 있는 배를 타고 서역(西域)에서 온 53불(五十三佛)이 처음에 개잔령을 넘어 유점사 터에 이르매, 그 곳에는 큰 소(沼)가 있고, 소 안에는 영맹(獰猛)한 구룡이 서식하여 도무지 물러가지 아니하고, 도리어 홍수를 내어 53불(佛)을 해치려 하므로, 제불(諸佛)은 노하여 수중(水中)에 화자(火字)를 투(投)한즉 물이 끓기 시작하는지라. 구룡도 어찌할 줄을 모르다가, 신금강(新金剛)이라 하는 연봉을 뚫고 이곳에 이르러, 팔두(八頭)는 팔담(八潭)에 숨고 일두(一頭)는 구룡연(九龍淵)에 숨으니 이로 인하여 이곳을 구룡연이라 하게 되었다 한다.>

---

39) 위의 신문, 7월 12일.

무엇보다도 금강산은 조선의 자랑인 동시에 세계의 명산이라 할 것이다. 그러한 뜻으로 볼 때 조선 사람은 행복된 백성이 아닐 수 없다. 따라서 조선 사람은 조선의 금강산을 진정한 조선 사람의 것으로 삼아 보다 더 훌륭한 산으로 만들어야 하겠다.

七月六日 晴後雨
 오늘은 萬物相을求景하고溫井嶺을넘어長安寺에가서자기로하얏다 午前十時溫井里出發 東으로水晶峰 西으로觀音峰을바라보며雜木林이욱어진寒霞溪를짜러올라가기를約二十里 左右에聳立한奇峰秀嶺은모도다物形을말하는듯 隱陽石 溫井瀑은 溪中의名所라한다 가다가이마를부듸칠듯칼날가티웃둑선세바위는三仙岩이라하야 萬物相中의代表的巨岩인데山客은鐵柵을잡고이바위에올라서서 비로소일홈만듯고도好奇心을이르키든萬物相의正體를 볼수잇는것이다 여긔서北方으로뵈이는石峰을千仙岩이라하야 이것이舊萬物의全景이다 指路者는혀에침이마르도록 저바위는天女갓다 이바위는老僧갓다 或은개或은고양이或은무엇무엇하며熱心으로紹介를한다 그러나萬物相은일홈과가티萬物相이다 우리가 一時에여러사람으로더부러初人事를한後곳누구가누구인지얼골을보면서도잘알수업슴과가티처음온山客에게는어느바위가天女인지어느바위가老僧인지 좀처럼알아볼수는업다 그저說明하는대로고개만쯔덕이며 절에간새색시처럼萬物相에게人事만드릴쑨40)

여기서 김석송은 '만물상'이라는 제목을 달고 다음처럼 노래한다.

萬 物 相

　三仙臺 올라서서
　千仙岩 바라보면
　重重疊疊한奇岩怪石
　몃만으로 헤일는고
　이곳을 일커르되

---
40) 위의 신문, 7월 15일.

萬物相 이라하네

가지가지 形容이오
저마다의 다른 彫像
個性의 表現이란
萬物相의 生命이어니
朝鮮의 고흔넉슨
어느바위 말하는고41)

　만물상에 이르러 어느 누구나 유감으로 생각하는 것은 물이 부족하다는 점이다. 만약 이곳에 물이 풍부하였으면 얼마나 더 좋았을 것인가! 삼선암(三仙岩) 뒤로 산골짜기를 끼고 오르면 금강 제일관(第一關)이라고 새긴 석문(石門)이 있고, 그 석문을 지나가면 천녀봉(天女峰)의 꼭대기에 이르는데, 이곳을 신만물(新萬物)이라 한다. 다시 석문에서 왼 쪽으로 꺾어 돌아 우의봉(羽衣峰)의 허리를 넘으면 오만물(奧萬物)이 나온다.
　<만상정(萬相亭)을 뒤로 두고 오르기를 얼마 아니하면 문득 방향(芳香)이 만곡(滿谷)하여 산객(山客)의 발을 멈추게 한다. 좌우를 살펴본즉 잡목(雜木)이 우거진 사이로 소안(素眼)에 미소를 띤 목련화가 내다본다. …… 금강산은 봄에 산앵(山櫻)으로 유명하고 가을에 단풍으로 자랑을 삼으나, 여름에는 그다지 자랑할 만한 꽃이 없다 한다. 하거든 여름에 이 산에 들어 이 같은 꽃을 대함은 어찌 우연한 일이라 하리오.> 이에 우리는 이곳을 기억하기 위해서 '목련동(木蓮洞)'이라는 새 이름을 지어 보자고 하면서 서로 웃었다.
　온정령(溫井嶺) 정상에 올랐다. <동으로 내려보면 만악 천봉(萬嶽千峰)이 살같이 꽂힌 밖으로 멀리 온정리와 해금강이 손에 들고 보는 듯이 안전

---
41) 위의 신문, 같은 날짜.

(眼前)에 전개되어 바야흐로 금강의 장쾌미를 느끼게 된다. 온정령은 산중(山中) 제일봉인 비로봉(毘盧峰)의 북록(北麓)으로 해발 2,690척의 고령(高嶺)인데, 영동(嶺東)은 외금강이라 하고 영서(嶺西)는 내금강이라 한다.>

온정령을 넘어서면 내금강이 된다. 촉촉 올올(矗矗兀兀)한 기봉 괴악(奇峰怪嶽)이 외산의 산세라면 섬세 웅려(雄麗)한 청산 녹수(靑山綠水)가 내산의 용모라 할 것이다.

7월 7일, 우리는 비를 맞으며 장안사(長安寺)를 지나 표훈사(表訓寺)로 향했다.

금강의 거찰(巨刹) 장안사는 <신라 법흥왕(法興王)의 명에 의하여 진표율사(眞表律師)라는 이가 창건한 바인데, 그 후 여러 번 법등(法燈)이 사라졌으나, 고려의 성종(成宗)과 원순제(元順帝)의 제이 황후(第二皇后)가 중수(重修)를 하였고, 임진 왜란에 병화(兵火)를 만나 대가람은 귀중한 사보(寺寶)와 함께 오유(烏有)에 귀(歸)하고 말아 이와 같은 거찰이 일시에는 호리(狐狸)의 굴로 변한 적도 있었다 한다.> 조선 왕조 세조(世祖)에 이르러 현재와 같은 대웅보전(大雄寶殿)과 육전 칠합 일문(六殿七閤一門)을 중건케 된 것이다. 반야 보전(般若寶殿)의 표훈사는 정교한 조각 단청과 웅건한 규모가 우선 눈에 띈다. 여기서 서 쪽으로 좀 가면 건축상 미술상 중요한 자리를 차지하는 정양사(正陽寺)가 있다 한다. 그러나, 우리는 명경대(明鏡臺)·마하연(摩訶衍)·비로봉 따위의 승지를 보지 못하고 돌아가야 하는 것이다. 이것이 매우 유감스럽다 하겠다.

지금까지 살펴본 「금강 잡필」처럼 금강산에 관한 것으로, 제법 기다란 수필에 백운향도(白雲香徒)의 「금강 예찬(金剛禮讚)」[42]이라는 작품이 있는데, '조선 정신의 표지(標識)'·'천제(天帝)의 석가산(石假山)'·'예(濊) 이래(以來)의 영

---

42) 白雲香徒. 「金剛禮讚」, 『朝鮮日報』, 1925년 7월 17일~12월 28일.

장(靈場)'·'삼면(三面) 삼중(三重) 삼태(三態)'·'탐승(探勝)의 이상로(理想路)'·'장연사 고탑(長淵寺古塔)'·'신비한 초입 정취(初入情趣)'·'장안사(長安寺)'·'업경대(業鏡臺)'·'태자성(太子城)'·'영원동(靈原洞)'·'옥초대(沃焦臺)'·'시왕 백천동(十王百川洞)'·'수렴동(水簾洞)'·'백탑동(百塔洞)'·'다보탑(多寶塔)'·'도솔암(兜率庵)'·'망군대(望軍臺)'·'명연(鳴淵)'·'백화암(白華庵)'·'표훈사(表訓寺)'·'정양사(正陽寺)'·'헐성루(歇惺樓)'·'만폭동(萬瀑洞)'·'태상동(太上洞)'·'수미탑(須彌塔)'·'내팔담(內八潭)'·'영아지(影哦也)'·'분설담(噴雪覃)'·'보덕굴(普德窟)'·'마가연(摩訶衍)'·'법기봉(法起峰)'·'사자암(獅子巖)'·'촉대봉(燭臺峰)'·'가섭동(迦葉洞)'·'수미암(須彌庵)'·'강선대(降仙臺)'·'선암(船庵)'·'백운대(白雲臺)'·'영랑동(永郎洞)'·'비로봉(毘盧峰)'·'비로정(毘盧頂)'·'묘길상(妙吉祥)'·'내수점(內水岾)'·'칠보대(七寶臺)'·'은선대(隱仙臺)'·'효운동(曉雲洞)'·'유점사(楡岾寺)'·'오십삼불(五十三佛)'·'사명당(泗溟堂)'·'만경동(萬景洞)'·'미륵봉(彌勒峰)'·'송림굴(松林窟)'·'만상동(萬象洞)'·'발연(鉢淵)'·'발연사(鉢淵寺)'·'봉래도(蓬萊島)'·'영신동(靈神洞)'·'신계사(神溪寺)'·'동석동(動石洞)'·'보광암(普光庵)'·'군선협(群仙峽)'·'금강문(金剛門)'·'옥류동(玉流洞)'·'비봉폭(飛鳳瀑)'·'구룡연(九龍淵)'·'상팔담(上八潭)'·'옥녀세두분(玉女洗頭盆)'·'온정리(溫井里)' 따위처럼 무척 많은 항목의 작은 제목으로 엮어져 있다.

  금강산은 자연의 최대 걸작이다. 한 마디로 말해서, 이 산은 조선의 등골뼈인 태백 산맥의 허리에 어쩌다가 생긴 조화의 일대 부착흔(斧鑿痕)이다. 기운차게 내려오는 천리 행룡(千里行龍)이 철령(鐵嶺)과 설악(雪嶽) 사이에서 허리를 한 번 굼틀하는 통에 두 가닥 단층(斷層)이 좌우에 생기고, 그 등성마루가 된 중앙 연봉이 이 단층벽을 끼고 계단상 대함락(階段狀大陷落)을 이루는 통에 기기 괴괴 촉촉 첨첨(奇奇怪怪矗矗尖尖)한 일만 이천 봉이 생긴 것인데, 장구한 동안 기화(氣化) 수식(水蝕)의 힘이 끌질을 하여 다듬어 낸 것이 금강이라는 천제(天帝)의 석가산(石假山)이다.

　<금강산을 흔히 삼부(三部)로 나누어 이 중앙 연봉의 서측(西側)을 내금강(內金剛)이라 하고, 동측을 외금강이라 하며, 그 여맥(餘脈)이 다시 고성(高城)의 전해(前海)로 몰입하여 허다한 괴도 기초(怪島奇礁)가 된 것을> 해금강(海金剛)이라 한다. <서측의 단층부(斷層部)는 봉장(峯嶂)이 회환(廻匡)하고 동학(洞壑)이 심형(深逈)하여 자못 온자 함윤(蘊藉含潤)한 맛을 띠었으나, 그 동측은 …… 벽해(碧海)를 면하여 깎아지른 듯한 암벽을 이루었기 때문에 산은 웅발(雄拔)을 다투고 물은 분급(奔急)을 자랑하여 간곳마다 웅위 장대(雄偉壯大)한 기운을 뽑았으니, 이렇게 일남 일녀(一男一女)·일문 일무(一文一武)의 양양 의취(兩樣意趣)를 겸한 것이 실로 금강으로 하여금 미(美)의 완품(完品)이 되게 하는> 하나의 조건인 것이다.

　금강산은 커다란 바위 한 덩어리가 온갖 기막힌 변화를 나타낸 화강석괴(花崗石塊)라 하겠다. <이것이 바람에 삭고 물에 갈려서 모서리는 기봉(奇峰), 옹덩이는 유학(幽壑), 주름살은 심동(深洞)이 되고, 그 사이사이에 비폭 격단(飛瀑激湍)·청계 징담(淸溪澄潭)이 마침의 미침으로 안배(按配)되었으며, 다시 춘화 추엽(春花秋葉)·농음 적설(濃陰積雪)이 첩첩이 신교 귀장(神巧鬼匠)에 말미암는 미관 묘취(美觀妙趣)를 발뵈는 것>이다.

　금강산이 언제부터 알려졌는가는 유사 이전의 아득한 옛날부터라는 것 밖에 더 자세한 것은 알 수가 없다. <문적(文籍)으로 말하면 『삼국 사기(三國史記)』신라 제사지(新羅祭祀志)에 고성군(高城郡)의 상악(霜岳)이라고 보이는 것이 처음이나, 영동(嶺東)의 지(地)가 신라 이전에는 예(濊)요, 예는 산악 문화(山岳文化)의 중심이었은즉, 금강산이 예 또는 그 이전부터 주민의 마음을 쥐던 명산이었을 것은 얼른 짐작할 일>이다.

　금강산에 대한 <숭배가 신라·고려로 내려오면서 형식으로는 차차 잠

폐(廢蔽)된 혐이 있으나, 그 실질은 시방까지도 변함이 없>다. <신라 국선(國仙)의 단체 순례 내지 일반의 종교적 근성(觀省)을 시방은 '구경'이라는 별개 의식>으로 이어져 올 따름이다. 하지만 어떤 뜻으로든 금강산 구경은 오직 산수의 유람 그것만이 아니다.

우선 금강산은 처음엔 고대 신도(古代神道)의 영장(靈場)으로서 뒤에 선도(仙道)의 손을 거쳐 마침내 불교의 차지가 된 것이다. 그리하여 오늘날에 와서는 금강산이 본디부터 불교를 위하여 생기고 불교로 인하여 부지해 가는 것처럼 되었지마는, 실상은 그런 것이 아니다. 불교라는 껍질을 벗기면 그 속에는 선도가 들어 있고, 다시 그 선도라는 속 허물을 제치면 그 안에 고신도(古神道)의 본연한 모습이 곱다랗게 드러난다.

이처럼 불교상(佛敎相)으로부터 선도상(仙道相), 선도상으로부터 신도상(神道相)으로 소급하여 들어가면, 일종의 불가 형언(不可形言)할 역사적 흥미를 자아내는 것이 있다.

금강산은 눈으로 볼 것이 아니라, 마음으로 보아야 한다. 이때에 비로소 위대한 금강산의 전적(全的)인 현시(顯示)가 비로소 감득되게 마련이다.

보이는 것 들리는 것이 도무지 단순한 경치로 끝나지 않는다. 육안(肉眼)·육이(肉耳)가 아닌 다른 눈, 또는 새 귀가 열리는 줄 모르게 조금씩 열린다. 이 눈과 귀의 열림을 따라 금강에 대한 인식이 그만큼 참다운 확실성의 도(度)를 더하여 마침내 우둑우둑한 산색(山色)과 졸졸 흐르는 계성(溪聲)이 그대로 진신 여래(眞身如來)의 활설법(活說法)인 줄을 분명하게 알아보게 되는 곳에 금강의 속맛이 다시 한 겹을 더하게 된다.

장안사(長安寺)의 황금 시대는 고려의 충혜왕대(忠惠王代)라 하겠다. 당시 고려 여자로 원(元)의 순제(順帝)의 황후가 된 기씨(奇氏)는 황제와 태자를 위하여 복리를 경축하는데 가장 존신 숭봉(尊信崇奉)한 것이 금강산의 장안사였기 때문에, 여러 해를 두고 거액의 내탕(內帑)과 수많은 공인(工人)을 보내어 당전(堂殿)과 상설(像設)을 영조(營造)케 했다 한다.

기 황후의 중창(重刱) 당시엔 비로자나(毘盧遮那) 이하 53불, 1만 5천 불 등 어마어마한 많은 상설을 만들었으나 이럭저럭 없어지고 바뀌어서 시방은 어느 것이 그때의 유물인지 변별하기가 어렵다.

장안사 앞으로 흐르는 물을 백천(百川)이라 한다. 이 백천은 '밝내' 곧 신수(神水)의 뜻이다. 장안사에서 얼마를 가면 백천의 양대원(兩大源)인 만폭(萬瀑)·영원(靈原)의 양동(兩洞)의 분기점을 만나게 된다.

지장봉(地藏峰)을 끼고 우(右)로 꺾이면 영원동 길이다. 가다가 보면 맞은편 석애(石崖)에 조그마한 오리봉(峰)이 나온다. 오리봉에서 조금 올라가면 개울 윗목에 2~3백 척이나 우뚝 솟은 높은 바위와 누르중중한 큰 소(沼) ― 박달·단풍·참나무 따위의 활엽 노수(闊葉老樹)가 그 소에 엄청난 바윗그림자를 드리운다.

불교에서 금강산을 사구우(四區宇)로 나누어 말할 때, 영원동(靈原洞) 안에 있는 모든 명상(名相)은 통히 명부(冥府)에 유연(有緣)한 것을 쓰게 되니, 시방 여기는 그 초입이 되는 곳이라 하여, 이 소를 황천강(黃泉江), 이 바위를 업경대(業鏡臺)라고 부른다. '업경'이라는 것은 저승 어귀에 걸려 있어 가지고 지나는 이의 생전의 선악 양업(善惡兩業)을 여실하게 영출(映出)한다는 검사국 대용물(檢事局代用物)이다.

본디 황천강은 황류담(黃流潭)이라 하던 곳이요, 업경대는 옥경대(玉鏡臺) 또는 명경대(明鏡臺)라는 옛이름이 있었다. 대(臺)를 끼고 돌아가면 고목 창등(古木蒼藤)에 얽혀진 오랜 석성(石城)이 동구(洞口)를 가로막고, 시방은 흩어졌으나 드나드는 집의 문(門) 자리가 남아 있다. 이것을 태자성(太子城)이라 일컫는다. 신라가 망하매 경순왕(敬順王)의 태자가 신왕조(新王朝)에 대한 치욕감과 구국가(舊國家)에 대한 흥복 계획(興復計劃)을 품고 금강산에 가서 은복(隱伏)하였던 곳이다.

성을 지나 우두봉 협곡(牛頭峰峽谷)을 바라보면 업경대의 덜미가 된다. 그 중턱쯤에 대문만한 구멍이 뚫린 것을 황사굴(黃蛇窟)이라 하고, 그 옆의 좀 작은 구멍을 흑사굴(黑蛇窟)이라 하는데, 황사굴은 극락으로 통하고 흑사굴은 지옥으로 통한다 한다.

<여기서 단풍나무 위주의 활엽 처녀림 속으로 개울을 두어 번 건너면 길 옆에 동향(東向)한 4~5칸 석대(石臺)가 있으니, 이것을 태자의 대궐터라 하며, …… 그 건너에는 태자의 계마석(繫馬石)·마구(馬廐)터·윗대궐터란 것들이 거기거기 늘어 있>다.

태자의 유적이란 전설적 감흥을 깊게 하는 것이라 하겠다. 하지만 그것과 역사적 사실과는 딴판이다. 무엇보다도 <세간 만사를 다 끊고 이 깊은 골짜구니에 들어온 그에게는 성(城)이니 대궐이니 하는 것이 다 소용 있었을 리 없>다. <대개 영원동은 금강산에서도 원고(遠古) 이래의 종교적 근본 지역이던 곳이니 시방 위아래 대궐이란 것은 그 어느 시절의 제단(祭壇)이던 것들이요, 계마석 마구터란 것은 그 희생(犧牲) 관계의 유적들이요, 성이란 것은 본시 영역(靈域) 구획의 표시물이던 것을 태자 전설에 부회(附會)하여 이렇다 저렇다 하게 된 모양>이다.

백탑동(百塔洞)을 왼 쪽으로 두고 바른 쪽으로만 들어가는 것이 영원동(靈原洞)이다. <신라 시절에 영원 조사(靈原祖師)란 이가 여기서 결초 수도(結草修道)하여 묘오(妙悟)와 신통(神通)을 얻었는데, 하루는 앉아 듣자니까 그 은사(恩師)인 명학(明學)이란 이가 이리로 잡혀 들어와서 생전 간탐(生前慳貪)의 보(報)로 …… 흑사굴에 유치(幽置)가 되는 모양이매, 사자(師資)의 의(誼)를 생각하여 치왕(馳往)하여 제도(濟度)를 베풀었다 하니, 이것이 아마

영원동이 불교의 지옥으로 섭취(攝取)된 시단(始端)일 것>이다. <시방도 천음 우습(天陰雨濕)한 정야(靜夜)에는 명부(冥府)의 죄인 닥달하는 소리가 들린다> 한다.

대저 영원동이 명부라 하는 것은 불교에서 비롯된 것이 아니요, 고신도(古神道)의 오랜 전승(傳承)이던 것을 불교로 그것을 물려받은 것뿐이다. <조선과 아울러 동북 아세아 제민족(諸民族)을 연결하는 불함 문화(不咸文化) 계통의 고신도에서는 사람이 죽으면 혼령(魂靈)이 났던 본처(本處)로 돌아간다는 신앙이 있었는데, 그 지점은 대개 동방 해안의 고대(高大)한 산악이라 하였>다.

무엇보다도 조선에서의 금강산의 영원동은 생명의 주권자의 신좌(神座)라 하여 옛부터 끔찍한 숭봉(崇奉)을 받은 곳이다. 이것이 도교(道敎)를 끼고 불교로 들어가서 시방 보는 것 같은 지옥 배치를 이룬 것이다.

<영원암(靈原庵)에서 우방(右方)으로 벋은 등성이에 수십 척(數十尺) 되는 우뚝한 석대(石臺)가 있어, 영원동의 전경(全景)을 모조리 보고, 아울러 뒤로는 지장(地藏)·관음(觀音)·우두(牛頭)·석가(釋迦)와, 앞으로는 죄인(罪人)·사자(使者)·시왕(十王)·판관(判官)·등봉(等峰)의 여기를 중심으로 한 행룡(行龍)의 상세(狀勢)를 꼬박이 살피게 되었으니, 이것을 옥초대(沃焦臺)라고 일컫>는다. 옥초(沃焦)도 지옥과 관계되는 명칭이다. <영원 조사(靈原祖師)의 연좌 참구(宴坐參究)하던 곳이라 하며, 앞에 놓인 반듯한 돌은 그가 경(經)을 놓고 보던 책상 바위라> 한다.

<옥초대에서 내려다뵈는 영원동의 경관(景觀)은, 또한 무어랄 수 없는 일종의 특종미(特種美)>, 곧 그윽한 시원(始原)의 극치를 지니고 있다 하겠다. <단풍으로써 표현되는 풍광미의 극치는 금강산, 거기서도 영원동, 거기서도 옥초대에서 보는 그것>이다.

지장봉(地藏峰)을 똑바로 올려다보는 곳에 '배석(拜石)'이란 것이 있다. 여남은 명이나 앉을 너부죽한 돌이다. 뒤에 와서 수참(修懺)하는 승려의 설중 고행(雪中苦行)하는 터가 되었지마는, 본디는 고신도 시절의 제단이었던 것이다. 배석이라는 이름도, 사실은 '신성한 돌'이라는 뜻이다.

영원동의 주인공을 지금은 지장봉(地藏峰)이라 하지마는, 얼마 전까지만 해도 미륵봉(彌勒峰)이라고 불렀다. 동(洞)의 초입 지장암 뒷봉이 이미 지장봉이니까, 지장암이 아무리 좋은 이름이라도, 한 곳에 양존(兩存)할 수 없겠는데, 무슨 사품인지, 본디 미륵불이던 영원 주봉(主峰)이 근래에 지장봉이 되고 만 것이다.

<조선 고신도에서 신체(神體)로 숭배하는 산악 혹은 봉만(峰巒)의 명칭이 후에 불교적으로 변환될 때에 여러 가지 명자(名字)를 무릅쓰게 되>었지마는, '미륵'은 그 가운데에서 많이 쓰인 것의 하나인 것이다. '붉'의 역어(譯語)인 '풍류(風流)'·'풍월(風月)' 따위가 많이 미륵으로써 대신하게 되었다는 뜻이다. <시방 지장봉의 전명(前名)인 미륵도 무론 본디는 신산(神山)이란 뜻의 '붉뫼'라던 것일지니, 이 배석은 곧 이 신산을 향하여 치성과 기도를 올리던 곳>이기도 하다.

단발령(斷髮嶺)으로부터 장안사 덜미로 금강산 들어오는 길에 '배점(拜岾)'이라는 고개가 있다. 일설엔 세조(世祖)가 여기서 금강산을 보고 무망중(無妄中)에 절을 하였기 때문에 이렇게 이름한 것이라 하지마는, 실에 있어선, 여기의 배석처럼 금강산 망제(望祭)터의 하나인 것을, 뒤에 그 진의(眞意)는 잊어버리고 그럴싸하게 설명을 붙인 것에 지나지 않는다.

영원동의 깊고 그윽한 맛을 보려면, 암(庵)에서 다시 한 골짜기를 들어가야 한다. 지장봉과 시왕봉이 그 안에 있는 백마봉(白馬峰)과 더불어 태극(太極)을 이룬 데에서 다시 동북으로 깊이 뚫린 골을 옛날에는 시왕 백천동(十王百川洞)이라 일컬어 흔히 다니던 곳이었으나, 벌써 100년 이상 침폐(沈廢)하여 버리고, 이젠 백천동이란 이름만 부질없이 장안사 앞으로 밀려 내려와 있을 뿐이다. 그러나, 영원동의 그윽 고요한 맛은 시왕 백천동에서 그 진의를 얻을 수 있다 하겠다.

한 구비만 돌아서도 문득 딴 세상에 들어온 듯하다. 물은 흐를수록 한가하고 바람은 불수록 조용하여 아무리 들뜬 마음이라도 여기만 들어서면 고자누룩하게 잠잠해진다.

백마봉 좌편 골짜기는 길이 점점 좁아지고 험해진다. 그 대신 금강산의 자디잔 재미를 볼 수 있다. 백탑동 중턱으로 넘어가는 중간에 천성(天成)한 탑형석(塔形石)이 수없이 기괴(奇怪)를 발보인다. 그 우편은 두 뿔같이 솟은 석봉(石峰)이 보인다. 영원동에서 여기까지 금강산 구성의 모든 분자를 골고루 볼 수 있는 특색을 갖추고 있다 할 것이다.

산을 형용하는 말에 옥순(玉筍)이라는 것이 있다. 이 말이 가장 적절하기는 백탑동(百塔洞)의 탑림(塔林)들이라 하겠다. 들어가면서 백옥(白玉)을 묶어낸 듯한 곳곳의 입석림(立石林)은, 산 전체가 입석림인 금강산에서도, 특히 일종의 신비한 감흥(感興)을 끌어낸다. 이것이 곧 하늘의 공양인 탑이거니 하는 종교적 정조(宗敎的 情調)가 가미되는 까닭이다.

<폭포우폭포 석단우석단(瀑布又瀑布石段又石段) ─ 이로 송영(送迎)하기 어려운 천석미(泉石美)는 가지록 사람의 마음을 어른다. 그러다가 폭포가 가장 다붙고 석단이 가장 앵돌아져 기승중(奇勝中)의 기승을 이룬 한 목쟁이를 지나가면 문탑(門塔)보다도 규모 제작이 훨씬 크고 공교스러운> 한 쌍의 대자연탑을 만난다. 이끼를 헤치면 증명탑(證明塔)이란 각석(刻石)이 드러난다.

사방을 둘러보면, 여기도 한 무더기 저기도 한 떨기, 눈에 띄는 것이

모두 탑림인데, 형체의 차등(差等)과 의장(意匠)의 변화가 천교(天巧) 아니면 저처럼 풍부할 수가 있을 것인가. <아육왕(阿育王)의 팔만 사천탑이 탑마다 양식을 달리하였을지라도, 탑으로 만들 수 있는 전 양식을 휘몰이한 여기 저 본새를 다 써 보지 못하였을 것>이다.

<빽빽한 향수림(香樹林)을 끼고 다시 더듬더듬 들어가면 백탑동이 거의 맞닿는 곳에 시방까지의 다른 탑들은 아무 것도 아니라 하는 듯한 놀라운 일 거탑(一巨塔)이 둥그렇게 산이 둘린 골바닥에 구름을 찔러 보기 좋게 솟아> 있다.

다보탑은 부처가 법화(法華)의 묘리를 설할 때에 청중에게 불설(佛說)의 진실을 설명하기 위하여 용현(湧現)하는 다보여래(多寶如來)의 전신 사리(全身舍利)를 봉안한 탑이다. 범상치 않은 입석들은 범상치 않은 역사의 소유자들이다. '선돌'을 조화의 방망이로 관념한 고신도가 이 모든 위대한 '선돌'을 신체(神體)로 숭앙하였을 것은 쉽게 짐작할 수가 있다 하겠다. 불교에서 탑이라 하여 신성한 뜻을 붙인 것도, 사실은 전통적 신앙을 물려받은 것에 지나지 않은 것이다.

7) 백두산에 오르다

민태원(閔泰瑗)의 「백두산행(白頭山行)」[43]은 '삼지연(三池淵)에서'·'신무치(神武峙)에서'·'무두봉(無頭峰)에서'·'백두산상(白頭山上)에서'·'귀로(歸路)에서'의 작은 5제목으로 이루어져 있다.

<삼지연은 그 이름과 같이 대소(大小) 삼지(三池)가 있다고 하는 곳이나, 근일(近日) 토지 조사의 결과로 대소(大小) 육지(六池)가 있음을 발견하였으

---

[43] 閔泰瑗,「白頭山行」,『東亞日報』, 1921년 9월 1일~9월 8일.

며, 또 거민(居民)의 전하는 바로는 이십팔지(二十八池)가 있다고도 한다. 대개 이곳은 서북(西北)에 소백산(小白山)을 지고 동남(東南)으로 북포태(北胞胎)를 접하였으며, 동북(東北)에 간삼봉(間三峯)이 있고, 서남(西南)에 침봉(枕峯)이 있어 사산(四山)의 여세(餘勢)가 상박(相迫)한 곳에 평창 반환(平敞盤桓)한 지세를 이룬 곳이다. 따라서 중수(衆水)가 내회(來會)하는 곳이므로 시기(時期)와 우량(雨量) 여하에 의하여 혹 이십팔 처(二十八處)로 증가도 되고 혹 오륙 처로 감소도 되나, 기중(其中)의 삼지는 언제든지 고갈의 여(慮)가 없으므로 여사(如斯)히 명명한 듯하다.>

특히 한가운데의 대지(大池)는 둘레가 수리(數里)나 되고 수량(水量)이 풍부하여 자못 호해(湖海)의 모습을 갖추었으며, 못 가운데의 작은 섬에 수목이 옹울(翁鬱)하여 숲 그림자가 도침(倒浸)하고 물결이 불경(不驚)이다. 낙일 모하(落日暮霞)의 정취는 여회(旅懷)를 위로하기에 족할 만하다. 유유한 물오리 떼를 눈앞에 보고, 발밑에 가로세로 거침없는 고라니와 사슴의 발자취를 살필 때에는 문득 이 몸이 속세 밖에서 초연함을 느낀다.

> 神武峙는 新舊兩處가잇서南北이稍間하니 그南에在한者를新神武峙라하야 地勢가平板하며四圍가開闊하고 그北에在한者를舊神武峙라稱하야 四面岡阜中에 二三百坪의平地가잇슬뿐이다
> 新神武峙에는 距今十年前까지民國人의人家六七戶가잇서外面으로는 狩獵으로業을삼으나其實은馬賊의根據가되엿스며 其後官兵에게追究되아踪跡을감춘 뒤에는 一時憲兵駐在所를設하얏스나三年前에馬賊이來襲하야廳舍를燒却한뒤로는全部廢墟가되고말엇다 …… 舊神武峙에는 背後에山神堂이잇스며 前面에 瓦窯가잇고 瓦窯前에는 多數한盖瓦와磚石이堆積되여잇는바 이磚石에는어지간히錯綜한歷史가잇다고한다[44]

---

44) 위의 신문, 9월 3일.

무두봉을 거쳐 천지(天池)로 향했다. 천지는 주위가 30리요, 외륜산(外輪山)은 그 주위가 50리나 되는데 북 쪽에 비룡폭(飛龍瀑)이 있다. 이것은 곧 송화강원(松花江源)이기도 하다. 천지의 경치는 춘하추동에 따라 다를 뿐만 아니라, 하루에도 조석 사이에 달라진다. 운우 무박(雲雨霧雹)의 변화가 무상하며 청음 명암(晴陰明暗)이 수시로 바뀐다. 천청 일화(天晴日和)하고 수벽 사명(水碧沙明)하여 서기 횡일(瑞氣橫溢)함도 한때뿐이요, 음운 회명(陰雲晦暝)하고 수면 유흑(水面黝黑)하여 음참 불측(陰慘不測)함도 한때요, 냉무(冷霧)가 사박(紗薄)하고 파문이 연동(蠕動)하여 침울 응체(沈鬱凝帶)함도 한때뿐이다.

천지의 인상은 산 위와 지반(池盤)의 입지(立地)에 따라 확연히 다르다. 산 위에 서서 내려다볼 때에는 늠름한 기가 사람을 핍박하여 두려워하고 우러러 보게 한다. 하지만 일단 산에서 내려와 지반에 서면, 물빛이 엷은 푸른 빛을 띠고 그 물밑이 투명하여 안온한 느낌과 친근한 맛을 준다.

여기 곁들여 우리를 놀라게 하는 것은 못물의 따뜻함이다. 마치 복중(伏中)의 수돗물과 같다. 본디 백두산은 화산이었기 때문이리라. 서 쪽과 북 쪽은 지금도 온천물이 나온다 한다.

무엇보다도 백두산은 단조(檀祖)의 발상지일 뿐만 아니라, 반도 산천의 조종이기도 하다. 백두산을 태백산이라 하기도 한다. 태백은 '한배' 곧 큰 조상이라는 뜻이다.

나는 이 백두산의 평범함에 놀라기도 한다. 그 높이가 9,000척이면 응당 험준하여 오르기가 어려우리라 생각했는데, 그 산자락부터 평평범범한 오름길이요, 종일토록 걸어도 피로한 줄 모르고, 몇 날을 나아가되 별로 신기하지도 않고 철저하게 혼후(渾厚)하지만, 그 절정에 서면 그 웅대함을 알고 그 숭고함을 깨닫게 되니, 이 얼마나 위대하며 이 얼마나 숭엄한 일이란 말인가.

　천지의 구경을 끝내고 돌아오는 길에 압록강의 정계비(定界碑)를 찾아가 그 비문을 본 다음날 아침 일찍 길을 떠나 삼지연 보태동(寶泰洞)에서 일박하고 혜산진(惠山鎭)에서 해산했다.

8) 개성(開城)·평양(平壤)에의 발길

　유광렬(柳光烈)의 「개성행(開城行)」[45]은 고려의 수도 개성〔松都〕을 배경으로 해서 씌어진 수필 작품이다. 이것의 작은 제목은 '통학생(通學生)의 소충돌(小衝突)'·'동무여! 통인(痛忍)하라'·'무지 몰염(無智沒廉)의 일인 승객(日人乘客)'·'공진회(共進會)는 소경의 단청(丹靑)'·'가련한 농민의 심정'·'불쌍한 동무들의 뒷모양'·'김정혜(金貞蕙) 여사(女史)의 사업'·'고아 청정(高雅淸淨)한 호수교(好壽校)'·'개성인의 신 생명수(新生命水)'·'바쁜 것이 문명의 요소'·'송고 직포(松高織布)의 가공할 발전'·'우리도 바쁘게 되자'·'만월대(滿月臺)의 배회'·'송경 명물(松京名物) 인삼 구경'·'선죽교(善竹橋)의 혈흔(血痕)'·'개성 전기 회사'·'개성의 제 전설(諸傳說)'·'개성의 상권(商權)'·'개성의 청년계(靑年界)'·'개성인의 단처(短處)'·'귀로에 등(登)하였다' 따위로 되어 있다.

　　灰色의夕陽이숨을모는어느날午後에나는開城까지가려고平壤行車室一隅에안젓다　들에널린黃禾는늙어가는自己네의身勢를悲觀하는듯이머리를숙이고잇고 夕日은刻一刻숨을몬다車室中에는共進會德澤으로갓젓치쓰고담배대문鄕村老人들이자로이약이를하며동저고리바람에맨머리로잇는어린아해는林檎을껍질도안벳기고웃적々쌔무러먹는다
　　車가맛침四時五十分의緩行이기째문에男女學生이車室이구석저구석에끼여잇다

---

45) 柳光烈, 「開城行」, 『東亞日報』, 1923년 10월 15일~11월 5일.

> 車는우르렁거리고가것마는學生들은無關心하고冊을읽는다 …….
> …… 車는水色, 陵谷等의小驛을지나一山驛에다앗다그런데이째不意에一小衝突이생기엇다⁴⁶⁾

그것은 조선인 소학생과 일본인 소학생의 싸움으로 시작된 것이었다. 이 싸움을 본 일본인 큰 소학생이 그 조선인 소학생의 사과를 받으려 한다. 그러나 조선인 소학생은 잘못한 것이 없으니 사과하지 못하겠다고 버틴다. 일산 역에서 학생들이 내린다. 소학생들의 싸움의 결판이 나지 않는다.

선린 상업(善隣商業) 일본 학생이 내린다. 그 학생은 굴복하지 않는 소학생을 두어 번 쥐어박고 달리는 열차에 겨우 올라탄다. 그의 입에 쾌심의 웃음이 어린다. 어느 일본 학생이 통쾌하다고 부르짖는다. 여기서 조선 학생이 선린 학생을 나무란다. 아이 싸움이 어른 싸움이 된 것이다. 하오리〔羽織 ; 일본의 짧은 겉옷〕를 입은 일본인 한 사람이 위협조로 조선 학생을 꾸짖는다. 아마 그는 형사 나부랑이인 것 같다.

이것을 바라본 백발 성성한 노인이 눈물을 머금고 조선 학생에게 타이른다. "아무쪼록 기를 쓰고 배워서 압제 받지 말아라." 이 어찌 통분할 일이 아니겠는가.

소리 나는 딱총이 되지 말고 천지를 두려빼는 공성포(攻聲砲)가 되어라. 자리 밑의 벼룩이 되지 말고 광야의 사자가 되어라. 그러기 위해서 좀 더 진정하고 내재적인 힘을 기르자.

기차가 문산(汶山)을 지나자 밤은 더욱 깊어간다. 어느 시골 정거장에서 일본인 두 사람이 오르더니 앉을자리가 모자라니까, 나란히 앉아 있는 조선 사람더러 오만하게도 일어나라 한다. 조선 사람은 거절한다. 이에

---

46) 위의 신문, 10월 15일.

일인은 얼굴에 냉소를 띠면서 한 마디 한다. "기차 한 채 못 만드는 위인들이 그래 건방지게 권리를 주장하겠다고……."

마치 자기네가 만들어 놓은 기차니까, 너희 같은 무지한 작자들은 귀퉁이에 서서 가도 무방하다는 말투다. 나는 분노를 참을 수가 없었다. 누구나 아는 바와 같이, 경부선과 경의선은 당시 한국 정부의 후의에 의해서 철도 부설권을 얻게 되었을 뿐만 아니라, 이 철도 이용으로 말미암아 군사 행동을 신속하게 할 수 있는 일본은 러일 전쟁에서 승리를 거두게 된 것이다. 이러한 사실을 그들이 알 까닭이 없다. 나는 흥분을 가라앉히느라 눈을 감았다. 기차는 여전히 자꾸만 달린다.

오직 개성 사람만의 손으로만 경영한다는 정화(貞和) 여학교를 방문했다. 이 학교의 설립자 김정혜(金貞蕙)는 일찍 출가하여 남편을 여의고 한 많은 세월을 허송하다가 많지 않은 자기 재산을 털어서 이 학교를 설립했다 한다. 여러 가지 어려움이 있었지만 모든 간난을 극복함으로써, 600여 명의 생도를 수용할 수 있는 교실을 신축하고 아주 유능한 교원을 확보하여 면목을 일신하기에 이른다.

호수돈(好壽敦) 고등 보통 학교는 야소교(耶蘇敎) 남감리파(南監理派)에 의해서 경영되는 개성 여자 교육계의 권위라 하겠다. 한적한 고지(高地)에 서 있는 이 학교는 마치 선경(仙境)과 같은 청아한 느낌이 있다. 교정에서는 흰 저고리에 검정 치마를 입은 여학생들이 테니스를 즐기고 있다. 역시 야소교 남감리파 소속의 송도 고등 보통 학교는 개성뿐 아니라, 전 조선에 손꼽히는 학교다. 그러나 몹쓸 폭풍이 몰아와 당시 교장이던 윤치호(尹致昊)가 105인 사건으로 영어의 몸이 되자, 이 학교의 명성도 거기 따라 영체(零替)하게 된다.

그러나 학교가 서양인의 명의로 되어 있기 때문에, 잔학한 독니도 치

명상을 주지 못하고, 나날이 발전하여 마침내 송도 고등 학교로 당국의 인가를 받기에 이른다. 그리하여 다시 윤치호가 교장 자리로 돌아와 이화학 기구(理化學器具)와 박물관 표본을 완비하게 되는 것이다.

호수돈 여교와 송도 고교에서 흐르는 생명의 샘이 개성 사람의 심한 갈증을 끌고 흐르고 흘러 전 조선인의 갈증난 목을 얼마나 축여 주었던가. 만일 이 두 학교가 없었다면 개성이 어떠하였을까, 생각만 해도 소름이 끼친다.

고영한(高永翰)의 「초추(初秋)의 고향」47)은 '차중(車中)의 일야(一夜)'·'차창(車窓) 외(外)의 추색(秋色)'·'소위 대평양(大平壤) 건설(建設)'·'무용장물(無用長物)의 전차'·'연광정 하 소공원(鍊光亭下小公園)'·'고대하던 노비기(露飛機)'·'침체한 청년계'·'소위 부전 확장(所謂府電擴張)'·'전차 구역(電車區域)에도 차별'·'평양아 잘 있거라' 따위의 작은 제목으로 이루어진 평양 기행문이다.

8월 하순 무렵 어떤 날 밤 10시쯤 되었었다. 남대문 역에서 나의 일행 세 명(아내·딸·나)과 함께 경의선 열차를 탔다. 늦여름이었다. 기차는 북 쪽을 향하여 달린다. 차안에서 적조했던 R 군을 만났다. 그는 나와 동향으로 고창고보(高敞高普)에서 교편을 잡고 있는 체육 청년이다.

어느덧 먼동이 트기 시작한다. 기차는 황주(黃州) 역을 뒤로 하고 마구 달린다. 차창 밖으로 오곡이 무르익은 초가을의 전야(田野)가 눈앞에 어른거린다.

차는 벌써 중화(中和) 역을 단숨에 지나 역포(力浦)를 거쳐 대동강(大同江) 철교 위를 서행한다. 다리 아래는 새파란 가을 물결이 잔잔하게 흐르는데, 그야말로 수광(水光)이 접천(接天)하여 있다. 물결 위에 가볍게 떠 있는

---

47) 高永翰, 「初秋의 故鄕 — 平壤紀行 —」, 『東亞日報』, 1925년 9월 11일~9월 23일.

범선 몇 척이 위아래로 오간다. 멀리 언덕 위로 평양이 그윽하게 한 폭의 살아 있는 그림처럼 보인다.

평양성(平壤城) 대안(對岸)으로 선교리(船橋里)의 광대 무변한 전경(全景)이 전개된다. 본디 선교리는 대평양 건설의 제일 후보지로 결정되어 있는 곳이다. 주로 일본인들에 의해서 개발된 큰 회사들이 여기저기에 굉장하다. 이에 비해서 우리 조선 사람의 손에 이루어진 것은 냉면집·장국밥집·떡집·담배 가게 따위가 몇 개 있을 뿐이다. 말하자면 일본인들에 의해서 모든 상권이 장악되어 있다는 뜻이다. 우선 토지 소유 관계만 살펴봐도 그것을 알 수가 있다. 동척(東拓) 소유가 대부분으로, 조선인 소유는 전체의 20분의 1도 채 못 된다. 이것은 일본인을 위한 대평양 건설일 뿐이다.

평양에 도착했다. 우리 일행은 전차를 탔다. 그런데 전차가 곧바로 떠나지 않는다. 10분 이상 기다린 다음에야 운전수와 차장이 한가하게 슬금슬금 앞뒤로 오른다. 이곳 전차는 지지 완만(遲遲緩慢)하여 무용장물이라는 평을 받는다. 우리는 서문통(西門通) 정류장에서 내렸다. 장별리(將別里) 골목 안으로 들어서서 늘 보던 단군전(檀君殿)의 황폐 퇴락한 모습을 새삼스럽게 한숨과 더불어 바라보며 나의 집으로 들어갔다.

바로 대동문(大同門) 아래에 큰 나루터가 있고, 그 위로 연관정·반월도(半月島)·능라도(綾羅島)·모란봉(牧丹峰)들이 제법 아름답게 펼쳐져 있다.

대동문과 연광정 사이에 소공원(小公園)이 있는데, 서울의 탑동(塔洞) 공원처럼 인공 공원이다. 나무와 잔디를 심고 여러 가지 가공을 함으로써 공원의 아름다움을 이루어 놓았다. 더욱 그 아래 푸른 대동강이 공원의 정화(精華)를 십분 도와주고, 앞으로 대동문, 뒤로 연광정이 더 한층 공원의 미를 돋우어 준다. 만약 이 공원에 대동강·연광정·대동문이 없었던

들 그야말로 싱겁기 그지없었으리라.

 그 다음날은 소비에트(Soviet) 사회주의 공화국의 비행기가 일본을 방문하는 도중에 평양에 착륙한다는 날이다. 그런데 상공의 기류가 험악한 관계로 출발하지 못했다는 것이다. 그 뒤엔 기체(機體)의 고장이니, 우천(雨天) 때문에 이틀 동안이나 붕정(鵬程)이 차단되다가, 비가 갠 날 아침에 잠깐 들렸다 갔다는 소식을 들었다.

 비행기가 예정대로 왔더라면 비행사와 이야기를 나누고 그 인상기라도 쓰려고 하였던 것이 그만 실패로 끝나고 보니, 나는 퍽 유감스러웠다. <아무리 문명의 이기(利器)라는 비행기라 하여도 자연의 위력 앞에서는 어쩔 수가 없는 것이며 또한 예정을 수행할 수가 없는 것인가 보다.>

 날이 들었다. 그 동안 나도 비 때문에 가고 싶은 곳을 가지 못하고 친구의 집에서 잡담이나 하고 지낼 수 밖에 없었다. 그 이야기 가운데에서 못 만난 벗들의 소식도 알게 되었다.

 성실하게 장사하던 어떤 벗은 그만 화류계에 정신이 팔려 하루아침에 가게를 뒤집어엎고 중국으로 도망쳤다고 한다. 화류계의 희생자가 또 하나 생긴 셈이다. 비록 화류계의 희생자가 되었다 하더라도, 지기의 미몽(迷夢)을 깨닫고 다시 바른길로 돌아온 젊은이도 있고, 자기의 재산을 모조리 탕진하고도 여전히 취몽(醉夢)이 혼미하여 길거리를 방황하는 젊은이도 있다. <그 같은 청년들은 자칭 향락주의니 유미 생활이니 혹은 낙천 생활이니 하며 돌아다닌다.>

 한때 얌전한 도련님으로, 또는 순수한 젊은이로 통했던 청년들이 지금은 술망나니가 되어 아주 새로운 난봉꾼이 된 사람도 있다. 그 같은 청년들은 어떤 예수교 학교 출신이 아니면, 교회 안에서 자라온 청년들이 태반을 차지한다. 그들이 옛날 교회의 단상에서 찬송가를 부르고, 혹은 어떤 교회 학교의 교원으로, 또는 어떤 교회의 신망 받던 청년으로서 그 때의 얌전한 행동은 온데 간데 없고, 젊은이들은 자꾸만 타락 부패의 길만 걷고 있으니, 통탄할 일이 아닐 수 없다.

조선 안에서 둘째가는 평양에는 청년들의 사회적으로 건실한 단체 하나 없고, 튼튼한 언론 기관 하나 없다. 근래에 평양 청년회가 부흥되기는 했다. 그러나 그리 성실치 못한 상태다. 이밖에 평양 기독 청년회(基督青年會)를 비롯해서, 대성 학우회(大成學友會)와 동우 구락부(同友俱樂部)가 있을 뿐이다. <그러나 이상의 3개 단체는 다만 일국부(一局部)에 국한한 단체들이요, 결코 사회 전반(全般)을 대상으로 한 단체는 아니다. 그리고 그 반면(反面)으로 사회주의 운동 단체에 있어서는, 오월 청년회(五月青年會)의 후신인 평양 청년 동맹과 그 밖의 각종 직업 단체들이 상당히 있어, 공동 전선의 진용을 굳게 하는 중이나, 작추(昨秋) '오월 청년회' 독서회 사건 이래 유출 유혹(愈出愈酷)한 경찰의 강압 수단으로 말미암아 운동선상에 있어서 우이(牛耳)를 잡고 있던 한해(韓海)·최윤옥(崔允鈺) 군 등 중견 청년들이 다수 피착(被捉)되어 …… 전보다 그 성식(聲息)이 다소 부진하는 상태에 있다.>

무엇보다도 평양에서는 삼일 운동이 발발하던 그 당시에 전 평양 각 계급 청년들이 모두 한 우산 아래 모여 '평양 청년회'를 조직했다. 그러나 이 모임은 그 뒤로 유야무야되어 버렸다.

평양부(平壤府)에서 전차 선로를 연장하고 전차 댓수를 늘였다고 이른바 부전 확장 축하식(府電擴張祝賀式)을 굉장히 거행하던 날[8월 31일~9월 1일]이다. 나는 이 축하식을 수긍하지 않고 불만과 불쾌한 생각을 품고 있었지만, 구경하기로 마음먹었다. 30분 이상 기다렸다가 전차를 탔다. 기림리(箕林里)로 가는 구경꾼들로 전차는 초만원이다.

<전차가 일본 대신궁(大神宮)이라는 그 앞에 이르매 여기는 승환 장소(昇換場所)라고 하며 …… 몇 10분 동안을 착실히 정류하고 있더니, 승객들을 모두 내리라 한다. 그렇게 내려서 또 한참 기다리게 하더니, 어떻게 된 셈인지 또 다시 그 차에 오르라고 한다. 이건 남을 가지고 놀자는 것인가 의심된다.>

연장된 전차 선로는 기림리 대동 경찰서 앞까지 놓여 있다. <대체 선로 연장의 의의(意義)와 그 목적이 어디에 있는지? 대동서(大同署) 앞은 기림리 중에서도 가장 인가가 희소하고 영성(零星)한 곳이라. 기왕 선로를 연장하는 이상에는 그 곳을 조금 더 지나가서 인가가 다소 조밀한 곳에 종점을 내든가, 그렇지 못하겠거든 차라리 그 곳에서 조금> 뒤로 물러나 인가가 좀 많은 곳에 종점을 냈으면 좋지 않았을까?

모처럼 선로를 연장하여 놓고도 일반 백성들의 교통에 대한 지장이 있게 한 그 까닭을 도무지 알 수가 없다. 기림리 사람들을 위하여 선로를 연장하였다기보다는 대동 경찰서를 염두에 두고 연장한 것이 아닌지 모를 일이다. 본래 기림리는 평양부에 편입된 것과 대동군(大同郡)에 예속된 것의 두 군데로 나뉘어진다.

<평양부의 기림리는 경창문(景昌門) 밖 일대(一帶)의 촌락(村落)으로 신작로를 복판에 두고 좌우로 조그마한 집들이 임립(林立)하여 시가를 형성하였으나, 주민들은 대부분이 극빈한 사람들뿐으로 그날그날의 호구도 변변히 못하는 가련한 무산 궁민(無産窮民)들>로 이루어져 있다. <일반 주택들은 이미 다 파락(破落)되어 가는 오막살이 단간채들이 아니면, 혈거 생활(穴居生活)을 하다시피 하는 초막도 간간 보이며, 그 같은 동리 안에도 어린이들은 별달리 많아서 모두 남루한 의복에 영양 불량으로 수척한> 몰골들이다.

여기에 비하면 <대동군 기림리는 일반의 생활이 약간 낫다고 할 수 잇으나 그 곳 역 한촌(寒村)으로 조선 사람의 생활은 도처가 일양(一樣)이라는 감이 있다.>

<주로 평양부 기림리가 생기기는 만근(輓近) 수년래의 일이니, 일반 조선 사람의 경제 생활이 점점 퇴축(退縮)되어 감을 따라 혹은 평양 부내에서 간신히 그날그날의 생활을 지탱하여 가던 사람들이 갈수록 무섭게 닥쳐오는 생활난에 쫓기어 부내에서는 도저히 살 수가 없으므로 …… 그 곳에 일간 두옥(一間斗屋)을 장만하고 살아가기 시작한 사람도> 있는가 하면, <지방 농촌의 궁한 농민들이 약간의 소작 전토(小作田土)를 가지고 춘경 추확(春耕秋穫)으로 겨우 죽지 않으리 만큼 연명을 하여 가다가, 혹은 수재(水災) 혹은 한재(旱災) 등으로 그나마 생도(生道)를 잃어버리고 평양 가까이 가서 무엇이나 하여 벌어먹겠다는 생각으로 그 곳에 이래(移來)하여 사는 사람도 또한 적지 않다 한다.>

바꾸어 말하면, 그 곳은 생활난에 쫓기어 사는 사람들의 집단 부락이 되었다는 뜻이다. 그 밖에도 평양 부내에서 서 쪽으로 쫓겨 나가고 남 쪽으로 밀려 나가는 등 수년 이래로는 조선 사람들의 참혹한 생활 집단이 성 밖으로 몰려나가는 현상이다.

이에 반해서, 일본인들의 생활은 여유가 작작(綽綽)하다는 것은 두 말 할 것도 없고, 남으로부터 점점 북으로 잠식하여 오는 현상이다. 다시 말하면, 일본인들은 북진주의(北進主義)를 실행하여 오고, 조선인들은 북퇴(北退)하기에 여념 없이 되어 간다는 뜻이다. 이 얼마나 두려운 현상이란 말인가!

이른바 <부전 확장 축하라 하여 특히 대동군 기림리에서 그 축하식의 여흥을 굉장히 거행한다는 것도, 이것은 나의 너무나 지나치는 억측일는

지는 모르지만, 기림리의 발전책을 위하여 조선 사람들로 하여금 그 곳에 많이 나와 살도록 하려는 유도 정책의 일종 수단이나 아닐까> 하는 생각도 든다.

그리하여 기림리에서는 씨름 대회가 개최되는가 하면, 대동 경찰서 연무장(演武場) 겸 대동군 공회당이라는 조그마한 집안에서는 김문하(金文夏) 일행의 기마술(奇魔術) 흥행이 열렸고, 또한 기자릉 민충단(箕子陵民忠壇) 안에서는 평양 기생들의 가무가 벌어졌다. 이로 말미암아 일반 관람자들은 평양 부내를 비롯해서 각처에서 자꾸 모여들어 기림리 일대는 대성황을 이루기도 한다. 특히 부인네들이 더욱 많이 보인다. 평양의 부인네들은 그 만큼 호기심이 많고 또한 해방적이라는 것을 알 수가 있다 하겠다.

> 조곰이윽하더니 갑작이넷날무삼使道行次나하는듯이 胡笛소래와쌍덤이소래와 그밧게여러가지軍樂소래를 喧藉히내이며 넷적裾冠弔制服비슷한이상스런옷들을입은사람들이말도타고或은人力車도타고 列을지어나아온다 그러하야 그 雜多한 群衆의사이를헛치며 먼저脚戲場을一巡하고는다시馬頭을 돌니어 箕子陵으로와서 妓生들의歌舞하는 假設舞臺로올라들가더니 무슨노름을 하는지自己네들끼리한탐써들다가 그만이다 그들은 大概醉興이陶陶하엿고또는 그것으로滿足하다는滿悅의表情이 넘처보인다[48]

나는 이것을 보고 일본 북해도(北海島)에 있는 아이누(Ainu)족들이 자기 종족의 멸망을 앞에 두고도 수무 족도(手舞足蹈)로 날을 보냈다는 것을 연상했다.

<선교리선(船橋里線)은 본래는 대동교(大同橋) 월편(越便)까지 놓여 있었으나 이번 연장으로 제당 회사(製糖會社) 부근까지 놓였다> 한다. <그런데 소위 그 연장이라는 것은 일본인들을 위하여는 부민(府民)의 복리(福利)를

---

48) 위의 신문, 9월 22일.

위하여 확장된 것이요, 다시 그 반면(反面)으로 조선인들을 위하여는 부민의 금전을 착취하려는 부 자체(府自體)의 이익만을 위하여 확장된 것이라고 볼 수가 있다.>

확장 뒤의 전차 선로는 대간선(大幹線)이 하나요, 지선(支線)이 둘인데, 모두 사구(四區)로 나뉘어져 있다. 일구(一區)는 무임 승환구(無賃承換區)요, 나머지 구(區)는 일구 5전씩 내야 한다. 일구는 일본인들만 살고, 나머지는 조선인들만 살고 있다. 이런 차별이 어디에 또 있단 말인가.

<우리는 그보다도 더 큰 차별과 더 심한 학대를 오늘날까지 많이 받아오는 중에 있다. 짓밟으면 짓밟히고, 욕하면 가만히 욕먹으며, 잡아다 두드리면 죄없이 맞고, 모든 억압과 모욕과 굴종에 여념이 없이 지내오는 가장 선량한 사람들이다.> 입이 있어도 말을 못하며, 피가 뛰노는 사지가 있고 약동하는 생명력을 가지고도 오직 '산송장' 노릇을 해야 한다. <이 같은 생각을 하면, 그까짓 전차 구역 차별쯤이야> 문제 삼을 일도 아니다.

<그러나 이것은 우리의 일상 생활에 직접 이해 관계가 있는 일이다. 다시 말하면, 평양 조선인들의 절실한 이해 관계가 있는 일이란 말이다. 혹 우리가 어떤 경우에 있어서는 현재 우리의 형편과 처지로 비분 강개의 눈물을 뿌려가면서라도 은인 자중(隱忍自重)하지 않아서는 안 될 일도 있을 것이다.>

하지만, <평양의 교통 기관을 평양부가 경영한다면서 조선인 시가와 일본인 시가에 대하여 시구(市區)·하수도 기타 제반 시설에 대한 기존의 차별은 그만두고라도 교통 기관에 있어서까지 그 같은 차별을 하는 데 대해서야 어찌 그대로 보고 있으며, 용인(容忍)하고 방임(放任)할 수가 있을 것인가? 차별이라는 그 배후에는 조선인 부민 전체를 무시하고 경시한다

는 것을 또한 추측하여야 알 수가 있는 것이다.>

세금도 똑같이 내고 있다. 그런데 차별 대우를 한다는 것은 있을 수 없다. 이 전차 문제도 엄중히 부 당국에 항의해야 한다. 무엇보다도 조선인 시가의 이구제(二區制)를 일구제로 바꾸어야 하고, 기림리선은 선교리선과 똑같이 무임 승환선으로 즉시 변경해야 한다.

평양에 닷새 머문 뒤, 나는 이 달 상순의 어느 날 오후에 아내와 함께 서울 가는 기차를 탔다. 이것으로 나는 평양을 아주 작별한 셈이다.

4. 나라 밖에의 발길

9) 중국의 강남(江南)을 다녀와서

앞에서 살핀 「금강 잡필」이나 「금강 예찬」이나 「개성행」·「초추의 고향」은 우리의 금강산과 고려의 수도 개성과 평양을 무대로 해서 씌어진 작품인데, 정소군(鄭昭君)의 「강남 유기(江南遊記)」49)는 중국을 배경으로 해서 씌어진 수필 작품이다. 제목의 '강남'은 중국의 양자강(揚子江) 이남을 가리킨다.

모두 8회에 걸쳐서 『조선 일보』에 연재된 것으로 소주(蘇州)와 항주(杭州)를 주무대로 해서 씌어진 기행문이다.

다음의 인용은 「이역 생활(異域生活)의 설움」이라는 글인데 이 수필의 머리말 비슷한 대문이라 하겠다.

'人生莫作婦人身百年苦樂山他人'이라 社會의 罪인가 時代의 産인가 運命神의 沮

---

49) 鄭昭君, 「江南遊記」, 『朝鮮日報』, 1923년 5월 20일~1923년 5월 27일.

戲인가造物主의豫定인가薄命可憐한나의몸도녯날漢나라王昭君의運命의자최를
다시밥게되얏다
　머리를도리켜過去事를싱각하니어려셔한창조튼그時節에는學窓의諸姉妹들로
더부러人世의波瀾을꿈에도싱각지못하고한갓匈中의女丈夫女豪傑만가득하엿더
니一自校門에나온後로는農婦부억듸이等온갓世味를다맛보다가乃終에는山설고
물선海天萬里의異域生活을하게되얏다
　닉가最愛하는故國을써나愁雲에싸혀淚海를건너中原天地에浮萍이된지於焉七
個星霜이로구나그동안同窓하든姉妹中에엇던이는醫學을닥가江湖에懸壺한國手
도잇고엇던이는美術을빗화社會에揚名한畵家도잇고或은外國에留學하야高等한
學術을修한이도잇고或은家庭에治産하야和樂한幸福을享하는이도잇고或은社會
를爲하야或은宗敎를爲하야各方面으로努力貢獻하는所聞을每樣新聞雜誌上으로
種々들을쩍마다나는그동안한것이무엇인가를回想하미스사로薄命生活의無常한
셜음을禁치못하는바로다⁵⁰⁾

　상해(上海)는 중국의 중앙 대동맥인 장강(長江), 곧 양자강 입구에 자리한
심장 같은 큰 항구이다. 나는 내가 <어떤 때는 장강 연안(沿岸)에 표류하
기도 하고, 어떤 때는 강남의 명승 고적을 탐유(探遊)하기도 하여 촉물 감
상(觸物感想)되는 대로 항상 일기에 산문(散文)을 기록하여 두었더니, 일전에
서실(書室)을 청결코자 할새 우연히> 그것을 찾았으므로, 이에 다시 정리
하게 되었다. 말하자면, 이런 정리 작업으로 말미암아, 내가 '강남 유기'
를 쓰게 되었다는 뜻이다.
　소주나 항주는 산천 풍경이 절승할 뿐만 아니라, 사적(史蹟)이 풍부한
고도(古都)로 석유(碩儒)가 배출하여 남방 문화의 중심이 되었다. 무엇보다
도 소주는 미인의 산향(産鄕)인 동시에 양주(揚州)와 더불어 옛부터 유명한
곳이다.
　소주의 거리는 육대문(六大門)에 통하는 큰 거리가 있고, 꽤 많은 다른

---

50) 위의 신문, 5월 20일.

크고 작은 거리가 있을 뿐만 아니라, 수로(水路)를 걸쳐 뻗은 통로에는 무지개 모양의 돌다리가 있어 이른바 '고소삼천육백교 오문삼백구십교(姑蘇三千六百橋吳門三百九十橋)'라 노래한 수도(水都)의 면목이 약여(躍如)하다. 이 수로는 화물 운수를 비롯해서 가족 이전(家族移轉)에도 매우 편리하다. 번화가에는 금은방과 생사(生絲) 객주집이 많고 성내외(城內外) 도처에는 비단 짜는 공장이 즐비하다.

소주 일대는 쌀 생산이 많고 견포 자수(絹布刺繡)가 유명할 뿐만 아니라, 만병 통치 영약으로 이름난 뇌윤상 육신환(雷允上六神丸) 본점이 있다. 이 육신환은 불가사의한 신약으로 알려져 있다. 해마다 일본으로 50만 원 이상이 무역된 일도 있었으나, 일본 정부에서 이를 금제(禁制)했으므로, 지금은 일인 약상들이 이것을 밀수입하여 판매한다는 것이다.

반문(盤門)으로 들어가 망탑교(望塔橋)를 거너가면 서광사(瑞光寺)가 나온다. 이 절은 소주 칠명탑(七名塔)의 하나였으나 지금은 황폐해 버렸다.

공자묘(孔子廟)는 송조(宋朝) 시대에 범중엄(范仲淹)이 창건했는데, 장발적(長髮賊)에 오유(烏有)로 돌아간 것을 청조(淸朝) 7년에 재건한 것이라 한다. 문묘(文廟=孔子廟) 동문(東門)에는 덕삼천지(德參天地)의, 서문(西門)에는 도관고금(道冠古今)의 편액(扁額)을 붙였으며, 정전(正殿)과 극문(戟門)이 매우 웅대하다.

묘동(廟東)에는 창랑정(滄浪亭)이 있는데 소자미(蘇子美)가 놀던 곳이오, 현묘관(玄妙觀)은 도교(道敎)의 절이요, 북사(北寺)는 명조(明朝) 만력(萬曆) 10년에 기공하여 9개년 걸려서 축조(築造)했다 하며, 성외(城外)로 나아가다가 대운하(大運河)와 담대호(澹臺湖)에 가설된 커다란 돌다리가 나오는데, 이것이 유명한 복대교(寶帶橋)인 것이다. 한산사(寒山寺)는 그 어떤 고적도 없는 조그마한 폐사(廢寺)에 불과하며, 부성(府城) 서북 쪽에 있는 호구(虎邱)로 향하여 멀리 영암산(靈巖山)을 바라본 다음, 상해로 돌아왔다. 상해에서 급행 열차를 타고 약 4시간 반만에 항주 정거장에 도착한 다음날 아침, 인력거를 타고 동양의 소서토(小瑞土)로 유명한 서호(西湖)로 향하였다. 어제부터 내리는 빗속 호상(湖上)에 배를 띄우고 유유히 노를 저어 서호 십경(西湖十景)을 하나하나 구경했다. 호변(湖邊)으로 얼마쯤 나아가면 갈령(葛嶺)이다. 산문(山門)에 들어서서 지척 선대(咫尺仙臺)를 지나 희우정(喜雨亭)에 올라가니 정방(亭傍)에 맑은 샘이 있고, 이곳을 지나 고갈령원(古葛嶺院)에 이르니, 석문상(石門上)에 현하(現下) 상해의 서화 대가로 유명한 오창석(吳昌碩)의 붓으로 쓴 '악단양소(渥丹養素)' 사대금자(四大金字)의 편액(扁額)이 붙어 있다.

봉림사(鳳林寺)는 갈령서하(葛嶺西下)에 있는데, 도승(道僧)인 도림(道林)의 개산처(開山處)인 동시에, 백낙천(白樂天)이 도림과 문답한 곳이기도 하다. 백낙천이 '불법의 대의 여하(大意如何)'를 물으매, 도림은 '제악막작 제선봉행(諸惡莫作諸善奉行)'이라 답하니, 낙천이 웃으며 '차(此)는 삼척 동자라도 다 아는 바가 아닌가' 하니 도림은 '삼척 동자도 차(此)를 지(知)하나 팔십 노옹도 차를 행하기는 난하다' 하여 백낙천을 윽박았다 한다.

고려사(高麗寺)는 정자사(淨慈寺) 서 쪽으로 한참 가다가 적산(赤山) 아래 대숲 속에 있다. 후당(後唐) 때에 건립된 것으로, 신종(神宗) 원풍(元豊) 8년에 조선에서 의천(義天)이라는 승려가 왔다가 돌아간 뒤에 고려사라 일컫게 되었다 한다. 무엇보다도 가석(可惜)한 것은 함풍(咸豊) 때에 화재를 만나 그 유지(遺址) 한 구석에 고려사라는 액(額)만 걸려 있을 뿐, 지금은 묘련(妙蓮)이라는 이승(尼僧)이 지키고 있다.

악왕묘(岳王廟)는 송(宋)의 소보악국(少保鄂國) 충무왕(忠武王) 악비(岳飛)를 사(祀)한 곳으로 일명 충렬묘(忠烈廟)라 일컫기도 한다. 거기엔 악비와 그 처자의 석상(石像)이 있다. 원대(元代)에 창건한 것으로, 묘좌(廟左)엔 악비대(岳飛臺)가 있고 묘문(墓門) 좌측엔 충천(忠泉)이 있으며, 문으로 들어가면 바른 쪽에 진회(秦檜), 왼 쪽에 만사설(萬俟卨). 장준(張俊)이 면박 궤좌(面縛跪坐)한 동상을 철책 안에 세웠는데, 여기에 오는 사람은 이들 간세배(奸細輩)에게 반드시 오줌을 싼다. 오줌을 싸면 그 해의 누에치기가 잘된다고 믿기 때문이란다. 악왕묘 우편에 자운(子雲)의 묘가 있으니, 분토(墳土)의 나뭇가지도 모두 남 쪽을 가리켜 위국(爲國)의 충정(衷情)을 나타내는 것이라 한다.

10) 독일의 라인강 지방을 돌아보며

위에서 살핀 「강남 유기」의 무대는 중국인데, 김준연(金俊淵)의 「라인강반(江畔)에서」51)의 무대는 독일로서, 특히 그 가운데에서도 라인강 주변이 주무대가 된다.

5월 13일부터 26일까지 독일 각지를, 13군데나 되는 유명한 중요 도시를 돌아다니면서 구경했다. 하지만, 주마등처럼 분주하게 돌아다녔기 때문에 별로 유의해서 살피지 못했다. 아니, 처음부터 주의 깊은 관찰을 하려는 생각이 없었다.

한데, 특히 라인강! 라인강이라는 이름이 근래에 와서 우리 조선 청춘 남녀의 심장을 그다지도 고동치게 하는가! 라인강에서 하루 종일 배를 타기도 했다.

무엇보다도 '독일서는 하느님이 사람 안에서 산다' — 이것이 여러 지방을 여행하면서 얻은 총괄적 인상이라 하겠다. 냇가의 물이 본디대로 놓여 있거나, 숲 속의 나무가 제 모습 그대로 자라는 것이 거의 없다고 해도 지나친 말은 아니다. 물이나 숲에 인공이 가해져 있다는 뜻이다. 바꾸어 말하면, 독일 사람들은 자연을 나름대로 잘 정복했다는 뜻이기도

---

51) 金俊淵, 「라인江畔에서」, ― 獨逸地方旅行記 ―, 『東亞日報』, 1922년 7월 22일~7월 29일.

하다. 도시이거나 시골이거나 가릴 것 없이 모두가 한 모양 — 물론 어느 정도의 차이는 있지마는 정결하고 정돈된 화려한 모습이 한결같은 것이다.

5월 13일에 괴팅겐(Göttingen)에 갔다. 이곳은 인구 40,000에 불과하지만, 대학이 있다. 이 대학은 독일 제국 창립자 비스마르크(Otto von Bismarck)가 공부한 곳이기도 하다. 여기서 그의 동상을 보고 금석의 감을 금치 못했다. 대학생이 4,000여 명이 되기 때문에 어디를 가든 대학생의 자취를 쉽게 찾을 수가 있다. 아니, 시가가 온통 대학생뿐이다.

그들은 나름대로 머리에 첨모(尖帽)를 슬그머니 얹고 가슴 사이에 여러 빛깔의 띠를 늘어뜨리고 지팡이를 짚으며 의기 양양하게 거리를 휘젓고 다닌다. 이러한 학생의 얼굴엔 칼 흔적이 낭자하고 선혈이 임리할 때도 있다. 그들은 자기 단체의 명예를 보전하기 위해서 싸우기도 하고, 또 담력을 시험하기 위해서 싸우기도 한다는 것인데, 일종의 중고식 기사 기풍의 유산이라 할 수 있다.

쾰른(Köln)은 인구 680,000이나 되는 독일에서 세 번째로 큰 도시로서, 라인 강안에 있는 일대 상업 지역이기도 하다. 일찍부터 라인강을 이용해서 영국과 무역하기도 했고, 멀리 동해 연안의 여러 지방과도 통상하기도 했다.

무엇보다도 놀라운 것은 돔(Dom)이다. 로마교 사원이 곧 그것인데, 1248년에 시작해서 1880년에 완성한, 600여 년 동안을 연이은 그들의 견인 불발(堅忍不拔)한 사업에 경건한 느낌을 금할 수가 없다.

라인강은 알프스산에서 발원하여 네덜란드에 와서 입해(入海)하게 되는데 그 길이가 730마일이나 된다. 무릇 서양 역사상 유명한 사실(史實)은 이 라인강을 무대로 해서 일어났다 할 것이다. 신성 로마 제국을 건설한

카알(C. Karl)을 비롯해서 종교 개혁의 루터(M. Luther) 및 프랑스 혁명 시대의 풍운아 나폴레옹(B. Napoléon)은 모두가 라인강과 밀접한 관계를 가지고 있다.

독일의 기후는 조선의 기후하고는 전혀 다르다. 봄과 여름의 구분이 분명치 못하다. 봄이 왔는가 생각하는 동안에 벌써 여름이 돌아온다. 13일 포츠담(Potsdam)을 떠날 때에는 겨울 옷차림이었는데, 본(Bonn)에 오니 이미 여름이 되어 있었다.

독일의 오월은 어딜 가든지 모두가 선경이오, 별유 천지다. 산이 있고, 물이 있고, 녹음이 있고, 방초가 있고, 꽃도 많은 라인강의 경치는 10여 시간이나 되는 긴 항로이지만, 유람객으로 하여금 조금도 권태로움을 주지 않는다. 청량한 날씨에 바람까지 향기롭다. 물이 오고 배가 가는 데 따라 시시 각각으로 전개되는 무수한 화폭은 나그네를 영접하기에 분주하다. 라인 연안에는 포도가 많이 나기 때문에 이른바 '라인바인(Rheinwein)', 곧 라인 포도주로 유명하다.

본에서 한 시간도 채 못 가서 왼 쪽에 쾨닉스빈터(Königswinter)라는 도시가 있다. 거기서 조금만 더 가면 역시 왼 쪽에 드라헨펠스(Drachenfels ; 龍岩)가 보인다. 옛날 옛적에 네덜란드 지방을 다스리던 왕의 아들 가운데에 용맹스럽고 모험심이 강한 지그프리트(Siegfriet) 왕자가 있었는데, 그 왕자의 이야기는 너무나 유명하다. 용바위란 악룡(惡龍)이 크림힐데(Krimmhilde)를 납치해 간 바위를 뜻한다. 지그프리트는 여기서 악룡을 퇴치하고 크림힐데를 구해서 성대한 결혼식을 올린다. 그들은 왕통(王統)을 이어받아 현명한 정치를 행할 뿐만 아니라, 용바위에서 가져온 금은 보화로 가난한 사람들을 도와 주면서 너무나 행복한 세월을 보내고 있다. 이것을 질투한 크림힐데 형제들의 간계에 의해서 지그프리트는 마지막 숨을 거둔다. —

이런 내용의 이야기는 독일 사람이면 어느 누구나 다 알고 있는 사실이다.

로렐라이(Lorelei)를 지나면 라인강 한가운데에 모이제투름(Mäuseturm)이라는 탑이 서 있는데, 여기에 얽힌 재밌는 이야기가 있다.

891년에 오토 제일세(Otto 第一世)가 마인츠(Mainz)의 대승정(大僧正)이 되었다. 그는 매우 재승(才勝)한 고승(高僧)이었지만, 반면에 매우 덕박(德薄)한 사람이었다. 그가 백방으로 능민 고택(凌民膏澤)하기 위해서 라인강 가운데에 망대(望臺)를 쌓아 지나가는 선박을 착취하는 것 따위가 그 본보기라 할 것이다. 백성의 피를 얼마나 빨아먹었던지 보물이 곳간에 가득 차고 곡식이 창고에 쌓이고 쌓이었다. 어느 해인가 그 지방에 흉년이 들어 백성들이 죽을 지경이 되어 아우성이었다. 그는 거짓으로 백성들에게 곡식을 주려는 것처럼 창고 안으로 모이라고 해서, 문을 걸어 잠그고 불을 질렀다. 그는 산해 진미(山海珍味)를 먹으며 시종에게 이렇게 말했다. "저 쥐새끼들의 우는 소리를 들어 봐라."

불기운 때문에 견디지 못한 수천 마리의 쥐들이 떼지어 나와 죽자고 그를 물어뜯는 것이었다. 이에 그는 모이제투름 망대로 피신했지만 소용이 없었다. 쥐들은 날카로운 이빨로 문짝을 뚫고 들어가 마침내 그를 죽음으로 몰고 갔다는 것이다.

보름스(Worms)는 1521년에 의회가 개최된 것으로 유명하다. 루터의 종교 개혁의 실마리를 찾을 수가 있기 때문이다. 그는 1517년 가톨릭교회의 부패에 대해서 95개조의 교황 공격 내용을 비텐베르크(Wittenberg) 교회 정문에 붙였다. 그때 마침 교회 기념제이기 때문에 각처에서 사람들이 많이 모이는 날이었던 것이다. 루터의 주요 공격 목표는 교황의 교정(敎政)과 수세기 동안 교회의 습관으로 이루어진 것 가운데에서 특히 성경에 위반되는 것을 공격했다. 교황의 교정 공격은 교황으로 하여금 정치에 관계하지 말라는 것이요, 성경 위반 공격은 성경을 각 개인의 양심대로 해석하자는 것이었다. 예수교의 세력이 전 유럽에 확대됨에 따라, 마침내 로마 교황은 황제와 대등함을 넘어 최고 절정에 이르게 되었다.

예수는 하나님의 대표자다, 페드로는 예수의 대표자다, 자기〔교황〕는 페드로의 대표자다, 그러므로 자기는 하나님의 대표자다. 말하자면 자기는 죄를 사해 줄 권능을 가지고 있다는 논리를 폄으로써 이른바 면죄부(免罪符)를 팔기에 이르는 것이다.

루터는 로마 교황은 그러한 권능이 없음을 주장하고, 나아가서 성경은 오직 교황이나 그의 심복인 신부만이 해석할 권리를 가진 것이 아니라, 저마다의 개인의 양심대로 해석할 수 있다는 것을 주장함으로써 결국 파문을 당한다.

1521년 보름스에서 제국 의회(帝國議會)가 열렸다. 황제는 루터를 불러 루터 자신의 설을 말소하라고 했지만, 루터는 결코 굴복하지 않는다. 이에 같은 해 5월 26일 보름스 칙령(勅令)으로 루터의 설을 억제함과 동시에 루터를 나라밖으로 추방하기로 결정한다.

그러나, 오늘날 루터의 동상이 승리자의 기쁨을 안고 서 있고, 또 당시의 제국 의사당도 남아 있다. 보름스의 루터의 동상은 1856년에 시작해서 1868년에 완성된 것으로 그 규모가 굉장할 뿐만 아니라, 그 동상 정면엔 이런 글이 새겨져 있다. '내가 여기 서 있다. 나는 달리할 수 없다. 하나님이시여! 나를 도와지이다! 아멘!'

11) 남미(南米)에의 여정(旅程)

정인과(鄭仁果)는 「남미 만유기(南米漫遊記)」[52]에서 그 집필 이유를 이렇게 말하고 있다. <남미에 갔다 온 지가 격년(隔年)이 넘도록 기회 있는 대로 여행 소감을 좀 써보려고 했으나, …… 늘 분망(奔忙)하기 때문에 한 번도 써 보지 못하였다. 그러다가 선일(先日) 개벽사 주간 차 선생(車先生)께서 간곡히 부탁하신 것도 이날저날 미루어 오다가 소한(小閑)을 얻어 남미 여행의 전면(全面)을 다 그리지 못하나마, 조각조각의 소감이라도 몇 줄 써 보려고 한 것이다.>

  南米는 赤道以南에있는米洲의 하나인대 旅行하기에 不便한것은 누구나잘아는 바이다. 그러나 最近交通網의完璧으로 유롭과北米와亞細亞에서 直接船路가 열려 定期往來가可能함에따라 그리로 旅行하는사람도 漸次많게된것이다.53)

  1932년 6월 5일 서울 역을 떠났다. 일기는 매우 좋았다. 일본 신호(神戶)와 중국 상해(上海) 및 향항(香港)을 거쳐 안남(安南)의 사이곤(Saigon)·싱가포르(Singapore)·콜롬보(Colombo)·더어반(Durban) 항(港) 등등에 들렸다가, 50일 만에야 목적지인 브라질(Brazil)의 리오 데 자네이로(Rio de Janeiro)에 도착했다.
  7월 24일이었다. 북온대(北溫帶) 지방에서는 비지땀을 흘리는 여름인데, 브라질은 적도 남방이기 때문에 겨울철이어서 뜻하지 않은 피서 여행이 된 셈이다. 그러나 춥지는 않았다.
  리오 데 자네이로는 풍경이 절승한 아름다운 도시다. 항구인 이 도시는 장엄 가려(莊嚴佳麗)한 길거리에 아주 커다란 집들이 자리하고 있을 뿐만 아니라, 특히 물 속에 비취는 밤 경치는 더욱 그럴 듯하다. 그 밖의 항만·산천·폭포 — 모두가 땅 끝에서 땅 끝을 찾아온 모습으로서 조금도 손색이 없는 세계 제일 명소라 할 것이다.

---

52) 鄭仁果, 「南米漫遊記」, 『開闢』, 新刊 第一號(1934년 11월 1일), 75~78 쪽.
53) 위의 책, 75 쪽.

항구 안에는 소항(小港)이 많다. 항구로 들어오는 입구는 매우 좁아서 두 척의 배가 동시에 들어오기가 어려울 정도다. 문 좌우의 드높은 기암 괴석 절벽 위에는 정각(亭閣)이 있으며, 손님들이 밤낮으로 끊이지 않는다. 또 이 근방에는 높다란 산들이 많은데, 산봉우리에도 아름다운 건물이 이어져 이른바 산상 시가(山上市街)를 이루어 전차와 자동차가 끊임없이 다니는 일대 공원을 이루고 있다.

리오 데 자네이로의 식물원에는 6,000종 이상의 식물이 있으며, 동물원에는 평생 처음 보는 동물들이 많다. 그리고 도서관은 1810년에 창립되었는데 50만 부 이상의 서적이 쌓여 있다. 거의 모두가 포르투갈(Portugal) 말로 씌어져 있다. 영국이나 미국의 미술보다도 우수한 것들이 박물관이나 미술관에서 발견되기도 한다.

무엇보다도 브라질은 포르투갈 사람이 가장 많고, 이탈리아 사람·독일 사람도 상당히 많으며, 그밖에 흑인과 홍인(紅人)이 많이 산다. 인종 차별을 하지 않고 호상(互相) 결혼한다. 또한 전세계의 사분지삼(四分之三)의 커피를 생산하는 것 말고도, 고무와 코코아를 비롯해서 금·은·동·철·석탄 따위의 광산도 많다.

5. 현재와 미래, 그리고 시대

12) 새해 소망 · 호접몽과 현실 · 미래 지향 · 비수 같은 달

이상화(李相和 : 號 尙火)의 「신년을 조상(弔喪)한다」[54]는 설날부터 궂은 소리를 한다는 것 자체가 청승맞은 노릇이라고 먼저 못을 박는 것으로부터

---

54) 李相和, 「新年을 弔喪한다」, 『時代日報』, 1926년 1월 4일.

이 수필은 시작된다. 1년 열두 달을 내내 걱정으로만 지내는데, 궂은 소리란 요망한 짓일 뿐만 아니라, 어떻게 생각하면 미운 노릇으로도 보일 수가 있다.

하지만, 360일이 아니라, 36,000일을 눈물 속에서 헤엄을 친대도 하고 싶은 마음이 나는 바에야, 하고 싶은 때인 바에야 결코 막을 수도 어쩔 수도 없는 일이다. 만일에 나무라고 싶거든, 행인지 불행인지 모르지만, 이 마음을 가지고 나온 우리 인생을 나무려무나.

진저리나는 한 해를 죽을 판 살 판 겨우 지나서, 태산이나 하나 업어 온 듯이 '후유' 하고 한숨을 길게 쉰 다음, 행여나 올해에는 복치레야 못할망정, 하다못해 지난해보다 가벼운 고통이라도 덜어질까 하여, 헌옷이나마 빨아 입고 막걸리라도 한 잔 마셔야 할 터인데, 어떻든 지난해는 사람의 가슴을 멍들게 하고 가 버렸다.

<몇 해 동안의 소망을 반분(半分)의 반분쯤으로나마 단 하루를 살고 또 염증(厭症)이 날지라도, 지금까지 품고 온 그 소망이니, 오늘은 그 소망대로 한번 살아 볼 그 힘이 사람에게는 있는가 없는가. 사람의 소망이란 것은 모두 부질없는 한 자리의 꿈으로 되고 마는 것이니, 차라리 하루 일찍 어수선한 생각을 흐르는 세월에다 실려 보내고, …… 그때만 기다리고 앉았을 그 힘이라도 사람에게는 있는가 없는가.> 도대체 있는 것이 무엇이란 말인가?

처음부터 사람이 이 세상에 태어나지 않았다면 모르거니와, 이미 세상에 나온 바에야 잘살아 보려고 애쓰지 않을 수 없고, 또 살아 보지 않았다면 모르거니와, 이미 살아 본 바에야 덜 괴로우려는 소망을 갖게 되는 것이 인지상정이다. 이것이 결코 버리지 못하는 우리의 절대적인 소망의 발로인 것이다.

그러므로 소망이 없는 새해라면 차라리 조상하는 편이 훨씬 낫다는 것을 강조한 내용이라 하겠다.

창동산인(滄東散人)의 「신춘 벽두(新春劈頭)에」55)는 바로 앞에서 살핀 「신년을 조상한다」하고는 그 성격을 달리한다. 뒷것은 새해를 부정적으로, 앞것은 그것을 긍정적으로 바라보고 있기 때문이다. 또한 표기에 있어서 「신춘 벽두에」가 한문투의 것인데 반해서 「신년을 조상한다」는 순수한 한글로 표기된 점도 역시 다르다 할 것이다.

> 隆冬虐雪에 嚴酷한 寒威는 이미 過境에 屬하고 惠風暖陽에 和暢한 天氣는 漸漸 갓가워지니 彼屈蟄하엿던 昆蟲은 陰鬱한 舊巢를 離하야 蜿蜒躑躅에 活潑한 氣像을 帶하고 凋落하엿던 花木은 槀枯한 古査로 由하야 芬芳繁榮에 欣悅한 精神을 發하는도다56)

이 현상을 보는 자는 누구든지 낙관적 심리를 가지지 아니할 자가 어찌 있을까마는, 표면적 관찰로 저 짐승들의 주동(走動)과 초목(草木)이 거침없이 쪽쪽 자라는 것만 즐긴다면 참말로 뜻없는 관찰이라 아니할 수 없다. 그러니까, 동물은 어떻게 달리며, 식물은 어떻게 번식하는가 하는 원리 원칙을 내부적으로 깊이 연구하여야 비로소 뜻있는 관찰이라 말할 수 있을 것이다.

오늘날 세계 대전란(大戰亂)의 종식을 즈음하여 암담한 풍운(風雲)은 대지 위에 그 형적을 감추고, 정의와 자유의 서광은 동 쪽 하늘에 그 빛을 발사하는데, 넓은 천하의 원로 방지(圓顱方趾)한 인류가 저마다의 얼굴을 따라 앙수 신미(仰首伸眉 ; 머리를 들고 눈썹을 편다, 곧 고고하여 굽히지 않는 태도)하여 세계 개조의 새 기운을 즐기지 않는 자가 없다.

---

55) 滄東散人, 「新春劈頭에」, 『東亞日報』, 1920년 4월 2일.
56) 위의 신문, 같은 날짜.

그런데, 우리 둘레의 모든 현상을 다만 표면적 관찰로만 그칠 뿐, 세계 인류의 장래까지 투시하고 모든 현상의 원인과 결과를 내부적으로 깊이 연구하지 않으면 어떻게 될 것인가? 불문 가지이다. 그것은 따뜻한 봄을 즐기는 동식물을 넋 놓고 그저 바라보는 것과 전혀 다를 바 없기 때문에, 정말로 무의미한 관찰에 지나지 않는다. 그러니 우리 인생의 생존에 무슨 실익이 있을 것인가. 그 어떠한 보탬도 되지 않는다.

한 개인의 신체적 생명으로써 논해 보아도 좋다. 그 뼈대는 보수 유지의 측면을 대표하고, 그 피는 신진 대사의 측면을 담당하여 그 생존을 지속 발달시킨다. 만일 앞사람의 생명이 노쇠하여 진보할 가망이 없으면 뒷사람이 새로운 몸으로 새로운 생명을 다스려 시대를 맡아야 할 것이다. 정신적 활동도 이것과 같아서 지식과 경험은 보수 쪽을 대표 하지만 새로운 감각과 감동은 언제나 새로운 생기를 불어 넣게 마련이다. 늙은 성인(成人)은 지식 경험이 풍부하다 하지만, 보수에 기울어지기 쉬워 쇠모(衰耗)와 더불어 더욱 굳어져 정신적 진보를 이룰 힘이 모자라다. 이에 반해서, 청년이나 장년은 비록 지식 경험이 모자라다 하지만, 새로운 감동을 받아 격발하는 힘이 성년보다 우수하다 하겠다.

무엇보다도 젊은이는 새로운 감동이 있기 때문에 새로운 사물과 접촉함을 즐기고, 또 사물 가운데에서 새로운 뜻과 이상을 발견하여 그것의 개조에 용진하는 힘을 간직하여 두는 이라 할 것이다.

사회 생활도 이 신진 대사와 다를 바가 없다. 무엇보다도 반만년 역사를 가진 조선 민족은 결코 열등한 민족이 아니다. 그런데 어찌하여 캄캄한 지옥에 떨어져서 비통 신음하는 세계의 낙오자가 되었단 말인가. 자유와 평등의 신공기는 우리 반도 산하에도 가득 차게 되었다. 이에 우리는 이 신문명의 찬란한 꽃을 잘 가꾸어야 할 것이다.

그런데 이 창동산인의 「신춘 벽두에」에는 현학적인 면이 다분하다는 것을 느낄 수가 있다 하겠다. 그러나 나도향(羅稻香, 本名은 慶孫)의 「그믐달」57)은 그러한 점이 전혀 눈에 띄지 않는 아주 짧은 수필 작품이다. 이에 그 전문(全文)을 보이면 다음과 같다.

　　나는 그믐달을 몹시사랑한다 그믐달은 넘어요염하야 감이 손을 댈수도업고 말을 부칠수도업시 쌈직하게어엽븐계집가튼 달인동시에 가슴이 저리고 쓰리도록 가련한달이다 서산우에잠간나타낫다 숨어버리는초생달은 세상을 후려삼키랴는 독부가안이면 철몰으는처녀가튼달이지만은 그믐달은 세상의가진풍상을다격고 나종에는 그무슨원한을 품고서 애처롭게 쓰러지는 원부(怨婦)와 가치비절(悲絶)하고애절한맛이잇다 보름에둥근달은 모든영화와 끗업는숭배를 밧는녀왕가튼달이지만은 그믐달은 애인을 일코 쪼겨남을당한 공주(公主)와가튼달이다 초생달이나 보름달은 보는이가 만치만은 그믐달은 보는이가 적어 그만큼 외로운달이다 객창한등에 정든님그리워잠못들어하는이나 못견대게 쓰린가슴을 움켜잡은 무슨 한잇는사람이 안이면 그달을 보아주는이가 별로히업슬것이다 그는 고요한꿈나라에서 평화롭게잠드른세상을 저주하며 홀로히 머리를 푸러씩고우는 청상(靑孀)과가튼달이다 내눈에는 초생달빗은 따쯧한 황금빗에 날카로운쇠소리가 나는듯하고 보름달을치아다보면 하연얼골이언제든지웃는듯하지만은 그믐달은 공중에서 번듯하는날카로운비수와 가치 프른 빗이잇서보인다 내가 한잇는사람이되여서 그리한지는몰은지만 내가 그달을 만히보고 쪼보기를 원하지만 그달을 한잇는사람만보아주는것이안이라 늣게도라가는 술주정꾼과 노름하다 오즘누러나온사람도보고 엇던째는 도적놈도보는것이다 엇더튼지 그믐달은 가장정잇는사람이 보는중에 또는 가장한잇는사람이 보아주고 쏘 가장무정한사람이 보는동시에 가장무서운사람들이 만히보아준다 내가 만일 녀자로 태어날수잇다하면 그믐달가튼녀자로 태어나고 십다

　여기의 이 작품 「그믐달」에 대해서 무슨 말을 더 할 수가 있을 것인가.

---

57) 稻香, 「그믐달」, 『朝鮮文壇』, 1925년 1월호, 93쪽.

덧붙일 수도 없고 덜어낼 수도 없다. 생각나면 있는 그대로 읽으면 그것으로 끝난다.

13) 콩팔칠팔·가을 빛깔·새로운 시대 창조

박월탄(朴月灘;本名 鍾和)의 「태팔칠팔(太八七八)」[58]은 아주 짤막한 수필 작품이다.

상아탑 속에서 예술 지상만 콧노래 부르던 시대는 이미 지나갔다. 시대고(時代苦)의 창이(瘡痍)를 기분 마취(氣分痲酔)로 흩트려 볼까 하는 데카당의 놀음도 지나 놓고 보면 무미 담담(無味淡淡)한 멋없고 쓸쓸한 한밤중의 봄꿈에 지나지 않는다.

사람은 어디까지나 사람이요, 결코 짐승이 아니다. 그야말로 산을 끼고 바다를 뛰어넘는 별물(別物)이 아닌 이상, 현실에 눈을 돌려 현실에 살고 현실에 죽을 뿐이다.

말하자면 예술은 현실에 발을 붙여야 한다는 뜻이다. 신기루의 예술은 예술이 아니다. 예술을 위한 예술은 참다운 예술이 아니요, 예술 본래의 뜻과 어긋난다.

처음엔 사람이 술을 마신다. 나중엔 술이 사람을 마신다. 맨 처음엔 사람이 예술을 창조한다. 나중엔 사람이 그 예술의 틀 속에 갇히게 된다. <술이 사람을 먹어서는 안 된다. 예술이 작자를 지배해서는 안 된다.>

봄이 돌아왔다. 봄기운이 쫙 도는 것 같다. 그러나 아직은 쓸쓸하다. 나무엔 채 물이 오르지 않았고, 들에는 아직도 푸른 풀이 눈에 띄지 않는다. 더구나 꽃이 피고 잎이 무성하려면 한참 있어야 할 것 같다. < 이

---

58) 朴月灘, 「太八七八」, 『時代日報』, 1924년 3월 31일.

철은 우리에게 연(緣) 깊은 삼월이다. 이 철의 정경(情景)은 조선 사람의 살림과 같다. 시절(時節)의 정경! 사람의 정경! 사람과 시절은 흡사히 같다.>

날은 언제나 흐리고 또 차다. <따뜻한 맛이 있으면서도 차다. 회춘(懷春)의 때였지마는 그래도 차다. 지금 거리로 나가보면 흰옷 입은 길사람이 끊임없다. 그러나 따뜻한 봄날만 못하다. 꽃피는 봄날만 못하다. 그러나 봄은 온다. 한없이 즐겁다. 우리만이라야 더욱 이 삼월의 절기(節氣)를 사랑한다. 화려한 봄을 품은 이 삼월의 절기를 흰옷 입은 우리라야 더욱 사랑한다. 사랑하는 삼월아 봄을 낳아라. 흰옷 입은 사람아 봄을 낳아라.>

오호! '콩팔칠팔'이여!

박월탄의「태팔칠팔」은 좀 들뜬 듯한 느낌을 주는데, 소파(小波 ; 方定煥)의「추창 수필(秋窓隨筆)」59)은 가라앉은 쓸쓸함을 주는 수필 작품이라 하겠다.「태팔칠팔」은 봄에서 취재했고,「추창 수필」은 가을이 그 배경이어서 그러는 것일까.

<마지막 여름의 고별같이 서늘하게 넘어가는 낙일(落日)에 비춰면서 하늘하늘하는 풀숲에 발을 딛고 가만히 서 있었다. 불어오는 줄도 모르게 산들산들하는 바람이 옷소매로 기어든다. 벌써 가을이다!> 해는 저물어가고 서늘한 바람이 몸을 에워싸는 적적한 황혼이다. 어리광을 부리고 싶고 울고 싶고 누군가를 껴안고 싶어진다. 날은 조용하다.

사랑 뜰 축대 밑에 과꽃이, 백(白)·홍(紅)·자(紫) 따위가 이것저것 섞여서 피어 있다. 누군가 놀러 오면 좋으련만 아무도 오지 않는다. 사람이 그립다. 쓸쓸해서 견디지 못하겠다.

서늘한 풍금 소리가 들린다.「천연(天然)의 미(美)」라는 곡(曲)이다. 높고 낮게 흘러오는 풍금 소리! 멀리 선계(仙界)의 음률을 듣는 것 같다. 유아(幽

---

59) 小波,「秋窓隨筆」,『開闢』第四號(1920년 9월 25일), 123~126 쪽.

雅하고 청신한 그 울림! 조용히 듣고 있으면 견딜 수 없게 쓸쓸해진다. 누군가를 찾을 것처럼, 누군가를 가슴에 폭 껴안을 것처럼 문밖으로 나간다.

고적(孤寂)에 울고 사람을 그리워하는 내가 찾은 곳은 사람의 왕래가 드문 취운정(翠雲亭) 솔밭이다. 너무나 조용하다. 들리는 건 귀뚜라미 울음소리뿐이다. 나는 홀로 이 솔밭 사이의 풀숲을 거닐고 있다. 끝없는 가을의 고요와 슬픔, 그것과 함께 속 깊은 가을의 신비가 움죽움죽 뼈까지 스며드는 것 같다.

취운정의 그윽한 솔밭에 밤이 내린다. 벌레 우는 소리가 맑다. 푸른 하늘에 반짝이는 별이 동경에 가득 찬 어린 처녀의 눈동자 같다. 시인이 울 때가 아니고 무엇이며, 철학자가 생각할 때가 아니고 무엇이며, 종교가가 깨달을 때가 아니고 무엇일 것인가. 감상적(感傷的)인 슬픔이나 적막뿐만 아니라, 커다란 위안과 교훈도 있음을 알아야 할 것이다.

몇 시나 되었는지 모르겠다. 누운 채 은방울 같은 귀뚜라미 소리를 들으면 그 어떤 희망도 없고, 실망도 없고, 공포도 없고, 희락(喜樂)도 없이 오직 가을만 가슴에 가득하게 찰 뿐이다. 사람 그리운 가을, 만물이 잠든 한밤중에 창밖에서 부는 가을 소리가 구슬프게 들리는데 부질없는 벌레가 나를 또 울리는구나!

오상순(吳相淳)의 「시대고(時代苦)와 그 희생」[60]은 오늘날의 조선을 배경으로 해서 씌어진 수필로서, 앞에서 살핀 박월탄의 「태팔칠팔」이나 소파의 「추창 수필」과는 그 성격을 완전히 달리한다.

> 우리朝鮮은 荒凉한 廢墟의 朝鮮이요, 우리時代는 悲痛한 煩悶의 時代일다. 이말은 우리 靑年의 心臟을 짝이는듯한 압흔소래다. 그러나, 나는 이말을 아니할수업다, 儼

---

60) 吳相淳, 「時代苦와 그 犧牲」, 『廢墟』, 創刊號(1920년 7월 25일), 52~64 쪽.

然한 事實이기째문에. 소름이찟치는무서운소리나, 이것을疑심할수업고否定할
수도업다.
　이廢墟속에는 우리들의內的, 外的, 心的, 物的의모든不足, 缺乏, 缺陷, 空虛,
不平, 不滿鬱忿, 한숨, 걱정, 근심, 슬픔, 압흠, 눈물, 滅亡과死의諸惡이쌔여잇
다.
　이廢墟우에설째에, 　暗黑과死亡은그凶惡한입을크게버리고곳우리를삼켜바릴
듯한感이잇다.
　果是, 廢墟는滅亡과죽음이支配하는것갓다.
　그러면우리는고만죽고말것인가? 안이다! 안이다! 오늘날우리는四柱八字運數等
의迷信을打破해바렷고, '샤자'의쇠사슬도우리손에드러와녹는것을배왓다.
　우리의生은實로宇宙의大生命의流動의創造요, 그活現임을쌔다랏고, 우리가,
이天地에主人임을確實히알엇다. 우리의게, 엇지永久한죽음이잇스랴. 果然陰府
의權威가어듸 잇스며, 死亡의가시가어듸잇느냐다
　荒京흔廢墟를뒷고선우리의발밋헤, 무슨한개의어린싹이소사난다. 아ㅡ貴ᄒ고
도 반갑다. 어리고프른싹!
　이어린싹이將次長成ᄒ야, 　廢墟를덥는茂盛흔生命樹가될것을싱각하니實로깃
브다. 그러나이깃븜속에는슬픔과압흠의칼날이豫感된다.61)

　이 어린 싹이란 다른 것이 아니다. <일체(一切)를 파괴하고, 일체를 건
설하고, 일체를 혁신 혁명하고, 일체를 개조 재건하고, 일체를 개방 해방
하여 진정 의미 있고 가치 있고 광휘 있는 생활을 시작코자 하는 열렬한
요구! 이것이 곧 그것>이다. 이 요구는 실로 우주적 의미를 가지고 있다.
그것은 최고 이상(最高理想)의 요구인 것이다. 우리가 이 요구에 대한 태도
여하는 우리의 운명을 결정할 것이요, 이 요구의 실현 여부는 곧 우리의
사활(死活)을 지배할 것이다.
　<이 요구는 반드시 우리가 실현해야 할 것이요, 우리가 하지 않으면
안 될 일이다. 그러나, 실현의 과정에는 무서운 험난(險難)이 있고, 곤고(困

---

61) 위의 책, 52~53 쪽.

苦가 있고, 위험이 있고, 함정이 있고, 음모가 있고, 제한·속박·압박·핍박 등 제마(諸魔)가 복재(伏在)할 것이요. 칼이 비껴 놓이고, 가시가 덮여 있어서 우리를 기다릴 것이 분명하다. 생각만 해도 두렵다. 그러나 우리가 이것을 피하고는 아무 것도 안 된다.>

이 요구 실현은 우리의 피와 살과 전심 전령(全心全靈)을 요구하고 우리의 절대 희생을 요구한다는 뜻이다. 모든 것을 아까움 없이 용맹스럽게 바칠 만한 철저한 각오와 자각과 자신이 있어야 그 요구 실현전(要求實現戰)에 참가할 자격이 있을 것이다.

이 싸움의 첫째 대상은 파괴에 있다. 세우기 전에 깨뜨려야 한다는 뜻이다. 무엇보다도 우리는 이 싸움을 두려워해서는 안 된다. 우리의 이 싸움은 신성하다. 불가침이다.

<이 세상은 고해와 같다고 말한다. 진실에 가까운 것 같다. …… 사실을 회피하고 음폐하고 부정함은 어리석다. 사실은 사실대로, 그대로 승인하고, 그것을 처리하며, 그것을 초월치 않으면 안 될 것이다. 약한 인간이나 민족은 그 고(苦)에 눌려서 그의 노예가 되고, 그 고에 못 견뎌서 쇠멸(衰滅)하고 만다. 강한 자는 그 고와 싸우고, 정복하여 쳐이기고 퇴치코자 최후까지 백방으로 분투한다. …… 강자(强者)의 승리는 과시(果是) 선전 건투(善戰健鬪)에만 있다. 우리는 그 싸움 속에 사는 가치와 의미를 발견한다. 소극적으로 일체 곤란·압박·부자유·불여의(不如意)의 고통과 싸워 이기고, 적극적으로 일체 진선미와 자유, 모든 위대한 것, 신성한 것, 숭고한 것을 얻기 위하여 싸운다.>

어떠한 뜻으로 보든지, 희생이란 것은 비극이다. 한층 가치 있는 것을 위하여 의식적으로 희생이 되는 것은 존귀한 일이지만, 그것 역시 비극이다. 자기가 자기 이상(以上)의 것을 이어 나가기 위해서, 자기의 존재와

의욕을 절대로 부정하는 까닭이다. 자기 의욕은 자기의 생명이요, 자기 그 자체인데, 그것을 부정하는 것은 자기에 대한 최대의 비극이다.

> 우리의 時代는 말할수업는 懊惱를 가지고잇다. 그는 決코 生活難의 苦生이나, 虛榮心에쓴 焦燥나, 俗的 成功熱에달른 不滿과는 比較를 不許하는 嚴肅한 懊惱일다. 眞自己도 犧牲함을 要求하야 假借치안토록 殘忍하고 必然的인 苦悶일다. 이時代의 苦悶懊惱는, 가장 眞實한 靑年男女에게만 理解되고 體驗되며, 쏘 가장 凄慘하게 深刻하게 懊惱된다. 此種의 靑年은 實로 時代要求에 第一 忠實ᄒᆞ고 无垢한 犧牲者일다. 더이들은 永遠ᄒᆞ 沈默裡에 파뭇처가는 悲哀를 가지고 잇는 犧牲者일다. 오늘날, 싱각잇고 眞實한 우리靑年들은 모다 이러한 狀態에 잇다.
> 單이샏이면 참을수도 잇겟다. 더들은 勿論 時代사람들의 同情이나 理解를 엇지 못한다. 왜 그런고 하니 時代사람들은, 더이들의 時代의 苦惱를 想像할수도 업스니까. 더들은 自己에 가쟝 갓갑고 밋을만하다는 사람에게 向하야 自己의 懊惱를 訴한다. 그는 반다시 自己의게 同情을 엇으려하는 薄弱하고 卑賤한 마음으로 나온 것이 아니요, 다만 自己의 하는 바를 아지못하는 답々함에서 나오는 것이나 가엽는 더들은 豫想치못한 無理解와 冷淡한 應答을 듯고, 暗黑한 孤獨의 深潭을 볼샏이다. 그러나 情熱의 인 더들은 그 戰慄할 孤獨의 疲淵에 쮜여드러가기를 避치아니한다. 그래서 自己犧牲을 더욱 悲劇으로 한다.62)

가깝고 동정이 있을 만한 자에게도 이해가 없는데, 황차 그 밖에서야 더 말할 수가 있겠는가. 세상은 저들을 대하되 냉소와 모멸과 매리(罵詈)로써 하게 마련이다.

그러나, 우리 청년들은 약하게 비관해서는 결코 안 된다. 감상적(感傷的)으로 실망해서는 안 된다는 뜻이다. 우리는 지금 시대의 오뇌를 체험하고 고민하고 있다. 우리는 영원한 생명을 사랑하기 때문에, 그리고 거기에서 자유와 정열이 가득한 생활의 영원성에 투철하려 하기 때문에, 시대 속에, 시대를 위하여, 우리를 번뇌케 하려는 것이 아니겠는가. 그러므

---

62) 위의 책, 59~60 쪽.

로 우리는 자기만을 위하여, 혹은 자기만의 의식 세계 속에 우리를 고뇌케 하는 것은 결코 아니다. 따라서 자기의 좁다란 의식 세계 속에 독거(獨居)함으로써 거기서 모든 문제를 재빨리 해결하려고 해서는 안 된다. 그 곳에서는 난감한 실망과 단념과 적멸(寂滅) 이외의 다른 것은 찾아보지 못할 것이다.

무엇보다도 우리 청년은 영원한 생명을 잊어서는 안 된다. 늘 우리의 눈은 무엇을 바라보아야 한다. 그리고 우리의 발은 항상 무한한 흐름 한가운데에 서 있어야 한다. 우리의 심정은 항상 영원한 사랑과 동경 속에 타 있어야 한다. 이러한 태도로 우리는 우리의 체력이 탕진될 때까지, 우리의 의력(意力)이 뜨거워질 때까지 나아가지 않으면 안 된다. 어떠한 오해나 핍박이 있을지라도 자유에 살고 진리에 죽을 각오가 되어 있어야 한다.

<물론 우리는 이 광열적 노력(狂熱的努力)이 어느 때까지 계속할 수 있을는지 모른다. 또 알 필요도 없다. 우리들은 그런 것을 생각해서는 안 된다. …… 우리가 자기의 작은 세계를 돌아볼 때, 우리의 눈은 고독의 비애로 혼암(昏暗)해질 뿐이겠다.> 무엇보다도 우리는 언제나 영원한 광대한 세계에 있어야만 한다. 그리고 강한 신앙을 가지고 노력하고 분투해야 한다. 여기 따라 모든 편견과 고루와 사념(邪念)을 파기해야 한다.

우리는 시대의 희생이 되는 것을 두려워할 필요가 없다. 분명 희생은 비극이지만, 동시에 그것은 장엄한 부활이기도 하다. 아무리 작은 희생이라도 아무리 작은 정밀한 침묵에 파묻힌 희생일지라도 영생의 빛 속에 들어오지 않는 것은 없다.

우리가 생존하는 시대의 오뇌는 영원한 의미를 가지고 있다. 그것은 무수한 비극을 요구하지만, 그 가운데에서 어느 하나라도 무의미하게 망각되는 것은 없다. 그것은 영원 속에 사는 것이기 때문이다.

이 시대의 오뇌는 언제까지든지 울굴(鬱屈)해 있을 것이 아니고, 반드시 가까운 장래에 격렬한 변동을 일으키게 될 것이다. 그 변화는 폭풍우일는지 대홍수일는지 대진동일는지에 대해서는 우리가 예언할 바 아니다. 그것이 아무 것이라도 관계치 않다는 뜻이다. 이 시대의 대변동에 즈음하여 무엇이 심판될 것인가. 어느 누가 영원한 축복을 받으며, 어느 누가 영원한 저주를 받을 것인가.

<우리는 이러한 상상을 그만두자. 우리는 다만 용기를 가지고 나아갈 뿐이다. 최후까지 강한 신앙을 가지고 있으면 족하다. 영원한 생명과 축복은 그 가운데 있을 것이다. 그때 비로소 황량한 우리 폐허에는 다시 봄이 오고 어린 생명수(生命樹)에는 꽃이 피겠다. 그때 그 곳의 주인은 누구일까?>

그는 이 험난한 시대에 처하여 어떤 형식으로든 진정으로 가장 많이 애쓰고 눈물과 피로써 모든 것과 잘 싸워 온 사람, 특히 남모르는 가운데 아무 말 없이 새로운 시대 창조를 위하여 가장 희생을 많이 한 그 사람들일 것이다.

6. 발길 따라 · 농촌과 그 변두리

14) 붓을 따라 생각을 따라

녹동(綠東) 최연택(崔演澤)의 「에피큐리언(epicuréan)」[63]은 이른바 쾌락주의를 중심으로 해서 씌어진 짤막한 수필 작품이다.

---

63) 綠瞳 崔演擇, 「에피큐리안(快樂主義者)」, 『東亞日報』, 1920년 5월 4일.

> 가튼 人生의 大目的을 達하려함에는 果然 如何한 主意를 從함이 可할가!
> 此는 從古及今으로 우리 人生社會에 唯一의 難問이라 此를 能히 答辯한 者ㅣ 多하나 오직 上古 '기리-샤' 學者中 此를 顯著히 答辯한 者이 一二에 止치 못하나 中에 其一을 揭하려 하노라
> '에피큐로-스'는 其顯著한 答辯을 吾人에게 與한 中 一人이니 "人生에 對한 眞誠한 主義는 대개 最大幸福을 得할만데 有하다" 함은 氏의 立說이로다 果然이다 우리 人生은 幸福을 得하기 爲하야 사러가는 것이니라[64]

그러나, 우리가 행복주의에만 급급한다면, 우리는 항상 어떤 일에 임하여 그것의 선악은 불문에 붙이고 오직 행불행만 논하기에 이르게 되니, 우리는 마침내 사위(詐僞)·윤도(倫盜)·인색(吝嗇) 따위와 같은 모든 죄악의 범인이 되는 것을 면치 못할 것이다.

이런 까닭으로 에피쿠로스(Epikuros)는 이 폐단을 방지하기 위해서 구차스럽게 자꾸자꾸 말하기를 "정의(正義)에 말미암아 행하는 자는 불선(不善)을 위하는 자보다 지극히 행복스러우리니, 곧 고결(高潔)·정의·신실(信實) 따위의 품행을 갖춘 사람은 몰염치·사악(邪惡)·불신 따위의 기질을 품은 자에 승(勝)하여 최대 행복을 누리리라" 하며, "무릇 사람이 행복을 바라거든 먼저 덕(德)을 쌓지 아니치 못할지라. 만일 사람이 불선(不善)을 행하여 일시 요행의 쾌락을 당하였다 하더라도 조만간 불행에 떨어짐은 의심할 여지가 없다. 청렴한 사람이라야 비로소 능히 쾌락을 얻으리라. 파렴치한(破廉恥漢)이 어찌 좋은 얻으랴? 신실(信實)한 자는 불신한 자보다 많은 행복을 얻으리라" 하였다.

화복(華服)·미식(美食)·안일(安逸)·한산(閒散)을 최고의 쾌락으로 알고 금전 재화를 얻는 것을 최상의 행복으로 안다면 어떻게 될 것인가. 그것은

---

64) 위의 신문, 같은 날짜.

결코 인생 최대의 목적이 되지 못한다. 무엇보다도 우리는 먼저 이상적 행복을 깊이깊이 깨달음이 필요하다 하겠다.

모름지기 쾌락이란 노심 초사를 거친 뒤라야 바야흐로 가히 얻을 수 있으므로, 이러한 뜻으로, 나는 쾌락주의자인 동시에 행복주의자인 것이다.

이에 반해서, 팔봉산인(八峯山人 ; 金基鎭)의 「온돌 만필(溫突漫筆)」65)이라는 수필은 따뜻한 온돌방에 앉아서 이것저것 생각나는 대로 붓을 따라 마음을 따라 씌어진 작품이다.

> 오래동안생각하여오든모든일이 씨슷한방바닥에 철벅주저안짜 四肢의脈이푸러지고 눈瞳子의聰明이稀微하여가고 가슴속으로는 쓸쓸한늣김이 구름과가티 풀니여일어남을짜라서 별안간 갑작이 希望이라고는 한푼어치도업고 可能性이라고는머리털긋만큼도업고 同時에 아모所用도업는헛된일이아닌가하는생각이 머리속에서풀니어나오는것이다 내가가지고잇는思想이 내가품고잇는뜻이 經綸이 劃策이 무슨效用이잇느냐? 世界는依然히 이대로持續되여가는것이아니냐? 하는그러한感情이 火爐가에붓흔엿덩어리가녹아서 축축느러지듯키 마티그엿덩어리모양으로나의가슴속에서녹어흐르는것갓다 大體 사람이라는것을 네가아느냐하고 혼자서 스사로내自身에게무러보는째가잇다 나는 마츰내 그 대답할말대 窮해지고마갓다
>
> ○
>
> 무엇이 깃븐지를 네가아느냐 엇더한것이슬픈것인지를네가아느냐 미운것이 엇더한것인지 사랑스러운것이 엇더한것인지를네가아느냐 사람의感情이라는것을알고잇스며 사람의感情과사람의感情이서로握手하며 或은서로맛부딋고싸호며 或은서로얼키고얼키여진다는것이엇더한것인지를알고잇느냐? 사람의感情을아느냐? 사람의生活을아느냐? 사람의性品을아느냐?66)

결국 이 말은 사람이라는 것을 네가 아느냐? 또는 네가 너 자신을 아

---

65) 八峯山人, 「溫突漫筆」, 『朝鮮日報』, 1924년 11월 3일.
66) 위의 신문, 같은 날짜.

느냐? — 이 물음과 맞먹는다는 뜻이 된다 하겠다.

아무런 이유도 없이 어떤 사람에게 얻어맞아도 마음이 좋게 느껴지고, 어떤 사람에게서 귀중한 보배를 무수하게 받는다 하여도 까닭 없이 싫게 느껴지는 사람의 감정을 알 수가 없다. 까닭 없이 미운 사람이 있는가 하면, 아무런 연유도 없이 사랑스러운 사람이 있는 감정의 세계를 모르겠다는 뜻이다.

<입으로는 장언 대어(壯言大語)하여도 사실로는 저희가 전부터 앉아 있던 곳에 주저앉고야 말게 되는 사람의 생활을 모르겠다. 저희가 욕하고 헐뜯고 경멸하던 저 사람의 생활과 같은 곳에 저희들 자신의 생활을 세우지 않으면 안 되게 되는 우리들의 생활이라는 것을 모르겠다는 말이다.> 말하자면 <어디까지 약하고, 어디까지 강하고, 어디까지 교활하고, 어디까지 정직하고, 어디까지 단순하고, 어디까지 복잡한 것인지, 사람의 성품(性品)을 모르겠다>는 뜻이다.

사람들은 평등을 부르짖는다. 그런데 거기에 의연히 불평등이 있게 마련이다. 사람들은 자유를 외친다. 그런데 거기에도 부자유가 있다. 논단(論斷) 속에 파라독스가 포함되어 있으며, 사람이 지어낸 것이 거꾸로 사람을 지배하고자 하여, 발로 걸어다니던 인류가 거꾸로 머리로 서서 걸어다니게 되는, 이른바 사람이라는 것을 이해할 수가 없다. 따라서 자기가 자기 자신을 알 수 없는 지경에 이르게 된다.

촛불 한 개로 모스크바의 전시가(全市街)를 불바다로 만들겠다는 러시아 청년이나, 밤에 국경을 몰래 넘어오는 흰옷 입은 백성이나, 붉은 테 모자를 쓰고 있는 갈치 장수나, 조선으로 몰려나오는 러시아의 백군(白軍)이나 모두가 사람이다. 모두 다 저마다의 이유를 가지고 있다. 식욕과 성욕과 공명욕을 떠난 사람의 정체를 나는 모르겠다.

<예술 운동이 사람이 하는 운동일진댄 그 예술 운동 자체로 하여금 사람을 속박하지 말게 하여라. 사회 운동이 사람이 하는 운동일진댄 그 사회 운동 자체로 하여금 사람을 속박하지 말게 하여라.> 나의 목숨이 필요하다면, 나는 언제든지 나의 목숨을 아끼지 않을 것이다.

　<낙엽 위에 차디찬 비가 내린다. 모든 것이 헛되다고 생각된다. 모든 사람의 성품 속에 뿌리를 박고 있는 센티멘털리즘을 웃지 말아라. …… 늦은 가을비는 사람을 이끌고서 헛된 감상(感傷)의 세계로 흘러간다. 나는 무엇을 하였으면 좋을지 모른다. 무엇을 바라고서 살아 있으면 좋을지 모른다.> 다만 희미하게 보이는 것은 사랑의 그림자일 뿐이다.

　나는 밀레(Jean François Millet)의 그림을 생각했다. 무엇이 귀한가를, 그리고 어떠한 것을 바라고 살아야만 할까를 생각했다. <모든 것이 헛되다. 헛된 것뿐이다. 다만 천 사람 중에, 혹은 만 사람 총중(叢中)에 끼어 있는 다만 한 사람의 마음이 고운 사람이 있는 이상에는, 나는 그래도 이 세상에 더 살아 있고 싶을 뿐이다.> 지금의 나에겐 그 밖의 다른 것이 무슨 소용이 있을 것인가.

　역시 제목까지 똑같은, 운인(雲人)의 「온돌 만필」[67]이라는 꽤 긴 수필 작품이 있다.

　우리 아버지는 7남매를 낳아 놓고 러시아로 망명해 버렸다. 망명해 버린 자신은 좋을는지 몰라도 의지가지 없는 아들딸들은 그날부터 물불을 가리지 않는 신세가 되었다. <영국의 햇빛은 그 나라 영지 안에서 밤낮 한 발자국 못 벗어난다 듯이 우리 7남매의 사는 곳이야 지구 전폭(全幅)에 미쳐 해 안 보는 때라고는 거의 없을 지경이다.> 이 점에 있어서는 대영제국과 어깨를 함께 하는 영광을 우리는 느낀다.

---

67) 雲人, 「溫突漫筆」, 『中外日報』, 1926년 12월 4일~12월 8일.

역시 안 떴어야 옳았을 눈이었던가 보다. 이대로 꼭 감은 채 영원히 불 지옥에 가야 옳았을 눈이었던가 보다. <글쎄 두어 걸음 바로 내 앞엔 총 끝에 서릿발 같은 칼 꽂은 무장 병정이 딱 버티고 서서 내 생명을 노려보고 있다. 내 영혼을 어서 갈갈이 찢어 하늘로 날리고 육신만을 땅에 묻을 채비를 하고 있다. 또 그 병정의 어깨 너머로는 마당 천막 속의 사관들이 연해 무슨 구령을 하면, 깃발 든 기병 1소대가 번개같이 시가 방면으로 사라지고, 사라지면 또 총알보다 더 빠르게 척후병인지 전령사인지 달려와서 겁난 듯이 무어라 무어라 보고하고는 말을 네굽에 안겨 멀리 요란한 지반(地盤)을 남기면서 또 사라져 버린다.>

그 동안에 멀리에서는 화약고 터지는 소리, 시가가 타오르는 불빛, 하늘은 마지막 세상을 맞는 듯이 암담해졌고, 이럴수록 내 눈앞에선 모든 병정과 장교들이 살판 죽을판하며 갈팡질팡하는 모습이 보인다. 말발굽 소리, 구령 소리, 군용 자동차 소리, 이 모든 훼멸(毁滅)하는 음향 속에 멀리 담장 너머로는 또 '우워! 우워!' 하고 실신한 수천 시민들이 초혼(招魂)하는 처참한 소리 — 귀를 막지 않으면 귀가 째질 것이고, 몸의 감각을 끊어 버리지 않으면 살과 뼈가 모두 굳어 버릴 지경이다.

오늘이 초사흗날, 총과 칼로 다진 계엄령 속에 하룻밤을 자고 난 터이라, 모든 광란, 모든 절멸(絶滅), 모든 참극 — 그래서 먼지와 연기와 폭탄으로 전 시가를 덮을 때의 광경, 옛날 하느님은 눈물을 흘리면서 참다 못해 손수 죄악의 도시 소돔(Sodom)성을 태워 버렸다더니, 오늘도 불로써 징책(懲責)하시는가. 나는 겨우 눈을 돌려 곁을 바라보았다.

거기도 역시 지옥의 한 부분이 남아 있었다. 까만 먼지 바닥 위에 껍질 발라 놓은 멧돼지처럼 등가죽이 산산이 벗겨지고 또 주먹 만큼씩이나 화상을 당해 살이 군데군데 떨어진 인간의 동체가 적어도 5~6개는 되리

라. 그래도 아직 숨은 붙어 있는 듯, 빨갛게 까맣게 얼룩어룩한 그 허리와 배는 불룩했다가도 쑥 내려가고, 내려갔다가도 또 불룩하게 솟아오른다. 무의식적이지만 아직도 숨을 들이키고 내쉬고 하는 것일 게다. 겨우 아랫도리만 걸친 옷자락에는 선지피가 말라서 피딱지가 다닥다닥 앉아 있다.

<나는 모든 것을 알았다. 예가 어데고 이 판이 어찌 된 판인 줄을. 더구나 내 자신을 나는 오랫동안 약 5~6시간은 되리라. 아주 주검이 되었다가 이제야 비로소 그 가사 상태(假死狀態)로부터 돌아온 것이다. 지금 내 입에는 삼복 더위 먹은 것같이 흰 거품이 턱과 얼굴에 보얗게 덮이고 그 거품 속에는 말기의 폐병 환자 각혈에서 보는 것 같은 빨간 무수한 실오리 섞인 핏줄기가 섞여 나왔다. 나는 가까스로 아래위 입술을 빨아 침 한 방울을 만들어 삼켰다.> 삼킬 때 목안이 몹시 아팠다. 그래도 삼키고 나니 조금 거뿐허여졌다. 그래 또 한 방울 만들려고 입술을 빨았으나 이번엔 제대로 되지 않는다. 살가죽을 깨물어 감각을 보려 했다. 그러나, 두 어금니에 물린 가죽 속으로부터 새빨간 핏방울이 주루루 튀어나온다. 하지만 아픈 줄은 몰랐다. 감각 신경까지 마비된 것이리라. 그러면 무엇으로 살아 있다는 믿음이 생길 것인가. 나는 살아 있다는 의식을 갖고 싶다. '나는 아직 안 죽었다'고 외치고 싶은 것이다.

이에 나는 두 팔을 확 펴려고 했다. 그런데 그 팔에는 거미줄보다 더 많은 포승이 엉키어 두 팔이 무쇠 뭉치보다 더 무거워지는 것이 아닌가. 상반신이 한 치도 움직여지지 않는다. 사지가 저마다 딴사람인 듯 되는 대로 떨어진다. 기가 막힌 나는 꿈인가 했다. 장자(莊子)는 대오(大悟)는 대몽(大夢)이라 하지 않았는가. 깨는 것만이 두려운 일일세라 또 지옥 속인가 했다. 단테(Alighieri Dante)는 지옥 속 일을 보고 들오려고 하는 것은 비천한 원망(願望)이라 했다. 비천한 원망이거나, 대몽 뒤의 대오이거나, 죽으면 꿈도 없고, 깨달음도 없고, 바람〔冀願〕도 없고, '지옥이다' 하는 의식도 있을 까닭이 없다. 어찌 서러운 일이 아닐 것인가. 흔히 인생을 철갑차(鐵甲車)를 끌고 고개로 올라가는 징역꾼이라 하기도 한다. 그래도 내 생명은 지금 그것을 하라고 채찍질을 하고 있는 것이다. 무엇보다도 나는 살고 싶다. 나는 죽음을 벗어나 그저 뜨겁고 뜨겁게 살고 싶은 것이다. 잠잘 곳이 없어서 이곳 저곳 떠돌아다녀도, 한 술 밥이 없어서 여기저기 기웃거려도 이 세상에서 살고 싶다는 뜻이다.

이러케 마음은 狂亂하면서 나는 담박 몃 시간 전에 치르고간 — 수천년 인류력사 속 가장 비참한 한 토막을 생각케하는 그 오륙 시간 전 내가 실신하기 전의 광경을 그려보앗다.

그째 나는 어찌어찌 하야 잡혀왓다. 시가를 이리저리 돌아올째 좌우로 홍수 가티 달려오고가는 수만흔 군중에서 별별 질욕을 다 퍼먹으며, 그러치 무장한 병명이 압뒤에 안섯든 들 내목숨이 어찌되엇슬지 모르게 그러케 흥분된 군중속으로 끼어이곳에 왓슬째 단판, 장관은 한입에 삼킬듯한 긔세로 눈을 부르대며

"×××이냐! 어제ㅅ저녁 형장(刑場)에서 총형(銃刑)을 밧고 거짓죽어 넘어젓다지, 송장속에 숨엇다가 다시 발각되고, 그래 그리 살고 십든, 쌉대기 발랴 치울녀석!" 하든말이, 그리고는 이 내너의들 째문에 우리사람들이 수천명 상해를 당하고 쏘크 나큰건물에는 화약을 던저 폭파시켯다는둥, 뒤ㅅ골을 쇠몽치로 쌍쌍갈기는것 가튼 그말과 그태도, 나는 그 째벌서 한절반은 저승에 간것 가탓다. 내가 언제 현장에 쓸려나가고 십자가에 달려보고, 쏘 언제 총알에마저 걱굴어저 보앗는가, 그러다 가 남의 시례ㅅ속에 무텨 하로ㅅ밤 지내고 쏘 이제는 두번재 형대의 이슬되려 붓잡혀 왓는가, 놀랄 일이다, 도모지 모를 일이다. 대톄 내가 언제 사형을 바든 몸인가, 내가 언제 가슴에 알맛고 죽어본 몸인가 그 보다도 무슨일로 죽어야 햇슬것인가, 쏘 누가 죽이려는 것인가 글세 무슨 일로? 어째서? 아 —

"갓다가둬, 죽은 뒤에 집행할테니"

장관의 명령이 썰어지기 밧브게 좌우 여러 병명은 와락 몰려들어 수리가 병아리 차듯이 쓸고찬다. 나는 긔가 앗득해 무어라 단마듸 외치고는 그 자리에 쓸어젓다,

그랫다가 지금깨난것이다. 도대톄이리되면 죽음이라는것도 알수업는일이고 삶이라는일도 알수업는일이다 죽음이삶이라면삶도죽음이라지금의나는삶도아 니오 죽음도 아닌예삼세계에서 第六感世界에서돌다돌다 삶에돌아나온것일것 일가 …… 나는앗가죽는다고결명한순간에
"아하, 쌍은비엇구나, 그러나하늘도어쌔빈것갓구나!"
하고외첬다.68)

어디로 갈 것인가. 이 인세(人世)엔 집이 없고, 하늘에 가도 벗할 성좌(星座)가 없는 몸이다. 가기도 싫고 오기도 싫은 몸이니, 땅이나 치며 통곡할 밖에 다른 무슨 뾰족한 도리가 있겠는가.

<어쨌든 곰을 가둬 논 울안 같은 한 아름이나 되는 통나무로 살창과 문을 해 단 이 방에 벼락치듯 '떵!' 하는 소리가 나자, 그 모진 문이 떨컥 열리면서 밖에는 총검 꽂은 1소대 만치나 되는 병정들이 쫙 늘어섰고, 그 중 두서넛이 와락 달려들어 내 곁에 버린 송장, 또는 이제 그 위에 기름만 붓고 나무만 펴놓으면 아주 완전한 송장 구실할 산 여러 송장을 척척 담아 앞세우고, '앞으로 가!' 구령을 부르며 멀리 나가 버린다.> 나도 발을 맞추어 얼마 동안 걸어갔다.

여기저기 꽤 많이 걸은 것 같다. 그런데, 나는 아직도 그 방안에 가만히 앉아 있는 게 아닌가. 나는 저 패와 떨어진 것임을 알았다. 그러면 그 패들이 형장에 가서 다시 돌아올 때까진 아직도 2~30분은 남아 있으리라. 그러면 내 목숨은 2~30분 남아 있다는 뜻이 된다. 나는 마지막 각오를 하고 눈을 감는다. 이때 내 눈에선 뜨거운 눈물이 자꾸 흐르기 시작한다. 이 세상에서의 마지막 눈물이 되는 셈이다.

그러나, 나는 슬픈 생각도 없었고, 애닯은 생각도 없었다. 어쨌든 나의 목숨은 이제 2~30분 밖에 남아 있지 않은 것이다. 산·들·조개 껍질 엎

---

68) 위의 신문, 12월 7일.

어논 것 같은 집, 파란 하늘, 팔자(八字) 걸음 걷는 노인 — 나는 내가 자라던 자연과 이웃을 한 번만이라도 보고 싶다.

그러자 내 눈앞에 해삼위(海蔘威)에서 갈라선 아버지가 우뚝 가로막는다. 그런가 하면, 얼굴에 주름살이 많이 잡힌, 이 집 저 집으로 천대 받으며 돌아다니신 늙은 어머니도 보인다. 눈바람 부는 날 트로이카(troika)에 앉아 저 먼 시베리아로 떠나던 맏형, 언니와 아우, 그리고 어린 누이동생이 나를 물끄러미 바라보고는 그만 멀리 가 버리고, 또 와서는 또 사라진다.

나는 끝내 가야 할 것 같다. 이 모든 것을 두고 가야 할 것 같다. 눈물이 자꾸 내린다. 이제 남은 2~30분! 팔목에서는 팔딱팔딱 혈맥이 뛰는 소리가 들린다. 이 혈맥 소리만 들으면서 마지막 시간을 헤고 앉았다. 마지막 눈물을 흘리고 앉아 있다.

이 운인의 수필은 마음 내키는 대로 씌어진 작품이다. 이러한 계통의 수필 작품에 혈화산인(血花山人)의 「객창 만감(客窓漫感)」[69]이라는 것이 있다.

> 나는 覆巢의 危卵이요 朱木의 哀猿이라 눈압헤 凄凉한 山河는 依然히 넷날그 形容 이것마는 芄芄한 麥穗속에 殷나라 宮殿을 어느곳에 가차저 보며 …… 遼東의 人民을 누구에게 물어볼가[70]

무엇보다도 이 수필은 구체적이지 못하고 추상적인 어휘로 가득 차 있는 점이 눈에 띤다 하겠다.

---

69) 血花山人, 「客窓漫感」, 『朝鮮日報』, 1925년 3월 2일.
70) 위의 신문, 같은 날짜.

15) 소의 본바탕 · 한미한 향촌

장백산인(長白山人 ; 李光洙)의 「우덕송(牛德頌)」71)은 소의 덕을 칭송하는 내용으로 된 수필 작품인데, 바로 앞에서 살핀 팔봉산인이나 운인의 똑같은 제목의 「온돌 만필」, 또는 혈화산인의 「객창 만필」과는 그 성격이 판이하게 다르다. 「온돌 만필」이나 「객창 만필」은 그야말로 붓 가는 대로 생각나는 대로 씌어진 것인데, 「우덕송」은 소라는 특정물을 대상으로 삼고 있다.

「우덕송」이 씌어진 때가 1925년, 곧 을축년(乙丑年)이다.

<금년은 을축년이다. 소의 해라고 한다. 만물에는 각각 다소의 덕이 있다. 쥐 같은 놈까지도 밤새도록 반자 위에서 바스락거려서 사람에게 '바쁘라!' 하는 교훈을 주는 덕이 있다.> 소는 짐승 가운데에서 군자에 속한다고 할 수 있다. 그런데, 어찌해서 그에게서 배울 것이 없을 것인가.

무엇보다도 우리 조선 민족과 소와는 아주 밀접한 관계가 있다. <우리 창조 신화(創造神話)에는 하늘에서 검은 암소가 내려와서 사람의 조상을 낳았다 하며, 또 꿈에도 소가 보이면 조상이 보인 것이라> 한다. 어디 그 뿐인가. 「콩쥐 팥쥐」이야기에도 콩쥐가 밭을 갈다가 호미가 분질러져서 울고 있을 때에, 하늘에서 검은 암소가 내려와서 밭을 갈아 준 것으로 되어 있다. 이처럼 우리 민족은 소를 사랑하였고, 특별히 검은 소를 사랑하였다.

검은 소를 한자로 청우(青牛), 곧 푸른 소라고 한다. 검은 빛은 죽음의 빛이라 하여 꺼려한다. 이 빛은 서양에서도 싫어한다. 어두운 빛이기 때문이다. <그러나 검은 것이라고 다 흉한 것은 아니다. 어떤 것은 검어야

---

71) 長白山人,「牛德頌」,『朝鮮文壇』, 1925년 新年 特大號, 97~100 쪽.

제4부 근대 전기 수필   235

만 하고 검을수록 좋은 것이 있다. 처녀의 머리채가 까마야 할 것은 물론이어니와 …… 숯도 까마야 좋다.> 까만 숯이 빨갛게 타는 것은 신비하고 아름답기까지 하다. 처녀들의 까만 머리채에 불같은 빨간 댕기, 하얀 저고리에 까만 치마, 하얀 얼굴에 까만 눈과 눈썹 — 이 얼마나 아름다운가!

<검은 것이라고 반드시 흉한 것은 아니다. 먹은 검을수록 좋고, 칠판도 검을수록 하얀 분필 글씨와 어울려 건조 무미한 학교 교실을 아름답게 꾸민다. 까만 솥에 하얀 밥이 잦혀져 구멍이 송송 뚫어진 것은 말할 것도 없>지 않은가.

그러므로 구태여 검은 소라고 부르는 것을 꺼려서 푸른 소라고 일컬을 필요는 조금도 없다.

외모로 사람을 취하지 말라 하였으나, 대개는 속마음이 외모에 나타나게 마련이다. 어느 누가 쥐를 보고 후덕스럽다고 할 것이며, 어느 누가 할미새를 보고 진중하다고 할 것이며, 어느 누가 돼지를 보고 소담하다고 할 것인가. <말은 깨끗하고 날래지마는 좀 믿음성이 적고, 당나귀나 노새는 아모리 보아도 경망꾸러기다. 족제비가 살랑살랑 지나갈 때에 아무라도 그 요망스러움을 느낄 것이요, 두꺼비가 입을 넙적넙적하고 쭈구리고 앉은 것을 보면 아무가 보아도 능청스럽다.>

그런데 소는 어떤가. <그는 말의 못 믿음성도 없고, 여우의 간교함, 사자의 교만함, 호랑이의 엉큼스럼, 곰의 직하기는 하지마는 무지한 것, 코끼리의 추하고 능글능글함, 기린의 오입장이 같음, 하마의 못 생기고 제 몸 잘못 거둠 — 이런 것이 다 없고 어디로 보더라도 덕성스럽고 복성스럽다.>

'음머' 하고 송아지를 부르는 모양도 조코 우둑허니 서서 시름업시 쇠리를

휘ㅅ 둘러 '파리야 달아나거라 내 쇠리에 마자죽지는말어라' 하는모양도 인자하고 오양ㅅ간에 홀 누어서 밤새도록 슬근슬근 싸김질을 하는양은 성인이 천하사를 근심하는듯하여조코 작난ㅅ군아희놈의 손에 곱비를쓸리어서 순ㅅㅅ히 걸어가는 모양이 예수께서 십자가를 지고 가시는것가터서거륵하고 그가 한 번 성을 낼째에 '으앙'소리를찌르며 눈을 부르쓰고 쌀이 불거지는지 머리가 바서지는지 모르는양은 영웅이 천하를위하야 대로하는듯하야 조코 풀판에 나무ㅅ그늘에 등을쑵으리고 누어서 한가히 낫잠을 자는양은 천하를 다스리기에 피곤한 대인이 쉬인것갓타서 조코 그가 사람을 위하야 무거운 멍에를메고 밧을갈아넘기는것이나 짐을지고 가는양이 거륵한 애국자나 종교가 창생을 위하야 자긔의 몸을바치는것과 가타서 눈물이 나도록 고마운것은 물론이어니와 세상을 위하야 일하기에 등이 버서지고 긔운이 지이칠째에 마츰내 푸주ㅅ간으로 쓸녀들어가 피를 쏫고 목슴을 버려 사랑하던자에게 내 살과 피를 먹이는것은더욱 성인의 극치인듯하야 깃브다.[72)]

흔히 소를 느리다고 한다. 재빠르기야 벼룩 같은 것이 또 있을 것인가. 또 소를 어리석다고 말한다. 약빠르고 꾀 많기로야 여우 같은 짐승이 또 있을까. 소더러 모양 없다고들 말한다. 모양내기로야 다람쥐 같은 놈이 또 어디 있을 것인가. <소더러 못났다고 말지어다. 걸핏하면 발끈하고 쌕쌕 소리를 지르며 이를 악물고 대드는 것이 고양이·족제비·삵 같은 놈이 또 있으랴. 당나귀도 그 담은 가고 노새도 그 담은 간다. 소는 인욕(忍辱)의 아름다움을 안다. 일곱 번씩 일흔 번 용서하기와 원수를 사랑하며 나를 미워하는 자를 위하여 기도할 줄을 안다.>

소는 동물 가운데에서도 인도주의자다. 동물 가운데에서도 부처요 성자다. 만물이 점점 진화되어 가다가 소가 된 것이다. <소 위에 사람이 있는지 없는지는 모르거니와, 아마 소는 사람이 동물성을 잃어 버리고 신성에 달하기 위하여 가장 본받을 선생이다.> 소에 대해서 이 정도로

---

72) 위의 책, 99~100 쪽.

칭찬하는 데야 더 이상 말해서 무엇 할 것인가.

소는 한가한 농촌의 대표적 상징물이다. 그러한 소가 살고 있는 향리에 정착한 내용을 다룬 수필에 운정생(雲汀生)의 「향촌(鄕村)에 내주(來住)하여」[73]라는 작품이 있다.

> 余는, 複雜한都會의猛烈한驅逐과挾攻에敗한바되야, 比較的生活의爭奪이小綏한鄕村으로遁走한者이다. 그러나, 余는決코都會의生活이自己生活의最善이라하야, 此로부터被逐됨을悲憤히思하는바이아니오, 다만自己生活의根底가堅固치못하엿슴을歎할쑨이다.[74]

내가 살고 있는 마을은 아주 가난하지만, 극히 조용하고 또 여기 사는 마을 사람들은 정말 순박하다. 자기가 일함으로써 자기 생활을 지배코자 할 따름이요, 그 어떠한 야심이나 그 어떠한 궤계(詭計)도 없이 아침 일찍부터 땅거미 질 때까지, 무슨 보물이나 불가사의한 기적이라도 발견하려는 듯이, 땅을 파고 밟으며, 100년을 하루같이 진땀을 흘리는, 아주 유순하고 정직하고 건실하고 참을성 있는 인민으로 마을이 조직되어 있다. 이러한 데에 흘러 들어온 나의 생활은 어느 정도의 세월이 흐르기 전까지는 모든 습관과 절차가 조화를 이루지 못했다. 말의 씀씀이나 옷차림 따위로 말미암아 그들의 차디찬 인상을 일으키게 했기 때문이다.

그러나, 나의 생활은 하루하루 그들과 조화되어 정신적 수양이 되었을 뿐만 아니라, 동시에 생활의 동요도 가라앉게 되었다. 그들은 나의 집을 '신가(新家)'라 불렀다. 하지만, 실에 있어서, 나의 집은 매연에 파묻힌 초가에 지나지 않았다. 그들이 신가라고 일컬음은 집을 가리킴이 아니요, 나를 가리킴이었다.

---

73) 雲汀生, 「鄕村에 來住하야」, 『東亞日報』, 1920년 4월 19일.
74) 위의 신문, 같은 날짜.

사립문을 열면 조그마한 남새밭이 있고, 여기 이어 풀밭이 펼쳐진다. 집의 동북 쪽으로는 나지막한 산이 둘러 있어 견림(樫林)이 장지를 가로막는다. 집 뒤 동산에 오르면, 삼각산은 정남(正南)으로 멀고도 멀어 보이고, 발밑의 끝없이 넓은 평야는 서 쪽 끝으로 무궁하게 전개시킴으로써, 우리의 시선을 묘연할 지경으로 만든다. 이 마을의 입구는 녹색 솔밭이 포위하고 있기 때문에, 여름철엔 마을 사람들의 안식처가 되기도 하고, 동시에 유일한 납량대가 되기도 한다.

그러나, 그들의 생활은 그들의 정직과 인내와 노력에도 불구하고, 굶주림에서 벗어나지 못하니 슬픈 일이 아닐 수 없다. 현대의 문명은 그 어떠한 주저나 석민(惜愍)도 없이, 그들의 피와 땀의 결정을 시도 때도 없이 가져가고, 그들에겐 다만 껍질 가루만 줄 뿐이다.

춘궁에 이르른 그들을 보아라! 윤기 없는 흙빛 얼굴을 보아라! 분명 이것은 물질 분배의 불평등 표본이 아닐 수 없다. 그런데도 그들은 조금도 반항하지 않고 무감각자처럼 무신경자처럼 똑같은 노동을 이어가고 똑같은 생활을 계속할 뿐이다. 봄에 파종하고 여름에 배양하고 가을에 수확하면서도 혹 미치지 못할까 전전긍긍한다.

나는 채소도 재배하고 때로는 지치도 취래(取來)하였다. 올 가을엔 무우와 배추를 제법 많이 거뒀다. 나의 아이들도 다른 애들과 더불어 여념 없이 놀 뿐만 아니라, 나도 그들과 호흡을 함께 하기도 한다.

어디 그것뿐인가. 이젠 마을 사람들과 이것저것 상의할 정도로 친숙해졌다. 그 가운데에서도 순하디 순하면서도 진실한 남 서방이 나를 찾아왔다. 두 사람은 다음과 같은 대화가 오갔다.

予 오날은어대로나무갓다왓소
南 큰골[산 이름]로요

```
予  저녁은무엇을자섯소
南  조밥먹엇지라오
予  조밥은날마다실치도아니하오
南  무엇 시릴나고 조밥이나항상싇치지아니하고먹엇스면75)
```

조금 뒤에 남 서방은 돌아가고, 나는 잠자리에 들어갔다. 이로부터 이 마을은 적적하고 고요한 동면(冬眠)에 빠져 들어갔다.

16) 우체국 소감 · 월미도의 밤 · 도깨비 장난

현진건(玄鎭健)의 「우편국(郵便局)에서」,76)는 아주 짤막한 수필 작품이다.
제목의 '우편국'이란 요즈음의 우체국과 똑같다. 그러니까 요즈음의 우체국을 왜정 때에는 우편국이라고 썼다는 뜻이다.

```
振替口座貯金을 난생처음으로 차저본이약이다
勿論 振出人은 내가아니다 부스러운말이나 ××雜誌社에서 原稿料中으로 돈
十圓을 주는데 그것이나마 現金이업다고 그어음쪼각을 밧게된것이다77)
```

앞에 보인 글월 가운데엔 요즈음 쓰이지 않는 낱말이 몇 개 나온다. 이에 바로 앞글에 나온 것을 비롯해서, 이 글 전체에서 나오는 그러한 계통의 것들을 요즈음 쓰이는 낱말로 바꾸어 놓으면 다음과 같다.

```
振替      대체(對替)
振出人    발행인(發行人)
```

---

75) 위의 신문, 같은 날짜.
76) 玄鎭健, 「郵便局에서」, 『東亞日報』, 1923년 1월 1일.
77) 같은 신문 같은 날짜.

爲替　　환(換)
受取人　받는이
口座　　계좌(計座)

<주머니에 쇠천 샐 닢도 없어서 쩔쩔 매던 판이니 그것이나마 어떻게 고마운지 몰랐다. 무슨 살판이나 생긴 듯이 지정한 광화문국(光化門局)으로 내달았다. 상식이 넉넉지 못한 나는 이것도 보통 환전(換錢) 찾는 표만 늘 어뜨리면 되는 줄 알았다.>

"여보, 받는이의 이름을 써야 하지 않소!" "네, 그렇습니까." 나는 내 이름 아닌 ×××이란 이름을 뒷면에 써서 또 디밀었다. "여기 국명(局名)을 쓰고 여기 발행인의 성명을 써야 하지 않소!" 비위가 좀 상했지만, 나는 하는 수 없이 또 시키는 대로 했더니, 그제야 사무원은 어음 조각을 받고 그 대신 13번이란 목패(木牌)를 내준다.

"한 두 시간쯤 기다리시오." "두 시간을 기다려요?" "두 시간은 기다려야 합니다. 통지가 와야 하니깐." "네?" "체신성(遞信省)에서 통지가 와야 됩니다." "네, 그렇습니까." 나는 지리한 두 시간을 바깥에서 보낸 뒤 다시 우체국에 나타났다. "통지가 왔습니까?" "아직 아니 왔습니다." 또 기다리는 수 밖에 없다. 초조하다. 견딜 수가 없다.

"오늘 내로 찾을 수 있을까요?" "그렇게 되겠지오." "좀 속히 찾을 수 없을까요?" "글쎄요 통지가 오지 않습니다 그려." 사무원도 매우 딱해 하는 모양이다.

<속이 부글부글 괴어오르는 것을 꿀꺽꿀꺽 참으며 기다리는 동안에 …… 체전부(遞傳夫)가 네모난 궤짝을 들고 들어오더니, 그 사무원에게 그것을 내어밀었다. 나는 직각적으로 그 함 속에 소위 통지가 들어 있음을 깨닫고 벌떡 몸을 일으켰다. 아니나 다를까. 그 함이 잘각하고 사무원의

손에서 열리자, …… 대체 계좌표가 튀어나온다.>

 나는 시원스러움과 기쁨을 한꺼번에 느끼면서 사무원 앞으로 다가갔다. 사무원이 큰소리로 외친다. "×××이 있소!" 나는 ×××이 누구인가 했다. "노형이 ×××이오?" 나는 가슴이 꿈틀하였다. '나는 ○○○이거늘 ×××이란 말이 웬말인가!' <'아니오'란 성난 소리가 불쑥 목구멍까지 치밀리다가, 문득 '네 그렇소' 하여야 될 것을 번개같이 깨달았다. 하건만 웬일인지 시원스럽게 대답이 나오지 않았다.>

 나는 사무원만 바라보았다. "노형이 본인이오?" 나는 또 당황하고 무슨 중대한 죄나 범하려는 때처럼 온몸을 떨었다. 나는 간신히 "네"라고 대꾸했다. <나는 나의 허위가 발각되어 돈을 주지 않을까 하는 공겁(恐怯)이 없지 않았으되, 그 사무원이 내가 본인 아닌 줄 간파하고 돈을 치러 주지 않았으면 (하는) 기대가 내 속 어데인지 움직이고 있었다.>

 하지만, 사무원은 의심하지 않고 돈을 내주었다. <나는 돈을 받기는 받았으되, 소태나 먹은 듯이 마음이 씁쓰레하였다.>

 빙허(憑虛) 현진건의 위의 작품은 소심한 문인의 불안정한 심리를 그대로 드러낸 본보기라 하겠다.

 이에 반해서, 이서구(李瑞求)의 「월미도(月尾島)의 일야(一夜)」[78]는 조금쯤 무언가를 생각하게 하는 느낌을 주는 수필 작품이다.

 "일요일은 놀기는 좋아도 사람이 많을 터이니 월요일로 합시다" 하는 그의 말에 공명(共鳴)한 나는 그 날만 오기를 고대했었던 것이다.

 전차에서 뛰어내린 나는 먼저 시계를 보고 동행을 찾았다. 아직 오지 않았다. 이런저런 걱정을 하고 있는데, 그가 동부인하고 나타났다. 아니, 어느 기생과 함께 모습을 드러낸 것이다. 세 사람은 인천 역에서 내려

---

78) 李瑞求, 「月尾島의 一夜」, 『東亞日報』, 1923년 8월 12일.

월미도행 자동차에 몸을 실었다.

"왜 월미도라고 이름을 지었을까요?" 그 여인이 유쾌하게 묻는다. "인천을 비끼는 달은 번번히 이 섬 너머로 기웁니다. 그러므로 월미도라고 했다나요." 나의 대답이다. "이 둑 위로 달밤에 산보를 하면 퍽 좋겠어요." "물론 좋습니다. 더우기 월색(月色)을 좇아 월미도 뒤로 돌면 그 이상 더 상쾌한 재미는 없습니다."

자동차는 어느덧 월미도에 닿았다. "야! 고범(孤帆; 李瑞求의 호)." C 형의 반가운 목소리다. 그는 오늘도 반 다스나 되는 낭자군(娘子軍)을 인솔하고 나타났다. 모두들 청량제를 한 그릇씩 비워 땀을 드렸다.

먼저 유원 회사(遊園會社)로 가서 몸을 쉬일 방을 구했다. 해수욕장에 와서 목욕하기 싫다고 고집을 부리는 바람에 그 여인에 끌리어 바둑판을 안고 오목(五目)을 둔다. 그러나 도무지 흥이 나지 않는다. 져도 그만이오, 이겨도 그만이기 때문이다.

이층 휴게실로 가서 유영장(遊泳場)으로 향한 난간에 앉아 물장난을 하는 젊은이들의 즐거운 웃음소리를 들으니 마음이 밝아진다. 꽃 같은 젊은 이들이 너나없이 섞이어서 떠들고 노는 것은 가장 볼 만한 구경거리였다.

C 형은 술병을 심으로 박은 단장을 가지고 한참 활기가 넘치게 논다. 맥주는 있으나 먹을 줄을 알아야지, 이런 때는 술 마실 줄 모르는 것도 큰 병신이다. 한 잔만 마시면 얼굴이 붉어지는 약점을 가진 나는 술만 보면 입을 먼저 막는 버릇이 있다. 그러나 그녀는 술을 두려워하는 나에게 끝없는 사랑을 준다. 그 어느 때인가 여러 친구들에게 끌리어 맥주를 석 잔 마시고 그녀를 만난 일이 있었다.

그때 그녀는 낯을 찡기며 암상을 피운 일이 있었다. "글쎄 술은 왜 잡수셔요? 술만 마시면 괴로워 애를 쓰시면서……."

나는 술에 취하여 그녀를 대할 때마다, 그 정성에 새삼 생존의 희열을 느낀다. 그녀는 나의 매무새를 늦춰 준다, 물수건을 이마에 얹어 준다, 가슴을 문질러 준다 하면서 한참을 야단을 피우는 것이었다. 그러던 그녀는 지금 내 곁에서 떠나 버렸다.

나는 그 생각을 하면서 맥주 잔을 들어 C 형에게 돌린다. 그는 "술이 또 남았나!" 하며 받아 마신다.

맥주를 권하는 나의 생각과 그것을 마시는 C 형의 생각과는 거의 등을 지게 되는 셈이다. 세상 만사는 다 이 모양일 것이 아니겠는가. 그 가운데에서 피를 흘리며 찾는 정의와 땀을 짜며 부르짖는 진리는 과연 무엇인가. 놀려고 왔는지 울려고 왔는지 알 수 없는 인천의 하룻밤도 그럭저럭 끝을 맺고 밤 10시 20분 인천발 막차로 서울로 돌아오는데 보니, 거의 모두가 해수욕장에서 본 낯익은 얼굴들이다. 기차는 달리고 코고는 소리만 높아갈 뿐이다.

전일(全一)의 「K 누님에게」[79]라는 수필은 서간체 형식의 짤막한 작품이다.

> 누님! 요사이는 재미가얼마나 만흠닛가 누님의말과가치 싸늘한가을은쏘다 시왓슴니다눈물과서름을말(斗)로퍼부어주는 가을은쏘다시왓슴니다그려 성성한사람으로서도 節氣가밧귀이는째에는 空虛의 悲哀의눈물을지운다는이마당에 人生의반나절을 외롭운 病席에서 送迎하는이젊은사람의구슬품이야 과연엇더하다고말하오릿싸
> 저는 歸省한後오날까지쪽卅二日 그동안에도 病을爲하야 이리저리 藥을만히썼슴니다 만은 病은조금도 差度가업슴니다그려 아모리 惡戲를즐기는 嘲弄의 運命翁인들 이가치도 放縱性이굿세고 굿세인지요 幻戲의줄을타고선 제의눈에는 人生의輪廓만이점々싸못く 하여짐니다 피와눈물은 제의가슴에 터질듯합니다[80]

---

79) 全一, 「K 누님에게」, 『東亞日報』, 1923년 11월 11일.
80) 위의 신문, 같은 날짜.

그러나 이것은 내가 삶의 환락을 도모하고 영겁의 죽음을 두려워함에서 나오는 애소(哀訴)는 결코 아니다. 28세의 인생 ─ 그 동안에 한 일은 무엇이며 이루어 놓은 것은 무엇인가!

스물 여덟이라는 나이를 먹은 것이, 그리고 4~5년 동안 병으로 신음하여 형용이 초췌해진 것이 이루어 놓은 것이 되는 것인지 모를 일이다. 중천에서 떠도는 흰 구름이 나를 비웃는 것만 같다. 한밤중에 깊이 우는 외기러기 소리를 어찌 실연(失戀)의 애도곡(哀悼曲)이라고만 할 수 있을 것인가!

아름다운 산을 비롯해서 맑은 물과 밝은 달이나, 한 걸음 나아가 뭇 인간 사회 ─ 이 모든 천연(天然)과 인간은 나를 비웃는 것만 같다. 세상에서 쫓김 받는 자의 신세! 과연 그가 갈 곳은 어디며 그가 할 일은 무엇이란 말인가!

쓰디쓴 인생이라고 흔히 말하지만, 나는 거꾸로 인생처럼 단 것은 없다고 생각한 일도 있었다. 하지만 그렇지 않았다. 인생엔 운명이라는 것이 있었다는 뜻이다. 인생은 운명이라는 그놈으로써 몸뚱이를 짓고, 그 밖의 것으로 옷을 입고 있었던 것이다. 어찌 내가 이것을 알았겠는가.

인생 그것 자체가 아무리 다디달다 하더라도, 운명이라는 놈 가운데에서 가장 흔한 화(禍)라고 하는 놈을 만나게 될 때에는, 인생이 쓰디쓴 인생이 되고 만다. 한 마디로 말해서, 인생 세계에서 '운명'의 존재를 도외시할 수는 없다.

운명의 지배를 받는 인생이라고 생각하니, 사람이란 미약하기 그지없다. 사람처럼 힘없는 존재란 이 세상에 없는 것 같다. 인생의 고통・신산(辛酸)・곤궁(困窮)・울번(鬱煩)이 있는 것도 결국 운명 그놈이 있기 때문이다. 우리 인생에서 이른바 운명이라는 반형(攀荊)인 장애물 그놈을 떼어 버리게 되면 인생은 얼마나 깨끗하고 아름다우며 다디단 예물(禮物)이 될 것인가.

푸른 꿈을 펴려는 청춘에 서리를 내리는 건 어느 누구의 소행이며, 희망에 끓어 넘치는 붉은 입술에 영원한 도장을 찍는 것은 누구의 소행이란 말인가. 이 말은 다만 약자의 부르짖음 그것만이 아니다. 패배자의 하소연도 아니다.

분명한 것은 이 세상 사람은 운명의 지배를 받는다는 사실이다. 운명 앞에서는 인간 만사가 무력할 뿐이다. 너무나 답답하고 힘없는 우리 인생이다. 저주 받은 인생이다.

<누님, 눈물이 흘러 더 쓰지 못하고 이에 붓을 놓습니다. 내내 건강하십시오>

이것과는 달리, 필자의 이름도 밝히지 않은 「도깨비 장난」[81]은 좀 기대에 어긋나는 내용으로 엮어져 있지만, 제목이 재밌어서 여기서 다루기로 한다.

부내(府內) 황금정(黃金町)에 도깨비 장난으로 말미암아 살 수가 없어서 이사하려는 집이 있다 한다. 허무 맹랑한 미신이라 하여 코웃음치려는 사람이 없지 않다. 그러나 전연 미신에만 그치는 것이 아니다. <심령 철학(心靈哲學)에 흥미를 가진 사람이면 연구 재료를 삼으려 할 것이다.> 심령 현상을 무시하는 청년 학자가 있었는데, 그는 언제나 '도깨비 장난하는 곳이 있다면, 내가 가서 실험해 보겠다'고 말했었다. 그런데 이번에 황금정 181번지에 갔는지, 가서 도깨비 장난에 혼이 나서 그 전에 가졌던 의견을 포기했는지, 현재로선 알 수가 없다.

---

81) 「도깨비장난」, 『東亞日報』, 1924년 11월 16일.

대체로 심령 현상은 무시할 것이 아닌 것 같다. 이번의 황금정 사건도 맹랑한 풍설이 아닐 것이다.

어느 영국 사람은 이런 말을 했다.

도깨비 장난 현상은 천차 만별이다. 도깨비가 나타나기도 하고, 괴상한 소리가 나기도 하고, 여러 가지 기구(器具)가 날아가기도 하고, 근량 있는 물건을 던지기도 하고, 혹은 피차 변치(變置)하기도 한다.

이러한 실례(實例)를 널리 수집하여 이것을 증명하려는 사람들이 많은 반면, 세인들 가운데에는 이것을 의심하는 자도 많은 것이다.

제목만으로는 도깨비가 장난하는 여러 가지 구체적인 재미있는 이야기로 엮어질 것으로 기대했는데, 그 기대와는 아주 동떨어진 내용으로 가득 차 있을 뿐이다.

이에 추상적이지만 이 글이 결론으로 내세운 것을 보이면 다음과 같다.

1) 거의 모두가 사람에게 걱정거리가 된다.
2) 사람의 몸에 위해를 끼치지는 못하는 것 같다.
3) 영괴(靈怪)의 음성은 발성자(發聲者)의 마음의 형적(形迹)이 있다.
4) 사람보다 다른 동물에 강한 감동을 준다.
5) 그 현상은 장소보다 사람에게 깊은 관계를 가지고 있다.

7. 수필의 빛깔 · 조선 사람의 생활 · 평범과 그 주변

17) 사실주의적 경향과 퇴폐주의적 색채

동인지 『창조(創造)』에 발표된 소설은 사실주의 또는 자연주의적 빛깔을 띠고 있다는 것은 자타가 공인하는 바이다. 벌꽃 주요한(朱耀翰)의 「장강(長江) 어구에서」82)라는 글월이 그것을 증명해 준다고 할 수가 있다.

  白岳兄
  벌셔上海온지가 八個月이됨니다. 일본정부당국쟈의게 가지안는것이죠켓다고 밧은忠告를쌔르치고 五月初에 長江의 불근물을 처음으로구경하엿슴니다. 上海온動機나 理由의說明은 여긔말하기를避코져함니다 만은지나간八朔동안을도라보면 學生生活과는判異한 一種의衝動的生活이 눈에보임니다. 現在에도 그러커니와, 이아페도얼마나그런生活을 繼續할는지未知올시다. 아니! 이런니야기는도모지그만둡시다. 쓸데없는일노發賣禁止나當하면 여러분끠未安하닛가.
  白岳兄
  그동안여긔서도보고들은中에 듯고십흔일도만코 한번그려보고십흔것도많으나 다 이담에밀고인사편지만함니다. 아직第三號는到着되지안녓으나 廣告는 보왓슴니다. 그리하고 오래씀어젓든讀者諸君사이에 交情이다시닛게된것을 깃버하엿슴니다. 지금朝鮮안에는 큰文化運動이 內面으로조차니러난다지요? 各地에日刊新聞과 月刊雜誌가 많이생긴다니 오래衰하엿든朝鮮文化의復活의曙光이 이에니르른줄노암니다. 아오는멀니서그完全純眞한發達를 바라고빌고잇슴니다만은 …… 아々!.83)

 이런 내용의 토막 편지글이 모두 여섯 개로 엮어져 있다. 일상 생활에서 흔히 쓰이는 낱말들이 물 흐르듯 술술 미끄러져 나오는 점이 눈에 띈다. 동시에 있는 그대로의 것을 있는 그대로 묘사하고 있다는 점도 간과해서는 안 될 것이다. 이것이 곧 사실주의적 빛깔의 모습이라 할 수 있는데, 그 중점(重點)은 외면적인 데에 두고 있다 할 것이다.
 이에 내면적인 데에 중점을 맞춘 예로서 오산인(五山人)의 「K 선생을

---

82) 벌꽃, 「長江어구에서」, 『創造』, 第四號(1920년 2월 23일), 59~60 쪽.
83) 위의 책, 59 쪽.

생각함」84)을 들어 보기로 한다.

　　사람이 一生을 지내는동안에 저들에게 第一 깁흔 印象을 주고 많은 哀情을 喚起케 함은 져들이 처으로 남의사랑을맛보랴기도하고 내사랑을 남에게 주랴기도 하는 그째에 여러가지 深刻한 煩悶(悶)을 始作하게 되고 이로말매암아 理想的世界를 져들의 單純한-아직 世上의 무셥은 風波를 經驗치못한- 머리속에 그려내는째이다. 아ㄴ! 오늘날우리가 이 境遇-渡世'세상살이'라는 일본말]의苦痛에 몸도리킬바를 아지못하고 한갓 人生의 暗黑面만 보아야할 이 不幸한境遇-에몸을두고 멀리過去를回顧하니 그것은 우리가 다시 도라가지못힐 天國이엿고다시 엇지못할 단 숨이엿다. 그째에 우리가 이 어린가슴에 쓸어오는 피를 抑制치못하야 或은 짯듯한 봄동산에 노래하고 或은 仲秋月 밝은밤에 哀殘한 풀속에서 슬퍼우는 버리소리에 허지업시 눈물을 흘닐째에 우리는 人生의 아름다운 情緖와 形言할수업는 哀情을 가슴에 삭이는듯이 엇엇다. 그리고 그노래 그울음은 永遠이우리를 아름다운世界에 漂泊하게하랴는 祈禱이엿다.85)

　　<나는 K 선생을 생각할 때마다 그러한 아름다운 과거를 머릿속에 일으킨다. K 선생! 나에게 대하여서는 어떻게나 사랑스럽고 그리운 말인고 이 말을 듣기만 하여도 나는 까닭 모를 눈물이 뺨에 흐르곤 한다.> 말하자면 K 선생과 나 사이는 동성 연애를 하고 있었다고 해도 과언이 아니다. 나는 K 선생을 사랑한다. 아니, 그리워한다. 과거엔 K 선생도 깊이 나를 사랑하셨다. 지금도 나를 사랑하시련마는 운명의 손은 두 몸을 갈라 버렸다. 지금은 다만 과거의 단꿈을 회고하며 다시 돌아오지 못할 그 시절을 되돌아보는 것으로 만족해야 한다.
　　<K 선생을 내가 처음 알게 된 것은 내가 ○ 학교 소학부(小學部)에 입학하여 삼년급(三年級)에 진급한 때부터였다. 그때에 K 선생은 20세였다고

---

84) 五山人, 「K先生을생각함」, 『創造』 第五號(1920년 3월 31일), 89~96 쪽.
85) 위의 책, 89 쪽.

생각한다. 그의 혈색 좋은 얼굴, 정기(精氣) 있는 눈을 얼른 보면 서양사람 같기도 하였다.〉 그때 담당한 과목은 조선어였다.

중학과(中學科) 일학기가 자날 때, 그는 나를 자기 방으로 불렀다. 처음 있는 일이다. 〈다소 부끄러운 기색으로 K 선생님 앞에 무릎을 꿇고 앉았다. …… K 선생은 별로 하려는 말씀도 없는 듯하다. 그런데 왜 나를 불렀을까?〉 지금 생각하니 그것이 사랑의 첫걸음임을 깨달았다.

한참 동안 서로 아무 말도 없이 쳐다보기만 했다. 선생이 입을 열었다. "어머니 아버지가 다 계시냐? 집에서는 무엇하나?" "예, 계십니다. 직업은 농사올시다." 나는 이렇게 대답하고 집으로 돌아갔다. 그 뒤부터 K 선생과 나는 더 가까워졌다. 연애라는 것은 다만 남녀 사이에만 있는 줄 나는 생각했었다. 그런데, 둘 다 남자인데도 사랑하고 그리워한다는 게 이상하지 않은가.

우리 형제는 이 학교에 다녔다. 물론 K 선생의 재미있는 가르침도 받았다. 우리는 학교에 갔다가 소리를 내며 웃으면서 집으로 돌아와 안뜰로 들어섰다. "어머니!" 하고 부엌문 걸쇠에 손을 걸었다. 그러나, 열리지 않았다. 오늘 아침 아버지의 부채로 말미암아 집을 빼앗기게 됐다는 말이 생각났다. 울려고 해도 울 수가 없었다. 집행이라는 것이 이런 것임을 비로소 깨달았다. 우리는 흑흑 흐느꼈다. 눈물이 흐른다. 10분 동안이었다. 이 10분 동안에 어린 아이인 우리는 어른이 되었다.

어머니는 우리의 아우와 백부의 집으로 가셨다 한다. 우리도 큰아버지 댁으로 갔다. 집을 빼앗긴 우리 네 모자는 엄숙한 백부의 명령을 따라야 했다. 다음날부터 형은 학교를 그만 두고 집안일을 돌봐야 했다. 물론 백부의 명령에 의해서였다. 이로부터 우리들은 아주 자유를 잃었고 어머니의 따뜻한 애정도 맛볼 수 없게 되었다.

그 대신 1년 반이 지난 뒤부터 나는 K 선생의 사랑을 요구하게 되었고, 나의 사랑을 K 선생에게 올리게 된 것이다. 그러나 K 선생과 나는 나이가 겨우 5~6년 차이 밖에 나지 않기 때문에 어떻게 보면 다 같은 청년인 셈이다. 이러한 사랑은 여러 가지로 변하여 우정에 가까워지기도 한다. 말하자면 K 선생과 나와의 사랑은 처음부터 우정으로부터 시작되었는지도 모른다는 뜻이다.

○ 학교의 첫째 특색은 산간 벽지에 서 있다는 것과 100여 명이나 되는 학생들이 한 가족처럼 정답게 기숙사 생활을 하는 점이라 하겠다. 그리고 밤에 자는 것도 아침에 일어나는 것도 종소리에 맞추어 똑같이 하고, 세수도 한 우물에 모여서 하고, 밥 먹는 것도 임의로 할 수 없다. 모든 것이 공동 생활이라는 뜻이다. 따라서 다른 학교에 비해서 학생들의 고생이 이만저만 어려운 게 아니었다.

선생들도 누구나 집에서 통근할 수가 없다. 선생들도 역시 기숙사 생활이다. 선생들도 학생들과 조금도 다름이 없다는 뜻이다. 옆방에서 장난 좋아하는 학생들이 야단을 치면 곧 그 소리가 선생의 귀에 들린다. K 선생의 방과 내 방은 똑같은 채에 있었기 때문에, 나는 신을 신지 않더라도 곧바로 K 선생의 방에 갈 수가 있었다.

그 다음해 내가 이년급(二年級) 때에 K 선생이 갑자기 학교를 떠날 때까지의 기숙사 생활ㅡ나에게는 가장 행복스럽던 생활이었을 뿐만 아니라, 나의 인생의 나침반을 거기서 얻은 귀중한 시기였다.

남산 허리에 아직 붉은 햇발이 남아 있을 때 우리는 뒷산으로 올라갔다. K 선생은 잔디 위에 몸을 반쯤 눕히면서 나에게 물었다. "H 군. 그대는 저 바람 소리를 어떻게 듣나?" "왜 그런지 매우 슬프게 들립니다." "그렇게 슬프게 들을 까닭이 있나, 자연의 소리다, 자연의 음악이다. 자연에는 비애라는 것이 없다. 자연은 우리를 즐겁게 하기 위하여 하느님이 만든 것이다."

감격하여 혼자 지껄이는 것처럼 말한다. 한데, 그 말소리 속에는 말할 수 없는 슬픈 곡조가 깔려 있었다. 가슴에 커다란 번민을 가진 사람이 그 괴로움을 벗어나려고 신음하는 것과 같은 곡조가 말이다. 사방은 어느덧 땅거미가 지기 시작한다. 남산의 붉은 햇빛도 스러졌다. 다만 바람 소리만 여전히 들릴 뿐이다. K 선생이 다시 말을 잇는다. "그러나, 사람이란 것은 그 성질과 그 경우를 따라 같은 물건을 보고 같은 소리를 듣되 그 감상되는 바는 각각 다르니까……." "참 그래요." 나는 어느 누구보다도 불행한 몸이다. 어려서부터 갖은 고생을 모두 겪고 고약한 운명의 손에 농락 당했다. 나는 어떠한 즐거운 일을 보고 어떠한 유쾌한 음악을 듣더라도, 거기에 공감하거나 공명할 수 없는 것이 나의 제이천성(第二天性)이다. 그날 저녁의 그 바람 소리가 어떻게 나의 귀에 즐겁게 들릴 수 있었을 것인가. K 선생만 그 자리에 없었으면 나는 목을 놓아 울었을는지도 모른다.

그 이듬해 봄이다. 사월 중순, K 선생이 학교를 떠난다는 돌발 사건이 일어났다. 물론 선생이 떠나야 할 여러 가지 사정이 있었을 것이다. 그렇더라도 학생들은 선생을 잃지 않으려 했다. 다른 학생들은 K 선생을 잃는 것이지만, 나는 나 자신의 생명을 잃는 것과 똑같았다. 아아, 나의 앞날을 비치던 한 줄기 가느다란 광명도 스러지고 이젠 캄캄한 세계만 남아 있을 뿐이다. 이것이 나의 운명인 것인가. <K 선생은 그만 떠나 버렸다.>

이처럼 「K 선생을 생각함」은 두 사람의 헤어짐을 운명처럼 탄식하는 것이라고 한다면, 홍사용(洪思容)의 「백조(白潮)는 흐르는데 별 하나 나 하나」[86]는 달콤한 슬픔에 빠지는 경향을 보이는 것이 특색이다. 기미년(己未

年 ; 1919년)의 민족적 거사가 실패로 돌아간 뒤의 몸부림일는지도 모를 일이다. 백조의 동인들은 나도향(羅稻香)·현진건(玄鎭健)·홍사용·이상화(李相和)·박종화(朴鍾和)·박영희(朴英熙)·노자영(盧子泳)·김기진(金基鎭) 따위였다.

저 하늘에서 춤추는 것은 금빛 노을인데, 내 가슴은 군성거려서 견딜 수가 없다. 앞강에서 부르는 우렁찬 소리가 멀리서 들릴 때, 철없는 내 마음은 좋아라고 잔디밭 모래톱으로 줄달음질친다. 그러다 다리를 뻗고 주저앉아 은고리같이 둥글고 매끄러운 혼잣말을 얼없이 지껄인다.

상글상글하는 태백성(太白星)이 내 머리 위에 반갑게 반작인다. 분세수를 한 것 같은 오리알빛 동그레 달이 앞동산 봉우리를 짚고서 방그레 바시시 솟아오르고, 바시락거리는 안개 위로 달콤한 밤의 장막이 소르르 내려올 때에 너른너른 허연 밀물이 팔을 벌여 어렴풋이 닥쳐오는 이때에 나의 가슴은 더욱더욱 뛴다.

진정 끝없는 기쁨이다. 나는 하고 싶은 소리를 다 불러 본다. 그러면 공단처럼 고운 물결이 찰락찰락 나의 몸을 쓰다듬어 준다.

> 커다란 沈默은 기리々々 죠으는데 끗업시 흐르는 밀물나라에는 낫닉는 별 하나히 새로히 빗침니다. 거기서 우슴석거불으는 자쟝노래는 다소히어리인 金빗 쉼터에 호랑나뷔처럼 훨々나라듭니다.
> 엇지노! 이를엇지노 아! 엇지노! 어머니젓을 만지는듯한 달콤한 悲哀가 안개처럼 어린 넉슬 휩싸들으니 …… 심술스러운 응석을 숨길수업서 뜻안이한 우름을 소리처움이다.[87]

그리고 서간 형식으로 꾸며진 남궁벽(南宮璧)의 「자연」[88]은 자연을 찬미

---

86) 洪思容, 「白潮는흐르는데별하나나하나」, 『白潮』, 創刊, 1922년, 1~2 쪽.
87) 위의 책, 2 쪽.
88) 南宮璧, 「自然」, -五山片信-, 『廢墟』, 創刊號(1920년 7월 25일), 67~72 쪽.

하는 내용으로 되어 있지만, 어딘지 모르게 외롭고 쓸쓸한 느낌이 드는 수필 작품 같기도 하다. '오산 편신(五山片信)'이라는 부제가 붙어 있는데, 모두 여섯 부문으로 나뉘어져 있다.

> 나는이곳定州에온뒤로, 自然과가장密接한生活을합니다. 自然의一部分이되엿다하면, 도로혀조흘쯧합니다.
> 나는自然속에서날로成長하여감니다, 맛치나무와풀이, 自然속에서成長하여가는 것처럼.[89]

이렇게 시작된 이 작품은 남궁벽 자신이 하학(下學) 뒤에는 날마다 학교 부근의 산이나 들을 소요하는 것을 일과로 삼고 있다고 토로한다.

오늘도 나는 산책하기 위해서 나왔다가, 지금 어떤 언덕 위에 서 있는데, 나의 시력이 미치는 데까지는 산야 전답이 온통 푸른빛이다. 내가 푸른 세계에 싸여 있기 때문에 호흡하는 공기까지 푸른 것 같다.

나는 오늘 오후에 H와 함께 소학부(小學部) 주임 교사인 K네 집으로 놀러 갔다. 쾌활한 K는 부리나케 안으로 들어가더니, 미구에 털복숭아를 한 바가지 가지고 나온다. 그런 다음, 그는 뜰로 내려가 호박잎을 한 주먹 따 가지고 왔다.

H와 나는 칼로 껍질을 벗기기 시작했다. 이것을 본 K는 "그렇게 애쓰지 말고 나 하는 대로만 하게" 하면서 호박잎으로 복숭아를 문지른다. 털이 하나도 없이 벗겨진 복숭아를 본 나는 부지중에 "옳지, 그것이 된수인걸" 하였다. 호박잎에 있는 깔끔깔끔한 털로 복숭아를 문지르면, 털이 말쑥하게 잘 벗겨지는 것이었다.

원래 이 오산(五山)이라는 곳은 무척 구석진 곳이다. 그러므로 농민의

---

[89] 위의 책, 67쪽.

생활 상태엔 원시적인 구석이 많이 남아 있다. 더욱 오늘은 우리가 선조의 유목 시대에 뛰어든 것처럼 느껴졌다. 한데 이 세상의 산전 수전을 다 겪은 듯한 H는 여전히 칼로 복숭아 껍질을 벗기는 것이었다.

오늘 저녁때였다. 나는 어떤 뽕나무밭 가를 지나가고 있었다. 그런데, 저편에서 한 젊은 여자가 아이를 업고 온다. 그녀는 황톳빛 같은 머리에 흙발을 하고 있었다. 나는 그녀의 등에 업힌 아이와 그 옆의 뽕나무 가지와 이상스럽게도 비교되어 보였다. 바로 자연이다. 뽕나무에 가지가 난 것이 자연이듯이 젊은 여자의 등의 아이도 자연 그것이다.

우리들은 결혼 문제가 나오면, 조혼이 어떻고, 만혼이 어떻고, 생활비가 어떻고 하면서 뒤떠든다. 하지만, 이런 시골에 와서 정말 '생우토 환우토(生于土還于土)'의 생활을 하는 농민 부락을 보면, 모든 것이 자연스럽고 원활하게 되어 간다. 돌덩이가 길가에서 구르는 것처럼, 풀이 땅에서 나는 것처럼, 모든 것이 자연과 합체된다. 겨우 18~9세 밖에 되지 않은 젊은 여자가 자기 자식을 업은 것이나, 나와 같은 연배의 젊은 남자가 두셋의 자녀를 가진 것이나, 모두 자연스럽게 보인다. 조금도 부자연스럽지 않다. 나는 그것을 그르게 여기지 않고 좋다고 생각한다.

저녁때 나는 학교 뒷산에 올라가 초생달을 향해 거진 한 시간 동안이나 연설 연습을 했다. 피곤해서 내려가려고 돌아서니, 바로 앞쪽에 희미한 달빛에 어렴풋이 무덤이 보이지 않는가. 죽은 사람에게 못할 짓을 했다는 생각이 들었다.

잔솔밭 위에서 추위에 떠는 듯한 별들이 반짝이고 있다. 그 별 아래에서 머리를 숙이고 묵도를 드렸다. 나의 발이 땅에 꽉 붙어서 마치 눈앞에 있는 소나무나 풀들이 땅에서 나오는 것처럼 나도 거룩한 땅에서 나와서 선 것 같이 느껴졌다. 나도 지금 하느님이 만물을 기르기 위하여 베푼 무진장한 땅기운을 지금 발로 빨아올리는 것 같았다.

눈을 들었다. 별들이 헤아릴 수 없는 매력을 가지고 반짝인다. 롱펠로우(Henry Wadsworth Longfellow)의 「이밴저린(Evangeline)」 가운데에 있는 귀절 — 하나씩 둘씩 하늘에 돋는 별을 천사의 물망초(forget-me-not)에 비유한 귀절이 생각난다. 그리고 저런 별들과 더불어 가까운 생활을 하는 시인이 부럽다는 생각이 들었다.

> Silently, one by one, in the infinite meadow of heaven,
> Blossomed the lovely stars-the forget-me-not of the angels.
> — Longfellow

학교에서 남 쪽으로 약 2마장쯤 가면, 고개 하나 너머에 여학부(女學部) 한문 선생 댁이 있다. 우리 교사들은 거기서 유쾌하게 식사를 마쳤다. 나는 K 교사와 함께 학교로 가는 길, 언덕 기슭에 가락지꽃(菫)이 피어 있는 것을 발견했다. 나는 걸음을 멈추고 K 에게 말을 걸었다.

"K 군, 가락지꽃(제비꽃)이 피었구려. 가엾어라. 지금 피어 가지고 서리를 어떻게 감내(堪耐)할꼬. 재봉춘(再逢春)이겠지." "흥. 재봉춘이로군." "K 군, 나는 이렇게 생각해, 이 꽃은 미(美)가 아닌가, 이 미를 낳은 땅도, 역시 미 아니면 안 될 것이지, 미가 아닌 것이 어떻게 미를 낳을 수 있나, 대지의 진리가 미가 아니면, 이러한 미를 낳지 못할 것이지, 중국의 주무숙(周茂叔) 같은 이는 <여독애련지출어어니이불염(予獨愛蓮之出於淤泥而不染)이라 하여서, 연(蓮)만 칭찬하고, 그 연을 낳은 근원은 대수롭지 않게 여겼으나, 내 주견(主見)으로 보면, 이 글귀는 말이 안 되는 줄로 알아." "흥, 그러해, 미야, 분명히 미야, 자네 사상의 기조는 미에 있네 그려."

꽃잎에는 아침 해에 녹은 서리가 방울져 있었다. 나는 부리나케 가락지꽃에 입을 맞추고 언덕 위로 뛰어올랐다. 나는 조용히 걷기 시작했다. 그때 가락지꽃에 붙었던 이슬이 내 입술에 옮아온 것을 깨달았다. 나는 그것을 무슨 감로(甘露)나 되는 것같이 빨았다.

나는 기쁨에 가득한 맘으로 걸으면서 이렇게 생각했다. '바울이 한 말과 같이 모든 살은 같은 살이 아니다. 김생의 고기가 새 고기와 다른 것처럼, 새 고기가 생선 고기와 다른 것처럼, 불신자(不信者)의 살과 신자(信者)의 살은 다를는지 모른다. 그와 일반으로, 가락지꽃에 입맞춘 내 입술은 그러한 일을 하지 않은 사람들의 입술과 다를는지도 모른다. 더욱 그 교만한 발로 대지를 짓밟고, 풀과 꽃을 짓이기기를 예사로 하는, 소위 영웅들의 입술과 나의 입술은 확실히 다를 것이다. 또 달라야만 할 것이다.'

박종화(朴鍾和)의 「영원의 승방몽(僧房夢)」[90]은 애상적(哀傷的)이며 로만적인 정조(情操)가 넘쳐흐르는 수필 작품이다.

    ═ 눈물은 흘러서
     차고힌 달속에 녹아드는데
     이몸은 어인일
     안개속 거리를 비틀거려라 ═
  틈업는 버리짐업는 느긋한맛의魂으로 채운每日이 너그럽게 너그럽게 우리의가슴안으로 흘러서온다. 우리는 만흔깃쑴과정성으로 압헤展開되여오는 生의一面에接觸치안을수업다. 이리하야 우리는時間의틈마다 우리의손으로비임업시짜서얼근 崇嚴한 한폭이生活의깁을몰재에 긋업는愉悅과感謝에서소사나오는 하얌업는더운눈물에 앗질한진저리를막을수업다.[91]

진리의 삶은 영원하다. 또한 그 참다운 넋은 길이길이 살아서 언제나 이 하늘 아래에 남아 번쩍거리며 춤을 출 것이다. 그 찬란한 빛을 우리

---
90) 朴鍾和, 「永遠의 僧房夢」, 『白潮』, 創刊號(1922년), 57~63 쪽.
91) 앞의 책, 57 쪽.

가 알 때에, 우리는 즐거운 생활을 보게 될 뿐만 아니라, 느긋한 마음의 미소가 무심히 두 눈과 입에 나타남을 금치 못한다. <어둠에 싸인 소름 끼치는 저주의 호곡(號哭)을 들을 때에 백일(白日)에 춤추는 음탕한 고혹(蠱惑)의 무도(舞蹈)를 볼 때에 모든 진리여 스러지거라. 모든 생이여 거꾸러지거라. 인간의 행복이란 무엇이뇨. 희망의 유열(愉悅)이란 다 무엇이뇨. 지옥의 문에 넘어진 것이 이른바 곧 생이요, 염라(閻羅)의 입에 든 것이 곧 불쌍한 가엾은 사람의 삶이 아니냐 하는 눈물 섞인 반역자의 부르짖음을 부르짖지 않을 수 없다. 인생은 모두 녹슨 영혼의 찬가(讚歌)를 부르는 퇴폐의 제단에 나아가 닫혀진 행복의 문을 열어 주소서 하는 불쌍한 어리석은 인생이다. 이곳에 무슨 진리가 있으랴. 무슨 광휘가 있으랴.>

오직 이것만으로 인생이라 한다면 그것이 무엇이란 말인가? <그것이 '참삶'에 무슨 효능이 있으랴. 가도 또한 가도 아무(란) '참빛'이 없고 '참울음'이 없다면 생이란, 우리가 요구하는 숭엄한 생이란 다만 빛 없고 소리 없는 사(死)의 나라의 동경을 꿈꾸는 영원한 승방(僧房)의 꿈이 될 뿐이로다.>

젊은 인생은 즐거운 것이다. 붉은 피가 뛰는 청춘 시절! 영혼에선 강한 향을 가득하게 사르고, 육체에선 아지 못하는 달고도 이상한 즐거움에 경중경중 뛰며 한없는 환희에 헤엄치건만, 우리는 하나의 커다란 공동(空洞)의 결함을 깨닫지 못하고, 우리의 생이란 영겁의 공동이요, 허무한 것을 느끼지 못한다. 진리 없는 생, 광휘 없는 생, 다만 이 끝없이 쓸쓸한 영원한 승방몽 그것으로 그치는 삶에 지나지 않는다.

사람들은 죽음을 두려워한다. 쓸쓸한 영원으로 돌아감을 싫어한다. 고뇌에 가득찬 비참한 생인 동시에 절망의 심연이건만, 삶에 대한 집착은 죽음에 가까워질수록 더욱 강해진다. 그럴 것이다. 영원한 침묵, 냉랭한

죽음으로 돌아가기가 싫은 것이다. 뜨거운 사랑이 있고 눈물이 있고 쾌락이 있는 이 생을 떠나기가 싫은 것이다.

위선과 가식으로 반죽된 이 세상이요, 고민 비참으로 엉킨 이 인생보다는 차라리 영원한 진리의 죽음 나라로 가는 것이 나을 것이 아니겠는가! <나는 일찌기 다눈치오(Gabriele D'Annunzio)의 『죽음의 승리(Il trionfo della morte)』를 읽을 때에 작은 몸떨림을 막을 수 없었다>고 박종화는 말한다. 젊은 날을 자랑하는 두 청춘 남녀는 방종한 육(肉)의 생활을 계속하지만, 마침내 그들은 절벽에서 바다로 몸을 던진다.

생계비치(Henrik Sienkiewycz)의 장편 『쿠오바디스(Quo Vadis)』에 등장하는 페트르니우스는 아름다운 죽음의 진리를 터득했다. 사람들은 모두가 이 인생을 즐거워한다. 그러나, <거짓에 싸인 이 인생이요, 부정(不淨)에 싸인 이 인생이요, 우수(憂愁)에 싸인 이 인생이다. 성결(聖潔)치 못한 이 땅이요, 진리가 없는 이 땅이다. 가고 또 가려 하나 갈수록 허위요, 싸고 또 싸려 하나 쌀수록 공동(空洞)이다. 아―이 인생의 시절이란 영원히 회색(灰色) 날 아래에 졸고 있는 승방의 꿈>이 아니겠는가.

18) 세 가지 이야기 · 건망증 · 무명 인물

『동아 일보』에 발표된 「사화 삼칙(史話三則)」[92]은 필자의 이름도 밝히지 않은 것으로 '온돌' · '여관' · '백의(白衣)'의 세 부문으로 나뉘어져 있다.

◇ 溫突 우리朝鮮家屋의溫突制度는仁祖朝以後로全國에普遍되얏다 그前에는 寒節이라도 큰屛風과두터운자리로 마루우에서居處하고老人과病者를爲하야 或溫突한두간을設置하엿슬쭌이엇다고한다

---

[92] 「史話三則」, 『東亞日報』, 1924년 10월 7일.

◇ 仁祖朝째 서울四山에松葉이堆積하야 火災가자즘으로 金自點이쇠를내어 仁祖께 稟하고 五部人民에게命令하야 모다溫突을設置하게하얏다 짜듯하고배불은것을조화하는것은사람의常情이라 五部의바든命令을 一國이奉行하게되야 松葉을處置하랴든것이 松木까지處置하게되엿다

◇ 溫突制度가 一般으로行한後에큰弊害가두가지생겻스니 하나는 鬱蒼하든 山林이 차차로童濯하게된것이요 또하나는 健壯하든國民이차차로脆弱하게된 것이다

◇ 前日에는서울안에잇는舊家故宅에서往昔習俗의자최를 살필수잇섯스니 큰 집이건만 지금所謂房이란것의數가적고 마루가대종업다할큼만헛섯다 그러나 오늘날은 그자최도 차질곳이업다

◇ 旅舘 金自點이는當時逆臣으로몰렷슬쑨아니라林慶業將軍을 謀害한까닭에 宋나라 賊臣秦檜에비하는사람이잇다 이金自點이가權柄을잡엇슬째 두가지施設한것이잇스니하나는溫突制度를普遍케한것이오 하나는旅舘制度를改良한것이다

◇ 그前에는旅舘이란것이업고 各沿路에院이잇고 院에는院主가잇서서 旅客이宿泊하면柴水만供給할쑨이오 糧食과밋모든諸具는 旅客이가지고다니어섯스니 亞剌比亞의 風俗과비슷하엿섯다

◇ 各道流民中에서 사람을擇하야이院을마터가지고飮食까지旅客에게供給하게한것이 金自點이의開始한일이라한다 처음에는 飮食을實費로供給하든것이 뒤에차차로營業으로變하고그利가厚함으로 이業에從事하는사람이 제절로만허 젓다 그러나 그發達이遲遲하야 近年까지都會地에잇는旅舘으로도 寢具가튼것을設備한旅舘이업섯다 都會地에잇는것이 이러하얏스니 偏鄙한地方에잇는것에는 勿論旅客의 不便이한두가지아니엇다

◇ 白衣 우리나라衣服制度는 歷代로中國의影響을바다서 變하야온것이니 新羅眞德王째에男子衣服을唐制로變改하고 文武王째에 女子衣裳도 唐制로改革하얏다하고 高麗朝에는 新羅制度와만히가텃스나 中葉以後에 元制를模倣하고 末葉에이르러 明制를襲用한것이만타고한다

◇ 人主以下로모든階級이 ……(중략)…… 普通으로白色을常服하기는 正祖째부터시작한일이니 이는正祖가父親莊祖를思慕하시는 맘이만흐서서終身居喪하신것처럼 色采衣服을입으시지 안흔까닭이라한다 喪中衣純白은 우리의傳來하는舊俗이다[93]

위의 논문에 가까운 수필은 『동아 일보』 '학예란(學藝欄)'에 게재된 글월이다. 이에 그 학예란에 실린 재미있는 보기를 두 가지만 더 보이기로 한다. 모두가 필자의 이름이 밝혀지지 않았다.

鍵忘症

◇ 健忘症은 精力이 不足하야 發生하는 一種病症으로여기는것이 普通이다 그러나 이것이 天才의 一種特徵이된다고한다

◇ 英吉利의 偉大한 學者 뉴우톤은 自己姪女의손가락을 담배로알고 곰방대에 끌어다가박은일이잇고 또그는 무엇을차지러 自己房에서밧겻을나가면 나가는 동안에발서차지랴든것을이저버리고 그대로房으로돌아오기를 흔히하엿다

◇ 佛蘭西사람으로 近世化學의開祖라할류유는언제든지 그의硏究를 길게說明하고나서는 반드시스테 그러나이것은내가남에게말하지안는秘密이라고添附하야말하엿다 어느쌔 學生하나가이러서서 그의方今말한것을되바더서 그의귀미테서 말하엿다더니 그는 이學生이 저의智慧로 自己의秘密을 發見한줄로밋고 他人에게 發說하지말라고請하얏다 그는自己가 方今二百餘名學生에게對하야說明한것을이것섯다 어느날은化學實驗을하는데 그는學生에게向하야 "여러분 지금여긔솟이불우에걸려잇소 만일내가이것을젓지안코 이대로둘것가트면 이솟이 곳爆發되야 여러분압헤쥐여갈것입니다" 말하고그는참으로 젓기를 젓다 그래서 그의豫言이 的中하야 그솟이꺠지는통에實驗室琉璃窓이破碎되고 室內에잇든사람이庭園으로뛰여나가게한일이잇섯다

◇ 蘇格蘭사람으로解剖學大家이든 아베라드 호옴은 어느쌔約半時間동안이나記憶力을喪失하야 自己의住所를 이저버리고 남에게 물어알엇는데 그 거리 일음을 들을째 처음으로듯는 사람과가텃섯다고한다

◇ 有名한佛蘭西物理學者암쎌은 말을타고短距離地方에 旅行을나섯다가 道中에서思索에沈溺하야 말쎄나려서 말을쓸고步行하얏다 어느동안에말은主人을바리고 逃亡하엿건만 그主人은目的地에到達하야 그의親舊가注意하기까지 쌔닷지못하엿다 어느쌔는 그가 서잇는馬車뒤에 平日부터思索하든問題와公式을썻다가 馬車가달려갈쌔야 그것이 漆板이 아닌것을알고 그馬車뒤를쫏차가느라고奔走한일이잇섯다

---

93) 위의 신문, 같은 날짜.

◇ 佛蘭西의 有名한 物理學者 天文學者 바비네트는 어느째 어느 地方에 가다가 마음에 드는 집하나를 사서 노코 돌아왓는데 어느 地方이든 것을 이저버리고 쏘 어느 停車場에서 車를 탓는지까지 이저버려서 搬移를 못한 일이 잇섯다

◇ 佛蘭西 有名한 哲學者 디드로는 馬車를 貰내다가 門前에 세워두고 忘却하야 空然히 馬車 貰를 무러준 일이 屢次 잇섯고 月日과 時間을 이저버리는 것이 그에게는 普通일이오 甚한째는 自己와 對話하는 사람까지 이젓섯다

◇ 墺地利音樂家 모사아트(W. A. Mozart)는 食卓에 안저서 食刀로 피아노 장단을 치다가 手指를 傷하는 일이 자짐으로 나종에는 他人에게 食事시켜주는 수고를 끼첫고 伊太利音樂家 로시니(G. A. Rossini)는 樂隊를 指揮할째 樂手와 聽衆이 모다 退場하는 것도 몰으고 혼자 指揮한 일이 잇섯고 樂聖이라는 베도븬(Ludwig van Beethoven)은 外出할째 흔히 帽子 쓰는 것을 이저 어느째 노이스타트라는 地方에서 浮浪者로 誤認되야 警察에 拘束을 당하엿섯다 그째 그가 自己는 베도븬이라고 아무리 말하여야 風采가 나무 不似함으로 밋지를 아니한 일이 잇섯다 한다[94]

無名人物

◇ 有名한 英雄이 잇는 同時에 無名한 英雄이 잇는 것은 世人이 거의 다 아는 바이다 엇더케 생각하면 人類社會에 貢獻함이 잇스랴고 眞實한 맘으로만 努力하든 人物은 만히 無名氏가 되야버리고 雜心이 만튼 人物이 거의 다 有名하게 된 것갓다 이런 생각을 가질째는 史傳上 有名한 人物보다 그 자최가 泯滅하야 차질 곳이 업는 無名한 人物에게 敬仰하는 맘이 가지지 안을 수 업다

◇ 이 無名人物이란 것을 서너 가지로 區別하야 볼 수 가잇다 첫재 자최도 업고 일음도 업는 人物이 잇스니 아니 잇슬 것이니 이들에게 對하야는 아무리 有心한 사람이라도 말할 거리가 업서서 말할 수 업슬 것이오 그 다음에 자최는 잇고 일음이 업는 人物이 잇스니 蚯髯客 大鐵椎는 우리 許生과 가튼 想像上 人物인지 몰으나 拽梯郞君가튼 人物의 傳함을 볼째 有心한 사람이면 눈물이라도 먹을 것이오 쏘 그 다음에 자최도 잇고 일음도 잇스나 들어나지 못한 人物이 잇스니 有心한 사람은 이들을 조금이라도 들어내코자 힘쓸 것이다

◇ 여러 사람이 가튼 일을 하고도 엇던 사람의 일음은 들어나고 엇던 사람의 일음은 들어나지 안는 일이 잇는데 이르러서는 運數란 것이 잇나 하는 疑心조차 업지 못할 것이니 인제 中國歷史上에서 몃가지 實例를 들어보겟다 中國歷史에서 材料를 取함은

---

94) 「健忘症」, 『東亞日報』, 1924년 10월 9일.

쓰는사람은남의蒐集한것을利用할수가잇고   보는사람은만히豫備知識이잇는까닭이다

◇ 弦高와가치 …… 鄭國을危機에서救한사람이奚施라고 『呂覽』에잇는데 奚施의일음은弦高와가치記憶되지아니하얏고   韓國相臣을 單刀로刺殺한俠客이 聶政이하나가아니요 陽堅이와가치두사람이것만 陽堅의일음은아는사람이적고 荊軻를 泰國으로보내든 豪俠人物이 高漸離外에宋意가잇지만 宋意는몰으는사람이 만히잇다

◇ 力拔山氣蓋世하든英雄으로有名한項羽와가치起兵한厲狄이란英雄은 輟耕錄이아니면일음조차傳치못하얏슬것이요 張良이와가치韓信을爲하야 怨讐를갑흐랴든辛翼이라는人物은姓名이간신이傳할쑨이다

◇ 一心苦節로 近二十年동안을 北海上에서지내다가 天幸으로匈奴손에서버서나온蘇武가 여간人物이아니니 有名한것이當然한일이다 그러나 가치匈奴에게가서 가치雪氈苦楚를치르다가 가치生命을保全하야돌아온사람이 蘇武外에 常會, 徐聖等九人이잇다 그러한人物이잇든가疑心이나면 漢書를자세히볼것이요 漢光武의故人으로 嚴子陵과가치 高節을직히고 仕路에나서지아니한사람이 잇스니 牛牢가그런사람이요 高獲이그런사람이다 이두사람은 엇지하야 嚴子陵이만큼일음이나지아니하얏는가 原因이複雜하야알수업다면 偶然이라고나말할것이다

◇ 王安石의心術이不正한것을알고 蘇老泉보담몬저 辨姦論을지은사람이 王勝이다 그러나 이것을記憶하는사람이드물다 이것은老泉의文章이有名함으로 辨姦論까지有名하게된것이요 辨姦論으로하야 老泉이有名하게된것은아닐것이니 王勝의姓名쯤은 들어나지아니하야도 원통할것이업슬듯하다[95]

19) 듣고 말하기 · 범인의 생각 · 낙화를 밟으며

강아지(強我之의 「나의 귀와 불평의 소리」[96]라는 글월은 '소리의 1'로부터 '소리의 11'까지 모두 11묶음으로 이루어졌다.

---

95) 「無名人物」, 『東亞日報』, 1924년 10월 12일.
96) 強我之, 「나의 귀와 不平의 소리」, 『開闢』 第五號(1920년 11월 1일), 95~98 쪽.

소리의 一

　늙은어머니와 어린子息을爲하야 體面도苦生도 다不許하고 鍾路네거리에나 아가안저 盡日밤새도록 군밤(煮栗)장사를하다가 아즉몃알을더구어팔앗스면조켓지만 어머니와子息이 그래도그리워 열한時쯤되어서 집[남의집行廊이라고차자드니 어머니는배를움켜잡고누윗는데 어린애는 어머니의겨테서훌쩍훌쩍울고잇다 쓰린가슴 흐르는눈물을 억지로 참으면서嗚咽한말소리로
　"어머니 — "
　하고 부르지즐째 안방으로서
　"아범 — 들어왓나 이리좀와!"
　하는 號令의소리 뭇지안하도 심부름가라는슈이로다
　아!齷齪스럽고 不公平한世上! 아!언제나平和神이嫣然히와서 이壓迫과이拘束을다풀어줄른가 아!아니꼬운이世上97)

　먹고 싶은 술 담배를 억지로 참으며 한 푼 두 푼 모아 가지고 본목 주의(本木周衣)이나마 3~4원을 들여서 곱게 입고 나서야겠다. 어떤 얄망궂은 여편네가 때아닌 두루마기라고 삐쭉삐쭉 비웃을 게다.
　아니꼬운 계집도 다 많구나. 제 허물은 제가 모른다던가. 백일 청천에 우산은 왜 받았으며 때아닌 목도리는 왜 둘렀을까? 아아, 별별꼴도 다 당하겠지. 이른바 '뒷간 기둥이 외양간 기둥을 숭본다'지 않던가.
　<아니꼽다 아니꼽다 하여도 소위 지사(志士)라고 자처(自處)하는 자(者)들 — 소위 부자라고 하는 자들 — 참 아니꼽지. 그것들이 무엇이길래 그다지도 건방질까. 애 밴 여편네처럼 배퉁이는 왜 그리 내밀며, 물에 빠진 사람처럼 눈깔은 왜 그리 말똥말똥한지, 언청인가 말은 왜 바로 못하며, 귀머거리인가 대답은 왜 할 줄 모르는가, 뱀의 알을 먹고 살아났는지 산득산득하기는? 아 — '망하여가는 벌은 쏘기를 잘한다'고 사회가 부패하려니까 별별 아니꼽은 자도 많이 생긴다. 글쎄 그게 무슨 버릇일까? 소위

---

97) 위의 책, 95 쪽.

지사라고 하면서 사람을 사람으로 아지 아니하고 자기뿐 사람인 체하니. 제가 무엇이길래 감히 그러할까? 세상 공안(公眼)이 끝끝내 용서할 줄 아는가? 하물며 자유 평등이 막 떠들어 나는 이때에 — 아! 아니꼬운 어른님도……>

세상이 어찌나 까다로운지 손발 한 번 꼼짝할 수가 없구나. 어느 고향 동무를 만나 주점(酒店)엘 들렸다. 어떤 반지빠른 친구가 한참 금주(禁酒) 연설을 하고 있더군. 물론 음주가 문제이긴 하다. 그러나 '덩덩 — 하니까 무너미굿으로 안다'고, '금주'라 하니까 밑도 끝도 모르고 떠드는 게 아닌가.

이 글은 불평이 겉으로 나타나 있는데, 전영택(田榮澤)의 「범인(凡人)의 감상(感想)」[98]은 현대의 새로운 이상주의와 인도주의를 올바르게 철저히 이해해야 한다는 것을 내세운 내용으로 되어 있다.

> 엇던 크리스챤은, 世界가 末世에니르러, 그리스도가 再臨하야 유대人이 世界를 統一하게된다고 부르짓게쯤 되엇다. 그들은 그證據로 革命 스트라익이 全世界에 猛烈히 이러나는것, 예루살넴大學의設立 新유대建設等을 말한다.
> 그럴지도 모르겟다. 何如間에, 末世가되엇는지 끗까지 進化한 新世界가 되엇는지 알수없지만, 마치 劇場의 舞臺가 핑도라가서 한번變한것가치 世界는 겨우 數年동안에 刮目相對할만콤 새로워젓다. 前에 보지못하든 새戱曲의 幕이 展開 되엇다. 이러한 戱曲을 當代에안자서 구경할수잇는 우리는 얼마나 幸福스러운지 모르겟다.
> 엇잿든지 나는 現代의世界를 理想的新世界 라고부르겟다. 旣往에는 預言者의브르지짐, 宗敎家의理想, 藝術家의꿈에지나지못하든거시, 오늘날와서 實際的問題가 되고 實際的 激烈한運動이이러나고, 차々 實現이되어가는것을보건대, 그것이엇든 一部勢力의 힘으로 되는것이아니라 民衆의自覺으로 되는것을 보건대, 아모리해도 全人類가 共通的理想을두고 여러千年동안을 努力해오든

---

[98] 田榮澤, 「凡人의 感想」, 『學之光』, 第二十號(1920년 7월 6일), 45~51쪽.

效果가 생겨서, 그거시 實現될 機運이 잇어서 마참내 理想的 新世界가 온듯
십다. 왓다는것보다도 新世界를 向하야 第一步를 옴겨놋키를 시작하엿다. 저
－멀니 마즌편에 新世界가 보인다고 하는것이 올켓다. 全世界에 平和와 自由
의 燦爛한빛이 두루비첫스매벌서 그것이 '아이듸알 니유월드'라고 할만하
다.99)

하지만, 우리가 아침마다 오는 신문을 볼 때 책상을 두드리면서 분개
한 일이 많다. <나는 너무도 열이 나서 죄 없는 신문을 찢어 버리기도
하고, 하도 볼 재미가 없어 펴지도 아니하고 내버려 두는 일이 있다. 그
중에도 정치 경제란은 보고 싶지 아니하다. 민중 만인(萬人)의 사회, 전 인
류 억만인의 세계가 어떤 일부 계급 몇 사람 야심가의 손으로 운전되어
가는 아니꼬운 기록인 때문에, 그것이 유독히 보기 싫다는 것이다.>

한편에선, 아름다운 이상이 주창되고, 동시에 정의・인도・자유・평화
를 강령으로 삼는 모든 운동이 일어나면서도, 그러한 기운이 온 세계를
뒤덮는 듯하면서도, 다른 편에선 이것과 모순되는 현상이 많다. 곧 아름
다운 이상의 기운에 반항 압박하는 쪽이 세력을 잡아 세상을 뒤흔드는
경우가 무척 많다는 뜻이다.

무엇보다도 아름다운 새 이상을 부르짖는 자의 내부 생활에 커다란 모
순이 있는 경우도 있다. 우리는 이것을 보고 낙심하지 않을 수가 없고
분개하지 않을 수가 없다.

꽃다운 봄을 맞으려면 괴로운 겨울을 겪어야 되고, 밝은 아침 햇빛을
보려면 어둔 밤을 참아야 한다. 우리가 예술의 걸작품을 얻으려면 일생
의 초심 근고(焦心勤苦)를 지나야 되고, 아름다운 옥동자를 낳으려면 해산
의 고통을 참아야 되는 것이다.

---

99) 위의 책, 45 쪽.

고대의 모든 예언자로부터, 그리고 그리스도로부터 오늘날까지 모든 위대한 성자(聖者) 시인의 아름다운 이상 — 만대(萬代)의 인류가 그리며 바라던 우리의 복지(福地) — 이상적 세계가 그렇게 쉽게 올 것 같은가! 지금은 해산의 고통을 겪어야 할 시대이기 때문에 아직 우리에게 만족을 주지 못할 뿐만 아니라, 오히려 낙심까지 주고 있는 것이다.

평화와 행복을 갈망하는 것은 인류의 대다수요, 자유와 해방을 욕구하며 부르짖는 것은 민중 만인(民衆萬人)인데, 이것을 압박 항거하는 자는 소수의 이기주의자들뿐이다. 지금은 비록 소수 세력자들이 새 이상주의를 압박하여 인류의 행복을 저해하고 있지만, 인류의 대생명에서 솟아나는 무한하고 위대한 인류 전체의 자연적 욕망은 언젠가는 승리를 얻을 때가 반드시 올 것이다.

소수의 비리 비도(非理非道)한 자본주의적 세력은 반드시 파멸할 것이기 때문에, 우리는 낙심하거나 슬퍼할 일이 아니다. 무엇보다도 먼저 우리는 희망과 용기를 가지고 인도(人道)의 옹호자가 되고, 한 걸음 나아가선 문화의 선전 운전자가 되어야 한다. 바꾸어 말하면, 낡은 모든 것을 벗어 던지고 지상 천국을 건설하기 위해 일생을 바쳐서 노력해야 한다는 뜻이다.

朝鮮사람도 自由 平等 正義人道를 벌서오래前붙어 불너오고 近日에 니르러서는 改造 解放 데모크라시까지 찾게되엇다.
이것이, 얻던 方面에는 强烈한 內部的欲求에서 우러나는 부르지짐이잇다. 그것은 煥然히 드러나는 事實이오, 얻던 사람은 徹底한 自覺을가지고 한다. 그러나 다시한번 넓히 생각해보매, 우리가 참 自覺이 잇서 하는지, 한갓 模倣에 지나지 못하는지, 다만 時代의 流行을 따르는지 疑心이나는것 만타.
正義를 말하고 平等을 主唱하는 사람이, 改造 解放을 부르짓는 사람이 그 사람의 日常生活에 이러한 主義와 思想을 體現하며 實行하는지, 그거슨 疑問이다. 나는 그들이 그말대로 實行하지못할뿐아니라, 自家의 主義와思想을 自己의實生活로 스사로 否認하고 反對하는 몹시 矛盾 되는 現象이 만히잇는것

을 본다.100)

　<인도주의를 말하는 사람이 기차는 일등을 타고, 여관은 호텔 일등을 정하고 다니면서 온갖 이기적 경영을 하는 것>을 우리는 흔히 본다. <사회 개조 사회 구제를 주창하며 그러한 활동을 한다는 사람들이 먼저 자가(自家)의 안락 사치, 자기네의 위안 환락에 탐닉(耽溺)하는 것도 또한 보는 일이다.> 요즈음 서울에서 최고의 공익(公益)의 신사업(新事業)을 경영한다는 단체에서 그 회의 집회를 한강에서 기생 데리고 술 마시며 뱃놀이까지 곁들인다는 것, 그리고 어떤 노동 구제회(勞動救濟會)의 창립 총회를 일류 요릿집에서 역시 술과 기생을 데불고 환락을 누리면서 하였다는 실례는, 과연 그들에게 성의가 있고 자각이 있는지 모를 일이다.

　평등과 해방을 부르짖는 사람들이 오히려 계급적 구별을 하면서 여자를 천시하고 자제(子弟)를 압박하는 것도 또한 알 수 없는 일이 아닐 수 없다. 더구나 남녀 평등을 주창하고 부인 해방을 내세우는 사람이 자기 가정의 남녀 차별을 폐지할 줄 모르고, 여자에게 열등 대우를 하며 자기의 아내와 누이를 해방하지 않고 구속 압박하는 것은 더욱 알 수 없는 일이다.

　'여자도 사람이다'·'남녀 평등이다'·'자유하자 해방하자' 하는 자각이 제대로 되어 있으면, 허영의 노예가 되어 남자의 노리개가 되어서는 안 될 것이오, 결혼 연애를 그 허영을 채우는 수단 방법으로 생각해서는 안 될 것이다. 여자의 철저한 자각과 굳센 자존심을 키워야 하다.

　여기서 전영택은 문예에 관한 의견을 피력한다.

　<문예는 말할 것 없이 한 예술이다. 예술적 생활은 정치 생활·경제 생활·종교 생활 등 모든 다른 문화 생활로 더불어 인생에게 잠시도 없

---

100) 위의 책, 47 쪽.

지 못할 것이다. 그러나, …… 예술의 가치에 대한 의혹을 가지는 이가 많은 것>도 사실이다. <요새와 같이 생활 문제 기타 여러 가지 엄숙한 문제가 많을 때에는, 예술이란 한 유희거리와 같은 것은 무용장물(無用長物)이다, 심지어 해를 끼치는 병독이 아닌가 하는 의심까지 가지는 이가 있게 된다.>

그러나 예술이란 확실히 우리의 실생활의 일부이기 때문에, 생활이 엄숙한 사실인 것처럼 예술도 엄숙한 사실인 것이다. 셰익스피어(W. Shakespeare)의 문학과 영국, 톨스토이(C. L. Tolstoy)・도스토예프스키(F. M. Dostoevskii)와 러시아 사람의 생활, 독일 문학과 독일 사람, 프랑스 문학과 그들의 생활 사이에 얼마나 큰 차이가 있는가? 예술은 국민 생활과 결코 뗄 수 없는 관계에 놓여 있는 것이다.

우리 사회에서 이른바 예술을 몹시 혐오하고 위험시하는 것은 아직 참다운 뜻의 예술가라고 할 수 없는 소설가・시인・화가들이 예술이 무엇인지 모르고 예술을 노리갯감으로 보는 까닭이 아닌가 싶다.

소설은 장난이 결코 아니다. 또한 일시적인 명예욕이나 허영심을 위해서 써서도 안 된다. 소설이나 시를 쓰려는 이들은 특히 조심해야 할 것이다.

염상섭(廉想涉)의 「지는 꽃잎을 밟으며」[101]는 먼저 옛 시조 한 수를 맨 앞에 내보이며 글을 시작하고 있다.

       간밤에부든바람, 滿庭桃花다지것다
          아이는, 비를들고, 쓰르려하는고나
             落花인들, 꼿아니랴, 쓰러무사ᄆ
꼿과가티, 아름다운말이요, 詩와가티, 어엽븐마음이다. 하염업는, 봄바람에,

---

101) 廉想涉, 「지는꼿닙을발브며」, 『學之光』第二十七號(1926년 5월 24일), 109~114 쪽.

나붓기는, 꼿닙이, 이내마음몰라주고, 소매ㅅ테, 깃드리는것도, 애달프거널, 童子의비싯에, 그보드라운살결이스치는것은, 참아못볼게라, 滿庭桃花다지것다고 안(心)달튼, 그마음은, 다시 落花인들, 꼿아니랴고, 어루만진다. 곡진한 사랑, 간절한앗김, 이만하고서야, 비롯오, 自然은, 그의生命이, 自由로히, 呼吸할수잇는, 偉大한 '홈'일것이다. 그러면, 이러한慈母와가튼마음으로지는꼿닙을, 발미테, 윽그르는것을볼제, 얼마나, 沒風流하게보일고! 얼마나, 가슴이, 쓰릴고!102)

<꽃은 진다. 사람의 마음은 꿈에도 몰라주고, 아침에 피어서는 저녁에 진다. 명년 춘삼월에 다시 만날 길을 어느 뉘에게 약속이나 하였던가? 심란한 봄이여, 지우려거든 피우지나 말 걸! 지는 꽃이여, 뜻 없거든 곱지나 말 걸!> 하지만 꽃은 지는 데에 한층 더 풍취(風趣)가 있는 것은 아닐까. 아름답다고 쳐다보는 그 순간에 후루루 날아서 발밑에 깔리고 먼지에 뒤씌어서 자취를 감추는 거기에 꽃의 애석한 정이 한층 더 짙어지는 것은 아닐까. 만일 꽃이 영원히 지지 않는다면 그것처럼 시들한 것이 어디 있을 것인가! 지는 꽃이기 때문에 더욱 귀한 것이리라.

무엇보다도 꽃은 열매를 위해서 진다. 열매는 종족 번식의 수단이다. 열매는 자기 종족의 생명 연장을 위한 수단이라는 뜻이다. 꽃은 사람의 눈을 위해서 존재하는 것은 결코 아니다. 꽃이 사람의 눈을 위해서 존재한다고 생각하는 것은 오만한 사람의 생각일 뿐이다.

다만 꽃이 진다고 오직 애달퍼하는 것으로 끝나는 사람은 그 꽃잎 밑에 숨어 있는 신록(新綠)의 깊은 향취를 이해하지 못하는 속물이다. 왕성한 생명력의 아름다움을 엿보지 못하는 어리석은 자이다. 보다 더 깊이 우주의 마음에 부닥쳐 보고 싶다. <엄숙한 현실을 뚫고 빠져나온 시(詩)로써 우리의 생활을 보다 더 윤택하게 하고 보다 더 성장하게 하며 찬란

---

102) 위의 책, 109 쪽.

하게 꾸미고 싶다.>

　14~5세쯤 되는 소년 시절의 일이다. <나는 무슨 특별한 동기도 없이 공연히 금강산에 들어간다고 입버릇같이 외어 본 일이 있었다. 그러나 아직 금강산 구경도 못하고 여전히 살아 있다. 20전후에 꿈같은 첫사랑에 미쳐 날뛰어 …… 죽느니 사느니 하여 본 일도 있었다. …… 이러한 경험은 누구나 다 가졌을 것이다.> 앞것은 소년병이오, 뒷것은 청춘병이다. <춘기 발동기(春機發動期)와 그 성숙기에 로맨틱한 공상이 가세하여 일어나는 인생의 이대 변동(二大變動)이다. …… 이러한 것은 매우 시적(詩的)이요, 순결하여 보일 것이다. 그러나, 공상은 마침내 공상 이상일 수는 없는 것이다.>

　우리가 인생을 굳고 깊게 산다는 것은 바르게[善] 잘[美] 산다는 뜻이다. <선미(善美)한 생활은 참(眞)된 생활이다. 누구나 원하듯이 나도 얼마든지 더 살련다. 더 굳고 더 깊게 살아 보련다.> 임이 거기에 계셔도 가야 하고 안 계셔도 가야 한다. 갈 길은 가고야 만다. 형제 자매여, 그리고 인류 동포여!

　한길이 있으니 생명 예찬의 행진곡에 발을 맞춰라. <봄이 운다고 오뇌(懊惱)롭다는가? 꽃이 진다고 눈물겨워하는가? 사람의 영혼까지를 불지르려는 여름이 오지 않느냐. 열매 맺는 가을이 우리를 풍족(豊足)케 하지 않느냐. 유유 자적(悠悠自適)할 겨울이 우리의 피로를 감싸 주지 않느냐.> 지는 꽃을 다시 피우려 봄은 반드시 또 찾아온다. 생명은 끝없는 사슬이다. 동시에 우주에의 욕영(欲榮)이기도 하다.

8. 절망과 계급 투쟁 사이

20) 절망의 늪·정의의 기개(氣槪)·잊음기·겨자

　회월(懷月) 박영희(朴英熙)의 「감상(感想)의 폐허(廢墟)」[103]는 까닭 모를 병에 시달리는 내용을 다루고 있는 수필이다.

　　　― 그리우는B孃의꼿다운靑春을길이잇지안으며 그
　　　　의보배로운적은우슴을紀念하기爲하야이글을쓴다―

　　달은흔들리고
　　별이쩌질때
　　입술에서 타는괴로운불길은
　　문어진가슴을사르우도다

　　어둠이나려짱을가리고
　　눈물이흘러가슴을썩일때
　　廢墟된내맘에헤매는그림자를
　　꼿피랴는네가슴에안을것이면 ―.

　　쌈박이는별이웃음을나려
　　이슬속에잠자는풀을놀낼때
　　그대의여울치는웃음이넘어
　　허터진내가슴을잠그게하면 ―.

　　쌔여진가슴에옛날의가시도
　　깃분눈물에써나려가고
　　그리우든네가슴을다시안을때

---

103) 懷月, 「感想의 廢墟」, 『白潮』第二號(1922년 5월 25일), 72~82 쪽.

눈물에젓는두가슴만달게자리라
　　　　＊　　＊　　＊　　＊　　＊

나는이宇宙의만흔소리를避하야 물흐르고나무만흔수풀속으로 나의魂을다리고가랴한다. 그리고나는永遠히沈默하려한다. 나는가장씃깁흔가운대서, 가장聖스러운意味아래서, 가장單調롭고悽愴한가운대서, 깁흔밤흐르는달빗속에서무슨異常한큰힘을차지려고나는沈默하려한다.104)

　왜냐면, <반짝이는 별들이 비추는 그윽한 그 빛 가운데서 말 못하는 사랑의 무슨 새소리를 들을까 하고 나는 침묵하려 한다>는 것이다. <아침의 이슬방울이 춤추는 가슴에서, 저녁달 아래 찰싹거리는 연파(漣波)의 그 틈에서 나는 무슨 위안의 노래를 들을까 하고 침묵하려 한다>는 뜻이기도 하다. 만일 내가 침묵하지 아니하면 무너진 마음과 흩어진 가슴 속에서 무슨 소리가 날 것인가?
　나는 이 우주의 모든 소리 가운데서 가장 뜻있고 가장 자랑스럽고 가장 향기 나는 새소리를 들으려 하는 것이다. 저녁의 종소리 같고 목장 위의 아이들의 애끊는 피리소리 같은 그 무슨 소리를 들으려 하는 것이다. <그 소리는 옛날의 나의 마음에 꽃을 피게 하고 지금 가슴을 무너뜨리는 B양의 청춘의 단가(短歌)이다. 오직 그 소리는 B양의 혈관에서 뛰고 춤추는 젊은 청춘을 꽃피게 하려는 시뻘건 피가 뛰는 소리다.>
　오직 나는 가만히 들으려 하는 것뿐이다. 만일 내가 나의 침묵을 깨뜨린다면, 많은 어지러운 음향이 성스러운 나의 생각을 흩어 놓을 것에 틀림없다. 나는 오직 침묵으로 그녀의 자랑스럽게 뛰는 피의 성스러운 노래를 듣고 있는 것이 폐허된 나의 마음에 유일한 안락처가 되는 것이다. 그녀의 청춘이 나에겐 쓰리었고 아팠으나, 나는 그녀의 청춘이 길이길이 그대로 있기를 바랄 뿐이다.

---

104) 위의 책, 72~73 쪽.

아름다운 꽃이 시들 줄이야 누가 모르리요마는, 날마다 꽃을 보는 나는 떨어지는 것보다도 화려한 색태(色態)와 미묘한 향기가 나의 뜰 아래에 언제든지 있었으면 하였던 것이다. 그러나 B의 붉은 키스는 나의 가슴을 흩뜨리고 말았다. <꽃은 시들어 버렸다.> 잔잔한 고운 물결은 성난 물결이 되어 버렸다. 밤마다 고요한 별빛을 가슴에 안고 사람 없는 벌판으로 외로운 그림자만 따르며 옛날의 그녀의 헛된 행복을 꿈꾸면서 차디찬 눈물을 달 아래 뿌리는 나의 황폐한 가슴은 날마다 끝없는 한숨을 지을 뿐이었다.

아! 나는 울리라. 그녀의 가슴을 위해서 울리라. 백합 같은 그녀의 두 볼우물을 위하여 나는 울리라. 검은 머리카락이 바람에 날릴 때마다 나의 마음이 울렁거리던 그 사랑을 위하여 울리라. 그러나, 나는 그녀의 청춘을 위하여 영원하기를 노래하리라. 나는 점점 줄어드는 그녀의 맥박소리가 듣기 싫어서 그녀가 부르던 단가나 부르며 세상의 모든 것을 잊으리라. 그녀가 나의 눈물을 자아내고 나의 아픔을 끌어내지만, 나는 어느 때든지 그녀의 붉은 피 도는 청춘을 위하여 아낌없이 다 바치리라.

나는 B에게 뿐만 아니라, 세상의 모든 계집애의 두 뺨의 꽃다운 웃음을 볼 때마다 그녀들의 뛰는 청춘을 가지 못하게 하고 싶다. 더욱 가슴에 깊이깊이 도장을 찍은 나의 마음은 B의 청춘이 점점 쇠약하여 갈 생각을 할 때, 어찌 한숨이 없으며 어찌 눈물이 없을 것인가! 모든 것이 다 새롭고 보는 것이 다 슬프고 생각하는 것이 마음 무르고 힘없는 내 가슴에 달디단 사랑의 씨를 뿌린 B가 나에게서 떠나고, 다시 그녀의 진주를 굴리는 듯한, 향을 피우는 듯한, 그 취하는 청춘의 생명 같은 말을 내가 못 듣는다고 그 어찌 그녀의 청춘을 길이길이 잡으려고 아니 할 것인가!

그녀의 청춘이 오래일수록 나는 한 번 더 볼 수 있다. 그녀로 더불어 꽃이 피었던 내 가슴은 다시 그녀로 더불어 깨뜨리려 한다. 나머지 없이 모두 다 깨뜨려 버리고 빈 마음으로 나는 발 가는 대로 바람 부는 대로 가련다. 성지(聖地)에도 가고 마귀의 동굴에도 가고 눈 위로도 가고 타는 모래 위로도 나는 가리라. 이제 나는 B의 따뜻한 말을 못 듣게 되었다. 그녀의 귀여운 웃음을 못 보게 되었다. 하지만, 나는 그녀의 청춘이 오래오래, 내가 다시 만날 때까지 길이길이 남아 있기를 바라는 마음뿐이다.

지금 나는 날마다 날마다 가슴이 한 귀퉁이 두 귀퉁이 무너져 갈 뿐이다. 이에 나는 그녀에게 마지막 편지로 옛날을 기념하고 지금의 괴로움을 고하기로 한다.

첫째 편지 땅은 멀고 물은 깊은데, 길은 끝없고 산이 가려 못 본다 한들 고향의 별이야 어찌 안 보이리까? 그대와 나는 비록 먼데 있다 할지라도 내 가슴에 비취는 그대의 얼굴이야 아니 나타날 리야 있으리오! B양이여! 나는 땅 설고 물 선 외로운 섬에서 오직 하는 일은 그대의 얼굴을 그리는 것뿐이라오. 사람들은 나를 비웃으면서 사랑에 약한 사람이라 하오. 세상의 행복과 세상의 불행이란 무엇인가요? 우는 것이 불행이고 웃는 것이 행복인가요? 그대는 나를 볼 때마다 어여쁘게 웃었지오. 그때마다 그대는 나에게 행복을 주셨을 것이외다. 그런데 지금 그대는 왜 나에게 이처럼 어두운 그림자를 던지나이까? 그대가 준 웃음의 행복은 내 가슴을 다 무너뜨리고 말았소

나는 영원이라는 것을 안 믿겠소 영원의 방안에 남아 있는 것은 썩어가는 주검뿐이오 해골뿐이요. 아! 벌써 밤이 되었소. 하늘에는 별이 반짝이고 푸른 달빛이 문틈으로 새어 들어오고 있소 거리의 피리 소리가 눈물에 젖고 바람에 흔들리는 나뭇가지가 단숨에 부러지는 밤이 왔소 꿈! 이 꿈 속에라도 그대를 보았으면 헛된 말이나마 하련마는, 어쩐 일로 그

대는 꿈 속에도 오지를 않소? 그대는 꿈까지 미워하오? 나도 모르는 한숨에 그 몇 번이나 애처로운 꿈을 깨고, 나도 모르는 사이에 그대의 그림자를 붙들고 몇 번이나 울었는지 모른다오. 가슴이 자꾸만 무거워지고 있소. 여기 따라 숨이 차오르오. 젊은 그대, 피 붉은 그대, 웃음 많던 그대가 왜 이다지도 나의 마음을 쪼개어 놓는 거요? 저녁 종소리가 끝나고 아침 종소리가 들릴 때까지 나의 영혼은 붉은 불 수레 속에서 헐떡거리다가 몸이 식어서 추워질 때에야 무너진 내 가슴으로 들어온다오. 나에겐 나의 마음을 데워 줄 얇은 종이 한 장 없소 <B여! 그대의 넓은 사랑의 이불을 내 피곤한 영(靈)에게 덮어 주시옵소서.>

봄바람이 부오. 나는 그대가 나를 잊어버렸으리라 믿으오. 아니, 그대는 그대가 사랑하는 사람과 더불어 미래의 아름다운 공상에 젖어 있겠죠! 하지만, 나는 그대를 원망하지 않으려오. 다만 그대가 나를 만날 때 뜻있는 눈길이나 부디 보내 주오. 그러면 나는 그대와의 옛 추억을 더듬으며 마음 속으로 웃겠소이다.

둘째 편지는 '과거의 기억'이라는 부제가 붙어 있다.

서늘한 석양(夕陽) 무렵이요. 수풀 속의 나비, 집 찾는 새, 일찍 나온 반딧불을 잡으려고 쫓아다니던 그날 저녁에 그대는 나를 속이려고 수풀 속에 숨어서 나를 놀랬었소. 그때 나의 세계에는 새로운 이상한 청춘의 불이 번쩍하였다오. 그대의 단조로운 소리에 나는 너무나 기뻤으며 한없이 놀랐었소.

과거의 모든 것을 돌이켜 생각할 때마다, 나는 한숨 밖에 나오는 것이 없소. 그대의 나에 관한 사랑은 마침내 한숨과 눈물로 바뀌었지만 말이요. 어떻든 그때 서로 헤어질 때, 그대의 인사 소리는 나의 발길을 차마 떼지 못하게 하였다오. 뒷동산의 수풀 아래, 달빛 어린 시냇가, 어두운 밤

고요한 불빛 아래, 한껏 기쁘고 즐거운 사랑이 두 사람의 가슴 속으로 오가던 밤이었소.

그러나, 모든 것이 멀리멀리 다 가 버렸군요. 지금 나는 까닭 모를 병이 나서 밤이면 앓고 낮이면 근심 걱정에 싸여 있다오. 사랑이란 동서 고금을 불문하고 변치 않는 법칙이라 한다지요. 그러면서도 내가 그대를 사랑했다는 그것이 하나의 영원한 사랑의 희생이 된다는 것을 이제야 깨달았나이다. 이 깨달음이 있음에도 불구하고, 나의 깨어진 마음의 상처의 아픔을 어이 할지 나 자신도 모르겠소 ― 편지는 이것으로 끝나고 B양에의 일종의 독백 같은 것이 다음처럼 이어진다.

꿈 속의 별들이 소곤거리고 달의 여신이 미소를 지을 때에, 나는 산길을 돌고 돌면서 사랑의 미궁을 찾는다. 이 희미한 산길에 별이 비추고 이내 마음에는 그대의 광채가 끊임없이 빛난다. 동시에 평화로운 그대의 웃음의 종소리가 그윽히 들린다. 청춘의 피를 웃게 하는 그대의 그 종소리를 봄 잔디 위에 뿌려라! 썩어가는 내 가슴에도 뿌려라!

나의 약한 가슴 속에서 모든 내 생명을 자아내게 하던 그대의 웃음이여! 그대의 웃음이 흐를 때 나의 폐원(廢園)에 향내가 나고, 그대의 종소리가 울릴 때 나의 폐원에 새로운 춤이 벌어진다.

눈물에 젖은 나의 마음을 흐릿하게 싸안을 때 고요한 내 가슴에 부어 내리는 그대의 꽃다운 향기 가득한 핏방울이여! 그 핏방울에 나의 마음은 한 점 한 점 붉게 물들어 흩어진다. 그래도 청춘이 불타는, 피가 도는 대로 사랑이 타는, 마음의 노래를 불러라!

전일(全一)의 「K 누님에게」가 절망의 늪에서 허위적거리는 것을, 회월의 「감상의 폐허」가 까닭 모를 병과 근심에 싸이는 내용을 다루고 있는데 반해서, 이광수(李光洙)의 「의기론(義氣論)」[105]은 보다 진취적인 기상을 보여 주고 있다 하겠다.

춘원(春園)은 그의「의기론」에서 '의기'란 <의를 보고는 목숨을 아끼지 아니하는 기운>이라고 외친다. 결코 안락·돈·명예 따위는 바라지 않는다. 의기 있는 사람은 자기 목숨을 오직 의를 위해서 목숨을 바치기를 기다린다. <그러다가 의가 자기를 부를 때에 그는 목숨을 들고 기쁘게 힘 있게 뛰어나가는 것이 마치 시속 사람들이 황금을 보고 뛰어나가는 것과 같다. 이러한 때에 그에게는 그의 목숨은 새털보다도 더 가볍고 오직 의만 태산같이 중한 것이다.> 이러한 사람들을 많이 가진 백성은 존귀한 백성일 뿐만 아니라, 그들은 반드시 세계 인류에게 존경을 받을 것이요, 또 그러함이 마땅한 일이다.

하지만, 의기란 반드시 목숨을 바치는 큰일에만 나타나는 것이 아니요, 아주 조그마한 일에도 나타난다. 그 사람의 모든 일동 일정이 의기로 뭉쳐 있기 때문이다. 만일 한 번 큰일에 의기를 썼다고 해서 평상시엔 의기에 어그러지는 일을 한다면, 그는 의기 있는 참다운 사람이 아니다. 의기는 어느 때나 쉬임 없이 나타나야 한다.

늙은이나 어린이의 무거운 짐을 도와 주는 것도 의기요, 행인에게 방해가 되는 물건을 치우는 것도 의기요, 개천에 징검다리를 놓는 것도 의기요, 전차나 기차에서 자리를 양보하는 것도 의기다.

어찌 그것으로 끝날 것인가. <진실로 우리 마음 속에서는 하루에도 몇 십 번 몇 백 번씩 의와 불의의 싸움이 일어난다. 바울(Paul)은 이것을 한탄하여 "아아 나는 괴로운 사람이로다" 하였다.> 마음 속에서 의와 불의의 싸움이 일어났기 때문이다. 이때에 우리는 웬일인지 흔히 불의의 편을 들기 쉽다. 의기가 부족한 까닭이다.

---

105) 李光洙,「義氣論」 -예수여당신을짜르는-,『朝鮮文壇』第三號(1924년 12월 1일), 66~71 쪽.

공자(孔子)가 "나는 일흔 살에야 하고 싶은 것을 다 하여도 의에 어그러짐이 없었노라" 한 것은 의(義)의 승리를 말함이다. 여러 가지 인생의 일 가운데에서 이보다 더한 기쁨이 있을 것인가. 그 기쁨이야 끝이 없다.

우리 인생에는 싸워서 이겨야 할 불의가 너무나 많다.

> 불행이 아직도 우리 인생에는 싸호아 이기어야 할불의가 만타 ―그것을 그대로 내려두면 인류가 멸망하고 그것을 싸호아 이기어야만 인류의 자손이, 평화와 행복의 생활을 할만한 그러한 불의가 심히 만타. 이것이 그것이다, 저것이 그것이다 하고 일々히 일홈을 들지안이하더라도 령혼의 눈이 흐리지 안이하는 누구나 분명히 볼것이다. 그러나 우리는 이째문에 락망할것이안이오 도로혀 불갓고 바람가튼 의긔를 발할것이다. 우리는 력사의 진화를 밋는다. 인류는 녜로부터 점々 죠흔 방향으로 진화하여 오는것을 밋고 인류의 력사를 이 방향으로 쓸고오는 힘이 오직 녜로부터 싸호아나려온 여러의로운 사람― 의기잇는 사람의 피인것을 밋는다. 그것은 단군의 피요 공자의 피요 예수의 피요, 린컨의 피요 프란스혁명의 모든 의인의 피요 아라사 혁명의 모든 의인의 피요 그밧게도 혹은 일홈잇는 혹은 일홈업는 모든 의인들의피다. 우리인생에게 죠곰이라도 복이 잇느냐, 칭찬할것이 잇느냐 만일 그런것이 잇다하면 그것은 모도이러한 의인들의 덕이다.106)

한 마디로 말하면, 이 세상의 모든 불의를 없애 버릴 사람은 오직 의기 있는 의인이라는 것이다. 조선에서도 일본에서도 그러한 의인이 많이 나오너라! 아니, 온 세상 모든 민족 가운데에서 의를 위해서 목숨을 버리는 남자와 여자가 많이 일어나라! <이것이 우리의 기도가 아니고 무엇이랴! 이것이 전 세계 인류의 기도가 아니고 무엇이며, 이것이 하나님의 소원이 아니고 무엇이랴?>

사람들 ― 그 가운데에서도 젊은 형제 자매들이여! 언젠가 이 세상에

---

106) 위의 책, 69 쪽.

서 사라질 목숨을 가지고 무엇에 쓸 것인가? 너의 한 몸을 위하여 돈을 벌 것인가? 돈이란 도대체 무엇인가. 돈이 네 목숨을 1분 1초라도 늘일 수가 있으며, 돈이 능히 네 마음을 즐겁게 할 수가 있느냐?

아니면 이름이냐? <이름은 다 무엇이냐. 주정꾼판에서는 주정을 잘해야 이름이 나고, 도적판에서는 도적질을 잘해야 이름이 난다.> 아아 ㅡ, 젊은 사람이여! 그대가 <할 일은 꼭 한 가지 밖에는 없다. 그것은 그대 목숨을 그대 민족이나 그대 인류 동포를 구제하기에 바치는 일이다. …… 민족이나 인류는 그만두고라도 물에 빠지는 어린애 하나를 위하여서 바치는 일이다. 이것 밖에 우리가 이 목숨을 바칠 곳이 어디냐? 세상에는 이러한 사람이 극히 적다. 더욱 우리 나라에는 적은 것 같다. 우리에게 정치적 자유가 없는 것을 싫어 말라, 경제적으로 파산의 경우에 있는 것도 싫어 말라, 만일 무서운 병이 돌아서 우리를 막 쓸어내리더라도 싫어 말라. 이런 모든 일이 슬픈 일이 아닌 것이 아니언마는 그것은 우리에게 의인이 없는 것에 비기면 아무 것도 아니다. …… 만일 의기 있는 사람이 많이 날진댄 우리가 원하는 모든 것은 반드시 이루어질 것이다. 옛날 소돔(Sodom) 시가가 열 사람의 의인이 없기 때문에 멸망했다는 말이 있거니와, 천 명의 의인이 족히 온 조선 사람을 살릴 수가 있을 것이요, 만 명의 의인이 족히 온 세상 사람을 살릴 수가 있을 것이다.>

이제 때가 왔다. 지금이 <전 조선의 의인들이 일어날 때요, 전 세계의 의인들이 일어날 때요, 일어나서 인류 전체를 큰 목적으로 삼고 단단히 뭉칠 때다. 아아 나의 눈은 그날의 첫 빛이 지평선 위에 비치는 것을 본다.> 이것은 허깨비가 결코 아니다. 이 글을 읽는 젊은 형제 자매의 눈이 다 같이 볼 참빛인 줄 믿는다.

일종의 단상(斷想)인 수주(樹州; 卞榮魯)의 「개자(芥子) 몇 알」[107]은 바로 앞에서 살핀 「의기론」과는 완전히 그 성격을 달리한다.

스물를넘어 삼십을바라보니 나날이 '自然'과 친하여저가는것갓다. 늘보든하눌이고 늘보든물이연만 푸른하눌밋헤설째나 맑은물가에설째에 이세상의것가 티안은슬픔이 가슴에붓는다.

앵도속에 씨잇는것가티 모든아름다운것속에는 '슬픔'이 숨여잇는것갓다. 아름다운것을보고 쏘드를째에는 고생하는부모나 처자걱정하는것가튼슬픔이 무겁지는안케나마 가슴을누른다.

말(語)은 큰말보다 적은말이 남의마음에 상처(傷處)를 더준다 — 적으면 적을수록 쏠는힘이날카로우니까. 아, 누가알냐, 적은불씨가 왼벌을태워버리는것가티 조그만말한마듸가 여러심령(心靈)의 복스러운잔체의 잔체상을뒤집어놀것을!

오른말이라고 여러번노이지는말것이다. 노이면 노이는이만치 가리는겹이두 씨워질것이다.108)

다른 사람을 즐겁게 하려고 애쓰지 말 일이다. 왜냐면 애쓴 결과는 흔히 처음 먹었던 뜻과 반대가 되는 까닭이다. 남을 즐겁게 하려고 애쓰는 것은 짧은 초 토막으로 온 긴 밤을 밝히려는 것과 같고, 결코 고상한 정서는 아닌 것 같다.

선(善)과 악(惡)은 근본부터 다른 것은 아니다. 한 나무에서 핀 빛 다른 꽃잎만큼, 또는 한 태(胎)에서 태어난 성질 다른 남매만큼 다를 뿐이다.

우리는 다른 이의 겉만 보고 속을 짐작하는 경홀(輕忽)한 태도는 버려야

---

107) 樹州, 「芥子멋알」, 『廢墟以後』 (臨時號)(1924년 2월 1일), 79~82 쪽.
108) 위의 책, 79 쪽.

한다. 어떤 사나이가 뺨에 연지를 발랐다 하더라도, 그가 여자가 아닌 것만은 믿어야 하리라.

21) 흐릿한 기억·슬픈 노래의 정체·요람 같은 고향

빙허(憑墟) 현진건(玄鎭健)의 「몽롱(朦朧)한 기억(記憶)」[109]은 '무엇을 쓸까!'··'나의 기차(汽車)'··'나와 해운대(海雲臺)'의 3부문으로 엮어진 것인데, 그는 소설과 기행문을 써 달라는 부탁을 받고, 소설은 어찌 하든지 쓸 수가 있지만, 기행문은 끄적거릴 가망이 없어서, "어디 가본 데가 있어야 쓰지" 하고 탄식한 것이 「몽롱한 기억」을 쓰게 된 동기가 된 것이다. 도향(稻香; 羅彬)이 이 옆에서 빙허가 한숨쉬며 말하는 소리를 듣고, "왜 해운대 갔다 오지 않았소 그것 쓰구려" 하는 바람에 어쩔 수 없이 응락했다. 그리하여 희미하고 몽롱한 기억을 더듬어서 쓸 수 밖에 없었는데, 당시의 느낌이 다음 글귀에 잘 나타나 있다.

>   대관절 내가이다지 海雲臺에憧憬함은 數年前春園의 海雲臺紀行을읽은것이 큰 原因이엇다. 實物을못본나는 그글로말미암아 別다른彩畵一幅을어린머리에그려두엇섯다. 나도細모래판에미처쒸어보리라 淸風에옷소매를날리며 눈물을흘려보리라. 그리고나도그런詩를읆흐리라. 그런글을지으리라. 한것이 나의숨은 宿願이엇다.
>   그러나 冷酷한現實은 이苟且한꿈조차, 바람(願)조차 쎄털이고말엇다. 아아내가왜 海雲臺에갓든고? 만일가지안핫던들 내가슴에그려둔그림에 기리기리몬지가아니안고 좀이쓰지안핫슬것을! 그것으로스스로滿足하고 스스로즐거하엿슬것을! 아아幸福을마시랴다苦痛을맛보고 詩를어드랴다 너절한散文으로휜조히를 墨칠함은무슨일인가. 모를일이다! 모를일이다![110]

---

109) 憑墟, 「朦朧한 記憶」, 『白潮』 第二號(1922년 5월 25일), 133~138 쪽.
110) 위의 책, 137~138 쪽.

작은 제목 '무엇을 쓸까'는 이미 앞에서 언급한 셈이고, '나의 기차'는 해운대까지 가는 도중의 심정을 피력한 것이요, '나와 해운대'는 실제로 가본 감상이 춘원의 글을 읽었을 때의 감상과 완전히 다르다는 것을 나타낸 것이다.

<자동차를 내린 나는 황색 적막(荒塞寂寞)한 들판에 집 잃은 어린애 모양으로 방황하였다. 산도 없지 않고 바다도 없지 않다. 그러나 나의 꿈꾸던 해운대의 산해(山海)는 이런 것이 아니었다. 무어라고 말할 수 없는 풍정(風情) 있는 산과 어떻다 형용할 수 없는 시취(詩趣) 있는 바다를 나는 기대하였거늘 산도 그저 그러한 산이요, 바다도 그저 그러한 바다였다. '창랑(滄浪)에서 이는 일진 청풍(一陣淸風)'도 나는 느낄 수 없고, '벽파(碧波) 위로 소리 없이 지나가는 일엽 편주(一葉片舟)'도 나는 볼 수 없었다. 다만 무료한 한수(閒愁)를 깨달을 뿐이었다.> 한 마디로 말해서, 투명한 해파(海波)를 헤치고 텀벙실 뛰어들어 두 팔로 창해(滄海)를 끌어당기며 물결을 따라 오르락내리락하는 맛도 볼 수 없었던 안타까운 심정의 토로라 할 것이다. 말하자면 <이까짓 경치야 아무 해변에서도 볼 수 있다는 불만>이 깃든 것이라는 뜻이다.

이에 반해서, 김석송(金石松, 곧 金炯元)의 「자물쇠」[111]의 첫머리는 다음처럼 시작된다. <평일(平日)보다 조금 늦게 집에 돌아온 나는 저녁상을 물리자마자 자리에 눕기가 급하였다.> 몸이 찌뿌드드하여 아무 것도 하기 싫어서였다. 그런데, 오라는 잠은 안 오고 쓸데없는 공상만 머리 속에서 춤을 추기 시작한다.

나 자신이 하기 싫고 나의 취미에도 맞지 않는 일을 호구지책 때문에

---

111) 金石松, 「잠을쇠」, 『開闢』 第三十一號(1923년 1월 1일), 108~111 쪽.

억지로 한 일은 없는가? 보기 싫고 마음에 안 드는 사람을 겉으로만 좋은 체하는 위선에 내가 물들지 않았는가? 남이 하는 일에 하나하나 부당한 점을 들춰내어 비판하면서도 자기 스스로 그들의 발자취를 뒤따르는 자가 당착에 빠져 있는 건 아닌가? 괴로운 일이다. 그로 말미암아 <나의 가슴은 잔칼질을 한다.>

'이와 같은 생활을 계속하는 동안에 나의 생(生)은 고갈하고 말 것이다.' — 이처럼 생각하는 나의 머리속에서는 '아니다, 너무 앓지 말아라, 너만한 진심으로 구하는 자에게는 반드시 참길이 열릴 것이다.' — 이런 말도 들리어 온다. <이 소리를 들은 나는 또다시 아름다운 미래의 꿈을 얼마 동안 꾸었다. 그러나, 그 꿈은 결국 꿈에 지나지 못하리라는 생각>에 지나지 아니하고, <또 미구에 나로 하여금 이렇게 부르짖게 하였다.> '속지 마라. 급한 때면 하느님을 부르고, 궁한 때면 운명을 찾는 것은 인간성의 가장 약한 점이다. 너의 운명은 현실을 초월할 수 없다. 그리고 현실은 네가 지금 서 있는 그 곳이다.'

그렇다면 나는 장차 어찌할 것인가? <현실을 부술까? 나를 죽일까? 그러나, 나는 나를 죽일 수도 없고 현실을 부술 수도 없다. …… 나는 더 누워 있을 용기가 없어졌다. 이러한 때면 흔히 하는 버릇으로 담배나 하나 피우려고 무거운 몸을 일으켜서 성냥을 그어 초 토막을 찾았다.> 이때 오른 쪽에서 무언가가 번득하였다. 깜짝 놀란 나는 성냥을 다시 켜서 그것이 무엇인가 보았다. 그것은 아랫목 벽장에 채운 자물쇠였다.

그 자물쇠는 나에게 귓속말을 하는 것 같았다. '마음이 약한 자여! 너는 너의 마음의 힘을 어데다가 잃어버렸느냐. 너의 마음의 문에도 도적을 막기 위하여 자물쇠를 채울 필요가 있구나.' '나의 마음의 문에 자물쇠를 채워! 참 기괴한 소리도 다 듣겠다. 나의 마음도 일종의 재산인가.

평생에 문지기 노릇만 하는 놈이니까, 그런 말을 하는 것도 무리는 아니겠지만.' 무척 비위에 거슬려서 이렇게 대답했다.

　다소 흥분된 나는 자물쇠의 내력을 생각해 보았다. 맨 처음 저것을 만든 사람은 어떤 필요에서 만들었을까? 처음부터 소유를 보장하기 위해서 만들었을까? 소유욕이 인생의 본능이라면 근래에 말썽 많은 '사유 폐지(私有廢止)'니, '공유 실시(共有實施)'니 하는 말은 본능의 욕구를 무시하는 망언이 아닌가! <자물쇠를 많이 가진 사람은 자물쇠의 자물쇠가 되고 마는 것도 사실이다. 본능의 표현인 자물쇠가 본능의 주인인 인생을 저의 노예로 삼는 것도 사실이다.>

　　　나는 생각한다. 잠을쇠의奴隷를免하랴는것은, 舊文化에서解放을求하는人間
　　의絶叫이지만, 잠을쇠 ― 곳本能(所有慾)을 無視하고는, 新文化가建設되지못할
　　것을.112)

　여기의 '자물쇠'를 '기계'라는 낱말로 바꿔 놓아도 좋을 것이다. 본디는 '자물쇠'가 인간의 소유욕을 만족시켜 주는 하나의 방법으로 쓰여졌지만 말이다. 석송이 소유의 노예에서 소유의 주인이 되게 하는 그 무엇이 있는 것을 알고 있었지만, 그것이 무엇인가에 대한 해답은 못 내린 것처럼, 기계의 노예에서 기계의 주인이 되게 하는 무엇에 대한 해답은 내리지 못한 것인지도 모른다.

　이처럼 김형원의 「자물쇠」가 기계의 노예에서 기계의 주인이 되게 하는 해답을 내리지 못한 것을 다룬 수필이라고 한다면, 이선희(李善熙)의 「실내 비가(室內悲歌)」113)라는 수필은 자기가 바라는 바가 거의 이루어지지

---

112) 위의 책, 111 쪽.
113) 李善熙, 「室內悲歌」, 『開闢』, 1935년 3월호, 18~20 쪽.

않는다는 내용을 다룬 작품이라 하겠다.

책상 하나, 체경 하나, 레코드 하나, 그림 몇 장 밖에 없는 방에서 나 〔李箐熙〕는 아침부터 바느질을 하노라고 옷감들을 꺼내 놓았다. <화로에 묻어 놓은 인둣불이 뽀얗게 재가 앉을 때까지 나는 아랫목에 …… 꼬부리고 앉아서 쉴 새 없이 바늘을 놀렸다.> 그렇다고 바느질에 대한 내 흥미가 완전하다는 뜻은 아니다.

<컴컴한 방안에 우울이 흐른다. 머리가 아프고 선하품이 천장을 향하여 기세를 펴니 이것이 곧 내 적막의 제일절이다.> 그저 나지막하고 갑갑한 이 방안은 나를 심심케 한다. 가슴이 흔들리도록 '까르르' 웃어야 마음의 질식을 면할 수가 있을 텐데 …….

> 아모책이나 손에 잡히는대로 읽는다. ……
> 나는 책을 머리맛헤내던지고 두손으로 얼골을 가렷다.
> 『若きエルテルの悲み』 — 실업슨 이야기다. 읽고 또읽어도 다할줄 모르는 그 편강맛갓흔 설음을 나는 경계한다.
> 서편으로 손바닥만한 창문하나이 뚤녓다. 갓난아히 니ㅅ발 나듯 살은 단세게(개)밧게 업는 그창 — 그리로 저녁이면 넘어가는 햇빗이 차자든다. 그연하고 그히미한 빗이 조심스러히 흘너드러 벽에 금빗 삼각형을 그리여준다. 이러할때면 내마음은 어느새 '페아토리체'를 생각하든 '단테'의 그시절노 멀니 흘너가나니 내 '로맨티시즘'은 아직도 그생명이 길고긴듯십다.
> 사람의 마음이란 실노 엉뚱한것이다. 기회만잇스면 자기생활보다 무척화려한 생각을만드러 그현실의 가난을 보충하는사기술은 우리는 나면서브터 지니고잇는것이다.[114]

쥐보다도 더 가난한 동네 사람들이 두 어깨를 잔뜩 귀밑까지 치붙여 가지고 돌아다니는 꼴을 보면 나에게 있는 일만 가지 즐거움이 그만 불벼락

---

114) 위의 책, 19 쪽.

을 맞게 마련이다. 이럴 바에야 차라리 방문을 닫고 내가 흠씬 좋아하는 환상의 금자탑을 쌓았다 무너뜨렸다 하는 편이 상책일 것 같다.

 <너무 심심하니까 공연히 짜증이 난다. 화풀이할 데는 없고 하니, 방안의 세간을 여깃것은 저기로 옮기고, 저깃것은 여기에 옮기고 한참 수선을 피우나, 그것도 잠깐 — 나는 다시 방 한가운데에 우두머니 서 있다.> 나는 여기서 <비상히 낙천적인 얼굴, 옳지, 나는 그 얼굴을 생각했다.> 그리고 레코드를 틀었다.

 「인디언 러브 코올」! 인디언의 젊은 사나이가 검붉은 살빛의 정열의 애인인 처녀를 숲 속에서 부르는 음악이다.

 하지만, <내가 부르는 사람은 그러한 사람이 아니다. 반드시 이 음악이 허공을 흔들 때 나타나는 존재가 있다. 갓난 엄마와 그 딸 갓난이가 곧 그들이다. 이들을 나는 부르는 것이다.> 이 엄마의 특징은 굉장히 큰 입을 벌리고 굉장히 크게 웃는 데 있다. 그녀는 이 동네의 명물이며 인기가 높다.

 <아무 집에나 들어가 아무 보고나 떠들며 이야기하는 그 즐거움이란 거의 불가사의에 가깝다.> "나는 이 소리를 평생 들어도 좋구려. 그런데 얘 아버지는 또 싫다지 …… 흐." "그럼 하나 사 놀래두 두 분이 서로 성미가 다르니 안 되겠군요." "제-기, 그런 것 사 놓구 살 팔자를 타고 났으면 이 지경이겠소 이거 언제 한 번 빌려 주구려. 한 번 우리 사위를 들려 주게."

 <온 겨울 부엌이 내어서 언제나 콧구멍 밑에 시커먼 수염을 그려 가지고 있으나 골 한 번 안 내는 갓난 엄마다.> 이렇게 레코드 소리를 즐기는 부인을 나는 지금 부르고 있는 것이다. 방안은 컴컴해지고 바람 소리는 '윙윙' 청승맞게 우는데, 기다리는 그이는 음악 소리가 멈춘 지 이

미 오랜데 아직도 소식이 없다.

위의 것과는 달리, 강노향(姜鷺鄕)의 「잃어 버린 요람(搖籃)」115)은 요람 같은 고향을 잃은 내용을 다룬 수필이라 하겠다.

> 별 하나 나 하나
> 별 둘 나 둘
> 별 셋 나 셋

옛날의 어린 시절, 어느 누구나 <푸른 달빛 흐르는 고요한 밤 언덕에 홀로 누워서 끝없이 넓은 밤하늘의 바둑알만한 별들을 올려다보며> 이처럼 노래하듯이 중얼거렸을 것이다. 필자도 어린 소년 때, 그처럼 노래부르면서 '저것은 나의 별'이라고 점찍으며 희희낙락했던 기억이 지금도 삼삼하게 떠오른다.

> 그때만해도 나는 幸福스러윗습니다. 그리고 따뜻한 고향을가지고 잇섯습니다. 나는 그둘도없는 搖籃의품에 안기여서 그야말로 세월가는줄모르고 무럭무럭 자라낫습니다.
> 그러나 成長할대로 成長한 現在의 내自身은 果然엇더한것인가? — 나는 逆境에 노인 내自身을 안이發見할수없게되엇습니다. 幸福이 充滿햇든 그搖籃까지도 슬그머니 나의곁을 따나고야말엇습니다.116)

그 언제였던가. 나〔姜鷺鄕〕는 서양의 어느 작가가 지은 어린이 읽을거리를 한 번 읽은 것이 병이 되어 쓸데없이 공상을 마음 속에 그리며 '동화의 숲' 속의 천지를 그 얼마나 그리워했는지 모른다. <그때의 나의 심정은 로맨틱한 그 무엇에 꽉 들어찼으며 하늘을 찌르는 듯한 마음의 불꽃

---

115) 姜鷺鄕,「잃어버린搖籃」.『開闢』, 1935년 3월호, 21~23 쪽.
116) 위의 책, 21 쪽.

은 조용히 조용히 정체 모를 피끓는 정열을 부르고 있었>던 모양이다.

이런 것이 동기가 되었는지, 아니면 원래부터 나에게 방랑성이 있었는지 나는 그것을 모른다. 좌우간 나는 어느 여름날에 내 고향을 등지고 방랑의 첫길을 내디디게 되었다. 먼저 나는 황량한 만주 벌판을 방랑한 다음, 내친 걸음에 상해(上海)로 걸음을 옮겼다.

<아닌게아니라 핏덩어리 같은 저녁 해가 멀리 저편 지평선 너머로 사라지려하는 석양 때 애끊는 듯한 노스탤지어에 잠기는 그 정서와 그리고 회색빛 황혼에 싸인 국제 도시 상해의 러시아 식당에서 …… 화주(火酒)를 몇 잔 들이켜고 나서, 내 고향의 산천을 고요히 눈앞에 그리며 신비스러운 명상에 빠질 때의 그 기분 — 그것은 이 세상의 그 무엇하고도 바꿀 수 없는, 나 자신으로도 알 수 없는 정체 모를 순간이었>다. <나는 마치 헤로인(heroin) 중독자와도 같이 이 정체 모를 순간의 도래(到來)를 그 얼마나 기다린 것이며 또 그 얼마나 즐거한 것인가!> 그러던 내가 재작년 표연(飄然)히 상해를 등지고 내 고향으로 발길을 돌렸다. 그런데, 고향은 말이 아니었다. 우리 집은 벌써 몰락할 대로 몰락해서 어머니와 형과 누이 동생은 살길을 찾아 먼길을 떠나 버린 뒤였다. 나는 슬펐다. 이에 나는 시름없이 고향을 떠날 수 밖에 다른 도리가 없었다. 이리하여 나는 이 세상에 단 하나 뿐인 그리운 요람을 잃어버린 것이다.

상해로 돌아온 나의 방랑 생활은 비참하기 짝이 없었다. 로맨틱한 꿈나라에서 벗어난 나는 너무나 쓸쓸한 존재에 지나지 않았다. 그리운 고향의 자장가에 굶주린 사람이 나 하나 뿐일까마는, 싸늘한 환멸을 그러안은 이 보헤미안의 애수는 한 방랑자의 단순한 감상(感傷)에서 우러난 애수로 돌리기에는 너무나 심각한 것이라고 아니할 수가 없구려.

나의 생명이 고요한 미소를 지으며 신선한 행복을 그러안게 될 때가 언제 올지 나는 그것을 모른다. 그러나, 나는 날마다 힘을 다하여 그 행복을 찾기에 분주하다. 나는 그 행복을 부르는 나의 목소리를 들으며 오늘 하루도 저물어가는 것이다.

22) 계급 투쟁의 절규

회월(懷月 ; 朴英熙)의 「번뇌자의 감상어(感傷語)」117)는 '눈물 많은이에게'라는 부제가 붙어 있는 수필문으로서 그 제목이나 부제가 바로 앞에서 살핀 「영원의 승방몽」과 일맥상통하는 것 같은데, 사실은 그렇지 않고 계급 투쟁을 앞세운 작품이라 하겠다.

    親한친구와 이야기몃마듸하는동안에 모처럼왓든 아름다운봄철이지내간것처럼 봄은가버리고말엇다 그리고 화려한첫녀름은 무르녹아흐르는 綠陰을 볏헤 타는大地우흐로 덥허오기시작한다. 모든입새가 흐느적거리며 모든나무가지가 거드러거릴제 만가지새들의 천가지노래가락이 바야흐로 어우러지는 녀름이 왓다. 自然속은 지금으로부터 活動期에이르럿스며 黃金時代에이르럿다. 그러나 人間이사는 이쌍우에는 죽은듯이고요하다. 숨쉬는소리조차 잘들리지안는다. 寂寞한쌍은 오즉 우리가사는이쌍뿐이다. 그러면 우리쌍우에사는사람은 다죽고말엇느냐? 안이다. 저-거리에서 뭉게뭉게 밀려단이는鉛波가 그것이우리들의사람이다. 그런데도 죽은듯이고요하다. 그러면 그들은 잠자고잇는사람이냐? 안이다. 째째로 날카로운소리가 그윽히 저 웅덩이로부터들리지안느냐? 그러면 그들은 永遠한沈默을 表象하는木乃伊냐? 안이다. 그들은 現實만을開拓할時代兒인것이다. 누구든지 갓가이가서 그들의얼굴을살펴여보아라! 아즉도 痕跡이남어잇는 두줄기의눈물의자최가 아즉것사러지지안엇다. 그러면 엇지해서 그들은 울엇든가?
    눈물!
    太陽보다도 쓰거운情熱과 地球를깨트릴만한큰힘이 人間에게는잇는것이다.118)

---

117) 懷月, 「煩惱者의感傷語 - 눈물만흔이에게」, 『開闢』, 1926년 6월호, 1~8 쪽.

290

그러나, 하루살이처럼 무능한 것도 있고 어린이 같은 눈물도 있는 것이다. 눈물은 슬픔으로부터 나온다. 슬픔은 자기의 모든 힘과 정열이 마음껏 표출되지 못하거나, 자기보다 강한 힘에 눌려 짓밟힐 때에 생기는 소극적 반항에 지나지 않는다. 할 수 없어도 울고 갈 수 없어도 운다. 사랑이 없어도 울고 살 수가 없어도 운다. 모두가 울음뿐이다. 울음은 약자의 무기다. 어른보다 어린이가 눈물이 많고, 남자보다 여자가 눈물이 많다. 강한 나라보다 약한 나라가 눈물이 많고, 지배자보다 피지배자가 눈물이 많은 법이다.

울음이란 소극적 반항이라기보다는 인생의 불행을 표상한 것이다. 그만큼 무능하다. 마치 어린이가 걸핏하면 우는 것과 같다. 그러나, 어린이가 나이를 먹고 점점 성장할수록 울음이 적어지며 새로운 계책과 용기와 이지(理智)가 발달한다. 그들은 그들의 손으로 자기들의 장래를 개척하게 마련이다. 자기의 생활을 위해서 현실과 싸우는 사람이 되어야 한다는 뜻이다. 그리하여 마침내 이렇게 부르짖는다.

<새로운 행복을 잡으려고 노력하는 사람들은 울음을 우는 대신에 그 불행이라는 대상하고 최후까지 싸워 보자! 승리를 얻을 때까지 싸워 보자! 그렇다. 우리는 지금 싸운다. 약한 자는 눈물을 거두고 강한 자와 투쟁한다. 여자들은 울음을 거두고 노예적 생활에서 해방선상(解放線上)으로 뛰어나와 운동한다. 움직인다. 잡아 흔든다. 피지배 계급은 지배 계급과, 무자유인(無自由人)과 노동자는 자본주(資本主)와, 프롤레타리아는 부르주아와 투쟁한다.>

흔히 인생은 고해(苦海)라고 말한다. 이 무능한 말은 약자의 지혜로부터

---

118) 위의 책, 1 쪽.

만들어진 것이다. 아니, 그 말은 약자의 지혜보다도 권력자의 지혜가 만들어 낸 것이었다. 모든 권력자의 지배적 기능은 피지배자가 고통을 받는 때에만 발휘할 수 있기 때문이다. 그러므로 고통 받는 민중이 자각하고 이 고통으로부터 빠져나오면 특권 계급이 몰락될 것은 틀림없는 사실이다. 피지배 계급의 고통은 특권 계급이 원인이 되었기 때문이다. 특권 계급은 피지배 계급이 자각하지 못하도록 하기 위해서, 인생은 고해라는 말을 만들어 냈지만 사실은 그렇지 않다.

인생은 고해가 아니요, 정복이며 투쟁이며 행복 그것이다. 인생은 자유인 동시에, 바로 모든 그것이다. 이것을 위해서 우리는 모든 것인 자유를 쟁취해야 한다. 약소 민족이나 무산 계급은 고통 받든지 말든지 이 현실에 있는 것이 진리라고 부르짖는 특권 계급의 절규가 모순인 동시에 착오이고, 불평인 동시에 허위인 것이다. <우리는 이러한 고통으로부터 새로운 경지(境地)를 찾지 않으면 아니 된다. 이 경지를 찾기 위해서 소멸되었던 우리의 지위와 인격 그 정력을 부활시켜야 한다. 그럼으로써 투쟁 전선(鬪爭戰線)이 개시되는 것이며 새로운 진리의 승리가 올 것이다.>

무엇보다도 <고통하는 사람에게는 말이 없다. 우는 사람이 발성(發聲)하는 대신에 고통하는 사람은 침묵한다. 그리고 자기는 할 수 있는 대로 그 고통에서 벗어나고자 갖은 노력을 하여 본다. 밤에는 잠도 자지 않고, 낮에는 거리에도 잘 나가지 않고, 그 고통을 분해도 하여 보며, 그 대책을 생각하여서도 본다. 그러나, 표면으로 발표되지 않는다고 울음처럼 능력이 없는 것은 아니다. 다만 밖으로 보이지만 않을 따름이니 마치 큰 가마 속에서 끓고 있는 물과 같이 불덩이처럼 시뻘건 고통이 사람의 몸 속에서 용솟음치고 있다. 어느 때든지 고통의 수증기는 그 큰 철제(鐵製)의 뚜껑을 폭발케 하며 굉연(轟然)한 소리로 넓은 세상에 자유스러운 광원

(曠原)으로 터져 나올 것이다. 그러나, 그 과정에 있어서 침묵하는 시기가 있으니 그 침묵하는 동안에 우울이라는 국경을 거치게 된다.>

고통 받는 사람의 침묵 가운데에는 무겁고 무거운 우울이 가라앉아 있고, 그의 얼굴 위에는 힘없고 쓸쓸한 노랑꽃이 피어 있다. 이 우울은 회의와 실망의 두 갈래로 나뉘어진다. 우울한 사람은 회의하고 의심하며 마침내 실망의 늪에 빠지게 된다. 철학자가 실망하고 문인이 실망하고 종교가 실망하며 인생 전체가 실망한다.

하지만, 어디까지나 생명은 진리의 연속이다. 우리는 고통과 비애와 회의와 우울 속에서 얼마나 이 생명을 부란(腐爛)시켜 왔던가. 따라서 생명이 썩고 말라비틀어져 버렸다. 멸망이 있을 뿐이다. 그러므로 <이 우주에 있는 모든 생물이 그들의 생명을 적극적으로 전개시키려고 얼마나 노력하는가? 생물계의 모든 진화는 이 생명을 더욱 완전케> 하려는 것으로부터 출발한다. <모든 벌레와 모든 나무는 다 각각 자침(刺鍼)이 있고 독소(毒素)가 있고 독액(毒液)이 있고 보호색이 있어 외계의 침해를 방어하며 자기의 생명을 전개시킨다.>

生命을爲한反抗은人生의本能이다. 이本能이喪失될때에는오즉破滅뿐이다 우리는 이生命을展開시킴으로말미암아 우리의生物的責任을다하자!
눈물과 苦痛과 憂鬱 이모든괴로운要素가 오즉 우리의生命의새로운 展開와 躍動을 爲해서잇섯든 것이다.
그럼으로 우리는 이生命을爲해서싸우자!生命!生命!119)

한 마디로 말해서, '생명의 새로운 전개를 위해서 싸우자'는 것으로 요약할 수가 있다. 생명의 성장을 막을 자는 그 아무도 없다. 포악한 거인

---

119) 위의 책, 8 쪽.

의 발밑에서도 석죽화(石竹花)의 웃음이 꽃피어 나오고 아주 단단한 바위 틈에서도 월계화(月桂花)가 피어나오지 않는가? 생명의 성장을 막을 자는 그 아무도 없다. 우리 모두 무럭무럭 자라나자!

역시 같은 작가[朴英熙, 곧 懷月]의 「화염(火焰) 속에 있는 서간철(書簡綴)」[120] 도 계급 투쟁이라는 목적의식이 깔려 있는 수필이라 할 것이다.

○   ○

가을이왓다.

가을은 沈默과 情熱과 追憶을 사람에게가저온다 그러나 나에게는 아즉것 그것이업섯다. 그러타고 아조업는것은안이다 다만 그 變化는 最近 一二年間에생긴 일이다.

그 變化가생긴후로는 봄이오면 녀름지낼걱정 녀름이오면은 가을지낼걱정 가을이오면 겨울지낼걱정이잇슬쑨이엿다. 얼는말하면 봄이오서든 南方으로놀리가고 녀름이오면 避暑準備를좀잘하고 가을이오면 丹楓노리를가고 겨울이오면 趣味生活을하겟다는 期待조차 안개처름스러저지고말엇단말이다. 그런故로 그러한걱정이 紛紛하엿슬째에는 늘 걱정이만핫다. 걱정쌔면 쓰러질만한 形便이엿다.

그러나 그러한 걱정도한째 浪漫時代에 철모르고 하든걱정이엿다.

그러면 지금은 걱정이업느냐?하고물으면 아조업다고는 대답지안는다. 그러나 그것이 그러케 閑暇한걱정은안이다. 억지로 名詞를붓치려면 努力이라는 말밧게는업다.

봄에못한일은 녀름에하고 녀름에남은일은 겨울에하겟다는 强烈한意志밧게는 아모것도업다. 쏘한아의 不斷의努力이잇다. 그것은 누구나하는일이지만 말하면 生活하기爲한努力이다. 살려는努力이란말이다.

이두가지의努力이 나의모든 不必要한물건과 閑暇한걱정을 다 忘却하게하엿다. 그두가지의努力이 몹시도 强烈될째에는 나는내周圍에 잇는모든것 조차 記憶에서 흐미할째가잇다.

그러나 어느째는 쏘한 지내간過去의모든生活이 문득생각나는째가잇다. 그

---

120) 朴英熙, 「火焰속에잇는 書簡綴」, 『開闢』第六十三號(1925년 11월 1일), 122~131 쪽.

째는 봄과가을이다 그러나 봄보다도 가을이 더 굿센힘을생각케한다.
　　그런데 지금은 가을이깁허간다.[121]

　　<나는 모든 사람이 그리웠다. 더우기 같이 시를 쓰고 한 가지 문학을 논쟁하던 그 친구들이 그리웠다. 뜨거운 정열 있던 동무가 그리웠다. 그리고 용사와 같이 담력이 강한 동무도 그리웠다. 그리운 것도 그리운 것이나 또한 그들을 생각케 하는 더 큰 원인이 있다. 그것은 내가 가지고 있는 그들의 서신(書信)을 둘 곳이 없다는 것이다. 내가 가지고 있는 모든 서적과 나의 물건을 두고 또한 내 몸이 있기에는 너무도 작은 장소를 갖게 되는 때에 옛날부터 모아 두었던 모든 서신을 다 없애 버리고 싶은 생각이 간절히 났다. 쓸데없는 과거는 없애 버리는 것이 새로운 내 생활에 이(利)할 줄로 알았던 것이다 ……. >
　　이러한 이유로 말미암아 친구들의 편지를 하나하나 읽어 보았다.
　　K와 나는 죽마의 벗이었다. K는 문학에 대해서 새로운 이야기를 하던 벗이었다. 이에 그의 편지의 일부를 옮겨 본다.

　　君은 내가 '藝術'이라는것을 너무생각하는것처럼말을하나 나는藝術샏만안이라 모든것을생각하기에 헤맨다. 이와가튼現象이 조흔지낫분지는 모른다. 한 '受難'인지도모른다.
　　人類라는것 世界라는것 學問이라는것 民族이라는것 詩歌 — 藝術이라는것이 지금 내생각을 占領하고잇다. 眞理를차저돌아단인다. 사람이라는것은 眞理의길을 終生을두고라도 차저돌아단이게되는것이다.
　　그런데도第一 내머리를 混亂케하는것은 '朝鮮'이다. 나는 近日 '朝鮮'이라는 말을 입속으로만 중얼거려도 곳 눈물이난다. 이러한 나의現象이 조흔지 엇던지는 모르겟스나 — .
　　'우리는 무엇을해야겟느냐?' 하는말은 歷史와 한가지永久히 우리머리에서

---
121) 위의 책, 122~123 쪽.

써날수 업는일(일)것이다. 그리고 그러다가 '眞實'이라는것이 最後의 勝利를엇 는것이다.

…… (중략) ……

'藝術은길다'한말은 샛빨안거짓말이다 모든藝術은죽엇다. 希臘의彫刻이나 佛蘭西의詩歌나한가지 지내간古時代의 藝術的産物에不過하다 얼마간微溫的 生命은 지금것持續하여잇스나 그生命은全的은안이다. 그들의모든것은 모다有 閑階級의 罪惡샏이다. 나는 엇더케하면 고만 이것저것 다내여버릴는지도 몰 는다.

우리들에게는 새로운眞理를 現實우에 세우지안으면 안이된다. 지금것 사람 들이 解釋하듯이 우리가 그러케藝術을 解釋해서는 안이된다. 이러한意味에서 當分間 나는 創作을 그만두겟다. 모든것을 내여버리고 그리고 새것을 取하겟 다.

지금日本에서일어난 一九二二年 푸로레타리아文學은아즉도 完全히 本質的으 로는 되지못하엿다[122]

여기서 K가 내세우는 것은 지금까지의 예술과는 다른 것 — 진정한 뜻 으로서의 프롤레타리아 문학임을 우리는 능히 짐작할 수가 있다. 따라서 K가 여기서 창작을 그만두겠다고 하는 것은 여태껏 해 오던 리듬 위주의 시작법을 지양하겠다는 뜻으로 받아들여야 할 것이다. 안일한 부르주아 지의 울타리를 뛰어넘는다는 뜻이다. K와 나는 예술 지상주의의 상아탑 에서 용감하게 탈출하여 보조 당당한 진리의 세계로 매진하게 된 것이다.

각설하고 — W에게서 아주 간단한 엽서 한 장이 날아왔다. '언제 내가 당신의 집에서 야단을 쳤소? 나는 주정한 기억이 나지 않소'라는 내용이 었다.

내가 그와 함께 일본 동경(東京)에 있은 일이 있었다. 그는 조선과 일본 을 방랑하였던, 말하자면 일종의 부랑아였었다. 그와 나와 K와 그의 형과 함께 지낸 일이 있다. 그러므로 우리는 늘 서로 놀기도 하고 공부도 했

---

122) 위의 책, 123~124 쪽.

으며 함께 자기도 하였다. 하지만 모두가 풍족치 못하기 때문에 원만한 공동 생활을 이어나가기가 어려웠다.

언젠가 그는 인력거(人力車)를 끌어 보겠다며, 하루에 1원 50전이나 2원을 벌어 오기도 했다. 그리하여 우리는 쓸쓸한 객수(客愁)를 잊어 버리기도 했었다. 그런데, 때마침 동경에 세계 평화 박람회가 개최되어 거의 모든 사람들이 승합 자동차(乘合自動車)를 이용하기 때문에 인력거 벌이가 휴식 상태에 빠지게 되어 우리의 생활은 도로 어려워졌다.

어느 날 밤이었다. 추운 겨울에 우리는 화로도 없이 둘러앉아서 이런 이야기 저런 이야기로 깊은 밤을 쓸쓸하게 보내다가, 문득 우리의 화제가 '평화 박람회'로 옮겨졌다. 대만관(臺灣館)・조선관(朝鮮館)・중국관(中國館) 이야기가 나오더니, 마침내 조선관에 대한 불평이 터져 나왔다. W가 불평이 있다면 우리의 손으로 해결해야 한다고 서두를 꺼내며 이렇게 외친다. "우리는 누구보다도 선구자가 되어야 한다. 우리는 그러한 기대를 위해서 머나먼 이곳에를 온 것이 아니냐? …… 이제는 새로운 창조다. 이것을 위해서 먼저 파괴하는 것이다. 참된 평화를 위해서." "그러면 어떻게 할 터인가?" "석유 한 병이면 다 된다" 하고 그가 뛰어나갔다. 석유 한 병으로 조선관을 불태우겠다는 뜻이었으리라. 그러나 그는 어디로 갔는지 3~4년 동안 전혀 만나지 못했다. 다만 앞에서 보인 엽서 한 장만 남아 있을 뿐이다. 그나마도 그의 필적을 없앨 생각을 하니 좀 섭섭하다. 뭐 종이 조각 한 장에 무슨 가치가 얼마나 있을 것인가. '오랫동안 서로 못 보아도 늘 진실한 마음만 그대로 있어다오' ― 이것이 내 마지막 소원이다.

　　쎄르즈와의社會에잇는 男女는 한가지 悲慘한 地境에 써러저잇다. 더욱이 弱한女子들은 쎄르즈와의 한 작란감모양으로 商品모양으로 이리저리로 굴러

단인다. 그들은그들의 人權의價値를 發揮하지못하며 그들의 戀愛가 純實하지 못하여 그들의生活이健全하지못하엿다. 그리고 그들은모든 그들의理想 그들의所望 期待를 結婚이라는 貞操賣買日에 그들의모든것을 어느쌘르즈와에게 팔고만다. 그리고 一生을奴隷와 가티生活한다.

○ ○

그리고 쏘나는『白潮』를생각하게되엿다. …… 그째 우리에게는藝術쑨만을 알엇다. …… 文藝運動이 黎明期에잇고 階級意識이 薄弱하엿슬째에는 普通으로 그러한藝術團體가 생기는것이다.123)

말하자면 모든 것이 오로지 부르주아의 오락이었다는 뜻이다. 부르주아 친구는 오직 어떻게 해야 좋은 소일거리가 되느냐에 모아진다. 하지만 진정한 프롤레타리아는 그러한 뜻으로서의 친구가 아니라, 굳세게 뭉친 동지 바로 그것이다. 프롤레타리아는 프롤레타리아의 많은 사업을 위해서 동지와 연합하여 단결하는 데에 그 목적을 둔다. 진리와 행복을 위해서 싸우는 투사로서의 동지애를 말한다. 부르주아끼리는 허위와 예절이 많고, 또 그들은 그것을 요구한다.

이 밖에도 여러 사람의 편지가 많다. 그러나, 불필요한 것들이기 때문에 그만 버리고 말았다. 지금 나는 4~5년 전의, 혹은 6~7년 전의 일들을 생각해 본다. 우습고 슬프고 참되고 그리운 것들이다. 나는 모든 편지들을 다 없애 버렸으며, 이렇게 해서 옛날 편지 뭉치는 다 없어지고 말았다. — 이 글은 여기서 끝났다.

그렇다면 박영희는 참말로 모든 것을 다 마감한 것일까? 결코 그렇지 않다. 이제부터 진짜배기 글을 쓰겠다는 굳은 신념의 표시를 그렇게 나타낸 것뿐인 것이다.

이 「화염 속에 있는 서간철」과 비슷한 글을 박영희는 이보다 앞서서

---

123) 위의 책, 128 쪽.

발표한 일이 있다. '눈에 보이는 대로 — 생각나는 대로'라는 부제가 붙은 「조선을 지나가는 비너스」[124]가 곧 그것이다. '사상이 피곤하였다'고 부르짖은 사람은 벌써 100년도 훨씬 전의 대천재 괴테(Johann W. von Goethe)였다는 것으로부터 이 작품은 시작한다.

    그러면지금은 엇더하냐? 아마도 世紀하나를 隔한녯날에 思想이疲困하엿스면 지금쯤은 잠을자거나 或은 숨을수거나 그러치안으면 죽어버렷슬것이다. 더구나 朝鮮사람들의思想은엇더하냐? 朝鮮사람들의文學은엇더하냐? 疲困한사람들의 부르지지는소리는 '쉬자! 쉬자! 더갈수가업다!' 하는소리일것이다. 조을님오는사람의要求는 '자자! 자자!' 하는것일것이다. 그러면 조선사람들의思想은 健全하냐?하고물으면 아모리해도 그러치는못하다. 疲困하도록 애도써보지못하고疲困하엿다. 다시말하면 자라기도前부터, 못된아해들의 작란에, 죽을고생을하고도, 째가되여서 다른꼿나무들이꼿치피니깐 體面上엇지할수업시 눈에잘보이지도안는꼿을매달고잇는格이다. 그러나 더갈수도업고, 그러타구 물러갈수도업서서 고만 그자리에주저안저서 '아!할수업다!'하는疲困이다. 그런故로 녯날모양으로 疲困해서 아조餘力이업는것은안이다. 얼마든 힘을내면낼수도잇는疲困이朝鮮사람의疲困이다. 다만 그들에게 動力이업는것이 事實이다. 그러나 朝鮮사람아! 자지는말어라![125]

    <러시아를 보아라! 체호프(Anton Pavlovich Chekhop)는 매우 피곤하였다. 그러나 투르게네프(Ivan Sergeevich Turgenev)의 「처녀지」는 그 피곤한 러시아를 잡아 흔들면서 '자지 말아라! 자지 말아라!' 하였던 것이다. 또한 도스토예프스키(Fyodor Mikhailovich Dostoevskii)의 「죄와 벌」의 대학생 라스콜리니코프는 손에 도끼를 들고 잠자려는 러시아를 죽여 버렸다. 그런 고로 러시아는 혁명하였다. 그러나, 조선은 아마도 깊은 꿈속에 빠졌나 보다. ……

---

124) 朴英熙, 「朝鮮을지내가는 예너스-눈에 보이는대로-생각나는대로」, 『開闢』 第 五十四號(1924년 12월 1일), 119~125 쪽.
125) 위의 책, 119 쪽.

조선 사람은 우선 자기네의 생활을 반성하는 것이 무엇보다도 필요하다.> '오늘날의 조선은 무척 피곤하지만, 잠자지 말아라' 하는 것이 박영희의 주장인 것이다.

옛날의 예술가는 미적 생활(美的生活)의 도안가(圖案家)가 아니면 생활이 넉넉한 사람의 공상적 오락 창설자에 지나지 않았다. 악마파의 예술이 인간 생활에 그 어떠한 영향을 주었으며, 인도주의 작품이 우리 생활에 크나큰 영향을 준 것이 있다면 그것은 도대체 무엇이란 말인가? 악마파의 예술도 인간 생활에서 나온 것이요, 인도주의의 예술도 인간 생활에서 나온 것임에 틀림없다. 그러나, 그것들은 변해가는 생활 의식으로 말미암아 실제 생활을 잃어버린 오락물로 전락하고 말았다.

시대에 따른 위대한 생활의 발견이 위대한 예술을 낳는다. 그렇기 때문에, <당대의 예술은 당대의 사람들을 얼마나 흔들어 놓는지 모른다. 그러나 그 예술이 얼마 후에는 아무리 읽어도 느낌을 주지 못하는 것도 있다. 그것은 그때의 생활 의식과 지금의 생활 의식이 다른 까닭이다.> 따라서 문예가 생활에 영향을 준다기보다는 생활이 문예에 영향을 끼친다고 보아야 이치에 맞다.

'강한 민족에게는 강한 신(神)이 있다'고 말해진다. 여기 따라 '강한 민족에게는 강한 예술이 있다'라든가, 혹은 '잠자는 민족에게는 잠자는 신이 있다'라고 말할 수도 있을 것이다. 그러면 조선에는 어떠한 신이 있는가? 우리는 권위 있는 신을 잡아 쓸 줄 모른다. 그러므로 조선은 우선 강해져야 한다. 우리는 강한 신을 요구한다. 따라서 옛날의 신을 파괴해야 한다. <강한 신은 강한 생활을 창조한다.> 여기서의 '강한 생활'이란 프롤레타리아 혁명을 암시한다. 프롤레타리아 혁명은 먼저 파괴를 전제로 하는 건설을 뜻한다.

이보다 1년 먼저 발표된 김기진(金基鎭)의 「마음의 폐허」126)는 제목 그것이 퇴폐적인 냄새를 풍기지만, 이 작품 역시 박영희의 정신과 일맥 상통하는 점이 있다는 것에 주목해야 할 것 같다.

일본 동경(東京)이 잿더미 폐허가 되었다. 그러나 그 폐허 속에서 보다 더 우렁찬 힘의 부르짖음이 생기는 법이다. 바로 이 창조의 절규가 위대하다. 이것을 어찌 썩어가는 사치에 견줄 수가 있을 것인가. <지진 당시에 어떤 사람은 춤을 추었다고 한다. 술을 마셨다고 한다. 장쾌(壯快)를 부르짖었다 한다. 그 사람은 일본 프롤레타리아 문단의 효장(驍將)이다.> 반면에 '동경을 위해서 앞으로 일하지 않으면 안 된다!'고 외치며 고향으로 돌아가지 않고 동경에 발을 멈추었는데, 그 사람이 일본 부르조아 문단의 총아(寵兒)라 한다.

이런 마당에 기성 문단이 무엇이고 신흥 문단이 무엇이란 말인가? <문학이 그 시대의 실생활 — 본능 생활의 반영이라는 것이 더욱 명료하게 해석된다. 부르주아 문단도 프롤레타리아 문단도 불 속에 들어서는 과연 그 그림자가 얼마나 남았는지?> 우리는 여기서 많은 교훈을 얻게 된다. 본능 생활에서 출발한 철학·정치·문학·미술·음악이 과연 '착각'이 아니라고 어느 누가 단언할 수 있을 것인가. 현실은 우리에게 이것을 가르쳐 주고 있는 것이다.

엘리자베드(Elijabeth) 여왕 시대엔 셰익스피어(William Shakespeare)가 있었고, 짜르(Czar)의 압제 아래엔 도스토예프스키가 있었다. 오늘날의 일본 문단을 가리켜서 일본의 경제 조직의 반영이 아니라고 어느 누가 말할 수 있을 것인가.

---

126) 金基鎭, 「마음의 廢墟」, －겨울에서서－, 『開闢』 第四十二號(1923년 12월 1일), 116~136 쪽.

日本에 地震이일어낫다, 서울진고개의 物件이잘팔니지안엇다. — 副業品共進會가해태를몰아내게되엿다. 아아해태는어대로갓느냐. 해태는울고잇다, 남몰으게 어느구석에서해볏도보지못하고, 침침한그늘에서, 목을놋코울고잇슬것이다. 가을이깁허가자 해태의울음이四方에서들니어온다. 南山에서도들니어온다, 北岳山에서도 들니어온다. 全朝鮮이해태의울음으로가득히채워젓고나!

아아해태가엇지해서우느냐. 슬퍼서운다, 抑鬱해서운다, 憤해서운다. — 비록 光化門압헤서五十年갓가히 冠岳山을바라보고불을직히든두마리의해태는우리의 눈에보이지안는곳에감추엇다하드래도, 우리의눈에보이지안는 無數한 大小無數한해태의울음소리는共進會의日字를딸아 나날히더커젓다. 無形無聲의老少해태가全朝鮮에서 나와가티울엇다. 울다가목이터젓다, 목이터저서氣盡해바렷다. 아아, 해태는 울고잇다, 끈이지안코울고잇다.

설사, 共進會를한다기로 해태가잇서서무엇이언짠을게잇느냐. 해태가舊朝鮮의景福宮을직히든것이라해서, 지금의景福宮터안으로主人이옴기여드는대, 前主人을직히든종이니 不緊하다고하는쯧이잇서서 내여쫏첫느냐. 그러타하드라도, 前主人의 종이면말이다, 지금들어가는, 威名이東洋을壓頭하는項羽가튼主人이, 무슨힘으로든지그해태를心腹을맨들기에는어렵지안엇슬것이다. 엇더한 手段으로든지, 하다못해總督府의그흔한 木盃한개를주고서라도 心腹을맨들엇슬것이다. 만들기可能한일이다. 容易한일이엇섯다. 그것을 그런것을무슨까닭으로 집어치웟느냐. 近三十萬의친한벗우리의해태야, 너는지금에어대가잇느냐!127)

<행인지 불행인지(!) 이놈도 — 흰옷 입은 해태의 한 마리도 — 늙은 어머니의 이길 수 없는 애원(哀願)에 하는 수 없이 끝나던 24일 오후에 공진회장(共進會場)인 광화문 안에 들어가 보았다. …… 대가리 속의 된장 덩이를, 흉격막(胸鬲膜) 안의 심장을 잃어버린 놈 모양으로, 기운 없이 꺼덕꺼덕 걸어다니다가 건춘문(建春門)으로 나오던 그때, 아아 그 때였다. 일본 나막신같이 빈약한, 일본제(日本製)의 해태를 나는 보았다. — 아아, 어데가 있는지 형적(形迹)조차 모르게 된 살찐 해태야! 네가 어찌하여 울음이

---

127) 위의 책, 122 쪽.

없었을 것이랴! 50년 동안, 쓸데없는 국사당(國寺堂)을 목멱산(木覓山) 위에 세우게 하던 중녀석의 어리석은 수작에 넘어가서 날마다 밤마다 관악산만 바라보던 네가 오늘날 기구한 운명의 발톱에 붙잡혀서, 정든 곳 버리고 어데 가 있으며, 목숨이나마 빼앗기지 않았는지, 해태야, 잘 있느냐, 신명(身命)에 위험이나 없느냐. 아아, 해태가 운다. 다시 살아나려고, 갱생하려고 그래서 운다. 커다랗게 운다.>

어떠한 일이 있어도 해태는 다시 살아나야 한다. <우리의 해태는 다시 살아나야만 한다. 그러나, 오늘날 해태는 다시 살아날 만큼 되어 있느냐, 되어 있지 않으냐. — 해태의 모가지는 검은 손에 눌리어 있다. 숨을 못 쉴 만큼 …… 눌리어 있다. 해태가 살고 있는 땅, 그것이 해태의 것이 아니다. 해태는 집 내놓고 종노릇하기에 엉망이 되다가 지금은 모가지를 꼭 눌리어서 꼼짝을 못하고 있다. 해태가 이 모양이 된 것은 한강(漢江) 물 위에 철교가 걸치어진 뒤의 일이다. 부산(釜山)과 의주(義州)가 철로(鐵路)를 물고 마주보게 된 뒤로 해태의 사회의 상부 구조나 하부 구조는 모두 뒤엎어지고 말았다.> 상부 구조는 왜성대(倭城臺)로 넘어가 버리고 하부 구조는 나날이 그림자를 지워 가며, 그 대신 일본인 친구의 하부 구조가 형성되어 내려간다.

　　해태의生活은, 검은옷입은이의保障이업스면成立되지못하게되엿다. 白은黑에게完全히征服되어버리고말앗다. 一千五百萬石의쌀을生産하는土地의文券이 지금어느사람의手中에잇느냐. 所謂大地主도自己의土地文券을典執하지안은사람이얼마되지못할것이다. 貧農의事勢는말할것도업거니와大農의所有도農工銀行이나, 東拓會社에債務로 오래지안아서, 貨幣代身으로들어가버릴것이다. 더구나그時日은멀지안이하얏다. 눈압헤보이는날이다, 過去二十年동안우리의土地는貨幣로밧구어저내려오고, 土地의代價로밧은돈은　저사람네들의工業品을 사기에풀쑤어버렷다. 農業國이든 ·· 千七百萬의人民은, 저사람들의간교한機

械工業品으로말미암아, 집, 밧, 논두락이할것업시, 툭툭털어버리고朝鮮서일어서게되야버렷다. 저사람네들의資本主義는-剩餘生産인機械工業品은, 自作自給하든純朴한平和한農業國-우리의鄕土를攪亂해바렷다. 機械工業品때문으로우리의 一 千五百萬石의쌀은商品으로서生産되게되여바렷다. 自足하기爲해서生産되든米穀이지금에와서商品되기爲해서生産되고, 그結果는오늘의投機事業의對象物이되여바렷다. 싸라서, 無用의貯積이大農間에蜂起되엿다, 投機를 爲해서蓄積이다. 貧農의身世는果然엇더하겟느냐.128)

빈농이나 소작인은 이중의 착취를 당하고 있는 셈이다. 지배 계급인 저 사람들, 곧 일본 사람들과 유산 계급인 대농(大農)에게 이중으로 착취를 당하는 가난한 농민들의 신세는 이루 말할 수조차 없다. 모든 것이 저 사람들의 자본주의에서 그 화근이 싹텄다 할 것이다. 무엇보다도 우리의 둘레에 돈이 말라 버렸다. 불쌍한 흰옷 입은 쫓겨난 해태의 울음소리가 들린다. 허공 속에서 낙엽이 운다. 마른 나무에서 북풍이 운다. 황량한 조선에서 해태가 목놓아 운다. 북두(北斗)에 비껴 있는 은하수가 서릿발같다. 밤이 깊었다. 서울에 불이 붙었다. 폐허의 조선 땅에 노루 불이 붙었다. 마음에 모닥불이 붙었다. 불 속엔 힘이 있다. 힘엔 아름다움이 있고, 거기에서 건설이 배태된다. 파괴 다음엔 반드시 건설이 뒤따르게 마련이다.

9. 이것과 저것의 징검다리

23) 개인주의 · 삶의 목적 · 혼잣말

임노월(林蘆月)의 「무제(無題)」129)는 제목이 없다는 뜻의 제목을 붙였지

---

128) 위의 책, 123~124 쪽.
129) 林蘆月, 「無題」, 『東亞日報』, 1925년 1월 1일.

만, 이 글의 마지막 결론은 임노월 나름의 '개인주의'를 주장하는 내용으로 엮어졌다.

◇

모든것이다헛된 쑴자리다 爲先산다는것부텀 거즛안이고무엇인가 더구나서로 理解를하고安協하고同情한다는그모든美德이라고할그것이 사실은虛榮사리에道具가안인가? 사람들은서로理解를求한다 그러나사람끼리에理解는結局 저편사람을모함하는데한武器가될싸름이다 모든罪惡이니러나기는眞實노 안니써운理解가 잇는까닭이다 서로알지는통에 사람끼리의魅力이업서지고 싸라서倦怠와憎惡가생기는법이다 이와反對로서로알지못하는새갓치아름다운일은업다 거긔에는 想像力을刺戟식힐만한 魅力과驚異가숨어잇다 내가이러케말하는裏面에는無論 사람끼리에理解는到底히不可能이라는絶望때문인지도 몰으겟다 그러나事實眞正한사람은自己의人格과 全혀다른사람을理解할수는업는법이다 왜그러냐하면 孔子의敬虔한人格이莊子에게는 아모것도안이엿고 墨子의博愛가楊朱에게는가장큰虛僞로뵈이든것과갓치사람은서로서로 自己가創造한世界가운데서만人格의完成을힘쓰는고로自己以外의사람이選擇한標準을理解할수업는것이다 萬一 楊朱가墨子를理解햇다고할것가트면楊朱는 個人主義를버리거나 그러치안으면 自己生活의虛僞를두지안으면안니될것이다 왜그러냐하면 偉大한哲人이나藝術家는人格의兩方面을 가지지안는까닭이다 八方美人式의人格이야말로 가장俗惡한것이다130)

그러므로 나는 누구한테나 이해를 구하지 않는다. 만일 지금까지 서로 잘 알아서 사귀었던 벗들이 있었다고 할 것 같으면 벗들이여! 이제부터 나는 그대들과 반드시 교제를 끊겠다. 나는 그대들의 동정과 이해가 없어도 적막한 정서를 일으키지 않겠다. 나는 모든 것을 저버리고 나 혼자 맘이 되겠다. <그리하여 심림 유곡(深林幽谷) 가운데서 외로이 자라는 수풀과 같이 나 혼자 즐기고 슬퍼하겠노라. 그대들의 간섭만 없을 것 같으

---

130) 위의 신문, 같은 날짜.

면 나는 고요하고 아름다운 때와 더불어 내 마음속에 깊이깊이 파묻혀 있는 숭고한 이상을 자랑할 수 있다. 그 자랑은 수풀이 공간에 대한 끝없는 열정과 같이 알지 못하는 벗에게 주는 자랑이다. 거기에는 공명도 없고 허영도 없을 것이다. 단지 자기 마음을 거울같이 들여다볼 수 있는 그렇듯한 아름다운 것이 있을 뿐이다.>

예술을 공명과 허영의 도구로 삼는 문단에서 나는 용퇴하겠다. 만일 내 마음이 조금이라도 더럽혀지는 것을 깨달을 때는 반드시 문단을 저버리고 이름을 숨기겠다는 뜻이다. 그때 그대들은 나를 가리켜 열패자(劣敗者)라고 부를지도 모른다. 그러나, 나는 승리니 열패니 하는 그러한 마음 죄이는 계선(界線)에서 벌써 초월할 것을 믿는다. 왜냐면, 나에겐 아직도 열렬한 창조력과 다함없는 지능을 가지고 있다는 자신력(自信力)을 가지고 있기 때문이다. 또한 이러한 자존심이 있을 때까지는 나는 어디를 가든지 행복할 것이다. 마치 밤에 진주를 가진 자가 등불을 찾듯이 나는 깜박거리는 별빛을 애써 찾는 것으로 만족할 따름이다.

나는 강압을 두려워하여 사회를 회피하며 도피하는 자는 결코 아니다. 또한 세상에 대한 불붙는 듯한 적의(敵意)나 절망을 가진 사람도 아니다. 다만 나는 내 마음 이외에는 모든 것이 거짓이라는 것을 절실히 깨달은 까닭으로, 내 마음을 무한한 자유경(自由境)으로 인도하기 위하여 모든 것을 저버리고 아무 것도 없는 허무경(虛無境)을 헤매는 중이다.

하지만, <만일 내 발부리를 거치적거리는 질곡(桎梏)이 있다고 할 것 같으면 나는 힘써 싸울 것이다. 그리고 나 혼자 싸우고 향락하고 창조하는 것으로 만족할지언정 결코 사회에 대하여 원조와 보호를 간원(懇願)치 않겠다.> 왜냐면 나는 천성이 사회에 아유(阿諛)할 줄 모르는 부도덕성을 가지고 있기 때문이다.

벗들이여! 내 말을 노엽게 듣지 말지어다. <그대들도 반드시 나와 같은 마음을 가질 때가 있을 것이다. …… 주린이가 먹을 것을 찾듯이 애써 찾는 벗들이 모든 계선을 넘어설 때가 있으리라고 믿는다. 그때는 알지 못하는 벗들이 서로 모여서 매력 있는 놀란 눈치를 가지고 무엇을 물어 보려고 하듯이 나는 그때에 벗들을 향하여 경이(驚異)를 찾을 것이다. 벗들의 고아(高雅)한 취미와 단려(端麗)한 동작과 섬세한 정서의 미(美)를 나는 황홀히 바라보게 될 것이다. 그리하여 벗들과 나는 서로서로 매력을 잃지 않고 영구히 사귈 것이다.> 그러기 위해서는 모든 계선을 넘어서야 된다. 그래야만 참다운 예술과 인생을 찾을 수 있기 때문이다.

　모든 물질을 없애 버리고 그것을 정신화(精神化)하는 것은 미지(未知)의 세계에 대한 추상적 관념일 것이다. <진정한 자유인은 모든 현실을 초월하여 모든 상상력을 자아(自我)의 통일 가운데에 포용한다. 그리하여 끊임없는 자기 창조로 하여금 인격을 새롭게 형성할 것이다. 거기에는 자기 이외에 아무런 권위(權威)의 존재도 없다.> 그 어떠한 원조나 보호에 의한 인격 형성이 아니요, 외롭게 자라나는 수풀과 같이 자기 혼자서 노력하는 힘이 있을 뿐이다. <그 힘은 천명(天命)과 천직(天職)을 초월한 초자연적인 무엇이라 할까?>

　나는 그 힘을 가리켜 '신개인주의(新個人主義)의 혼(魂)'이라 하겠다.

　이것과는 달리 조춘광(趙春光)의 「파열(破裂)과 기도(祈禱)」[131]는 인생 그것 자체에 대해서 깊이 사색하기도 하고, 자연을 노래하는 마음으로 바라보거나, 혹은 인간 심리의 미묘한 변화에 눈을 돌리는 내용으로 짜여진 수필 작품이다.

---

131) 趙春光, 「破裂과 祈禱」, 『開闢』 第五十八號(1925년 4월 1일), 51~57 쪽.

잘수업는갓듯한봄밤 幻想과싸호면서 날새기를期待된(한)다. 琉璃窓틈으로새
여드러오는달빗조차 肺腑를찌르는듯한愁嘆에(을)늣기게할뿐. 언젠가나도저달
빗을生의祝福으로늣긴째도잇섯건마는 하고생각도해본다. 그러나只今은祝福은
커녕 어느무서운豫感까지가지고잇스니엇지하랴.
　　胸部의疼痛은덤비는황소와가티神經을찌른다. 不定呼吸의微弱은 自己가죽엇는
지살앗는지意識하기도어렵고나. 呼吸確實히잇스니죽지는안은模樣 그러타고肉體
의機能이休止햇스니살앗다고할수도업는模樣 －神妙한사람이잇기도하다. 죽지도
살지도아는사람이잇스니 ⋯⋯ 어듸선가 어듸선지 피리소리가殷殷히들려온다.
모든生者의墓地로向하는行進曲을타는가보지. 看病에疲勞한妻는 平和한 얼골로
겻헤서자고잇다. 쌔로微微한잠고대까지하면서. 꿈에도나의病을근심하야祈禱도하
는게지. 나는깍감은눈으로 妻의마음을 보앗다. 一点의구름이업는純眞한그것이
다. 어듸나는그러한사랑을바들만한資格이잇나? 나의두쌤에는 어느틈에따쯧한눈
물의길이열렷다. 나는그것을分明히認識헷다.
　　또輕微한기침이나기始作한다. 가슴이결리고 呼吸이괴롭고나. 이苦痛을엇지
견대랴얼는 左右間에싯치나면조타. 結局마찬가지니깨. 아아健康아! 死야 어
느便이던지 얼는와다고!132)

　　병자(病者)의 고통은 죽음에서 생기는 것이 아니라, 삶 그것 자체에서
생긴다. 사람이 죽을 고비에 한 걸음 들여놓는 그 순간엔 아무 고통도
없어진다. 그런 뜻으로 보아, 사(死)와 무(無)는 일체 양면(一體兩面)이다. 죽
음은 곧 무(無)인 것이다. 생활의 필수 조건인 의식주에 걱정 없는 사람도
인간고(人間苦)가 있는 법이라고 석가(釋迦)가 말했다. 하물며 의식주가 해
결되지 않고 건강조차 없는 나(趙春光)야말로 무슨 까닭에 사는지 모를
일이다.

　　그래도 나는 생(生)에 애착을 느낀다. 삶이 나의 청춘미(靑春美)의 탄력(彈
力)이기 때문인가? 어떻든 내가 이 세상에 나왔으니까 사는 데까지 사는
것이 정직한 일인지도 모른다. 무엇보다도 <나의 신앙의 대상은 행복과

---

132) 위의 책, 51 쪽.

평화다.> 그리고 그것을 얻기 위해 나는 인류를 사랑해야 된다.

참다운 사상의 변화는 필연적으로 생활 형식을 변동케 한다. <생활 형식이 자기의 사상에 충실치 못한 사람을 어찌 사상가라고 부를 수 있으랴. 그것은 이론가(理論家)다.> 진정한 성자(聖者)의 위대함은 그 이론에 있는 것이 아니고 착실한 실행에 있다. 예수도 그랬고 석가도 그랬다.

오늘날의 청년 사상가들에게 자기의 사상에 불충실함을 비난하기 전에 나는 먼저 눈물이 앞섬을 깨달았다. 사람들이여! 내가 눈물에 여리다고 비웃지 말라. 어느 산간 벽지에 우리의 사상을 부연할 만한 제도나 진정한 생활을 영위할 만한 가능성이 있는가 보아라. 이른바 <귀족 생활? 관리 생활? 상인 생활(商人生活)? 농민 생활? 직공? 노동자? 법률가? 매소부? 애첩(愛妾)? 아니면 군대 생활에 있다는 말이냐? 싸움 붙이고 얻어먹는 변호사나 병자의 덕택에 사는 의사> ―거기에도 없다.

그러면 어디에 참다운 생활이 있단 말이냐? 나는 일찌기 그것을 농민 생활에서 발견했다. 친절 다정한 농민 생활에서!

나는 도회를 중심으로 해서 건설된 기계 문명을 저주한다. '처음에는 사람이 술을 먹고, 그 다음에는 술이 술을 먹고, 나중에는 술이 사람을 먹는다.' 이 말투를 따라 이렇게 바꾸어 본다. '처음에는 사람이 기계를 부리고, 그 다음에는 기계가 기계를 부리고, 나중에는 기계가 사람을 부린다.' ― 얼마나 신통한 말인가?

의지를 가진 기계여! 너의 이름은 문명인이다. 쟁투·시기·살륙(殺戮)·핍박 ― 이것이 너희들의 생활상이다. 서로서로 속이지 않으면 생활할 수 없다는 말이냐? 이웃을 사랑한다는 사상이 시대에 뒤떨어졌다는 말이냐? 아니면 참다운 농민 생활을 창조하려는 것이 어리석다는 말이냐?

<양심 있는 형제여! 농민이여! 나로 하여금 그대들의 원만한 생활 속

에 넣어다오!〉— 이것이 농민 생활을 창조하려던 당시의 나의 중심 사상이었다. 따라서 나는 농민 생활의 진정함을 인류에게 향하여 선전하는 사명감을 가지고 있었다고 할 수가 있었다.

'싸우자!' 이 단조로운 부르짖음이 나의 생각의 전부다. 나는 이 생각을 더욱 이어나갈 예정이다.

현대인의 생활 기조가 경제 조직 위에 뿌리를 두고 있는 것은 분명한 사실이다. 그런데 이 경제 조직이 불합리한 것이다. 부자는 물욕 때문에, 가난한 자는 굶주림 때문에 인간의 책무와, 그리고 신앙까지도 잃어버렸다. 시샘과 다툼과 속임을 가장 민첩하게 행하는 사람을 활동가라고 이 세상은 보고 있다. 어느 곳에 어느 사람이 사랑의 실현에 참다운 생활을 영위하는가 보아라!

어느 한 기근지(饑饉地)에 누각을 세우고 폭음 폭식(暴飮暴食)으로 음욕(淫慾)을 향락하는 귀족이나 재산가 생활에 있느냐? 아니면, 사회악의 가련한 희생자인 죄수를 추호도 용서함이 없이 생자(生者)의 지옥에 봉쇄하는 판검사나 그의 부속품인 변호사업에 있느냐? 그것도 아니면 모든 요부와 탕자(蕩子)의 보호색으로 쓰는 보석·진주·귀금속, 혹은 그의 사기 판매 상인, 광고로써 생명 탈취로 삼는 매약(賣藥)·화장품·음료수 상인, 또는 허가된 도박장·살인 연구소인 병영(兵營)·살인 기계 제조장인 병기창(兵器廠)에, 사회의 질서 보전이라는 본업을 잃어버리고 모든 사람을 악인으로 몰아세우는 경찰서에 있느냐?

이 세상엔 깨끗한 양심으로써만 따지는 '사랑'의 생활과 모순되는 직업 말고는 아무 것도 없다. 여기에 내가 농민 생활을 동경하는 본뜻이 있다. 그러나, 속지 말지어다! 나는 이른바 환멸의 슬픔에 젖어 운 일이 있는 것이다.

땅을 파서 곡식을 심고 풀을 베어 방을 따뜻하게 하는 농민 생활은 겉으로 보기에 지극히 순박 진실하지만 그들에겐 무서운 부업(副業)이 많다. 그들은 양계와 양돈에 힘써서 부자들에게 육식을 공급하고 양잠으로 탕자 요부의 비단옷을 제공한다. 부자와 권자(權者)에게는 아첨하고 가난한 서생에게는 우악하다. 돈이 없는 사람에겐 냉랭하기 그지없다. 담배와 막걸리는 그들의 준주식물(準主食物)이다. 강한 자는 무지와 폭력 때문에, 유순한 자는 억측과 준순(浚巡) 때문에 구원 받기 어려운 사람들이다. 이러한 생활에 무슨 사랑과 무슨 진정이 있을 것인가? 이것이 나로 하여금 농민 생활을 단념케 하는 최대의 이유가 아니었던가?

이에 나는 이렇게 생각한다. <'싸우자! 응시하자!' 하는 나의 생활 신조에 사상적 입각지(思想的立脚地)를 부여하자. 그것을 나는 알고 있다.> 나는 그것을 실현하기 위해서 기도해야 한다. 가벼운 기침과 함께 가슴이 또 아프기 시작한다. 의사의 말에 의하면, 내가 죽을지 살지 모르겠다는 것이다.

꿈은 깨어졌다. 나는 목이 칵 막히도록 부르짖는다. "나에게 직업을 다오! 빵을 다오!"

강남소자(江南少子) 광애(光愛) 김승극(金承克)의 「살기 위하여」133)는 논문에 가까운 제법 기다란 수필이라 할 수 있다.

> 우리는只今산사람이외다이러케生命呼吸이完全하고, 四肢百體를任意로活動할수 잇스니, 이것이산사람이아니면무엇이리오 그러나여러분이여우리의사랏다는標準을, 다만이로써定見主觀하리잇가, 오직이肉體의生命이끈치안코붓터잇스니이것으로써우리의사랏다는宣言을다른사람에게面目좃케傳播할廉恥가잇는가요ー안니외다決코아닐것이외다, 우리의사랏다하는範圍內에는肉이든지靈이든지모든意志智能과여러가지生存의俱備한生命力이잇서야　能히다른사람의

---

133) 江南少子 光愛, 「살기爲하야」, 『東亞日報』, 1920년 4월 25일~5월 3일.

列에齒하야完全한生活을圖謀할수잇슬것이외다
  우리는산사람이외다, 決코죽은사람은아니외다, 우리의肉體와靈魂이죽지안 코사랏스며, 우리의意志智能이펄펄쓸어, 산氣味가잇는것이외다그러나步一步 前進하야힘쓸것은, 이보다 — 層더잘살아야할것이니, 만약只今生活의現狀갓 치살아가던지쪼는이보다더墮落되여, 죽던지하야서는 — 不可萬不當할것이외 다卽우리도다른사람과갓치完全無缺하게, 眞善至美하게, 우리의熱血로써, 우 리의骨肉으로써우리의心志와勢力으로써, 온갓우리의潑潑하는生命의힘으로勇 敢進取의氣像으로河海갓치넓고山岳갓치놉고宇宙갓치큰 — 性靈의經綸으로文 明하고自由롭고快樂하게살아야할것이외다, 저 — 暗黑하고野蠻이던흔겁질을 버서나, 새로운天地에들어, 새로운民族이되여, 새로운思想으로活動하야, 우 리의負擔을能히堪當하고다른사람에게落伍되여, 뒤로물너감업시, 새로운生活 을힘쓸것이외다이에모든不正義不道德不自由等여러가지의惡思想을打破하야正 義國道德民으로自由生活을하야다른사람에게解放되고다른사람을解放하야萬有 平等主義로公平한살림(生活)을營爲할것이외다134)

<그러나 우리는 스스로 회의 반문(懷疑反問)을 일으키지 아니치 못할 것이니 우리는 과연 살았는가? 우리의 튼튼한 자주력으로, 활보 전진(闊步前進)의 단독력(單獨力)으로, 단체력(團體力)과 제약(制約)을 엄히 지켜 제각기 분(分)에 응(應)하는 책임을 극진히 하여, 다른 사람에게 받는 치소(恥笑)를 용납치 않고 공정하게 생활다운 생활을 살아왔는가? 아, 슬프다!>

말을 하려고 해도 입이 막히고 쓰려고 해도 붓이 떨린다. 조상에게서 물려받은 살림과 오늘날의 살림을 돌아보라. 그것은 마치 편안히 누워서 부영(富榮)에 파묻히려 했고, 수족은 움직이지 않고 행복을 누리려 하지 않았는가 말이다. 그런 것을 얻지 못하니까, 낙심 불평을 늘어놓고만 있을 따름이라는 뜻이다.

다른 사람들은 해찰하지 않고 온힘을 기울여 격렬한 경쟁에 뛰어들어 삶을 이어가는데, 우리는 우유 부단하여 한가롭게 소일하면서 복락을 누

---

134) 위의 신문, 4월 25일.

리려 하고 있는 것이다. 그 동안 우리 민족은 어떻게 살아왔는가? 노력하고 분려(奮勵)하여도 좋이 대항치 못할 사세(事勢)로 말미암아 슬픔과 눈물로 방황하므로, 세상 사람들이 우리의 존재를 인정치 않고 우리의 권리를 무시하니, 우리는 홀로 함분 축원(含憤蓄怨)의 설움이 얼마나 많았던가? 우리는 결코 다른 사람을 원우(怨尤)치 못할 것이요, 스스로 책려(策勵)함에 힘쓸지어다.

<아, 여러분이여! 우리는 몇 백 년 몇 천 년 전의 우리 배달의 청사(青史)를 펴놓고 사고(査考)하여 봅시다. 저 웅장한 성탑(城塔)을 쌓고 기묘한 기계를 만들던 우리의 지나간 옛 선조(先祖)의 살아가던 기상을 보건대, 참으로 사상이 웅대하였고 의견이 고상하였사외다. 결코 우리의 지금 살아가는 것 같지는 않았을 것이니, 우리 땅에 지금껏 보전(保全)된 우리 유적을 살피매, 더욱 비감(悲感)이 복바치고 무능함을 깨달으리로다. 만약 이제 우리로 하여금 숭례문(崇禮門)이나 을밀대(乙密臺) 같은 건물을 쌓으라 하고 청자기(靑瓷器)와 석물기(石物器) 같은 것을 만들라 하면, 우리네에게 건축사나 기술자가 없을 것이며, 겸하여 우리는 다른 사람의 노심 초사(勞心焦思)로 된 기차나 기선이나 자동차 전차 등이 우리의 제조와 이해에 능치 못하며, 우리는 다른 사람의 연구 노력으로 된 전신 전화 등의 문명 이기가 도무지 우리의 예술적 공예적 물건이 아니며, 온갖 우리의 생활상 수요품이 모두 우리 손으로 생산 제조된 것이 없으니, 우리는 이런 것을 사용할 염치가 없을 것이외다.>

이에 다음과 같은 물음에 대한 답변을 보기로 들어 본다. "우리의 삶이 생기가 발발(潑潑)하였느뇨?" "타기(惰氣)가 만만(滿滿)하였노라." "활력(活力)이 충실하였느뇨?" "피색(疲色)이 현현(顯顯)하였노라." "자유로 활동하였느뇨?" "부자유에 울었노라." "성성(惺惺)하였느뇨?" "혼혼(惛惛)하였노라."

― 이런 답변 밖에 할 수 없다는 것이다.

우리는 아무런 지식도 능력도 없는 셈이다. 그 원인은 어디에 있는 것인가? 우리는 실무(實務)를 천히 여기고 실리(實利)를 내버려, 문명 진보의 본바탕과 광채를 받아들이지 못하고 내침으로써, 사람의 생존 원리와 본뜻을 깨닫지 못하고 잊어버렸기 때문이다.

사회는 날로 발전 개조되고, 우주는 날마다 변천한다. 그러므로 우리는 낡은 시대의 낡은 사상과 낡은 생활을 타파하여 새로운 시대의 새로운 생활을 빛나도록 꾸며야 할 것이다.

우리의 둘레에 있는 삼라 만상은 우리의 스승 아님이 없다. 그러므로 우리는 선인들의 한 마디 말이라도 무심하게 들어서는 결코 안 될 것이요, 길가의 한 조각 돌이나 풀 한 포기라도 뜻 없이 보아서는 결코 안 된다. 어느 곳에나 있는 진리를 우리는 캐내야 한다.

현대는 약육 강식의 무대에 놓여 있고, 우승 열패(優勝劣敗)의 경쟁장이기도 하다. 바꾸어 말하면, 바쁘게 힘씀으로써 앞으로 달리는 자는 삶을 얻게 되고, 무위 도식함으로써 뒤떨어지는 자는 죽음을 맞이하게 마련이다. 분기 노력(奮起努力)의 필요성이 바로 여기에 있다.

<아, 여러분이여! 살아 있는 우리 가운데서, 또다시 큰 학자·실업가·종교가·발명가, 혹은 교육가 예술가 등의 큰 인물이 많이 나서 앞으로 더욱 잘살기 위하여 정신계로는 부패한 도덕과 타락된 사상을 타멸(打滅)하여 혁신된 종교·지능·견식·사상을 가다듬어 영혼을 죄악의 가운데에서 구원하며 민족을 선정(善政)에서 치안(治安)하고 만국이 평화에서 쾌락케 하며 지학(智學)은 만상(萬象)에 보편(普遍)케 할 것이외다. 이에 물질계에로도 우리의 넘어져 가는 두옥(斗屋)을 다 헐어 버려 파묻고 또다시 새로운 고루 거각(高樓巨閣)을 지을 것이며, …… 인력거를 폐지하고 전차 자

동차를 만들어 타며, 목선 편주(木船片舟)를 제지(除止)하고 기선 잠정(汽船潛艇)을 만들어 수계 항술(水界航術)을 익힐 것이며, 교자 교군(轎子轎軍)을 절도(絶倒)하고 기차 비행기를 다시 지어 세계 편답(遍踏)에 힘쓸 것이외다.>
이처럼 편리하고 자유 활발하게 사는 것이 우리의 본분이라는 것이다.

옛부터 우리는 '삶'의 문제에 대해서 얼마나 많은 시간을 연구해 왔던가? 온갖 동식물을 비롯해서 우주 만물에 이르기까지 우리는 손을 대지 않은 것이 거의 없다 할 것이다. 하물며 인간에 관한 것이야 새삼 말해서 무엇할 것인가?

과학 연구는 재론할 필요도 없거니와, 문학이나 미술을 익히며 법률 정치와 경제 이론 같은 것도 연수(硏修)하는 동시에, 상농공의(商農工醫) 따위와 같은 실용학(實用學) 역시 반드시 연구의 대상으로 삼아야 할 것이다. 또한 살기 위한 문제로서 '시(時)'와 '역(力)'을 도외시할 수는 없다.

'시'라는 것은 무한할 뿐만 아니라, 우주 만물을 지배하는 동시에 사람의 목숨을 지배하는 것이기도 하다. 우리 사람의 일생이란 참으로 짧다. 그러기에 아침 이슬이라 하기도 하고 하루살이라 하기도 하지 않느냐 말이다. 어디 그것뿐이랴! 만경 창파에 조 한 알, 또는 개구리밥이라고도 말하고, 일장 춘몽이라고도 말하지 않는가!

'인생칠십고래희(人生七十古來稀)'라 했다. 이것도 잠자고 먹고 하는 시간과 장난치며 놀고, 아니면 몸이 불편하여 병상에 누워 있는 때도 있을 것이고, 애처롭고 슬픈 생각에 잠겨 있는 때도 있을 터이다. 그러므로 실제로 학업이나 수양에 종사하는 시간은 아주 미미하기 그지없다 하겠다. 따라서 흔히 시간을 낭비하지 말라고 하는 것이다. 시간을 귀중하게 여겨 자기 사업에 근면히 열성을 다 바쳐야 한다는 뜻이다.

勿謂今日不學而有來日하고勿謂今年不學而有來年하라日月이逝矣라歲不我延

하니 嗚呼老矣라是孰之愆고[135]

주회암(朱晦庵)의 말이다.

우리 인생이 자기 마음대로 얼마든지 장생 불로한다면, 시간을 귀중하게 여길 이유가 하나도 없고, 또한 근면 노력할 필요도 없다. 그러나 우리 인생이란, 청춘 묘기(靑春妙機)의 시간이 한 번 지나가면, 영웅도 늙게 마련이요, 호걸도 그것으로 끝나게 마련이다. 황량(黃粱)의 밤이 끝나기도 전에 북망 낙일(北邙落日)에 초동(樵童)의 지소(指笑)를 면하지 못하리라.

> 力이란무엇인고그意味가廣且大하며그效用이不可測이라이無限한力을우리가利用하야勞動할사록더만흔富力이增加되고짜라서眞味와幸福을더만히밧을것이외다그런대이力이彼我勿論하고生存上要求를完全게하는要素인問題에對하야임의여러사람의論爭이만하슬것이외다그러나이에對하야여러番研論하는것이決코無益한것이안이오多大한效益이잇슬가하노라
> 우리의事業成就의能不能은이勞力多少에正比例가된다고함은 …… 우리가만흔勞力을할사록事業도짜라서成就大功하야生存의價値잇는有爲한生活을질것이오徒遊無勞로一分의力을勞치안을것이면비록百歲千歲살아도價値업고無昧한生活로社會를腐敗게하는一寄生物에지나지못할것이외다[136]

정신적 심려와 육체적 노동의 어떤 종류임을 불문하고, 그 경우에 따라 우리가 근면 노력하여 영광스러운 생활을 만드는 데에 그 목적이 있다 하겠다. 그런데 우리는 과연 귀중한 노력으로 광영의 생존권과 쾌락의 생활력을 향수하였던가?

실에 있어서 우리는 이 귀한 노력을 천시하였고 배척하여 불경 불상(不耕不商)하며, 정신적으로 한 푼의 뇌력(腦力)도 쓰지 않았을 뿐만 아니라,

---

135) 위의 신문, 4월 29일.
136) 위의 신문, 4월 30일.

육체적으로 손톱만큼의 노동도 하려 하지 않았던 것이다. 그러므로 이제껏 촌스럽고 어리석은, 말라 죽은 나무와 같은 우매한 생활을 할 수 밖에 없었다 하겠다.

무엇보다도 헛된 꿈을 버리고 참된 실력을 길러야 한다. 바꾸어 말하면, 마음의 자유와 능력의 역동성을 발전시킴으로써 생존 권리를 찾는 한편으로 생활 조건을 훨씬 넓힘으로써 우리의 영광을 실력에 의해서 누려야 한다는 뜻이다. 지난날의 성현 위인은 죽은 뒤에 오히려 그 영혼이 더욱 빛나고, 그 생명이 영생을 얻게 된 것이다.

유사 이래 다문 박식(多聞博識)한 위걸(偉傑)이 나타(懶惰)하고 무위 도식(無爲徒食)한 자가 없으며, 패가 망신한 낭자(郎子) 가운데 근면 노력한 자가 없는 법이다. 일찌기 눈물과 함께 빵을 먹은 일이 없으며, 춥고 차디찬 방에서 겨울밤을 지새운 일이 없는 자는 미묘(美妙)한 영혼의 힘을 알아볼 수가 없는 자에 지나지 않는다.

하늘은 스스로 돕는 자를 돕는다. 스스로 노력하고 스스로 탁마하여 스스로 성공하기를 기대하는 것이, 곧 하늘의 명령이요 사람의 의무인 것이다. 의지 박약하여 노력 분려(憤勵)하지 아니하고 방일 나타(放逸懶惰)한 부패 행동을 일삼는 자는 후손에게까지 눈물과 슬픔을 안겨 줄 것이다.

힘이라는 것은 운동의 변화를 시키는 원인이 된다는 것을 우리는 알고 있다. 우주 만상은 이 힘에 의해서 존재하기 때문에, 푸른 하늘의 일월 성신(日月星辰)도 그 자리와 궤도를 보전 유지할 수 있으며, 지상의 모든 동식물을 비롯해서 광물까지도 그 생명을 길이길이 지킬 수가 있는 것이다.

경우에 따라 이 세상엔 모순이 없는 것도 아니다. 내 몸과 맘을 바쳐 근근 간간(勤勤懇懇)하게 힘쓰는 사람에게도 무정한 가난의 악귀가 따르고, 언와 안락(偃臥安樂)으로 손발을 조금도 놀리지 않는 무위 생활자에게도 부귀의 행복이 넘쳐흐르는 일이 있기 때문이다. 참으로 괴이한 사실이 아닐 수 없다. 그러나, 힘써 일하기 때문에 가난한 것이 아니요, 손발을 놀리지 않기 때문에 부귀한 것은 결코 아니다.

이미 자본주의라는 탐람(貪婪)은 버린 지 오래요 노동주의의 선전(宣戰)이 포고되었으므로, 가난한 자도 일을 해야 하고 부귀한 자도 일을 해야 한다. 어찌 노동을 업신여길 것인가? 노동은 신성한 것이다.

우리 사회에서 자기 손으로 부귀를 얻은 사람이 몇 명이나 되는가? 모두 다 조상의 유산을 물려받은 것이다. 이러한 부가 어찌 선조의 유산을 받지 못한 가난뱅이보다 낫다고 할 수가 있을 것인가?

무엇보다도 상부 상조가 우선해야 할 것이다. 이러한 마음 가짐이 이루어질 때 비로소 우리 사회는 보다 발전 진보되고, 여기 따라 우리 생활도 향상 전진되리라고 나는 믿는다.

우리 민족은 다른 민족에 비하여 생명력도 박약하고 생활력도 부족하며, 동시에 심오한 사색과 활용 능력이 결핍되어 있으므로, 무슨 일임을 불문하고 인내력과 지구력을 충분히 발휘하지 못하는 흠이 있고, 여기 따라 당장 눈앞의 일에만 집착한다. 대기 만성이다. 위대한 일이 그렇게 쉽게 될 까닭이 없다. 위대한 사상이 하루 아침에 이루어질 이유가 없는 것과 똑같다.

우선 우리는 살아야 한다. 살기 위하여 우리는 지식을 높고 넓게 닦아야 하고, 실력을 전후 좌우로 두루 갖추어야 할 것이다. 그렇게 되면 아무 막힘도 없이 우리의 문명 생활을 누리게 되리라 믿는 바이다.

위의 글월이 살기 위한 방법을 제시한 수필이라면, 이상화(李相和)의 「방백(傍白)」[137]은 인생이란 완성물인 동시에 불완성품이라 하고, 이것을

---

137) 李相和, 「傍白」, 『開闢』 第六十三號(1925년 11월 1일), 132~136 쪽.

밑받침으로 해서 우리 민족의 미래를 점친 것이라 할 수 있다.

◇

　眞實한融和는 個性을消滅까지식히는 그犧牲에서만獲得을할수잇다. 眞實한美妙는 混合과離存이되여야만 비로소그躍動을볼수잇다.

○

　이것을항상矛盾으로만녀기는사람은 外形만보는精神洞察者가아니다. 웨그러냐하면 한송이꼿을힘상스런돌비렁에서보기와 여러송이꼿을混色霧처럼된溫室에서보기와 가튼理由이기째문이다.

○

　그럼으로 融和나美妙가 그驚異의價値에선 絶對로差違가업슬것이다. 하나 한송이꼿이나 여러송이꼿이 서로融和와美妙로될만한 그意慾을缺除한꼿이라면 그것은꼿으로는보지못할 한갓怪物에넘지안는다.

○

　대톄 個性을消滅식힌단말은 小我에서大我로옴음을意味한것이고 混合에서離存을한단말은 大我에서小我로옴음을意味함이다. 決코 다自我意識이란것을 沒却한 뒤의行爲가튼것은아니다.

○

　그런데사람이 生命意識을 가장精誠되게 懇切하게追索하는동안은 그效果가 아즉은 自身에만잇슴으로 小我라고할수잇다. 그러나 追索에서어든그'힘'이 참지못할衝動으로될동안은 生命의意識이남에게밋치기까지 實現이됨으로 大我라고할수잇다.

○

　이것을 가장敏捷하고純眞하게轉換식히는사람이 참으로生命의藝術家이다. 쑬물가튼美妙와 간장가튼融和로 生命을料理하는사람이다. 實現하리만큼洞察을하고 洞察한것만큼實現을할 詩的生命을가진사람이다.

　人生은 完成物인不完成品이다.

動物眼과 進化論으로보면 完成된것이다 人類心과 生命學으로보면 不完成된것이다.

○

그러나 人生이란것이 不完成이란範疇안에 宿命的으로存在된것이아니라 完成으로向行하는道程우에 可能的으로追近하게된것이다.

○

우리의知力이 밋처가는대로 적어둔人類史를보아라―그것은오늘까지 不完成에서 完成으로의努力한報告書가아니냐? 다시말하면 보담完成對不完成의鬪爭記錄이아이냐?

이럼으로 그날의生活에 주저를하고 게을한이는 現狀維持者나 밋現狀自足者와 다름이업는愚惡한이며 곳 動物分類學에서만사람이다. 鬪爭은必然의過程임으로말이다.

◇

世界는 人生이잇서야 存立이되는것이다.
永遠은 瞬間이잇고야 構成이되는것이다.
그럼으로 나는밋는다―
永遠한世界는 瞬間마다를 사람답게사는때와 사람답게사는데서 肇産이되는것이라고―.138)

흔히 우리는 생활이 존중(尊重)하고 사상도 존중하다고 말한다. 생활이 존중한 까닭은 생활의 배경에 사상이 있기 때문이요, 사상이 존중한 까닭은 사상의 무대인 생활이 오기 때문이다. 그러므로 사상이 없는 생활은 생물의 기생(寄生)에 지나지 않고, 생활이 없는 사상은 간질(癎疾)의 발작에 다름없다.

이성적(理性的) 종족으로는 튜턴(Teuton) 인종, 곧 독일・화란・서전・낙위,

---

138) 위의 책, 132~134 쪽.

그리고 영국과 중국이 여기에 속하고, 감정적 종족으로는 라틴(Latin) 인종, 곧 불란서·백이의·이태리, 그리고 일본이 여기에 속한다. 그러니까 유럽에서는 튜턴족과 라틴족이 서로 대항하고, 동양에서는 중국족과 일본족이 서로 대항하는, 이 두 종족은 과거·현재·미래를 통하여 영원히 상쟁할 운명을 짊어지고 있다.

그러므로 조선이라는 나라는 이 사이에 끼어서 확연한 성격을 못 가진 데서 오는 슬픔과 붕새(崩塞)된 생활을 돌리기 어려운 데서 오는 고뇌와 싸우지 않을 수 없는 길목에 있음을 생각할 때에, 조선 민족은 일종의 반항적 숙명을, 투쟁을 통해서 해탈의 길을 찾아야 할 것으로 보인다. 바로 이 투쟁을 통해서 조선 민족의 완전한 생명력과 국민성을 파악해야 할 것이며, 또 그렇게 함으로써 실현도 가능하게 될 것이다. 말하자면 아직 실현되지 않았지만, 비통한 열정으로 인생을 추구할 때라는 뜻이다.

24) 창문 철학·애상적(哀想的)인 고백·독백

김진섭(金晉燮)의 「창(窓)」[139]은 한 마디로 말해서, 어떠한 목적 의식에 의해서 씌어진 것이 아니라, 그저 한 개의 창을 관찰 대상으로 삼아 자기의 가난한 사상의 한 묶음을 살피려는 것 이외의 다른 아무 것도 아닌 것을 쓴 것이라 하겠다. 독일의 철학자 짐멜(Georg Simmel)이 한 개의 꽃병 손잡이로부터 놀라운 매력 있는 하나의 세계관을 이끌어 낸 것처럼 말이다. 이에 김진섭은 생활의 권태에 못 이겨 창문 쪽에 기운 없이 기대어 한 갈래 두 갈래 자기의 머리로부터 흐르려는 사상의 가난한 한 묶음을 들여다보려고 하는 것이다.

---

139) 金晉燮, 「窓」, 『文學』, 第一號(1934년 1월), 1~3 쪽.

이것이 짐짓 버젓한 세계관이 될는지, 아니면 하나의 '수포 철학(水泡哲學)'으로 돌아갈는지 모른다고 김진섭은 털어놓는다. <그 어떠한 것에 이 창측(窓側)의 사상이 속하게 되든, 물론 이것은 그 나쁘지 않은 기도(企圖)에도 불구하고 아직은 오히려 하나의 미숙한 소묘(素描)에 그칠 따름이다. 창은 우리에게 광명을 가져오는 자이다. 창이란 흔히 우리의 태양임을 의미한다. 사람은 눈이 그 창이고, 집은 그 창이 눈이다.> 청천(聽川) 김진섭은 이렇게 비유하면서 다음과 같은 논리를 전개시킨다.

 仔細히點檢하면 모든 物體는 그어떠한것으로依하야서든지 반다시 그通路를 가지고잇음은 두말할것도없다. 우리는 그사람의눈에 魅力을 느낌과같이 집집의窓과窓에 限없는蠱惑을 느낀다. 우리를 이와같이 牽引하야 놓으랴하지안는 窓側에 우리가앉어 閑暇히보는것은 그러므로 하나의 흣된 演劇에比較될性質의것은아니다. 우리가 여기서 볼수잇는것은 너무나많은것 — 卽 그것은 自然과人生의 無盡藏한豊溢이다. 或은 境遇에依하야서는 世界自體일수도잇는것같다. 窓밑에 窓이잇슬뿐아니라, 窓옆에窓이잇고 窓우에 또窓은잇서 — 눈은 눈을通하야 窓은 窓에依하야 이제 왼世上이 하나의完全한 透明體임을 볼때가 일즉이 諸君에게는 없엇든가?

 우리는 언제든지 될수록이면 窓옆에 머물러잇으랴한다. 사람의보랴하는欲望은 너무나크다. 이리하야 사람으로부터 보랴하는欲望을 拒絶하는것같이 큰 刑罰은 없다. 그러므로 그를通하야 世態를엿볼수잇는 唯一한機會를 주는窓을 사람으로부터 빼앗는監獄은 참으로잘도討究된結果로서의 暗黑한建物이라 할수잇다.140)

우리가 창을 통해서 보려고 하는 것이 진정 무엇인지 몰라도, 그것을 보려고 하는 욕망은 결코 억제하지 못한다. 그러므로 우리는 창을 한없이 그리워하는 동시에, 이 창에 무엇이 나타날 것인가에 대한 가벼운 공

---

140) 위의 책, 1~2 쪽.

포까지 갖게 마련이다.

  사람은 혼자 살 수가 없다. 기차이든 버스이든 가능하면 창 옆 자리를 택하고자 하는 것은 자기 아닌 다른 사람의 생활에 의하여, 또는 다른 사람의 생활을 보는 것에 의하여 자기도 살 수가 있다는 엄숙한 사실 때문이다. 그 어떠한 창이든 간에 바로 창 옆에 앉고자 하는 이유가 바로 여기에 있다.

  이 「창」에 비하면 보다 다분히 주관적이고 애상적(哀想的)인 수필에 김일엽(金一葉)의 「아부님 영전(靈前)에」141)라는 작품이 있다.

  마음속에 깊이깊이 잠겨 있는 아버님의 일을 생각하고 또 생각하는 동안에 어느 새 12년이라는 세월이 꿈결처럼 흘러갔다. 그 분의 일을 애모(哀慕)하는 것이 나에겐 한없이 서럽고 반가운 일이다. 아버지가 "내 혈육이라고는 저것 하나뿐인데" 하고 늘 말씀하시던 것을 지금 다시 생각할 때, 내 마음은 감격에 넘칠 따름이다. 그 말씀 속에는 나를 무한히 사랑하시던 정이 내포되어 있다.

  아들 겸 딸 겸 저것 하나뿐이며 어머니 없이 자라는 어린 것이 몹시 불쌍하다는 생각과 장차 착하고 행복스러운 사람이 되라는 기대와 축수와 가르침이라는 것을 나는 알고 있다.

  지난 10여 년 동안의 나의 생활을 살펴본 아버지의 마음은 얼마나 아프고 서러웠을까를 생각하고 나는 자꾸자꾸 눈물을 흘린다. 어떻게 하면 세상을 등진 아버지를 위로할 수 있을까 고심도 많이 했다. 한데 고심하면 고심할수록 모든 일이 여의치 못할 뿐만 아니라, 도리어 아버지에게 욕이 돌아갈 일만 생기는 것이었다. 그럴 때마다 내 잘못을 후회해야 할지 세상을 원망해야 할지 분간하지 못했다.

---

141) 金一葉, 「아부님靈前에」, 『東亞日報』, 1925년 1월 1일.

사람의 행복이란 제삼자의 판단으로 정할 것이 결코 아닌 것 같다. 내 앞에는 이제부터 많은 파란이 없지 않을 것이다. 하지만 이 고해를 끝없이 헤매면서도 아버지 일만 생각하면, 나의 마음은 거듭 부드러워지고 당신의 마음을 잊지 않으려 노력하고 있다.

사람들은 아버지를 조선이 낳은 가장 충실한 하나님의 사자(使者)라고 부른다. 그러한 당신의 무남 독녀인 나는 끝까지 모든 어려움과 핍박을 이겨 나갈 것이다.

무엇보다도 내 생활 가운데에서 가장 아름다운 기억을 찾는다면, 지난 날에 당신이 보내 주신 편지를 읽는 일이다. 아버지 돌아가신 이후에 그러한 편지는 짐짓 받아본 일이 없다. 그 글귀 하나하나가 나의 마음속에 낱낱이 살아 나의 외로움 가운데서도 결코 불행한 생각을 느끼지 않는다. 당신의 뜻에 어그러짐이 없다면 나는 도무지 괴롭나 하지 않을 것이다. 내가 이 생활에 마음껏 힘껏 충실히 하겠다는 결심도 다 당신의 뜻을 받들고자 함에서 온 것이라 하겠다. <어리고 아지 못하는 당신의 딸은 아직도 수없는 고개를 앞에 두고 헤매어 나아가는 중>이다.

김일엽의 작품에는 아버지의 영전에 바치는 것으로 되어 있는데, 망양초(茫洋草 ; 金明淳)의 「경면 독어(鏡面獨語)」142)는 어머니의 영전에 바치는 것으로 되어 있다.

썩은 잎사귀가 모진 바람에 질 때는 속절없이 흙으로 돌아갈 수 밖에 없다. 낙엽은 바람이 부는 대로 끝없는 표류와 동요와 불안감을 그 얼굴에서 감출 수는 없으나, 마침내 불모한 절벽 틈을 굳세게 버티는 것보다는, 기원하는 상태로, 그리고 수난(受難)하는 상태로 한 발자국 두 발자국 옮기고, 몇 번인가는 돌 위의 먼지를 믿고 고생하는 이끼라도 붙잡아 줄

---

142) 茫洋草, 「鏡面獨語」, 『東亞日報』, 1925년 3월 9일.

힘이 없느냐고 아득거리며 차라리 몇 천 자 벼랑 아래로 떨어져 흙 속에서 자멸(自滅)하는 것이 순리라는 것이다.

하지만 위아래로 치밀고 내리미는 바람이 마침내 생명을 가진 자로 하여금 기어오르던 절벽의 움켜잡은 돌부리를 놓을 수 없게 한다. 그러나 여기는 위험하다. 위에서 휩쓸어 내리는 바람이 북극의 빙판을 휩쓸다가 등산자의 얼굴에 부딪치는 순간, 까맣게 보이는 벼랑 아래 떨어져 마귀의 함정문(陷穽門)에서 굴러다녀야 할 것 같기 때문이다.

그 함정문을 구르는 동안의 고통과 수치는 니오베(Niobe)의 탄식을 바랄지언정 감히 붙들었던 그 힘과 애착을 내놓을 것인가. 이런 때의 사람은 신앙의 힘의 아늑함을 못 잊을 것이다. <거기는 비록 기적 같은 구원은 오지 않을지라도 …… 떨어지지 않으려 하는 수난자(受難者)의 자중 자안(自重自安)이 있지 않으랴. 그러한 고난이 넘어간 뒤에 봄만 오면 벼랑 끝이라 한들 그 찬바람이 다시야 불어오랴.>

한데 <하물며 썩은 잎이 아니고 벼랑이 아닌 틈에 사는 사람의 앞길이 아무리 험하다 한들 마음먹기에 달렸거늘 무단히 멸망하여 버릴 것이랴. 누구든지 생각지 말 것이다…….>

<미덥지 못한 그 걸음걸이로, 머리를 풀어헤친 모양이 울 줄도 웃을 줄도 모를 것 같은 얼굴로 무엇을 향해 걸어 나갈 때, 그 모양에는 피로가 없고 고통이 없으리라고는 뵈지 않는다.>

어떻게 <생각하면 그런 여자에게도 봄은 있었을 것이다. 봉오리 지우던 꽃도 뵈었을 것이다. 그러나 너무 달던 탓에 너무 곱던 탓에 …… 일찍이 휘질리었을지, 아직 붉은 그림자를 감출 수 없는 그 얼굴로 한정 없는 북 쪽 길, 거기야 무슨 안락이 있>고, <평화가 있으랴마는 허둥지둥 가는 모양이 뜻 아닌 길에 들어 흥미 없는 수색을 시작한 것 같다.

때 못 얻은 동경(憧憬)의 길을 가던 그림자는 가기는 가련마는 무엇으로 부질없이 앞서 가는 그 생의 비임(空虛)을 채우랴. 지나는 자취라고 꽃빛 같이 붉은 단풍잎 지나는 발자취마다 미리 뿌린다 한들 비록 그 아픈 마음에 마지막 피를 흘려 물들여 뿌린다 한들> 헤매던 마음이 이리저리 깔리지 않는다고 어느 누가 장담할 것인가!

<이 장한(長恨)을 어찌 면하랴.> 만물의 영장이라는 사람이 어떤 때는 썩은 나뭇잎에, 어떤 때는 짚 꺼풀에, 어떤 때는 농조(籠鳥)에 비기어지기도 했다. <그러나 사람이야 어찌 참으랴. 남의 생활 의식에 그 몸을 맡기고, 남의 감정에 그 웃음을 던짐이 오로지 흥미 없는 일이 아니랴.>

젊은 수색자야, 그리고 젊은 해녀(海女)야. 네 길을 간다 할지라도 갈수록 남의 길일 것이며, 보이는 것이 학대일 뿐이니, 부질없는 등산(登山)을 멈추고 네 몸 위에 값없이 던져지는 남의 생활 의식, 남의 감정을 모두 다 뽑아 내던져라! 그것이 네 피를 빨았으며 네 고기를 저몄으며 네 꽃을 시들게 했을 것이다. <창백한 속썩은 등산자(登山者)야. 네 앞길이 갈수록 험할 뿐이다. 원수의 것을 전부 내놓아라!>

25) 조선의 운명·뇌옥(牢獄)을 찾아서·호랑이 이야기

김기진(金基鎭)의 「십자교(十字橋) 위에서」[143]는 조선의 앞날을 걱정하는 상심록(傷心錄)이라 해도 좋으리라.

> 너는여긔에잇다 이믜지나간녯날 負兒嶽아래에宛然한宮墻을둘느고 六曹大路를 벌닌後 東西兩方에十字路를命名하엿슬째 그째의백성들의손으로 노히여젓든 돌다리를거더버리고 그代身으로 지금 너는여긔에잇다. 너는여긔에잇다.

---

143) 金基鎭, 「十字橋우에서」, 『開闢』 第五十九號(1925년 5월호), 28~36 쪽.

나는네우에 섯다 지금새로丹粧하고서잇는光化門을바라보며 지금새로세워진 花崗石으로된宏壯한朝鮮總督府의新建物을 바라보며 上下累十年동안依舊한形態를 持續하여오는負兒嶽-北岳山을바라보며나날이變하여가는靑松落落한木覓-南山을바라보며 쏘한 共進會법석後에行方을몰으게된해태의모양을눈압헤그리면서 나는지금네우에섯다 세멘트로다지여지고 돌덩어리로구더저 서잇는 十字橋라는 너 우에섯다. 十字橋야 너의일흠인 十字橋의由來를너는아느냐 或은모르느냐.

아아 光化門아 依舊한北岳아 날로變하여가는南山아 改造되여가는 朝鮮의自然아 建築物아 百姓아 나는지금 갈피업는생각에 목이메엿다 목이메엿다.[144]

<이태왕(李太王) 2년〔西紀 1393년〕 4월로부터 5년 7월까지 실로 민혈 민고(民血民膏)로 된 740여 만냥(萬兩)의 거액을 들여 건조한 후 이래 57년 동안 허다한 풍상을 겪어 내려온 경복궁아, 구도(舊都)의 폐허여! 아아 광화문아. 북악(北岳)과 인왕(仁旺) 스카이―라인(Shyline)과 묘한 조화를 보여 가며 숭엄한 자태로 왕궁을 지키던 대문아. 그때의 너를 쌓을 때 얼마나 많은 백성들의 피와 땀과 기름이 어떤 강제에 이기지 못하여 너를 위하여 흘렀으며, 그리고 오늘날에 와서는 너를 짓밟고 뜯어고치기에 또한 얼마나 백성들의 피와 땀과 기름이 새로운 ××(?)을 위하여 흐르고 있는지 아느냐? 혹은 모르느냐? …… 오! 광화문아, 그 후로 너의 얼굴은 몇 번이나 화장되었으며, 몇 번이나 매소(賣笑)를 강요당하여 왔더냐?>

어디 그 뿐인가. 지금 너는 너 안에서 열리는 무슨 공진회(共進會) 때문에 마음에도 없는 화장을 하고 웃음을 팔게 되었다. 광화문과 북악산과 총독부는 역설적인 대조를 이루고 있다. 이러한 것을 바라볼 때의 나에게는 너무도 명확한 사실이요, 엄연한 현실로부터 오는 슬픔이 있다. 결코 부정할 수 없는 사실을 사실 그대로 인정해야 하는 슬픔이 있는 것이다.

---

144) 위의 책, 28 쪽.

조선의 자연은 나날이 변하여 간다. 이것은 시비 호오를 초월한 어떻게도 할 수 없는 사실이기도 하고 대세이기도 하다. 이런 사실을 긍정해야 하는 나는 거기에서 오는 슬픔이 결코 작은 것이 아니다. 오오, 흰 옷 입은 백성아, 조선 민족아! 나는 너를 잘 알고 있다. 너무나 잘 알고 있다.

<이른바 단군으로부터 기자(箕子) 40대, 위씨(衛氏) 3대, 무제 사군(武帝四郡)과 삼한(三韓)을 지나서 삼국 시대를 건너 신라·고려·조선에까지 이르는 소위 반만 년 역사를 확실히 모르기도 하려니와, 또한 지금에 이르러 그런 것을 새삼스럽게 드러낼 필요도 없다고 생각한다. 이곳의 민족이 단일 민족이 아니고, 몽고족(蒙古族)과 한족(漢族)으로 혼성된 것인지 아닌지도 또한 채근할 필요도 없다고 생각한다.>

그러나 이곳의 백성들이여! 너희들이 부단한 역사상의 참패자(慘敗者)인 것을 부끄러워하여라! <서기 1392년 이태조(李太祖) 건국 이래 27왕 519년 동안을 지내다가 서기 1910년에 이르러 한일 합병하기까지의 사실(史實)만을 가지고서라도 너희들은 너희 자신(自身)이 부단(不斷)의 참패자이었음을 알아야만 한다.>

나는 지금 조선조 5백 년을 기록하고 싶은 생각도 없고, 더구나 더러운 사색 당쟁사(四色黨爭史)를 기록해 보고 싶은 생각은 추호도 없다. 나는 다만 이 민족이라는 것이 예나 지금이나 더러운 당쟁에 대국(大局)을 잊어버리는 인종인 것만은 알고 있다. 그것만은 알고 있다.

조선 왕조 건국으로부터 1910년 8월 22일까지의 조선 왕조 500년의 역사는 무엇으로 그 수많은 페이지를 채우고 있는가를 보아라. <나는 거기에서 동인(東人)·서인(西人)·남인(南人)·북인(北人)·노론(老論)·소론(少論)과 또는 이것들이 다소 변형된 유파와 당쟁 이외에 아무 것도 발견하지 못한다. 정치는 무엇이었더냐? 그것은 다만 이것들의 권세 쟁탈의 재료인

기호에 지나지 못하였었다. 인민은 무엇이었더냐? 그것은 다만 그들의 창고를 보다 더 풍유하게 하여 주는 여마(驢馬)에 지나지 못하였었다.> 이러고도 조선이 어찌 망하지 않을 수 있을 것인가? 조선은 망하였다. 이것은 사실이다.

그러나 조선은 현재 일어나고 있다는 사실을 잊어서는 안 된다. <조선이 망하였다는 것은 국체(國體)를 잃음인 것을 알아 두어야만 한다.> 결코 <조선은 망한 것이 아니다. 많은 사람이 '조선은 없다. 일찍이 이 땅에서 있던 조선은 이미 없어졌다!'고 덜렁이는 소리를 나의 귀는 들으면서, 나는 많은 사람이 '없다!'는 그 조선을 내 앞에 있는 그 조선을 이같이 보고 있다.>

결코 조선은 없는 것이 아니다. 하지만 나는 또 비관하지 않을 수가 없다. <오오, 경복궁아! 십자교(十字橋)야! 북악(北岳)아! 광화문아! 공진회 회장(共進會會場)아! 봄바람에 나부끼는 흰 옷자락아! 때 투성이야! 가난뱅이야! 지저분한 서울아!>

나는 참말로 온갖 곳에 문명이 스며있는 것을, 안색이 좋지 못한 노동자의 얼굴에서, 쥐약을 먹고 자살하는 사람들에게서, 부모 형제의 집을 뛰쳐나온 사람들에게서, 빈 두 주먹만 쥐고 만주로 떠나가는 무리 속에서 나는 본다. 이것이든 저것이든 모두가 오늘날의 자본주의 문명의 덕택이 아닌 것이 어디에 있을 것인가?

노동자·자살자·도망자에게서 문명의 발자취를 찾아볼 수 있는 것은, 거기에는 재래의 가족 제도가 무너지고 자본주의 사회가 그 자리를 정복하기 시작하였기 때문이다. 이것은 필연적인 결과임이 틀림없다.

조선은 참말로 혼란스럽다. 새로운 뜻으로서의 사색 당쟁(四色黨爭)의 소음이 들려온다. 우리의 현실은 그만큼 비참하다. 따라서 새로운 뜻으로서의 커다란 노력이 없어서는 안 되고, 또한 새로운 시대 생활로서의 새로운 출발이 없어서는 안 되며, 충분한 현실 인식이 없어서는 안 되는 동시에 가치에 대한 비판이 없어서도 안 된다.

나는 이렇게 강조한다. <신경 조직만 가지고서 사람이 살 수 없는 것과 마찬가지로 혈액 성분만 가지고서도 사람은 살지 못한다.> 그런데 오늘날의 주지주의(主知主義) 문명은 사람으로 하여금 한갓 신경 조직에 의해서만 생활을 영위케 하려는 경향을 지니고 있다.

지금 우리에게 가장 필요한 것은 어떻게 행동해야 하고 어떻게 생활해야 하느냐 하는 데에 있다. 그런데 우리에게 그러한 의지(意志)가 있느냐 물었을 때, 우리는 있노라고 단언하지 못하는 것이다. <무엇보다도 의지의 상실은 슬퍼할 일이다. 그러나 보아라. 과연 지금 몇 사람이나 그 의지를 상실하지 아니한 사람이 있는가. 새로운 의미에서의 큰 기대는 의지의 힘이 없고서는 얻지 못한다.>

그런데 지금의 조선은, 519년 동안의 역사를 조상들이 먹칠하여 놓은 것과 똑같은 먹칠을 하고 있는 것처럼 느껴지는 것이다. 새로운 뜻으로서의 커다란 기대라는 것이 도대체 무엇이냐? <오오, 이곳의 백성들아! 끊임없는 역사의 패잔병들아! 이 어찌 슬퍼할 만한 사실이 아니랴?>

십자교야, 나는 지금 봄바람을 맞으면서 지나간 옛일의 허무함과 함께 앞으로 닥쳐오는 운명의 암담함을 느끼고 있다. <오오, 단장(丹粧)한 광화문아! 폐도(廢都)의 새색시야! 너는 지금까지 몇 번이나 화장을 거듭하였느냐? 아아, 지저분한 서울아! 폐도 한양(漢陽)아!> 나는 지금 갈피 없는 생각 때문에 목이 메이는 것이다. 과연 조선의 운명은 어떻게 될 것인가?

이에 반해서 이은상(李殷相)의 「감옥을 방문하고」[145]는 개인적인 감상(感

---

145) 李殷相, 「監獄을訪問하고」, 『東亞日報』, 1925년 7월 3일.

傷을 토로한 내용으로 된 수필 작품이다.

　감옥 마당 한복판을 걸어갈 때, 아무런 까닭도 없이 지극히 엄숙해진 나, 곧 이은상의 머릿속에 떠오른 첫마디가 '무슨 죄뇨, 형제여! 웬일이뇨?'라는 것이었다.

　간수의 손아귀에 쥐어진 기다란 칼과 엉덩이에 붙인 육혈포〔탄알 구멍이 6개인 권총〕, 그리고 그들의 두리번거리는 눈동자와 웃음 없는 말씨가 나로 하여금 나 자신이 죄수가 되어 들어온 것 같은 느낌을 갖게 하였다.

　한편 나는 자유로운 사람 — 구름처럼 떠돌 수 있는, 새처럼 어디라도 갈 수 있는 자유로운 사람이라는 생각도 드는 것이다. 제발 <형제여! 구태여 나를 향하여 …… '내가 부자유한 노역(勞役)에 부대껴 땀 흘리는 사람이거나 자유로워 행복된 사람이거나' — 이것만은 …… 묻지 말라.> 대답할 말이 없기 때문이다. 이곳도 분명히 이 세상 속이거니 — 그래도 암만해도 딴 세상 같아라. 이곳도 확실히 집이거니 — 그래도 암만해도 내 집과는 다른 것을 어쩌랴!

　<이 세상이건 저 세상이건 내 집과 같거나 다르거나 내 형제가 있는 곳을 다른 말로 무엇이라 이름 붙이랴?> 이런저런 생각을 할 때에 감옥 정문이 열렸다가 닫히는 소리가 들린다. 간장을 베는 듯한 소리다. <이 속에 있는 모든 죄수는 날마다 간(間) 서늘한 이 소리를 몇 십 번씩 듣고 자다가도 깨며 일하다가도 놀라는고> — 이것이 내가 옥정(獄庭)에 서서 간수의 인도(引導)를 기다리는 동안의 나의 생각이었다.

　여감방의 문이 열렸다.

　　　뒤섯헤자로안자 갓난애기襁褓에싸안고젓먹이는어머니 —
　　　'무슨罪뇨 — 兄弟여 — 웬일이뇨'
　　　더구나 아가야 네무슨罪뇨 말못하는아가야 나면서牢獄生活네무슨運命고

아비罪냐 어미罪냐 社會의罪냐 누구를탓하야무엇하리 사람은누구나제運命
　제가젓거늘 — 구태여아가를불너무삼하리
　　어쨋든비나니 아가야 잘자라라 生命을밧앗스니잘자라라고 —
　　어머니罪囚이거나 집이야獄속이거나 사람으로낫스니 너도한사람 네生命의
　첫재ㅅ章에 記錄될獄中生活 이얼마나意味잇는일고146)

<아가야! 갓난아가야! 웃을 일도 없고 울 일도 없는 맛없는 생활이라는 것이 오직 네게는 원통한 제목(題目). 해방의 기회가 닥치는 날에 또다시 너는 세상에 갓나는 것 같을 터이지. 네가 지금은 괴로운 것을 알지 못하되, 네 역사를 네가 뒤치는 날에는 반드시 괴로워하고야 말 것이다. 내가 사람을 사랑하므로, 또 내가 여성을 사랑하므로, 또 내가 아가를 사랑하므로 —.>

어느 <누구나 사람이년, 여성이면, 아가면, 내 사랑을 받아라. 더구나 옥 속에 있는 여죄수(女罪囚)여! 아가여! 내 형제여! 내 사랑을 받아라. 내 기도를 들어라. 내 속에 타오르는 생각 — 보수감(報酬感)을 초월한 — 자비(慈悲)한 인간애(人間愛)를 받아라.>

사형수를 포함한 모든 형제 죄수들이여! 이 사랑과 위자(慰藉)를 받음으로써 정의의 대로로 걸어가야 할 그대들에게 하나의 도움이 되게 하여라!

나는 감옥의 이곳 저곳을 구경하고 정문으로 나오게 되었다. 그들 곁을 떠나오는 나의 마음이 무언가를 찾아 헤매는 것 같았다. 아픈이를 병상에 두고 돌아서는 것 같았고, 우는 아가를 그냥 보고 떠나오는 것 같아서, 불안감이 내 마음을 온통 채우는 것이었다. <내 앞에는 빛도 없고 길도 없고 오직 캄캄한 밤만이 아우성치는 듯하였다.> 형제를 뒤에 두고 나만이 내 집으로 돌아오는 듯한 느낌이었다. 인간 세상의 적막 바로 그

---

146) 위의 신문, 같은 날짜.

것이었다.

<아담과 이브의 뇌옥 생활(牢獄生活)을 긍정할진댄, 인간 전체의 죄악과 고민을 거기에 귀의(歸依)치 않을 수 없고, 따라서 '이 생(生)'의 성립을 그곳에서부터 구하지 않을 수 없는> 일이 아니겠는가!

<뇌옥이 '이 생(生)'이요, '이 생'이 뇌옥임도 부인치 못할 것이어늘, 그대와 내가 동종류(同種類)의 수인(囚人)임을 뉘 어이 수긍치 아니하랴.> 형제여, 오직 '길'만 찾아라, '진리'만 잡아라, '생명'만 얻어라. 그러면 너희의 생활이 그 값을 다하게 될 것이다. ― 이것이 감방에서 나와 정문까지 오면서의 생각이었다. 정문 문턱에 발을 딛고 나는 이렇게 말하였다. '사람아, 100년이 길다 말라.' ― 노산(鷺山)은 바로 이 말을 하고 싶었으리라.

박(朴)돌이의 「철창 생활 5개년을 들어」147)는 '너의 인간에게 소(訴)하노라'라는 부제가 붙은 동물원 호랑이의 신세 타령을 다룬 수필로서 '비로소 공개 인사(公開人事)'·'우리의 별명은 산중왕(山中王)'·'나의 유년 시대와 장년 시대'·'인간에게 포로되던 경로'·'남아세아(南亞細亞)로 경성(京城)까지'·'내가 본 인간의 면면(面面)'·'희(噫)! 미지 장래 여하(未知將來如何)?'의 작은 제목으로 이루어져 있다.

<조선인·일본인·중국인·구미인(歐米人) 할 것 없이 도틀어 인사한다. 벌써 조선에 온 지도 5개 성상이 지났다. 벌써부터 인사말을 하고 나의 신세를 인간들에게 소(訴)하려 했으나, …… 기회가 없었다. 저간(這間)에는 개인 개인의 철창 안면(鐵窓顔面)은 무론 많았을 줄 안다.> 올해는 마침 병인년(丙寅年)이라지? 인간 놈들은 병인년처럼 인자(寅字) 든 해를 호랑이 해라고 그런다지? 호랑이 해! 남녀 노소가 다 같이 우리를 찬미해 주니

---

147) 朴돌이, 「鐵窓生活5個年을들어 ― 너의人間에게訴하노라 ―」(動物園호랑이의身世打令), 『開闢』第六十五號(1926년 新年號), 98~106 쪽.

고맙다. 인간 놈의 하나인 박돌이 군을 대신하여 인사 겸 나의 전반생(前半生)을 들어 모든 인간에게 소한다. <무서워 말고 피하지 말고 들어다고 그러나 동정은 바라지 않는다.>

본디 나는 남부 아세아에서 태어났다. <고향을 떠난 지도 너무 오래서 출생 지명은 기억이 자세치 않다. 중국의 남(南), 인도의 북(北), 그 중간인 듯하다. 나의 이름은 인간 놈들이 보통 부르기를 칡범이라 하고 나의 남편은 그때, 인간에게 포로될 때 생이별을 했고, 자녀들의 소식도 영영 모른다. 나의 나이는 지금 열세 살인가 네 살인가 그렇고, 나의 일상 생활은 아는 바와 같이 이 모양으로 철창 생활이다.>

기가 막힌다. <태산 거악(泰山巨岳)에 자유거 자유래(自由去自由來)하는 수만 동족을 생각하니, 비록 산군(山君)이라는 장부적 별명을 가진 나이지만, 가슴이 막막해진다!> 나에게도 혹 자유의 날이 있을 것인가?

<조선은 '호랑이 나라'라지? 조선에는 우리 동족(同族)이 많다지? 백두산에도 있고, 금강산에도 있고, 인왕산에도 있다지? 조선 도처에 호랑이 없는 곳은 없다지? 지형부터도 호랑이 형국이라고? 어쨌든 반갑다. 조선인 너희들도 반갑다. 호랑이란 영자(影子)도 없다는 일본인보다는 유달리 반갑다. 자! 나의 신세 타령을 들어다고!>

풍신으로나 힘으로나 기술로나, 혹은 위엄과 용맹이 우리를 당할 자는 하나도 없다. 라이온 아저씨가 있긴 있다. 그러나 만물의 장이라고 자처하는 사람 놈들이 우리를 산중왕(山中王)이라고 하지 않느냐? <용장(勇將)을 가리켜 범 같은 장수라 하며, 큰 소리를 가리켜 호랑이 휘파람다 하며, 빠른 것을 가리켜 비호(飛虎) 같다 하며, …… 우리가 한 번 울면 태산이 같이 울고, 우리가 한 번 노하면 백수(百獸)가 모두 전율하고, 우리가 한 번 달아나면 바람이 휙휙 쫓으며, 우리가 한 번 먹자면 미록토돈(麋鹿兎豚)이 전신(全身)을 들

어 바치지 않느냐?>

거처는 태산이오, 고기 아니면 안 먹으며, 옷은 임금도 못 입는 오색모의(五色毛衣)다. 우리는 죽어도 값이 나간다. <호피(虎皮)는 만인이 쟁송(爭頌)하는 진품으로 현가 만냥(現價萬兩)이요, 호골(虎骨)은 인간의 병에 명약(名藥)이요, 호조(虎爪)는 인간의 패물에 통용되지 않느냐?> 과연 산중왕인데 어느 누가 능히 나를 당하겠느냐?

곤륜산(崑崙山) 남 쪽 깊숙한 산골 커다란 굴속이 나의 태생지다. 13~4년 전에 나의 어머니의 맏딸로서 동생 셋과 함께 태어났다. 처음 1~2삭(朔)은 굴속에서 어머니·아버지가 물어다 주는 노루 새끼·돼지 새끼·토끼 새끼 같은 연하고 맛난 고기로만 배불리 잘 먹고 동생들과 함께 굴속 굴밖으로 드나들며 병 없이 잘 자랐다. 어떤 때 바윗돌 위에 나앉으면 까막까치가 와서 지저귀고, 어떤 때 냇가에 나아가면 새앙토끼가 자리를 피해 주기도 했다.

또 1~2삭이 지나니까 송곳 같은 이빨도 생기고, 갈구리 같은 발톱도 생기고, 허리가 늘씬해질 뿐만 아니라, 다릿심도 튼튼해져서 앞산 뒷산 가까운 데로 산책도 하고 경주도 하고 씨름도 하고 사냥도 하게 되었다.

<생각할수록 그때가 그리워 못 살겠다. 이 산 저 산을 마음대로 뛰던 그때, 이것저것을 마음대로 먹던 그때, 동서남북에 거치는 것이 없던 그때, 무서운 것이 없고 두려운 것이 없던 그때, 사향노루 한 마리 다 먹고 다래 덩굴 밑에서 기지개켜던 그때, 더군다나 바위 밑에서 첫서방 맞던 그때, 아— 생각할수록 그립구나. 그때 그 동무들은 다 어디 갔느냐? 나의 서방은 어디서 어떻게 지내느냐?>

나는 자시지벽(自是之癖)만 믿고 함부로 날뛰다가 사람 놈의 그물에 걸려든 것이다. <그때가 바로 꽃피고 새 울던 봄철이다. 겨울 동안에 좀

궁했던지라, 새풀 먹은 사슴을 먹어 보리라 하고 인도(印度) 땅을 떠나 중국(中國) 근처로 들어서서>였다. 마침 시냇가에서 풀을 뜯어먹고 있는 송아지 만한 사슴을 냅다 후려쳐 대가리 채 발꿈치까지 단숨에 와작와작 배가 터지도록 집어삼킨 뒤, 피곤증이 몰려와 숲 속에 누워 한나절이나 자고 일어났다. 갈증이 몹시 나기 때문에 물을 한참 마시고 돌아가는데 발에 무엇이 거칫거칫하는 것이었다. 굵다란 삼노끈 망태였다. 완전히 걸린 것이다. 아무리 용을 써도 소용없는 일이었다. 만사휴의(萬事休矣)! 사람 놈의 포로가 된 것이다. 기구한 운명이었다. <작일 산중왕이 금일 철창수(鐵窓囚)란 말까? 오호, 통재>라!

마침내 나는 조선 왕직 창경궁에 갇힌 몸이 되었다. 벌써 다섯 해가 지났다. 외롭다. 남편도 자녀도 동무도 하나 없이 혈혈 단신으로 풍상 한등(風霜寒燈) 밑에 독소 독면(獨嘯獨眠)으로 일을 삼으니 어찌 고적하지 않겠는가?

내가 본 인간 놈의 낯짝들은 어떤가?

> 길죽한놈 넙적한놈 둥글한놈 납작한놈 千놈萬놈各各다른데 우는놈 웃는놈 씽그리는놈 落心하는놈 表情도各各다르다. 帽子쓴놈 갓쓴놈 감투쓴놈 수건쓴놈 대가리쓰개도各各다르고 洋服 鮮服 日服 中服 깜정옷 흰옷 붉은옷 퍼런옷 옷도각각다르며 구두 집신이 고무신 되신 왜신 신발도各各다르다. 그놈들의外形이그러케各樣各色일바에는 그놈들의心性도亦各樣各色이겟지?
> 그런데말이다 表裏가아울너形形色色인人間놈들에게 무슨一致가잇스며 무슨 團結이잇겟기에 걸핏하면 一心이니團結이니하고 써드나말이다.[148]

<한 놈은 호랑이가 좋다고 호랑이를 찬미하는데, 한 놈은 사자가 좋다고 사자를 찬미하는 너희들이 아니냐? 한 놈은 여우가 좋다고 여우 꼬리

---

148) 위의 책, 105 쪽.

를 따라가는데, 한 놈은 원숭이가 좋다고 원숭이 궁둥이를 들여다보지 않느냐? 백학(白鶴)이 좋다고 칭탄(稱歎)하는 일면에 원앙(鴛鴦)이 제일이라고 떠드는 놈이 있지 않느냐? 과연 각양 각색이다.> 이런 너희들에게 참말로 일치가 있고 단결이 짐짓 있었더냐?

이 도둑놈들아! 입는 옷 먹는 밥이 자기 혼잣손으로 된 것이 있느냐? <더구나 소위 강자(强者)인 체하고 부자인 체하고 힘 있는 놈인 체하는 모든 인간들아. 호랑이 앞에서도 감히 실정(實情)을 토로치 못하겠느냐? 우선 내 눈앞에서 남의 주머니를 뒤지지 않았느냐? 우선 내 귀밑에서 도적질하기를 약속하지 않았느냐? 미인의 치마를 툭 잡아채고, 여학생의 발능을 슬쩍 즈려밟지 않았느냐? 인간 놈들아. 초롱같은 내 눈은 못 속인다. …… 너희들의 가슴 속에서 팔딱팔딱 뛰는 고 도적고양이의 독아(毒牙)가 분명히 보인다.>

비록 너희들에겐 내가 우습게 보일지도 모른다. 그러나 너희들은 내가 한 번 할퀴면 뼈도 못 추릴 것들이다. 허위에 찬 놈들이며 도둑 심보로 가득 찬 놈들의 가지가지 꼬락서니를 내 어찌 다 말하랴!

조선의 서울 조선 왕가 동물원에서 나는 영영 구수 생활(拘囚生活)로 내 일생을 마치고 말 것인가? 천붕 지괴(天崩地壞)의 기회가 와서 자유 낙원의 즐거움을 맛볼 수 있을 것인가? 슬프다! 도저히 장래를 기약할 수가 없구나! 천하의 모든 수도(囚徒)들에게 한 줄기 눈물을 보낼 수 밖에 없는 이 신세여!

이처럼 박돌이의 글월은 호랑이가 동물원에 갇힌 내용을 다룸으로써, 인간 사회를 요모 조모로 풍자한 것이라 하겠다.

역시 박돌이의 「죽어라」[149]는 '백두산 호랑이로부터 동물원 호랑이에

---

149) 朴돌이, 「죽어라-白頭山호랑이로부터 動物園호랑이에게」, 『開闢』 第六十六號 (1926년 2월 1일), 82~84 쪽.

게'라는 부제가 붙은 짤막한 수필 작품이다.

  이른바 백두산 호랑이가 동물원에 갇힌 칡범 이야기를 듣고 의분이 복받쳐 톱을 허위고 이빨을 갈며 고함을 치면서 한참 동안 어쩔 줄을 몰랐다는 것이다.

  나(백두산 호랑이)뿐만 아니라, 나와 함께 있는 모든 동무들도 다 그랬었소. 칡범 동무, 내가 누군지 알겠소? 아마 모르실 거요. 나는 호랑이 나라 (조선)의 종산(백두산)에 있는 대(大)가람이라는 당신의 동족의 하나외다. 늙은 몸이 근래는 출입이 잦지 않아 세상 소식을 전혀 몰랐구려. 당신이 5개년이나 조선의 서울 동물원 철창에서 안타깝게 지냈다는 것도 이번에야 비로소 알았소. 일찍 알았더라면, 비록 면회는 못한다 할지라도, 북악산(北岳山) 중턱이나 낙타산(駱駝山) 꼭대기에 가서 고함 소리로 위문을 보냈을 것을 그만 이저럼 되어 버렸소 그려.

  동무여! 나의 소년 및 장년 시대도 그대와 별로 다름이 없었소

  조선은 우리 호족(虎族)이 살기에는 퍽도 좋은 곳이요. 그다지 춥지도 않고 덥지도 않으며, 게다가 또한 산천이 수려하오. 지금은 인간 놈들이 산 껍데기를 벗겨 우리에게는 불편한 점도 없지 않지만, 그러나 함경도의 백두산 근처나 강원도의 금강산 근처는 아직도 수림이 많고 산악이 험준하여 매우 좋소.

  동무여! 철창을 벗어 던지고 우리와 함께 이 백두 금강을 마음대로 훨훨 달렸으면 그 얼마나 좋겠소. 조선의 사슴이나 노루는 그 맛이 세계 제일이요. 어디 그 뿐인가요. 조선은 인심이 좋아서 강원도 같은 데서는 자식 셋을 낳으면, 그 가운데 하나는 으레 우리에게 준다오.

  나는 동무의 불붙는 가슴에 키질은 하고 싶지 않소 공연히 바깥 이야기를 늘어놓아 가지고 동무의 심화를 내게 할 필요가 없는 줄 아오. 다

만 조선에 대한 상식 거리로 몇 마디 하였을 뿐이오.

　동무여! 나는 동무에게 이런 말을 하고 싶소 구구히 철창살이를 계속하면서 인간 놈의 구경거리나 놀림거리가 되는 것보다 차라리 혀를 깨물고 죽어 버리는 것이 산군(山君)의 본색인 동시에 장부의 기풍이라고 말이외다. 이 말이 얼마나 포악한 말인가는 나도 알고 있소마는, 그러나 이것이 동무를 위한 지극한 충정에서 나온 말인 줄을 알아주오.

　'미지 장래 여하(未知將來如何)'의 글귀를 볼 때 동정하는 눈물이 없었던 바가 아니오. 그러나 여보 동무! 그 톱은 두었다가 무엇하며 그 이빨은 두었다가 무엇에 쓰겠소? 마루청을 허비고 허벼, 톱이 닳고 닳아 새빨간 피가 날 때까지 허벼 보구려. 철창을 물어뜯고 물어뜯어 이빨이 부러지고 잇몸이 찢어져서 선지피를 한 바가지 물고 자빠지기까지 그렇게 반항하다가 죽고 말구려.

　동무여! 포악은 포악으로 대해야 되오. 우리의 포악이 인간 놈의 포악만 못할 것이 무엇이오? 반항하시오. 끝까지 반항하다 선지피를 쏟고 죽으시오.

　나도 인간 놈에 대한 악감이 이만저만 아니오. 어떻게 해서 그놈의 원수를 갚을지 지금도 자나 깨나 이빨을 바득바득 갈고 있소.

　나의 아버지는 33년 전 강계(江界)의 김 포수란 놈의 총에 맞아 죽었고, 나의 형님은 7년 전 장진(長津)의 박동지란 놈의 함정에 빠져 그만 어디로 팔려 가고, 나의 삼촌은 재작년 일본 놈의 총에 맞아 죽고, 나의 남편은 작년 봄에 설봉산(雪峯山) 여행을 떠난 뒤 아직도 소식이 없소.

　생각할수록 이가 부득부득 갈리오. 어떻게 하면 그놈의 원수를 갚을까요? 그놈들에겐 총이 있고, 칼이 있고, 창이 있구려. 헌데 우리에게는 그것이 없소 아! 어찌할까요?

동무여! 철창 생활을 구구히 할 것 없이 마지막 반항을 한 번 해 보고 죽지 않으려오? 내 함경도 호랑이 · 강원도 호랑이 · 평안도 호랑이를 모두 동원시켜서 적유현(狄踰峴)을 넘어 박석(磚石) 고개로 들이밀 터이니, 그대는 사자네 아저씨와 곰네 조카나 표(豹) 동생들과 연락을 해 가지고 내응(內應)을 해 주겠소? 그럴 수 있겠소?

오는 오월쯤, 꽃피고 새 울 때 인간 남녀 노소 놈들이 동물원으로 모여들 때, 그때 내 수천 호군(虎軍)을 몰아 가지고 동물원을 들이칠 터이니, 동무가 꼭 내통해 주겠소? 그렇다면 지금부터 각산 각굴(各山各窟)에 발령(發令)을 내리고 전비(戰備)도 장만하고 교습도 시키겠소.

동무의 생각은 어떻소? 인간 놈들과 일대 항전을 개시하는 것이 어떠냐 말이오. 바깥일은 내가 할 터이니 안일은 동무가 하라는 뜻이오 금년은 더욱 병인년이라 호군 줄농(出動)에 만년 여의(萬年如意)라는 자신도 있소.

산군의 체면을 위해서라도 구구히 살지 말고 죽어 버리기로 결심을 굳히시오. 다시 결심하시오. 이 부탁뿐이요. 그때가 오기까지 자위(自慰)하셔서 몸 건강하시기를 빌며 이만 끝내겠소.

26) 옥살이 이모저모 · 모래 위의 다락 · 국경을 넘어

바로 앞에서 살핀 박돌이의 글월과는 달리, 이봉수(李鳳洙)의 「철창 회고(鐵窓回顧)」[150]는 호랑이가 아닌 사람이 그 중심이 된다.

<옥중(獄中)에 있을 때에는 옥문(獄門) 밖에는 무슨 낙원이나 있는 듯이, 자다가도 나오고 싶은 생각, 글 보다가도 나오고 싶은 생각, 밥 먹다가도

---

150) 李鳳洙, 「鐵窓回顧」, 『東亞日報』, 1925년 7월 8일~7월 21일.

나오고 싶은 생각, 어느 시각에(도) 이 생각을 아주 잊어 본 적이 없었>다. <나오고 싶은 생각이 문득 가슴을 치밀 때에는 문을 차고 뛰어 보고도 싶었고, 고함을 질러 끓는 피를 내뿜어 보고도 싶었>다.

<그러나 정작 옥문을 나오고 보니, 낙원(樂園)은 고사하고, 나온 첫날부터 나는 왜 이런 데를 그렇게도 나오고 싶었던고 하고 스스로 뉘우친 때도 없지> 않다. 이번 출옥 뒤에는 더욱 그것이 심하다. 무엇보다도 옥에서 나온 그 즉시부터 '돈·돈' 하고 돈 타령이 앞을 가로막기 때문이라는 이유가 가장 큰 이유가 된다 하겠다.

<여기 가도 돈 소리요, 저기 가도 돈 소리요, 발을 좀 옮겨 놓아도 돈이요, 무슨 일을 하려면 돈이 먼저 앞서야 되고,> 동무 사이의 교제도 돈 때문에 다투는 일이 많으며, 청춘 남녀의 자살도 돈 때문에 일어나는 일이 허다하다.

불의에 검거되어 형무소에 다다랐을 때는 벌써 저녁 해가 서산을 넘어 간 뒤였다. '구치감(拘置監)'이라는 나무패가 붙은 문으로 한참 들어가니 흙마루가 놓여 있는데, 그 마루를 절반쯤 갔을 때 '꽝' 하고 문 닫히는 소리가 난다.

아무리 생각해 보아도 죄될 만한 것이 없다. 콩밥덩이가 나온다. 간수가 예심 기간이 3개월이라고 알려 준다. 그런데 그 기간이 거의 지나가도록 한 번도 조사를 받지 못했다. 뜻밖에도 갱신 결정(更新決定)이 되었다는 것이 아닌가!

어쩔 수가 없는 일이다. 신문사에서 들어온 책으로 소일하면서 4월 22일을 손꼽아 기다렸다. 그러나 1월이 가고 2월이 되어도 조사를 하지 않는다. 4월 19일은 공일이다. 아무런 희망도 없이 종일 앉아만 있어야 했다. 지난번 것과 한 글자도 틀리지 않은 갱신 결정서가 나에게 또 날아왔다. 그 공문서를 나는 물끄러미 들여다본다. 두 주먹이 불끈 쥐어지고 어금니가 북북 갈린다.

인생의 고통을 세 가지로 나눌 수가 있다.

그 하나는 욕망을 채우지 못하는 데서 오는 고통이다. 배고픈 고통·추운 고통·잘 데 없는 고통·공부하지 못하는 고통·여행하지 못하는 고통·애인을 보지 못하는 고통·애인을 잃어버린 고통 따위가 곧 그것이다. 특히 노동의 고통은 어떠한가? 노동은 실로 오늘날의 사람에게는 가장 큰 고통이라고 할 수가 있다.

둘째는 의혹에서 나오는 고통이다. 의혹은 논증이나 논박이 똑같은 효력으로 성립되는 경우에 생기는, 불온 불쾌한 정(情)에 동반되는 긴장 상태를 가리킨다. 입학 시험의 결과를 스스로 판단하지 못하는 학생의 심정은 확실히 낙제라는 것을 아는 학생보다 더 고통스럽다. 참으로 진리를 알고자 하는 자를 비롯하여 종교가나 과학자들은 모두 이 고통의 세례를 받게 된다.

셋째는 생명력을 조금도 쓰지 않는 데서 나오는 고통이다. 사람에게는 자기의 생명력을 적당히 내뿜을 때 가장 유쾌한 법이다. 반대로 힘을 조금도 쓰지 않는 것은 최대의 고통이다. 지나친 노동은 심한 고통을 주게 마련이다. 하지만 그저 노는 고통보다는 낫다. 노인들이 마당을 쓰는 것도 생명력을 방사하기 위함이요, 부자의 자식들이 주색에 빠지는 것도 역시 그러한 이유 때문이다.

독방 미결수는 이 세 가지 고통을 모두 갖게 된다. 그만큼 고통이 심하다는 뜻이다. 미결수는 무엇보다도 자기가 한 일이 죄가 되는지 안 되는지, 그리고 죄가 된다면 형은 얼마나 될까, 언제 나가게 될까가 가장 커다란 문제로 대두하게 된다.

나는 죄될 것이 없다고 생각하면서도 오랫동안 갇혀 있었으니까, 필경 그 판단이 흐려지게 마련이다. 참으로 죄가 된다는 논증과 그렇지 않다는 논박이 똑같은 정도로 반복된다. 이것은 법률적 지식이 전혀 없기 때문에 그렇겠지만, 일종의 변태 심리를 갖게 되는 데에서 더욱 그런 것 같다. 그러므로 오래된 미결수는 기결수를 부러워한다.

한 마디로 말해서, 모든 욕망을 버리고 생명력을 방사할 수 있는 사람은 고통을 느끼지 않는다. 하지만 이러한 사람은 매우 드물다. 정도의 차이는 있겠지만 고통을 전혀 느끼지 않는 사람은 없을 것이다. 그러므로 옥중의 비극은 거의 미결수 가운데에서 생긴다. 나는 발광과 자살도 구경했다.

감옥에서 나온 지 20여 일 뒤에 나는 총독부 의원의 정신 병실에 있는 박 형(朴兄)을 찾아갔다. 반갑게 그의 손목을 잡고 "형님 어떻소?" 하고 내가 물었다. 그는 "네 네" 할 뿐이었다. 이에 나는 내가 출옥한 사실과 오늘 여기 오는 길에 형님 집을 다녀왔노라 해도 그저 "네 네."

"아주머니와 아이들도 보고 왔소." "네 네." "형님, 예심 면소(豫審免訴) 된 줄을 아세요?" "네 네." "형님, 내가 누구입니까? 나를 아세요?" "암메 봉수앰." 의식이 명료치 못하고 연이어지지 않는 것을 나는 깨달았다.

"집에 기별할 일이 없소?" "없음." "형님, 나는 가겠소." "바쁜데 어째 왔음?" "가만 계시오, 나오시지 말고." "바쁜데 왜 왔소?" 형님의 병은 쉽게 나을 병이 아니고 경개 좋은 곳에 가서 오랜 요양을 필요로 하는 병, 정신병이었다. 이것이 독수 공방 미결수의 마지막 참상이라 생각하니, 부지중 소름이 온몸에 끼쳤다.

무엇보다도 옥살이할 때의 최고 위안은 편지와 면회라 할 것이다. 편지를 받아 쥐고 먼저 그 벗의 이름에 입맞춤하고, 우체국 날짜 도장까지 아주 자세히 살핀 뒤에 비로소 개봉하는 일도 있었다. 어떤 편지는 스무 번 서른 번도 읽고, 아무리 간단한 엽서라도 네댓 번은 보게 마련이다.

서신(書信)을 병든 사람에의 약이라고 한다면, 면회는 앓고 일어난 사람에 대한 보재(補材)라 할 것이다. 빈 방에 오랫동안 홀로 있어 쌓이고 쌓인 말주머니의 일부라도 토로하는 것은 실로 상쾌한 일이 아닐 수 없다. 더욱 바깥 세상에서 날마다 만나도 반갑던 친구의 얼굴을 보고 그의 말을 친히 들으니 어찌 기쁘고 반갑지 않을 수가 있겠는가?

어떤 나의 친우가 처음 면회를 왔을 때의 나의 심정은 무엇이라 형용키 어려운 기쁨과 설움에 잠기는 기분이 되기도 했다. 특히 허헌(許憲) 선생의 두 번 면회는 나에게 무한한 위안을 안겨 주었다. <첫 번은 11월 14일이었는데 선생의 얼굴을 쳐다보면서 …… 이야기하는 중에 비록 사건의 내용은 말하지 못할지라도, 선생의 염려 날나는 밀 한 마디는 확실히 만금의 가치있는 위안을 주>었고, <그 다음 1월 13일에 오셨을 때에 예심 판사가 갈려서 그 사이에 한 번도 조사하지 못하였다고 하시던 말은 그 뒤 예심 기간 갱신될 때에 낙심되는 나로 하여금 많은 원기를 내게 하는 도움이 되었>다.

그러므로 간수가 문을 열고 '면회'라고 하는 말은 적어도 '출옥'이라는 말의 절반만큼의 기쁨을 주게 마련이다.

이봉수의 「철창 회고」가 지난날의 옥살이를 회고하는 내용으로 짜여진 것이라면, 소요산인(逍遙山人)의 「사상 만필(沙上漫筆)」[151]은 <암만 써도 밀어드는 물결에 씻겨지고 마니 결국 추억거리도 못 되는 허물없는 이야기>요, <독(毒)이 들었건 향(香)내가 들었건, 그렇게 심통(心痛)할 것도 안 될 것>이기에, <잡히는 대로 잡아서는 이리 보고 저리 조사하여 있는

---

151) 逍遙山人, 「沙上漫筆」, 『東亞日報』, 1925년 7월 8일~8월 2일.

그대로 공개하자는 것이 사상 만필>이라는 것이다.

> 世上에偉人되기를願치아니할사람은업슬것이다 만은 나는人生偉人되지말아
> 라한다 偉人이란불상한生物로一生을孤獨속에서 맛고보내게되니 이에서더한
> 悲哀가 어데잇슬가 比해말을하면群峰을발아래에깔고웃쑥섯는高山과갓하서
> 이야기할동무도업는 拔群의悲哀를 늣기게되야超俗의萬斛淚을흘니게되는까닭
> 이다152)

<나폴레옹(Napoleon) 대제(大帝)가 어렸을 때에 '친고(親故)란 쓸데없다' 하면서 계집애들과만 논 것이 그것이요, 연전(年前)에 죽은 중국(中國) 학자 나동(那桐)이 그것으로 병이 위독하여도 중국 의사에게는 보일 생각도 아니하고 "상해(上海)에서 서양 의사를 불러오라"고 호령을 하여 의사가 오기 전에 죽었으니, 그의 불행은 총명 영리(聰明靈利)에 기원된 것으로, 세상에는 이런 불행이 하나 둘만이 아니다.>

하나의 보기를 들어 본다. <가령, 암만해도 죽을 불치병인 폐결핵에 걸렸을 때에 의사와 범인(凡人)의 심리를 보면, 이 두 사람이 어떠할까? 범인 같으면 위로를 받아 안심할 수도 있거니와, 의사는 암만해도 불치될 것을 알기 때문에 끓어오르는 비애를 금할 수 없어 그 때문에 병이 더 중해지니, 이것이 소위 '지식을 소유한 때문에 생기는 비애'라는 것이다.> 그러기에 옛부터 '아는 것이 병'이라고 했던가?

따라서 이런 말이 나온다. 지식인이 되고자 하지 말아라. 그리고 위인이 되려고 하지 말아라. 너희들은 범인으로 만족하여라. 온갖 행복은 평범한 흐름 속에 있다.

『십팔사략(十八史略)』에 이런 문답 장면이 나온다. "해〔太陽〕와 장안(長安)

---

152) 위의 신문, 7월 8일.

과 어느 것이 가까우냐?"(甲) "장안이 멀지 않겠나. 무엇보다도 머리를 들어 쳐다보면 해는 보이지만, 아무리 머리를 들고 휘살펴도, 장안은 볼 수 없지 아니한가."(乙) 다시 을은 이어서 말한다. "하기야 장안에선 사자(使者)가 오지마는 아직껏 해에서는 사자가 왔단 말을 듣지 못했어."

물론 이것은 비유에 불과하다. 참말로 태양처럼 멀리 떨어져 있으면, 그 위대함을 알 수 없는 것이 보통이다. 마찬가지로 위인의 위대함이 너무 크고도 거리가 멀면, 아무리 속인을 붙들고 귀에 못이 박히도록 들려준다 해도, 우이 송경(牛耳誦經)으로 끝난다. 속인들은 자기네의 몰이해는 뚝 떼어 버리고, 자기네 마음대로 위대한 위인을 이러쿵저러쿵 단정한다. 우스꽝스러운 비극이 아닐 수 없다.

소요산인은 그야말로 허물없이 이야기를 마구 이어간다. 글월의 힘, 글다듬기[推敲] 이야기, 임기 응변술(臨機應變術) 이야기 따위를 늘어놓는다.

> 忠君도좃코 愛國도좃코 戀愛도좃코 慈善도좃타 봄이되면꽃구경도가고 긴겨울밤에는劇場으로 웃고불고하는것도구경하자 그러나한가지 니저서는안될것이니 熱中하야 利害得失의局面에 쥐여들지말것이다그局面에만 들어서면 큰일이나니 古人은愼之在色이라하엿거니와 나는愼之利害得失이라하겟다[153]

이것이 곧 현대의 처세 비결인지도 모를 일이다.

바로 위에서 살핀 「철창 회고」나 「사상 만필」과는 달리, 이돈화(李敦化)의 「남만주행(南滿洲行)」[154]은 일종의 기행문이다.

흥경(興京) 동포의 부름을 입어 만주 여행을 떠났다. 5월 20일 아침이다. 신의주(新義州)를 떠나 안동(安東)을 건너선다. 조선 사람 승객이 없어지고 중국 사람 승객이 많아진다. 그리고 복장 다른 순사가 찻간을 왔다갔다

---

153) 위의 신문, 8월 2일.
154) 李敦化, 「南滿洲行」, 『開闢』, 1925년 7월호, 105~115 쪽 및 8월호, 89~92 쪽.

한다. 말도 중국어로 바뀐다. 거리 풍경도 바뀌고 집 모양도 달라진다. 검은 옷 입은 사람이 가득하다. 흰 옷 입은 사람은 나 말고 상투장이 한 분 뿐이었다.

21일, 무순(撫順)에서 묵었다. 무순은 석탄으로 유명하다. 무순 시내엔 조선 사람 홋수가 200호 가량 되는데 모두 다 일정한 직업이 있고 생계가 넉넉한 편이다. 석탄 캐는 구경을 했다.

무순을 떠나 흥경(興京)으로 갔다. 손님방이 너무 더럽다. 지나치게 불결하기 때문에 말도 못할 지경이다. 나흘 만에 능가(陵街)라는 곳으로 갔다. 능가의 맛있는 오찬을 얻어 먹고 흥경으로 돌아왔다. 남만수 북부의 중심지인 흥경엔 일본인의 세력이 미치지 못한 곳으로 조선 사람이 많다. 흥경 부근에는 약 4,000호의 조선 동포가 산다. 하지만 읍내엔 극소수의 동포들이 살고 있을 뿐인데, 대다수가 정미소를 경영하고 있으며 나머지는 소매상과 음식점을 차리고 있다. 거의 모든 읍민이 절대 농민인 셈이다.

흥경은 ○○단의 근거지이기도 하다. ○○단의 역사가 여기서 비롯되었고, 오늘날의 활동 무대도 이곳이 중심이 된다. 15년 전에 이곳에 처음으로 부민단(扶民團)이라는 단체가 시작되었는데, 이것이 한민족(韓民族) 자치의 효시라 한다. 이것이 변하여 세 단체로 나뉘어졌다가 정의부(正義府)로 통일되었다.

정의부의 자치 구역은 남만주 전체를 목표로 삼고 있으며, 여기에 소속된 홋수가 40,000여 호에 이른다. 그 조직은 행정부·민사부(民事部)·군사부·재무부·학무부·생계부(生計部)·선전부·법무부로 되어 있고, 각 부마다 위원장이 지도한다.

지방 행정은 100호에 백가장(百家長)이 있고, 1,000호에 총관(總管)이 있어서 정의부와 이어진다. 그 인선 방법은, 백가장은 백가의 추천으로 되고, 총관은 그 구역의 대표가 선거하며, 정의부 위원은 무기명 투표로 선출하되, 위원장은 호선으로써 이루어진다.

정의부 소속의 인민들은 납세 의무와 병역 의무를 지며, 납세는 1년 춘추 두 번에 걸쳐 청화(淸貨)로 6원이요, 병역 의무는 지원자로 충당된다. 교육은 100호 이상에는 반드시 일교(一校)를 둠으로써 강제 교육을 실시하며, 산업은 생계부의 지도로 이루어지고, 교통은 신속 민첩하게 만전을 기한다.

흥경에서 나흘 묵는 동안에 강연과 환영 잔치가 각각 세 번씩 있었다. 흥경 시민의 초대, 흥경 청년회의 초대 따위의 대접을 받았다. 이러한 일은 남만주 전체에서 두루 이루어진다. 왕청문(汪淸門)에서도 그러하였고, 삼원포(三源浦)에서도 그러하였고, 무순이나 봉천에서도 마찬가지였다.

그 형제들이 나를 그렇게 환영하는 이유는 나라 안에서 일부러 찾아온 나에 대한 동포 형제의 의(義)를 나타내기 위한 것이다. 나를 환영한다기보다는 나라 안 동포를 환영하는 것이라 할 것이다. 그만큼 고국을 그리워하는 신성한 감정 표현이라 하겠다. 천리 타향, 만리 타국에서의 고국을 그리워하는 감상(感想)에서 우러나온 것이리라. 그 동포들은 대부분이 먹고 살기 위해서 들어간 농민들이다. 타향살이에서 특히 생각나는 것이 내 나라라는 것은 재언할 필요조차 없다.

무엇보다도 영원 불멸한 큰 뜻을 품고 멀리 압록강(鴨綠江)을 건너간 형제들도 적지 않다.

6월 1일 석양에 왕청문으로 갔다. 중국 학생복을 입은 100여 명 어린이가 십리나 되는 먼데까지 마중 나왔다. 중국옷을 입고 조선말을 쓰는 어린 동생들의 마중을 받고 나서는 무엇이라 말할 수 없는 설움이 솟아

올라 아무 말도 없이 왕청문 조선 마을로 들어갔다. 동포들의 이민 역사가 가장 오래된 곳이 왕청문이다. 조선 풍속이 그대로 배어 있어서 조선 내지(內地)와 조금도 다름이 없었다. 이튿날 그 곳 조선인의 동명 학교(東明學校) 주최로 내가 강연을 하게 되었는데, 이 강연을 듣기 위해서 20리 길을 멀다 하지 않고 일부러 찾아온 동포까지 있었다.

여기서부터 점점 오지(奧地)로 들어가게 된다. 마적의 소문이 자자하다. 만주의 마적은 제법 대담한 놈들이다. 관군복을 입고 시내에 당당히 들어와 미리 정탐한 부자를 만나면 육혈포로 위협한다. 마적에 잡히면 반드시 돈을 내야만 된다. 만일 기한 내에 돈을 안 내면, 처음엔 귀를 베어 그 가족에게 보내고, 그래도 내지 않으면 다음은 팔이나 발을 베어 보낸다. 이만저만 포악한 게 아니다. 그러나 한 가지 안심되는 일은 마적이 조선 사람에게는 아무런 침해(侵害)가 없다는 점이다. 조선 사람에게는 돈이 없기 때문인 것이다. 조선 사람에게 가장 무서운 것은 마적이 아니요, 관군이라 한다. 관군이라는 작자들은 본디부터 양민에서 뽑은 정당한 군인이 아니요, 마적에서 잡아온 무리들이 태반이기 때문이다.

왕청문을 떠난 지 이틀 만에 삼원포(三源浦)에 다다랐다. 남만주 자치제로 말미암아, 삼일 운동 이전까지는 재미스러운 생활을 하다가, 삼일 운동이 일어나자 대토벌이 시작되었고, 여기 따라 조선 내지나 남만주 각 도시에 흩어져 있던 협잡배・도박꾼・아편 장사 같은 무리들이 기회를 따라 모여들었던 것이다. 따라서 순수한 농민들에게는 적지 않은 해악이 된다 하겠다. 이를 따라 남만주에 대한 악평이 조선 내지에 알려졌을 뿐만 아니라, 동포 상쟁(同胞相爭)이란 말도 이에서 생겼으며, 돈 있는 사람은 살 수 없다, 관리는 거접(居接)할 수 없다는 갖가지 말들이 퍼지게 되었다.

경제 정책의 하나로 공농제(公農制)라는 것이 있다. 이것은 백 호(百戶) 동네나 기십 호(幾十戶)가 합하여 공전 일일경(公田一日耕)을 맡게 되어 있다. 이렇게 해서 지어 놓은 공전의 곡식은 공공 금융기관(公共金融機關)으로 쓰게 된다. 작년부터 이 공농제를 설치한 것이 상당한 효과가 나타나 만여 원의 수익이 되었다 한다.

또 호계제(戶鷄制)라는 것이 있는데, 이것은 호마다 닭 한 마리를 내게 하여 그 돈을 몇 해 모아 가지고 주식 제도를 만들어 중국인의 토지를 영매(永買)하여 조선 사람의 영거 계획(永居計劃)을 꾀하는 것을 뜻한다. 이 것은 생계부의 일이다.

사회 운동으로는 청년 운동이 역시 볼 만하다. 먼저 한족 노동당이라는 것이 설립되었는데, 발기인이 400여 명이나 되며, 회원이 현재 1,500명 가량이고, 목적은 '노동 군중을 계발하여 신생활을 기도함'에 있다.

한 마디로 말하면, 삼원포라는 곳은 남만주 조선인의 중심 세력을 가진 곳이라 할 수가 있는데, 장래의 희망이 양양(洋洋)하리라 믿을 만한 점이 여러 가지가 있다. 주민들이 서로 믿는 것이라든지, 주뇌자(主腦者)들이 관후 장자(寬厚長者)의 풍이 있는 것이라든지, 주민 전체가 순후 질박하여 조금도 도시적 협잡성(都市的挾雜性)이 없는 점이라든지 — 모두가 실로 신흥(新興)의 기세(氣勢)를 보이는 듯하다.

삼원포에 도착한 날부터 대운동회가 열렸다. 조선 학생과 중국 학생 수천 명이 화기 융융한 가운데에 운동회를 마치게 되었다. 나는 운동회를 이용하여 간단한 인사 강연이 실시된 것도 영원히 잊을 수 없는 일이다.

삼원포에서 떠날 때에 사회 어른들의 간절한 송별과, 그리고 삼일 동안에 각 단체로부터 준 여러 가지 부탁은 아직도 잊을 길이 없고, 다만 암암한 암류(暗流)가 흐를 뿐이다. 삼원포에서 이틀 만에 북성산자(北城山子)라 하는 해룡현(海龍縣)의 대시가(大市街)에 와서 그 곳 기독교의 주최로 강연을 하였다. 북성산자에서 나흘 만에 개원(開原) 정거장으로 나와 봉천(奉天)에 도착하던 날, 봉천 청년회와 조선일보 및 개벽 지사에 계신 여러 어른들의 환영을 받고 보니 무엇이라 여쭐 말씀이 없다. 이에 지면을 통해서 간단한 인사 말씀을 올릴 따름이다.

10. 예나 이제나 한결같이

27) 명사 십리를 찾아서·여름과 인간 이면(裏面)

김안서(金岸曙)의 「명사 십리(明沙十里)서」[155]는 춘해(春海, 곧 方仁根)에게 보내는 서간형 형식의 수필 작품이다.

> 春海詞兄!
> 客地에나서 하욤업시 오는비를 만난째처럼 孤寂하고陰鬱한것은 업습니다 明沙十里구경갈準備는 다하여놋코 오늘이나개일가 明日이나맑아질가하면서 적지아니한날을 그대로 보내엿습니다 疑心만흔女子의맘가튼日氣는 흘이엇다가는 맑아지고 맑아젓다가는 쏘다시 흘이고하야 하늘에는 검은구름과 흰구름이쓴히지아니하고 番가라가면서 만흔變動이反復되야 準備된計劃을實行해볼틈이 업섯습니다 그도비가 내려붓는듯한것이나되면 맘씨좃케 斷念이나해바리고말겟습니다 만은 그러치도아니하고 오래된記憶을줄을 톱는이와가치보슬보슬내리니얼마나 하염업는孤寂을늣기엿겟슴닛가
> 내가留宿하는客館에서 明沙十里까지 朝鮮里數로十五里쯤됩니다 自働車면 한二十分넘어걸니고 徒步로걸으면 한時間假量걸닐것임니다 그럿컨만은 容易

---

155) 金岸曙, 「明沙十里서」, 『東亞日報』, 1925년 9월 11일~9월 14일.

하게觀賞할길을엇지못하게됨에는 첫재에 日氣가不順하야 徒步할수는업는일
은姑舍하고 조흔日氣라도 徒步를하자면 더위에쌈을흘녀야하겟고 둘재에 自
働車로 가자면定期해往來하는것이 업기쌔문에 한臺를全部빌지아니하면 아니
되겟스니이것은가난한書生의囊中이 그러한奮發을許치아니하야自然히同好人
士의贊同을엇어所謂合資乘車의便宜를求치아니할수가업게됨니다말할것도업시
只今明沙十里를구경케된것은 同好人士의好意의 贊同이잇기쌔문이니 그럿치
안앗든들明沙十里는구경도못하고 말번하엿슬것임니다[156]

우리 일행은 모두 학생으로 아홉 사람이었다. <가난한 주머니에서 일
금 팔원야(一金八圓也)를 털어 놓고 자동차부와 재삼차 교섭을 하여 겨우
왕복해 준다는 승낙을 얻었으니 한껏 생각하면 명사 십리는 명사 십리(明
士十里)가 아니고 그 실(實)은 궁사 십리(窮士十里)라 할 만한 구경>이었다.

나는 한때 일인(日人)이 경영하는 일본식 송도원(松濤園) 해수욕장을 재미
있다고 생각한 일이 있다. 그러나, 명사 십리를 보고는 그런 생각을 한
것에 부끄러움을 금할 수가 없게 된 것이다. 명사 십리는 과연 이름과
틀림이 없는 좋은 곳이다.

옛사람이 '명사(明沙)'란 것을 어떠한 뜻으로 썼는지 나(金岸曙)는 그것을
모른다. <'백사(白沙)'라고 할 수도 없고, 그렇다고 '금모래'라고 하기에는
너무도 황색(黃色)이 엷으니 이에 햇빛에 비취지 아니하여도 반뜻반뜻 빛
난다는 의미로 '명사(明沙)'라 한 것이 아닌가> 싶다. <이곳 모래의 보드
랍고 곱게 빛나는 것을 보지 못하고는 '명사'라는 말을 함부로 입에> 담
을 일이 아니다. 흙이란 흙은 그림자도 찾아볼 수 없을 뿐만 아니라, 조
약돌이라는 씨도 없는 '명사' — 파돗소리 우렁찬 노래와 함께 춤을 추는
바닷가에 자리를 잡고 누웠으니, 듣는 귀나 보는 눈에 얼마나 즐겁고 아
름답겠는가!

---

[156] 위의 책, 9월 11일.

그런데, 이 아름다운 명사 십리 바닷가에 한 가지 한 되는 일이 있는 것이다. 그것은 다른 것이 아니다. 해당화가 없기 때문이다. 하지만 여기에 해당꽃이 하나도 없는 것은 결코 아니다. 가뭄에 콩 나듯 이곳 저곳에 조그마한 꽃이 피어 바람에 나부끼고 있을 뿐이다.

향내 짙은 장미엔 가시가 있고, 탐스런 모란꽃엔 향내가 없는 것이 이 세상의 원리라면, 완전 무결보다 결점 있는 편이 좋은 일인지도 모른다. 인생은 불완전하기 때문에 완전을 구하는 것이요, 이것이 없으면 예술이고 과학이고 아무 필요도 없을 것이다.

나는 명사 십리의 내력을 모른다. 다만 원산(元山) 역 다음이 갈마(葛麻) 역이요, 갈마 반도에 명사 십리가 있는 것을 알고 있을 뿐이다. 망망한 모래밭이 저 먼 곳까지 이어져 있다. 여기에는 서양 사람의 집이 들쑥날쑥하게 놓여 있을 뿐, 그 밖의 집은 없다. 너무 멀어서인지 실제로 욕장으로 오는 사람은 그리 많지 않다.

무엇보다도 나는 아름다운 경치에 몽땅 취하고 싶고 그 기쁨을 송두리째 표현하고 싶다. 한데 어떻게 나타내야 할지 딱하기만 하다. 서러울 때도 역시 마찬가지다. 우리에게는 설움과 기쁨을 표현한 고유한 노래가 있다. 그런데, 낡은 조선에도 새로운 조선에도 속하지 못하는 우리에게는 낡은 노래의 곡조로는 새로운 사상과 감정을 담을 수가 없다. 수심가나 육자배기로써 어떻게 새로운 우리의 생각과 느낌을 표현할 수가 있겠는가.

괴괴한 갈매기 소리는 아직도 들린다. 눈을 돌이켜 명사 십리를 바라보면 서양 사람의 하얀 지붕이 저녁볕을 받아 더욱 하얗게 보인다. 산그늘에 들어간 아득한 원산에는 어느덧 가로등의 눈알이 희미한 빛을 띠고, 생활과 고전하는 거리를 잠자코 내려다볼 때, 나는 자동차에서 도망치다시피 내려 버렸다.

한용운(韓龍雲)의 「명사 십리행(明沙十里行)」157)은 기행문으로서는 제법 긴 작품이다.

기적 소리와 함께 경성(京城)을 뒤에 두고 명사 십리로 떠난 것은 8월 5일 오전 8시 50분이었다. 최근 나는 3년 동안 해수욕을 해마다 벼르다가 못하고 금년에야 겨우 실행에 옮긴 것이다. 차안은 복잡한 승객으로 말미암아 둘레의 공기가 불결하고 더위 때문에 모든 사람은 우울을 느낀다. 그러나 증염(蒸炎)·열뇌(熱鬧)·번민·고뇌 따위의 도회를 떠나서 만리 창명(滄溟)의 서늘한 맛을 한 주먹으로 움킬 수 있는 명사 십리 해수욕장으로 가는 나로서는 그다지 열뇌(熱惱)를 느끼지 않았다.

용산에서 왕십리까지 바른 쪽으로 한강의 맑은 물결을 거스르고, 왼쪽으로 남산의 푸른 빛을 마시게 되어 새삼스럽게 청량(淸凉)을 느낀다. 기차는 벌써 철원(鐵原)에 닿았다.

기차는 삼방 유협(三防幽峽)을 뚫고 가게 되어 있고, 삼방의 철도는 반 이상이 굴과 다리로 되어 있다. 굴을 지나면 다리가 있고 다리를 건너면 굴로 들어간다.

본디 <산은 물을 임(臨)하여 더욱 기이하고, 물은 산을 만나서 다시 아름다운 것인데, 삼방 유협은 물을 지음쳐서 나누지 아니한 산빛이 없고, 산을 안고 돌면서 흐르지 않는 물소리가 없다. 그러므로 한 손으로 방울지어 떨어질 듯한 푸른 산빛을 움키려다가 미처 움키지 못하고, …… 맑은 시내 소리를 들으며, 시내 고기의 뛰노는 것을 보다가 산새의 울음을 듣게 된다. 시내로는 언덕이요, 산으로는 끊어진 곳이다.>

또한 <풀과 나무 우거진 사이에 이름 없는 산꽃들이 많이 피었는데, 이름 아는 꽃이라고는 도라지꽃뿐이다. 이름 아는 꽃이 종류로는 하나이

---

157) 韓龍雲, 「明沙十里行」, 『朝鮮日報』, 1929년 8월 14일~8월 24일.

나 수효로는 많다.> 도라지꽃은 여러 가지 많은 꽃 가운데에서 많을수록 아름답고 볼수록 보고 싶다.

<삼방 유협은 시(詩)의 재료가 아니라 시요, 그림의 모델이 아니라 그림이다.>

기차가 굴로 들어갈 때는 차안이 매우 시끄럽다. <차창을 닫으라고 외치는 소리, 차창을 닫는 소리, 덥다는 소리, 어둡다는 소리 등등>이 곧 그것이다.

그 뿐만이 아니다. 일기가 덥기 때문에 굴을 나오자마자 닫았던 창을 열게 마련이다. 삼방에는 굴이 많다. 그러므로 성미 급한 사람은 노 일어서서 들어갈 때는 닫고 나올 때는 여는데, 어떤 때는 창 닫는 소리가 채 사라지지 않아서 다시 여는 소리가 나기도 한다. 매연 때문에 여닫는 것이다.

하지만 내 자리에 속한 차창만은 삼방을 다 지나도록 한 번도 닫지 않았다. <나는 차창 편으로 앉고 내 옆에는 일본인이 앉았는데 기차가 첫 수도(隧道)를 들어갈 때에 곳곳에서 창을 닫느라고 거의 소동이라고 할 만치 시끄럽다. 나는 창을 닫으려고 하지 아니하였다. 나의 창을 닫으려고 하지 않는 태도를 본 옆에 앉은 일본인은 나를 향하여 창을 닫기를 청한다. 나는 조금 기다려 보자 하여 닫지 아니하였는데, 다행히 매연이 들어오지 않을 뿐만 아니라, 도리어 서늘한 바람이 들어와서 여간 시원하지 아니하였다.>

앞에 앉은 일본인과 상대편에 앉은 일본 여자가 놀란 표정으로 서로 보면서 이상야릇하게 생각하는 듯했다. 그러나 이것은 조금도 이상한 일이 아니요, 나의 경험에 의한 것이었을 뿐이다. 나의 경험에 의하면, 기차가 굴을 지나간다고 해서 반드시 매연이 차창 안으로 들어오는 것이 아니었던 것이다.

 사람은盲目的으로 追從하는일이만흔듯하다 乘客들은汽車가隧道를通過할째에 煤煙이드러온다는말만을 듯고덥허노코창을닷기만하야 한번도닷지아니하야본經驗은업는듯 하다或은공교히經驗에서失敗하얏는지도모르지마는나는忽然히數年前에五歲庵에서가마귀의記憶力을試驗하든일이追憶된다 記憶力이不足한사람을가리처 가마귀고기를먹엇다고한다 …… 가마귀는自己의食物을가저다가 구름그림자를表準하고두엇다가 그구름이옴겨가면 그食物을찻지못한다는것이다 朝鮮사람은이傳說을밋지안는이가 별로업는듯하다[158)]

 설악산(雪嶽山) 오세암에 있었을 때 일이다. 호기심으로 까마귀의 기억력을 시험해 본 일이 있다. 시식(施食)을 할 때에 까마귀가 다 먹지 못하면, <몇 번이고 물고 가서 곳곳에 저장한다. …… 곳곳마다 식물을 물어다 놓고 반드시 나뭇잎새로 덮어 놓았다. 나는 그 곳을 다른 무엇으로 안표(眼標)를 하여 조사에 편리하도록 하여 놓고 돌아왔다.>

 너댓 시간이 지나갔다. 까마귀가 감춰 두었던 먹이를 찾아 먹기 시작한다. 까마귀는 저장한 순서대로 틀림없이 찾아낸다. 그처럼 기억력이 좋은 까마귀에 대해서 기억력이 없다고 말하는 이유를 나는 모르겠다.

 <삼방 역을 지났다. …… 마침 다리를 지날 때에 그 아래에서 목욕하던 7~8인의 아동이 일제히 일어서서 기차를 향하여 어지럽게 주먹질을 하면서 무슨 말인지 중얼거린다. 내 앞에 앉은 일본 소녀들이 그것을 보고 고소(苦笑)한다.> 나는 불쾌하여 흥취가 다소 깨졌다.

 기차가 고산(高山) 역에서 오래 정거한다. 승객들에게 권태가 엄습하기 시작한다. 마침 어느 중국인이 차 한 병을 사 가지고 오다가 잘못하여 찻병을 바닥에 내려뜨렸다. 여지없이 병이 깨뜨려졌다. 승객들은 그저 웃

---

158) 위의 신문, 8월 16일.

어 버린다. <찻병을 깨뜨린 것만은 그 사람에게 손실이겠지마는, 일시라도 우울에 잠긴 여러 사람들을 웃긴 것은 적지 않은 공적일 것이다.>

　明沙十里는 文字와 가티 가늘고 힌 모래가 小灣을 沿하야 約十里를 平鋪하고 灣內에는 參差不齊한 대여섯의 적은 섬[島]이 點點히 노혀 잇서 風光이 明媚하고 眺望이 極佳하며 浴場은 海岸으로부터 約五六十步 距離의 水深은 大概 均等하야 四尺 內外에 不過하고 東海에는 潮汐의 出入이 거의 업슴으로 모든 點으로 보아 海水浴場으로는 理想的이다
　海岸의 南쪽에는 西洋人의 別莊 數十戶가 잇는데 …… 朝鮮內에 잇는 西洋人은 勿論 日本 上海 北京 等地에 잇는 西洋人들까지 와서 避暑를 한다 하니 그로만 미루어 보더래도 明沙十里가 얼마한 名區인 것을 알 수가 잇다 허라지안는 多少의 事情을 不顧하고 半千里의 山河를 一氣로 踏破하야 萬矢—的 單純한 海水浴만을 爲하야 온 나로서는 明沙十里의 附隨한 風物과 海水浴場의 理想的 天姿에 滿足지 아니할 수 업섯다159)

본디의 목적이 해수욕이기 때문에 옷을 벗고 바다로 들어갔다. 그 상쾌한 맛은 말로 형언할 바가 아니다. <얼마든지 오래 하고 싶었지마는 욕의(浴衣)를 입지 아니한지라, 나체로 입욕(入浴)함은 욕장(浴場)의 예의상 불가하므로 땀만 대강 씻고 나와서 모래 위에 앉았다가 돌아오니, 김 군〔한용운을 여러 모로 도와주는 金大先〕이 욕의 기타를 사 가지고 돌아와서 나를 기다리고 있>었다.

<수삼의 일본인이 와서 투망으로 고기를 잡는다. 모든 사람들이 해수욕을 하면서 기쁜 마음으로 일반 풍물을 상감(賞鑑)하는 중에 투망으로 고기를 잡는 것은 일종의 살풍경>이다.

　오후 4시 반쯤 되었다. 태양을 쬔 나체가 해수욕복을 입은 부분 말고는 온통 발갛게 타 버렸다. 집으로 돌아왔다. 햇볕에 탄 살이 쓰리고 아프다. 두 다리가 더욱 심하다.

---

159) 위의 신문, 8월 18일.

午後四時에 …… 釋王寺를訪問하게되엇다 斷俗門에다다르니 그엽헤는 李
太祖의手植松과 純宗의手植松이對立하야잇는대 李太祖의手植松은 枯死한지
오래되야썩은등걸만남고 純宗의手植松은아직十餘尺밧게아니되얏다 하나는創
業主의손으로심은것이오하나는 李朝最後의君主의손으로심은것이어서 그두솔
나무의새이는 李朝五百年間興亡盛衰의 歷史가숨어잇다 創業主의手植松엽헤솔
을심으든 朝鮮歷史의끗페지를막은純宗은 그感慨가果然엇더하얏슬는지
　　　가신님 심은나무
　　　넷등걸에 이씨로다
　　　當年의 푸른빗은
　　　霜雪을 누르(壓)더니
　　　견듸어 남은해를
　　　비바람에 맥기리
　　우리들은 南庵을먼저거쳐서큰절에가기로하얏다 나는年前부터南庵에가서 居
住하야볼가하는생각을가젓다 …… 그럼으로南庵을찻게된것이다 樹陰이욱어
진綠隧道를쭐코시내를딸허서六七里를드러가니 山굴리고물도는곳에조그마한
암자가 正南向으로展開되얏는데 家屋과道場이淸楚하고 風光이明媚하야적이
나의생각을끄럿다160)

　　<13일 석왕사 역(釋王寺驛)에서 12시 3분 발의 차를 타고 삼방(三防)으로 가는데 고산 역(高山驛)에 이르니, 이날은 고산 장날이다. 장꾼들이 장에서 물건을 사 가지고 차를 타는데 가지고 오르는 물건이 너무 많아서 한 번에 가지고 오를 수가 없으므로, 먼저 물건을 창문으로 들여보내는데 차 안에 있는 사람에게는 누구든지 물건을 받아 달라고 한다. 나도 받아들인 것이 여간 많지 않다. 쌀 자루·참외 자루·계란 뭉치·미역 뭉치, 심지어 옹기그릇까지 10여 가지를 받아들이고 보니 땀이 버썩 났다.>
　　한데, 차장은 너무 많아서 안 되겠다고 들여놓은 물건을 도로 내어놓

---

160) 위의 신문, 8월 23일.

는다. 차장이 저 편에서 물건을 내놓으면 이편에선 내놓은 물건을 도로 들여놓고, 차장이 이편에서 내놓으면 저 편에선 내놓은 물건을 도로 들여놓는다.

어느덧 삼방 약수포(藥水浦)에 이르렀다. <여관 주인도 조선인이요 내객(來客)도 조선인인데 …… 내객에게 필요한 조항(條項) 몇 가지를 모두 일본문(日本文)으로 써서 붙였다. 그것이 내객에게 불쾌한 인상을 주었다.>

14일 오후 2시 10분에 약수포를 떠나는 차를 타고 경성으로 돌아왔다.

춘파(春坡)의 「여름과 인간의 이면(裏面)」161)은 '서울 놈들은 모두 귀신'·'시골이 그립다'·'모기 빈대에 쫓겨나는 인간들'·'야시(夜市)의 이 꼴 저 꼴'·'월야(月夜)의 한강행(漢江行)'·'병원 내에서 5시간'·'희(噫)! 소위 유지, 소위 체면!' 따위의 7가지 작은 제목으로 이루어져 있다.

<서울 놈들은 모두 귀신같다. 고대 광실에 높이 자빠져 있는 놈도 귀신같고, 일간 초옥(一間草屋)에 기어들고 기어나는 놈도 귀신같고, 양복쟁이 하아-칼러 놈들도 귀신같고, 잠자리(蜻蜓) 짓 같은 치마에 진암닭 걸음하는 년들도 귀신같고, 신경이 바뀌었는지 눈깔이 뒤집혔는지는 모르나 서울에 있는 거지 놈들까지 귀신같다. 그는 고사하고 독수리 새끼·까치 새끼·참새 새끼·쥐새끼까지 모두 귀신같다.>

한 마디로 말해서, 서울 것들은 통틀어 귀신처럼 보인다는 뜻이다. <하고많은 그날에 하고많은 그놈들이 무엇을 해서 그와 같이 먹고, 그와 같이 입고, 그와 같이 나와 덤비는지 아무리 생각해도 귀신같은 놈들이다. 더구나 서울 여편네들이란 귀신 중에도 윗귀신 같다.>

이놈은 貴族이닛가 미리만히 搾取해둔것으로 아직배퉁이를쓸고잇지만, 이놈은 官吏이닛가 月給타고 賞與金타서제법살아가지만, 이놈은 銀行員이닛가 그대

---

161) 春坡, 「녀름과 人間의 裏面」, 『開闢』 第六十二號(1925년 8월 1일), 93~100 쪽.

로산다치고, 이놈은 教育家이닛가 굼지는안을테고, 이놈은 會社員, 이놈은 旅館業, 이놈은 職工, 이놈은 運轉手, 이놈은 人力車軍, 이놈은 지겟軍, 이놈은 술장사, 이놈은 蝎甫장사, 이놈은 美匠이, 이놈은 머슴, - 이런놈들은다만한分이라도 그래도 收入이잇스닛가 그렁저렁산다하지만 (그래도귀신은귀신) 그밧게 아무것도하지안는놈들, 펀둥펀둥노는놈들, 그놈들은무엇을먹고살아가는지? 아무리해도 귀신가튼놈이다.[162]

  시골 놈들은 1년 열두 달 3백 예순 날에 하루도 쉴 새 없이 피땀을 흘려도 보릿고개를 못 넘겨 헐떡거리고, 칠궁(七窮)을 못 넘어 주저앉고 급기야 수백 수천의 아사자를 내는데, 서울 놈들은 어쩐 셈인지 자녀를 학교에 보내고, 계집은 안방에서 발장단 치고, 식모(家政婦)니 침모니 행랑이니 덧붙이 인간을 가외(加外)로 두고도 그래도 능히 살아가니 웬셈일까? 호의 호식이요, 모두 말쑥말쑥하다.

  어떤 놈의 집에서는 공장에 나니며 한 달에 25원을 간신히 벌어 온다는데, 다섯 식구가 제법 잘 쓰고 밥 먹고 옷 입고 살아가니 이게 귀신 아니고 무어냐? 그놈들이 절도나 강도죄로 걸렸다는 말은 못 들었다.

  25원일망정 수입은 수입이다. 한 푼 반리(半厘) 수입도 없는 놈이 부지기천명(不知幾千名)인데, 절도도 아니요, 아사도 내지 않고 능히 살아온다. 자- 요것이 귀신이 아니고 무어란 말인가?

  서울 놈들은 양반·상놈·부자·가난뱅이·사내·여편네·유직자(有職者)·무직자(無職者) 간에 모두 다 귀신이다. 사람 놈들은 말할 것도 없고, 까치 새끼 참새 새끼도 무엇들을 먹고 사는지 귀신이다.

  <그 이면(裏面)을 들여다보아라. 얼마나 더럽고 비린내 나고 악착하고 징글징글한가를. 똥거위를 상탈(相奪)하는 병아리 새끼들 꼴이 그 곳에 있고, 개뼈다귀를 놓고 서로 으르렁거리는 강아지 꼴들이 그 곳에 있다.

---

162) 위의 책, 93~94 쪽.

'30호(戶)만 모여 붙으면 서로 뜯어먹고 산다'는 말이 있것다. 서울이 적잖이 5만 호 이상 있으니, 서로 뜯어먹고 살기에는 넉넉하다. 이빨과 손톱만 있으면 죽지는 않을 것이다.>

'서울 살려면 도적놈의 심장을 가져야 된다'는 말도 있다. 현행범만이 도둑인 것은 아니다. 그 어떤 일도 하지 않고도 그러한 생활을 하는 것은 분명한 도둑이기 때문이다.

산명 수려(山明水麗)한 시골이 그립다. 곡식 빛이 보고 싶고, 가래 멘 아버지와 호미 든 어머니가 보고 싶다. 꼴 베는 형님과 소 먹이는 동생이 보고 싶다. <밥 광주리 인 아주머니도 보고 싶고, 청계수(淸溪水) 한 바가지 떠들고 논두렁길로 종종걸음치는 제수님도 보고 싶다. 십리 장제(十里長堤)에 마음대로 뛰노는 송아지도 보고 싶다. 뽕나무 아래 쭈구리고 앉아 콩콩 짓는 강아지도 보고 싶다.> 병아리도 돼지도 백로도 보고 싶고 뜸부기 소리도 듣고 싶다. 무엇보다도 할머니가 손수 구운 감자가 먹고 싶고, 누이가 논두렁에서 뜯어온 미나리 짠지도 먹고 싶다.

그 무엇이 그립지 않을 것인가? 시골의 아기자기한 진경(眞景)을 생각하면 심신이 뛰놀아 어쩔 바를 모르겠다. 내 어찌 홍진 만장(紅塵萬丈)의 서울에서 모기와 빈대와 싸우는고?

농촌이 그립고 자연미가 좋지 않은 바 아니요, 벗들이 반갑지 않은 바 아니지만, 도회에 병들고 시속(時俗)에 병든 연약하고 부허(浮虛)한 이 몸으로 어이하면 좋단 말이냐?

진정 이 손으로 능히 호미자루를 잡을 수 있을까? 이 손으로 능히 똥을 주물럭거릴 수 있을까? 이 손으로 능히 가시덤불을 휘어잡을 수 있을 것인가? 이 발로 능히 진흙을 밟을 수 있을 것인가? 암만해도 문제다.

아니면, 이 등에다 능히 지게를 지고, 이 어깨에 연장을 능히 둘러멜

수 있을까? 이 입으로 조밥이나 강낭밥을 먹을 수가 있을지 의심스럽다. 오늘날의 젊은이들이 '농촌귀(農村歸)'를 외치면서도 실행 못하는 이유가 여기에 있다. 농촌이 그립지만, 농촌 생활 이틀도 견디지 못하는 것이 현실이다.

사람 놈들은 만물의 영장이라 자칭한다. 미친놈의 건방진 수작 같기만 하다. 글쎄 빈대 새끼에 쫓겨나고 모기 새끼도 못 이기는데, 어찌 우습지 않을 수가 있을 것인가? 손가락이나 빗자루를 비롯해서, 화공(火攻)도 해 보고 독약도 뿌려 보지만 아무런 소용도 없다. 놈들은 과연 영악하고 지독한 강군(强軍)이다.

낮에는 숨는다. 밤 아홉 시쯤 보초병이 출동한다. 열두 시 무렵에는 총공격을 개시한다. 문턱을 넘는 놈, 벽장에서 나오는 놈, 벽에서 기어 다니는 놈, 공중에서 떨어지는 놈 — 만산 편야(滿山遍野)가 도시 빈대군이다. 어리석으면도 독하고 작고도 빠르며 드문드문 나와도 수기 엄청나다.

마루로 나온다. 그러나 마루라고 쫓겨난 놈의 소유가 될 것인가. 승승장구하는 바람에 마루까지 빼앗긴다. 마침내 마당에서 어정거리며 창천을 우러러 "아― 불쌍한 인간이외다. 빈대에게 쫓겨난 인간이외다" 하면서 노천 생활을 하게 되었다.

이 불쌍한 쫓겨난 인간은 가련하게도 모기의 맹습에 또 울게 되는구나! 잠 한잠 못 자고 제 정강이를 제 손으로 때리고 제 손으로 갈기는구나! <결국 뚱뚱 부은 놈도 생기고 학질에 걸려들어 신음하는 놈도 생기는구나! 아, 불쌍하다! 요것이 소위 만물의 영장이라는 인간이다. 가난뱅이 인간이다. 조선 전도(全道)는 말도 말고 서울이란 요곳에도 요렇게 모기 빈대에 쫓겨나오는 불쌍한 가난한 인간이 얼마나 많은지?>

요것이 인간 세계요, 생을 다투는 인간들인 것이다. 모기 놈들이 때만

되면 나와 결사적으로 덤벼들 듯이 사람 놈들도 생을 다투는 때가 있는 것 같다.

> 해가젓다 電氣가켜젓다 午後七時頃이다 여긔저긔서 生을競爭하려는 사람놈들이나온다 鍾路南쪽거리에 개암이쎄가티 좍-나와븟는다 氷水장사 果實장사 菜蔬장사 엿장사 붓채장사 珠簾발장사 洋襪장사 구두장사 비누장사 布木장사 衣服장사 別別雜同散異 장사가다-나온다 事實말이지 處女불알하고 고양이쏠만업지 업는것이업나보다 人間의生活이란 참複雜도한가보다 그것들이 업스면 生活을못하게된가보다163)

"싸구려, 싸구려. 10전에 셋씩이요. 이제 못 사면 못 사는구려!" "목마르신 이는 들어오구려. 한 곱뿌에 1전씩이요." "났구려, 났구려! 싸구려가 났구려. 크고 작고 10전씩이오." — 7월 장마 때의 엉머구리 울 듯 소란하게도 떠들기 시작한다. 한 푼이라도 더 받기 위하여, 한 푼이라도 덜 내기 위하여 아둥바둥 야단들이다.

어떤 사내이든 물고자 꼬리치는 매음녀, 궁한 수캐처럼 여자 뒤만 따라다니며 침을 흘리는 놈, 남의 꽁무니를 부여잡고 비틀비틀하는 시골 놈도 있다. 참 가관이다. 이것이 곧 사람이 사는 모습이다. 이것들을 보고 유지인 것처럼 점잖은 체하고 뒷짐지고 흥글흥글하는 양복쟁이 신사의 염통은 꼴도 보기 싫다.

엿목판 멘 놈도 사람이요, 포목전 친 놈도 사람이다. 5전 내고 되국수 사먹는 놈도 사람이요, 45원 내고 모기장 사들고 가는 놈도 사람이다. 그렇다, 사람은 매한가지다. 업이 다르고 돈의 다소는 다를망정 사람은 똑같다. 달은 똑같이 달이다. 그러나 소녀의 달이 다르고 과부의 달이 다르다. 소녀는 노래하고 과부는 한숨짓는다. 총각의 달도 다르고 시인의 달

---

163) 위의 책, 97 쪽.

도 다르다. 총각은 무심한데 시인은 유심하다. 강을 보고 우는 자가 있는가 하면 웃는 자도 있다.

나는 소녀도 과부도 총각도 시인도 아니다. 따라서 나는 달밤도 한강도 문제가 안 된다. 하긴 한강의 밤달은 좋기도 하려니와, 그 밤달은 번화하기도 하다. 그것은 30만 대도회를 배경으로 하고 있기 때문이다. 동시에 한강 야월(夜月)은 다감하고 다정하다. 500년 풍우(風雨)를 겪으면서 밤낮으로 재자 가인(才子佳人)의 한을 끝없이 받아 왔기 때문이다.

병(病)이라는 마귀는 사람의 사정을 반푼어치도 몰라 주는 괴악 망측한 독극물이다. 남녀 노소를 가리지 않는다. 사람은 병을 앓기 위해 태어났는지도 모른다. 눈·코·귀·입을 비롯해서 폐·위·팔다리·살갗·생식기 따위 — 그 어느 하나 병에 걸리지 않는 것이 없다. 무병자인 듯한 나의 몸도 병이 한두 가지가 아니다.

개불알처럼 우습다.

<여름이 되었다. 더워서 못 견디겠다. 마음 같았으면 훨훨 벌거빗고 다니고 싶다. 만인 총중(萬人叢中)에라도 벌거벗고 갔으면 좋겠다. 그러나 감히 못한다.> 모자를 벗고 길거리에 나갔다가 부끄러워 다시 들어와 쓰고 나갔다. 동저고리 바람으로 이웃 출입을 해 보았다. 두루마기 입었던 편만 못했다. 그 놈의 체면 때문이다. 일본 놈에게는 발 벗는 것이 예삿일인데 조선 놈은 발 벗고 한 걸음도 못 나간다. 자, 요런 안타까운 체면의 포로가 또 어디에 있을 것인가!

28) 미래에의 의지 · 벌떼의 가르침

공탁(孔濯)의 「또다시 만날 때까지」[164]는 서간 형식으로 된, 수필로서는 제법 긴 편에 속하는 작품이다.

> C兄 —
> 밤은 임이 깁헛슴니다. 그러나 잠은 도모지 오지를 안슴니다. 赤海를 지나는 中에잇슴으로, 그더운맛이란 果然함즉 합니다. 가다오다, 시퍼런바다로 펑덩쌔지고십흔생각이 남니다. 그만치 赤海의 氣候는 나의 神經을 괴롭게합니다. 恒用 赤海를 지날째면, 밋친사람이 조히생긴다고합니다. 내야 설마미치지야 안켓지만, 가삽막히는 程度가 무던합니다. 바람이란시원한것으로 아라왓는데 여긔의바람은 더웁슴니다. 내려쏘히는 白熱下에 타는듯한사하라沙漠을 거러갈者의 處地를생각하고, 스스로 위로를합니다.
> 나는 이러한 中에도 兄을생각합니다 그는 무엇보다도, 그간 兄의 身邊에 무슨 變動이나 생기지안엇슬가하는 렴려올시다. 그도 써나기얼마前에 兄의입으로부터 '自殺'이란말을 안들엇스면 갓득이나 더운 中에 兄을생각하는 마음이 요다지 안타갑을것이야 잇겟슴니가?165)

달 밝은 저녁, 세느(Seine) 강가에서 동무를 생각해도 좋으련마는, 마음이 마냥 초조해지기만 하니, 여유롭지 못한 내 마음인 것 같소

지난 1월 어느 날이었던가, 밤 새로 1시가 되어 형은 나의 집을 찾아왔지요. 늦도록 책을 읽던 나는 형의 목소리를 듣고 놀란 마음으로 형을 맞이했었소 희미한 남폿불에 비취는 형의 불안하고도 창백한 얼굴은 나로 하여금 '?' 표를 찍게 했었소.

"얼굴빛이 왜 그렇습니까?" "천천히 이야기하지요. 그런데 미안하지만 술 좀 주구료." 옆방에서 세상모르고 자는 아내를 깨워 술과 안주를 장만해서 첫잔을 따라 주며, "대관절 무슨 일입니까?"라는 나의 물음에, 형은 "입때 공부하셨어요?" 하고 되묻는 것이었소.

<이같이 묻는 형의 얼굴에는 다소 나를 경멸하는 빛이 보였습니다. 얼

---

164) 孔濯, 「쏘다시 맛날째 짜지」, 『開闢』第六十二號(1925년 8월), 101~111 쪽.
165) 위의 책, 101 쪽.

마 후에 내가 깨달은 바이나, 이날의 형은 나를 한편으로 미워하며, 다른 편으로 퍽 부러워했던 것입니다.〉

방금까지 '죽음이냐? 삶이냐?' 하는 극한 상황에서 방황하던 형이, 삶의 긍정을 부르짖으며 힘을 찬미하는 니체(Friedrich Willhelm Nietzsche)의 저서를 보고 있는 내가 오죽이나 미웠겠습니까? 〈그리고 소리 없이 '공부하면 다 된다' 하는 나의 태도를 볼 때에, 고뇌를 회피하려 하며, 생을 부정하려 하는 형은 오죽이나 내가 부럽게 보였겠습니까? 동시에 형의 마음은 그 얼마나 부끄러웠겠습니까?〉

"이 세상을 어떻게 생각하느냐? 산다는 것이 가치가 있느냐? 없느냐?"라는 질문에 나는 이렇게 대답했소

"물론 세상이 재미있는 사람도 있고, 없는 사람도 있겠죠. 아무리 사회적으로는 죽은 조선 같은 데 태어났을지라도, 심심 소일로 소설이나 쓰고 연애나 하면서 겨울이면 남국(南國)을 찾아가고, 여름이면 좋은 산천(山川)을 찾아가는 그런 사람에게는 조선 같은 사회도 재미날 것입니다. 그러나 우리같이 연애를 밑씻개 만도 못 여기고, 또한 '나는 당신을 영원히 사랑합니다. 당신은 음악가, 나는 문학가, 장미꽃 피는 동산에서 당신은 천녀(天女)가 되어 노래 부르고 나는 왕자가 되어 시 읊으며 영영 즐겁게 지내자고요' 하고 — 이 같은 소설을 쓸 줄 모르는 우리 같은 사람에게는 세상이 재미난 줄 모르겠습니다."

여기에 대해서 형은 불쾌한 듯이 이맛살을 좀 찡그립니다. "아니요. 재미야 물론 형이 말한 거와 같이 민족이나 개인에 따라서 다르겠지만, 인간 존재의 가치(價値) 말이올시다. 사람이 왜 사느냐? 살 의무가 어데 있느냐? 다시 말하면 사람이 사는 까닭 말이올시다."

"살義務? 義務가 잇는지 업는지 그런哲學的問題는 잘모르겟슴니다. 그러나

나다러 '웨사느냐?' 말하라면 '早晚間 暴風雨내리퍼부으며 우뢰소리에 번개ㅅ불 天地를 놀내게하며 벼락이 써러저 막 家屋을 부시며 바다에 白波울며 山谷에 猛獸咆哮하며 - 제맘대로 힘을 發揮하는 (엇던것을 니루기爲하야) 그날이 올 것을 밋고 쏘한 '그날'이 보고시퍼서 삼니다. 나는 이런 希望으로 삼니다. 쏘한 이런 '날'을 만들기爲한 義務가잇서서 삼니다.

그리고 우리압집에 늙은 寡婦가 한분삼니다. 시집간쌀이 한아 잇대요. 그 眞婦에게 '당신은 웨 사시오?' 라고물으면 그는 '外孫보고시퍼서 살지요' 라고 對答한담니다. 사는 希望과 뜻이 다 - 다를것임니다. 싸라 生의 價値도 絶對的이 못될것임니다."[166]

술이 얼근해진 형의 말 — "요 얼마 전부터 인생 문제에 대해서 몹시 번민을 해오던 터인데, 나는 필경 이런 결론을 얻게 됐습니다. — 적어도 우리가 이 세상에 산다는 것은 살 만한 가치가 있기 때문이겠지요. 개인적으로는 혹 공명을 얻겠다는 희망이 있다든지 인류적으로는 혹은 지상에 천국을 건설키 위한 이상이 있다든지, 하여간 어떠한 형식에서든지, 욕망이라든지 희망이 있기 때문에 사는 것인 줄 압니다. 그러면 만약 이런 것이 없는 사람은 어찌하겠느냐?"

나는 속으로 '그럴 듯하거든……'이라고 생각했었소 형의 말은 계속되었소

"이 인간 사회에 다소의 가치를 인정하는 사람에게는 공명도 공명답게 보이는 동시에 희망도 나겠으나, 이 인간 사회에 아무 가치를 인식치 못하는 나에게 있어서는 공명이라는 것이 아무 의미가 없습니다. 다시 말하면 공허외다. 하므로 사회적 활동이 아무 가치 없는 일로 보일 뿐만 아니라, 그런 사회적 활동을 할 필요도 없습니다." "한 마디로 말하면 세상이 허무하다는 말씀입니다그려?" "네, 그것에 가깝다고 말할 수 있겠죠.

---

[166] 위의 책, 103 쪽.

그리고 또 인류적으로 보아서 천국이 지상에 영원히 오지 못하리라고 나는 생각합니다. 우리 개인 개인이 다 석가(釋迦)나 야소(耶蘇)가 될 수 없는 이상에는 천국은 영원히 없을 것입니다. 그리고 오늘날의 이처럼 사악(邪惡)하고 독사 같은 인간성이 향상되고 진보되어 천국인(天國人)의 소질을 갖게 되리라고 나는 믿지 못합니다. 개인적으로는 욕망과 희망이 없고 사회적으로는, 이 사악한 사회는 영원히 계속될 것입니다."

형의 말은 또 이어졌소.

"능동적인 생의 욕구가 없고 다만 피동적[본능적]으로 산다면, 나에게는 동경이 없는 동시에 기쁨이 없고 오직 괴로움뿐이 있을 따름이외다. 백운(白雲) 낀 산봉(山峰)이 보고 싶어서 산을 올라가는 자에게 있어서는 숨찬 것이라든가, 다리 아픈 것이 그다지 괴롭지 않습니다. 또한 여간 좀 괴롭다하더라도 목적한 산봉에 다다르면 아픈 것은 다 잊어버립니다."

그러나 산봉우리에 오르고 싶은 생각이 없는 사람의 어쩔 수 없는 등산은 고통 그것뿐이라는 것이다. 따라서 영원한 노예가 되거나, 영원히 비참한 삶을 이어가느니보다는 차라리 그 삶을 끊어 버리는 것이 그에게는 행복이라는 논리가 성립된다.

수일(數日) 전부터 '자살'이라는 생각이 형의 머리를 극도로 흥분케 하는 동시에 박연 폭포(朴淵瀑布)의 시퍼런 물과 만월대(滿月臺)의 우거진 솔밭이 머리맡에 나타나기 시작했다. 그의 옆에서는 아내와 젖먹이가 자고 있다. '저것들을 다 없애고 나도 없어지고' 하는 생각이 나자마자 그는 머리맡 책상을 보았다. 책상 위에는 면도가 있다. 아주 민첩하게 일어나 그 면도를 잡았다. 바로 그 찰나, '애행애행' 하고 어린 것이 울기 시작했고, 어미도 따라 깼다.

그는 그만 문밖으로 뛰어나왔다. 식은땀이 온몸을 적셨다. 선죽교(善竹

橋로 나갔다. 거기서 한참 동안 숨을 돌리어 나한테로 온 것이었다. 내가 물었다. "그 면도는 어쨌습니까?" "선죽교 계천(溪川)에 던지고 왔어요."

돈 있고 화평한 가정에서 태어나, 아무런 고난도 비애도 맛보지 못한 형이었다. 대학을 졸업하고 희망과 꿈에 싸여 앞날을 계획하던 형이 우연한 동기로 파산 선고(破産宣告)를 받게 되어, 지난날의 모범 청년은 직업도 구하지 못하고 마침내 우왕 좌왕하게 된 것이다.

쇼펜하우어(Arthur Schopenhauer)와 같은 염세 철학자도 독신 생활은 하였어도, 자살은 하지 않았다.

우리들을 해탈케 하는 것은 다만 전체로서의 생존의 의지를 단멸(斷滅)케 하는 일뿐이다. 어떠한 특수한 현상을 없앤다 하더라도 의지의 본체에는 아무 영향이 없을 뿐만 아니라, 개체(個體)의 사멸은 전체로서의 의지의 나타남에는 아무런 변화도 미칠 수 없다. 자살에 의해서 멸하는 것은 생명 자체가 아니라, 그 시간적 현상, 종족이 아니라, 다만 개인뿐이다. ― 이러한 주장을 내세운 쇼펜하우어는, 말하자면 자살 부정론자였다고 할 수가 있다.

살겠다는 의지는 반드시 도처에 그 모습을 나타내며, 자살하는 개인의 사멸에는 상관이 없다. 개인의 자살은 아무런 구원도 받지 못한다. 형의 자살 생각은 괴로움의 회피에 지나지 않는다. 현실 도피다. 파산 전에는 꿈도 안 꾸었던 것이 아닌가 말이다. 자살할 생각은 뿌리채 뽑아 버려야 한다.

그리운 형이여! <이 글을 쓰노라니 어느새 동이 터서 서광이 바다를 피빛으로 만들었습니다. 난데없는 갈매기 떼가 '꺼―ㄱ꺼―ㄱ' 울면서 배를 싸돌고 이리저리 날아갑니다. 배는 여전히 쉬임없이 목적지를 바라보고 자꾸 갑니다.>

아— C 兄!
비노니 五年後에 다시 도라가 兄의가삼에 안길쌔
"아— 벗이여! 잘도 도라왓다. 나는그간 나와싸우고 社會와싸우고 온갓거와 싸와서 只今 나의손과 가삼은 이가티 튼튼하며 나의 意志는 이가티 단단하여젓다. 아— 벗이여! 잘도 도라왓다. 내가 그대를 기다린지 임이오랫노니 이제 그대와 함쯰 맘을합하고 힘을다—하야 거룩한 人生의戰線에 굿센勇士가 되리로다." 이가티 말하게되여다고!

쏘다시 맛날째까지
오— 사랑하는벗이여!167)

이것은 5월 20일 적해를 지나면서 쓴 편지였다. 미래의 굳센 용사가 되기를 기원하는 내용으로 끝을 맺고 있는 점이 눈에 띈다.

이에 반해서, 한상봉(韓相鳳)의 「봉군 만화(蜂群漫話)」168)는 '벌'에 관한 글월이다. 이것의 첫머리는 계절 이야기로부터 시작된다.

<오늘은 중복날이다. 여름 세 더위 가운데 제일 더운 날이다. 어쨌든 중복날 앞뒤 하여서 하루 이틀 동안은 정신을 차리기 어려울 만큼 더웁다. 이른 아침부터 몸에서 땀은 흐르기 시작하고 사람마다 더웁다는 말이 입에서 떨어질 새가 없다. 그리고 포플러나무에 앉아서 더움에 보깨는 사람들을 서늘하게 하여 주려고 하는 듯이 서늘한 목소리로 우는 매미의 콧잔등에서도 땀이 흐르리라고 생각된다.>

나는어제檢査하다가 다못한 벌(蜂)들을 오늘마자檢査하지안으면안되겟기째문에좀일즉이일어나서 …… 서드럿스나 이것도좀저것도좀하다가 이럭저럭열 點이되고말엇다 그래일즉이일어난것도쓸데업시되엿다 그러나所謂文化生活한

---

167) 위의 책, 111 쪽.
168) 韓相鳳,「蜂群漫話」,『東亞日報』, 1925년 8월 8일~8월 9일.

다른사람들과가치 일어나자담배나피여물고 아침서늘한긔운에 싸히여그날온 新聞이나들고요리주츰 저리주츰하다가 한時간이나 두時간식액김업시 보내어 버린것도아니다 沈着한生活못하는 나의 살림으로는하는수업시 그저 그리되엿슬뿐이다169)

나에게 고요히 생각할 시간을 안 주는 것은 외적 생활이고, 노동다운 노동을 못 갖게 하는 것도 외적 생활이다. <외적 생활은 문명인의 생활이고, 문명의 죄악적 생활이다. 문명인은 약자이다. 그리고 자기가 약자인 줄을 모르는 가련하고 가증(可憎)한 자이다. 순사의 칼이 무서워서, 유치장이 무서워서 도적질 못하며, 돈이 무서워서 머리 못 드는 사람이 현대 문명인이며 외적 생활자이다.>

정사(靜思)도 반성도 없는 군벌주의자(軍閥主義者)나 자본주의자나 사회주의자나 마르크스주의자나 무정부주의자나 모두 현대 문명 숭배자이며 현대 문명주의자이기 때문에 노동다운 노동도 못하는 외적 생활자인 것이다. 따라서 그들은 얼마 가지 않아 파멸 당하고 만다.

양봉장으로 가려고 집에서 나왔다. 서늘한 기운이라고는 조금도 없다. 땅바닥에서 흙내와 더불어 더운 기운이 올라온다. 문명인이라는 것은 봄의 따뜻함도 아니요, 여름의 더움도 아니다. 더군다나 가을의 선선함도 아니며 겨울의 추움도 아니다. 오직 문명뿐이다. 그들은 그만큼 자연에서 멀어진 것이다. 곧 도시인이기 때문이다. 혼령이 없는 과학 — 산송장이기 때문이다.

노동으로 생명을 삼는 벌들은 그만한 위안과 휴식으로 만족하려 한다. 또한 더 안락을 얻어서 불평을 일으키지 않는 것도 사실이다. 무척 바쁘게 일하며 이마의 땀을 흘릴 뿐이다. 신에게서 얻은 혼령으로 일하며 그

---

169) 위의 신문, 8월 8일.

일의 보수를 얻어 가지고 따뜻하고 사랑 담뿍한 집으로 돌아올 뿐이다.

노동의 승리자는 벌들이다. 노동으로 된 벌나라는 자본주의도 군국주의도 공산주의도 마르크스주의도 무정부주의도 없다. 계급 투쟁이나 노자 쟁투(勞資爭鬪)가 없는 것은 말할 것도 없으며, 더군다나 아무런 죄악도 짓지 않았다는 듯이 큰길로 활보하는 선교사나 목사나 전도사의 그림자 같은 것도 없다. 그들에게는 오직 서로서로 사랑하고 서로서로 도우며 서로서로 즐기며 서로서로 살아가는 것뿐이다.

문에 자물쇠를 채우는 집이 없으니 그 아무도 담을 넘지 않는다. 경찰이 없으니 도적이 없으며 때리는 자가 없으니 싸우는 자도 없으며 말리는 자도 없다. 내 물건도 없고, 남의 물건도 없고, 오직 신(神)의 것만 있을 뿐이다.

벌떼는 문명과 상관없으니, 국제 회의도 필요 없으며, 태평양 회의도 필요 없고, 공산당 대회나 노동자 대회도 소용이 없다. 그리고 현대 문명인처럼 무서운 죄악도 짓지 않으며, 신에 대한 공포도 없이 자연스럽고 복스럽게 살아갈 뿐이다. 벌들은 교회도 세우지 않고 절도 없을 뿐만 아니라, 초등 학교나 고등 학교 또는 대학도 없고, 신문 잡지는 물론, 학사・박사를 비롯해서 신사 숙녀가 없어도, 에스페란토(Esperanto)가 없어도 평화롭고 자유롭고 안락하게 지낸다. 벌나라에야말로 참다운 예술도 참다운 종교도 참다운 철학도 있다.

<기쁨도 슬픔도 아픔도 쓰라림도 잊고, 오직 일하고 일하고 일한다. 죽기 전 일각(一刻)까지라도 일하고 일하고, 그러고 죽는다. 얼마나 기쁘랴. 할아버지도 일하고 할머니도 일하고, 어머니 아버지도 일하고, 형도 동생도 누이도 일한다. 누가 하라고 재촉질하여서 하는 일이 아니라, 하고 싶어서 하는 일이다. 하고 싶어서 하고 싶어서 일한다.>

무엇보다도 벌들은 어느 <누구든지 건축가이며 설계자이며 소제부이며 의사이며 간호부이며 제약사(製藥師)이며 노동자이며 농부이다. 다시 말하면 그들은 집도 잘 짓고 옥대(玉臺)도 잘 만들며, 글도 잘하여 오며 화분도 잘하여 오며 산란(産卵)할 구렁을 소제도 잘한다. 또 병든 자 있으면 간호도 잘하며 고치기도 잘한다.>

그들은 불평 없이 일을 한다. 일만 있으면 힘 있는 데까지 일하는 것이 그들의 천성이며 자랑이다. 하늘을 쳐다보거나 땅을 내려다보거나 부끄러울 것이 없다. <신에 대한 노동에 어디 귀천이 있으며 불평이 있으며 경난(經難)이 있으랴? 어디 지휘자가 있으며 복종자가 있으며 자본주(資本主)가 있으며 노예가 있으랴? 벌나라에는 주먹으로 힘쓰려 하는 자 없으니, 칼 가진 자 없으며 총 가진 자 없이 대포를 준비하는 자가 없는 것도 사실이다.>

문명인들이여! 우리에게 살길을 가르칠 사람은 손에 백묵을 든 자가 아니요, 호미를 든 농부임을 잊지 말아야 한다. <백묵 든 자는 우리를 태만으로, 타락으로, 멸망으로 인도함에 지나지 않는다.> 농부가 우리를 자연의 진리로 이끄는 스승이다. 우리가 농부를 스승으로 하고 친구로 삼을 때에는 우리에겐 착취자도 없고 피착취자도 없으며, 권력가도 없고 노예도 없고, 이른바 문화 정치 총독도 없게 마련이다.

벌통 속에서 신비로운 코러스가 들린다. 밤은 점점 깊어간다. 코러스는 천지를 덮은 공기를 고요히 진동시킨다. 평화의 승리자 — 벌떼 만세! 벌떼 만만세!

한상봉(韓相峯)의 「잡감 오제(雜感五題)」[170]는 바로 앞에서 살핀 「또다시 만날 때까지」나 「봉군 만화」와는 그 성격을 달리한다.

---

170) 韓相峯, 「雜感五題」, 『東亞日報』, 1925년 8월 23일~8월 26일.

이 작품은 '이성(理性)'·'성인(聖人) 악마(惡魔) 악한(惡漢)'·'불평(不平)'·'운명(運命)'·'운명속(運命續)'이라는 5개의 작은 제목으로 이루어진 수필이다.

　나는理性에서써나 거의三四年동안이나 怠慢과孤獨에서彷徨하엿섯다 그래나의 마음은말느고말라서 다른마음업시내여노키어렵고 붓끄럽게까지되엿다 나의마음을볼째에는 벌서 로댕(Auguste Rodin)의彫刻인「부즈러움」이생각된다 그老婆의 衰退한몸을감출려고하는
　그러나
　나에게는 다시봄이왓다
　나는나의보금자리로 도라왓다 理性이이제야沈着한마음으로靜思할時間을어더가지고 깃버하며질기운다
　理性의벗(友)이그리웁다 나를希望가운데서 자라나게하며 사랑과아름다움을 아르켜주든 모든藝術家가그리웁다 그들의빗헤서써낫든 나는다시그들의偉大한藝術의光輝를보며그들을禮讚하려고
　理性아 모든藝術家는 너에게서자라낫다 그러고 너에게서 자라난 그들은아즉도죽지안엇다
　아니永遠히 죽지안을것이다 [171]

　레오나르도 다 빈치(Leonardo da Vinci)는 말하였다. '모든 것은 사멸(死滅)한다. 인간의 미(美)까지도 소멸한다. 그러나 예술만은 예외일다.'
　이성(理性)과 예지(叡智) — 이것은 예술가의 생명이다. 나는 모든 예술가를 볼 때처럼 힘을 얻을 때가 없다. 천재들의 고독하였던 생활, 사고 팔고(四苦八苦)의 생활을 생각하면 생각할수록 나는 더욱더욱 그들에게 가까워진다.
　진리를 위하여 피를 흘리고 뼈를 부스러뜨리며 싸운 사람들 — 밀레(Jean François Millet), 루소(Jean Jacques Rousseau), 로댕(Auguste Rodin), 미켈란젤로(Buonarroti Michelangelo), 괴테(Johann Wolfgang von Goethe), 도스토예프스키(Fyodor

---

[171] 위의 신문, 8월 23일.

Mikhailovich Dostoevskii), 베토벤(Ludwig van Beethoven), 세잔(Paul Céznne), 고흐(Vincent Van Gogh), 스트린드베리(Johan August Strindberg) ― 이 밖의 여러 전사(戰士)들은 이성과 예지로 방패를 삼았다.

성인이 가는 길엔 천당이 있고, 마귀가 가는 길엔 지옥이 있다. 그러나, 악한이 가는 길엔 천당도 없고 지옥도 없다. 마귀에까지 미움을 받은 까닭이다.

불평을 말함은 자기가 자기를 비겁하게 하는 것과 똑같다. 불평이 있거든 먼저 잘 살펴라. 싸워야 할 불평이거든 피가 흐르고 뼈가 부숴질 때까지 싸우고 싸우고 또 싸워라. 불평을 말함은 비열함이다.

<우리에게는 운명이 있다. 그러나 우리는 운명을 건드리지 못한다.> 더욱 지배까지야 감히. …… 이처럼 운명은 위력을 가지고 있고 무서울 뿐만 아니라, 운명에 반항하려고 하는 자가 있다면, 그 자는 운명에게 쫓기는 동시에, 헛되이 자기가 자기를 파괴시킬 뿐이다.

운명은 우리를 자기 노예로 만들기를 원하지 않는다. 그런데 우리들 가운데에는 자기가 먼저 스스로 운명의 노예가 되는 자도 있다. 운명의 형상을 잘 본 것인지도 모른다. <운명의 형상을 잘 본다는 것은 자기를 잘 본다는 것이다. 자기가 자기를 본다는 것이 얼마나 귀중한 일일까?>

만일 <자기가 자기를 모른다 하면 그는 언제든지 지평선 위에 머리를 못 내어놓을 것이다. 지평선 위에 나서지 못하면, 우리는 진리의 맑은 빛을 못 본다. 지평선 위에 나서기를 우리에게 제일 먼저 알려 주기는 그리스도였을 것이다. 그리스도는 십자가를 등에 지고 지평선 위에 나선 사람이다.>

자기 자신의 불행을 느끼는 사람이 있거든 먼저 자기의 운명을 알아야 한다. 그런 운명을 알기까지, 그리고 지평선 위에 나서기까지, 우리에게는 많은 준비가 있어야 한다. 보기를 들면, 먼저 이마에 땀을 흘려야 하고 이웃을 자기처럼 사랑할 것, 밤길 걷는 사람에게 불을 밝혀 주며 목마른 사람에게 물을 줄 것 따위이다.

특히 노동할 때는 노동의 보수를 잊어야 한다. 보수가 있어서 노동을 할 때에는 그 노동의 참다운 가치를 볼 수 없기 때문이다. 오직 전력으로 일하고 또 일하고 그것을 즐길 일이다. 보수란 훨씬 그 뒤의, 또 그 뒤의 뒤의 것이기 때문이다.

찾아보기

개

「가난한 벗에게」 165
「가을」 109
「감상의 폐허」 277
「감옥을 방문하고」 330
「갑을 우담(甲乙耦談)」 58
「강남 유기(江南遊記)」 203
강노향(姜鷺鄉) 288
강아지(强我之) 263
「개성행(開城行)」 192, 203
「개자(芥子) 몇 알」 280
「객창 만감(客窓漫感)」 234
「객창 만필」 235
「거울과 마주앉아」 71
「거이불거(去而不去)」 56
『격몽요결(擊蒙要訣)』 36
「경면 독어(鏡面獨語)」 324
「경성 소감」 84, 85

「고독의 비애」 159, 160
고염무(顧炎武) 136
고영한(高永翰) 195
고주(孤舟) 100, 111
공탁(孔濯) 364
「공화국의 멸망」 99, 100
「광(光)」 85, 87
「교남 홍조(嶠南鴻爪)」 46
「구기(舊妓)와 신기(新妓)」 114
「구안심(求安心)」 85, 86
「그믐달」 217
「금강 예찬」 203
「금강 잡필」 175, 203
「금강행」 125
김기진(金基鎭) 301, 326
김석송(金石松 ; 金炯元) 175, 283
김승극(金承克) 311

찾아보기 377

김안서(金岸曙) 351
김옥균(金玉均) 22
김일엽(金一葉) 323
김준연(金俊淵) 207
김진섭(金晋燮) 321

나

나도향(羅稻香) 217
「나라 붙잡을 방침」 64
「나의 귀와 불평의 소리」 263
「나의 사랑하는 여자 동무에게」 161, 162
「나의 소한(所恨)한 소망(所望)」 66
남궁벽(南宮璧) 253
「남만주행(南滿洲行)」 346
「남미 만유기(南米漫遊記)」 211
「남조선의 신부」 92, 98
「낭패 막심(狼狽莫甚)」 70
「노래는 회색」 172
「노래는 灰色―나는쏘운다―」 172
노작(露雀 ; 洪思容) 172

다

「담총(談叢)」 60
「대구(大邱)에서」 160
「도깨비 장난」 246
도스토예프스키 299
「독립의 실수」 51
「독어록(獨語錄)」 102, 105
「돌비늘」 90

「동경에서 경성까지」 73, 75
「東京雜信」 127
「동물 기담 오(動物奇談五)」 140
「동물 기담 이(動物奇談二)」 138
「동물 기담 칠(動物奇談七)」 141
「동양 명승 금강산」 120
「또다시 만날 때까지」 364

라

「라인 강반(江畔)에서」 207
롱펠로우 256

마

「마음의 폐허」 301
「만리장성」 135
「만추(晚秋)의 적막(寂寞)」 158
망사인(忙思人) 67
망양초(茫洋草 ; 金明淳) 324
「멀리 간 벗에게」 164
「명사 십리(明沙十里)서」 351
「명사 십리행(明沙十里行)」 354
「몽롱한 기억」 282
무명자(無名子) 161
「무자유인(無自由人)」 291
「무정(無情)」 70
「무제(無題)」 304
민태원(閔泰瑗) 189
「믿지 못할 말」 58

바

박영호(朴泳孝) 22
박영희(朴英熙) 272
박월탄(朴月灘) 218
박춘파(朴春坡) 156, 158
「반순성기(半巡城記)」 41
「방백(傍白)」 318
백대진(白大鎭) 155, 156, 158
「백두산행(白頭山行)」 189
백웅(白熊 ; 白基萬) 160
「번뇌자의 감상어(感傷語)」 290
「범인(凡人)의 감상(感想)」 265
「불만(不滿)과 요구(要求)」 99, 100
「비승비속」 30

사

「사랑하는 벗에게」 167
「사상 만필」 346
「사생첩(寫生帖 ; 스케치첩)」 149, 153
「살기 위하여」 311
삼전생(三田生) 164
「상해(上海)서」 71
「새벽」 84, 85
「생(生)의 진실」 155, 156, 158
서간형 351
「서유 견문 비고(西遊見聞備考)」 16
『서유 견문』 18, 19
「소년 시언(少年時言)」 34, 40
「소요산인(逍遙山人) 344

순성(瞬星 ; 秦學文) 90
「시대고(時代苦)와 그 희생」 220
「신년을 조상(弔喪)한다」 213, 215
「신춘 벽두에」 217
「실내 비가(室內悲歌)」 285
심우섭(沈友燮) 125
「십자교(十字橋) 위에서」 326
『십팔사략(十八史略)』 345

아

「아관(我觀)」 146
「아버님 영전(靈前)에」 323
「애국 성질(愛國性質)」 52
「야적(夜笛)」 162
「어느 일요일부터 월요까지」 77
「에피큐리언(epicuréan)」 225
「여름과 인간의 이면(裏面)」 359
염상섭(廉想涉) 269
「영원의 승방몽」 290
오상순(吳相享) 220
「오적 가륙(五賊可六)」 57
「온돌 만필(溫突漫筆)」 227, 229, 235
「우덕송」 235
「우편국(郵便局)에서」 240
운인(雲人) 229
「월미도(月尾島)의 일야(一夜)」 242
유광렬(柳光烈) 192
유길준(俞吉濬) 16
「유랑아(流浪兒)」 162

「의기론(義氣論)」 277, 278, 281
이광수(李光洙) 70, 105, 127
이돈화(李敦化) 346
「이밴저린(Evangeline)」 256
이봉수(李鳳洙) 340, 344
이상재(李商在) 86
이상화(李相和) 213, 318
이서구(李瑞求) 242
이선희(李善熙) 285
「25년을 회고하여 애매(愛妹)에게」 111
「이역 생활(異域生活)의 설움」 203
이은상(李殷相) 330
이이(李珥) 36
이일(李一) 158
「인민의 교육」 20
「일단집(一端集)」 67
「일요일부터 월요일까지」 75
『일지록(日知錄)』 136
「잃어 버린 요람(搖籃)」 288
임노월(林蘆月) 304

ㅈ

「자물쇠」 283, 285
「자연」 253
「장강(長江) 어구에서」 248
장백산인(長白山人) 235
「저급의 생존욕」 98
전영택(田榮澤) 105, 265
「정감적 생활의 요구」 96, 99

정소군(鄭昭君) 203
정인과(鄭仁果) 211
「조선을 지나가는 비너스」 299
조춘광(趙春光) 307
「죄와 벌」 299
「죽어라」 337
『죽음의 승리(Il trionfo della morte)』 259
「지는 꽃잎을 밟으며」 269
직설생(直舌生) 55

ㅊ

「창(窓)」 321
「천연(天然)의 미(美)」 219
「천재야! 천재야」 105
「철창 생활 5개년을 들어」 333
「철창 회고」 344, 346
「청추(清秋)의 소요산(逍遙山)」 156, 158
「초추(初秋)의 고향」 195, 203
최소월(崔素月) 92
최승구(崔承九) 96, 99
최연택(崔演澤) 225
최정흠(崔正欽) 66
「추등 청조록(秋燈聽潮錄)」 61
「충고 내상(忠告內相)」 63
「칠우 만록(漆憂謾錄)」 54

ㅋ

「K 누님에게」 277
「K 선생을 생각함」 252

「K 형(兄)에게」 153, 155
「쾌소년 세계주유 시보(快少年世界周遊時報)」 35

타

「탄매국제적(歎賣國諸賊)」 55
『泰西文藝新報』 150
「태팔칠팔(太八七八)」 218
「토불각 구불모(兎不角龜不毛)」 64

파

「파열(破裂)과 기도(祈禱)」 307
팔봉산인(八峯山人) 227
「평양행(平壤行)」 41, 43

하

한용운(韓龍雲) 354
「해삼위(海蔘威)로서」 75
「향촌(鄕村)에 내주(來住)하여」 238
현순(玄楯) 85
현진건(玄鎭健) 240, 282
혈화산인(血花山人) 234
호상몽인(滬上夢人) 71
홍영식(洪英植) 22
「화단(花壇)에 서서」 88
『화엄경(華嚴經)』 121
「화염(火焰)속에 있는 서간철(書簡綴)」 294, 298

한국근대 수필문학의 실제 1

2009년 11월 25일 초판 인쇄 2009년 11월 30일 초판 발행
지은이 김상선
펴낸이 한봉숙
펴낸곳 푸른사상
기획·편집 김세영, 김대식 **디자인** 지순이 **마케팅** 김두천, 강태미
출판등록 1999년 7월 8일 제2-2876호
주소 서울시 중구 을지로3가 296-10 장양B/D 701호
대표전화 02) 2268-8706(7) **팩시밀리** 02) 2268-8708
이메일 prun21c@hanmail.net / prun21c@yahoo.co.kr
홈페이지 http://www.prun21c.com
ⓒ 2009, 김상선

ISBN 978-89-5640-720-3 94800
ISBN 978-89-5640-721-0 94800 (세트)
값 28,000원

☞ 21세기 출판문화를 창조하는 푸른사상은 좋은 책을 만들기 위해 노력하고 있습니다.
   저자와의 합의에 의해 인지는 생략합니다.